中国社会科学院学部委员专题文集
ZHONGGUOSHEHUIKEXUEYUAN XUEBUWEIYUAN ZHUANTI WENJI

唐代文史研究丛稿

陈铁民◎著

中国社会科学出版社

图书在版编目(CIP)数据

唐代文史研究丛稿/陈铁民著.—北京:中国社会科学出版社,2013.1

(中国社会科学院学部委员专题文集)

ISBN 978-7-5161-1732-3

Ⅰ.①唐… Ⅱ.①陈… Ⅲ.①文史—中国—唐代—文集
Ⅳ.①K242.07-53

中国版本图书馆CIP数据核字(2012)第271417号

出 版 人 赵剑英
出版策划 曹宏举
责任编辑 郭晓鸿
责任校对 孙洪波
责任印制 戴 宽

出 版 中国社会科学出版社
社 址 北京鼓楼西大街甲158号(邮编100720)
网 址 http://www.csspw.cn
中文域名:中国社科网 010-64070619
发 行 部 010-84083685
门 市 部 010-84029450
经 销 新华书店及其他书店

印刷装订 环球印刷(北京)有限公司
版 次 2013年1月第1版
印 次 2013年1月第1次印刷

开 本 710×1000 1/16
印 张 19.25
插 页 2
字 数 360千字
定 价 58.00元

前 言

哲学社会科学是人们认识世界、改造世界的重要工具，是推动历史发展和社会进步的重要力量。哲学社会科学的研究能力和成果是综合国力的重要组成部分。在全面建设小康社会、开创中国特色社会主义事业新局面、实现中华民族伟大复兴的历史进程中，哲学社会科学具有不可替代的作用。繁荣发展哲学社会科学事关党和国家事业发展的全局，对建设和形成有中国特色、中国风格、中国气派的哲学社会科学事业，具有重大的现实意义和深远的历史意义。

中国社会科学院在贯彻落实党中央《关于进一步繁荣发展哲学社会科学的意见》的进程中，根据党中央关于把中国社会科学院建设成为马克思主义的坚强阵地、中国哲学社会科学最高殿堂、党中央和国务院重要的思想库和智囊团的职能定位，努力推进学术研究制度、科研管理体制的改革和创新，2006 年建立的中国社会科学院学部即是践行“三个定位”、改革创新的产物。

中国社会科学院学部是一项学术制度，是在中国社会科学院党组领导下依据《中国社会科学院学部章程》运行的高端学术组织，常设领导机构为学部主席团，设立文哲、历史、经济、国际研究、社会政法、马克思主义研究学部。学部委员是中国社会科学院的最高学术称号，为终生荣誉。2010 年中国社会科学院学部主席团主持进行了学部委员增选、荣誉学部委员增补，现有学部委员 57 名（含已故）、荣誉学部委员 133 名（含已故），均为中国社会科学院学养深厚、贡献突出、成就卓著的学者。编辑出版《中国社会科学院学部委员专题文集》，即是从一个侧面展示这些学者治学之道的重要举措。

《中国社会科学院学部委员专题文集》（下称《专题文集》），是中国社会科学院学部主席团主持编辑的学术论著汇集，作者均为中国社会科学院学部委员、荣誉学部委员，内容集中反映学部委员、荣誉学部委员在相关学科、专业方向中的专题性研究成果。《专题文集》体现了著作者在科学研究实践中长期关注的某一专业方向或研究主题，历时动态地展现了著作者在这一专题中不断深化的研究路径和学术心得，从中不难体味治学道路之铢积寸累、循序渐进、与时俱进、未有穷期的孜孜以求，感知学问有道之修养理论、注重实证、坚持真理、服务社会的学者责任。

2011 年，中国社会科学院启动了哲学社会科学创新工程，中国社会科学院学部作为实施创新工程的重要学术平台，需要在聚集高端人才、发挥精英才智、推出优质成果、引领学术风尚等方面起到强化创新意识、激发创新动力、推进创新实践的作用。因此，中国社会科学院学部主席团编辑出版这套《专题文集》，不仅在于展示“过去”，更重要的是面对现实和展望未来。

这套《专题文集》列为中国社会科学院创新工程学术出版资助项目，体现了中国社会科学院对学部工作的高度重视和对这套《专题文集》给予的学术评价。在这套《专题文集》付梓之际，我们感谢各位学部委员、荣誉学部委员对《专题文集》征集给予的支持，感谢学部工作局及相关同志为此所做的组织协调工作，特别要感谢中国社会科学出版社为这套《专题文集》的面世做出的努力。

《中国社会科学院学部委员专题文集》编辑委员会

2012 年 8 月

目　录

自　　序

这本《唐代文史研究丛稿》共收入笔者先后发表的唐代文史研究论文十八篇，依其内容分成三组，第一组收论文四篇，是对唐代文学史上一些较为重要问题的研究。如关于律诗定型于何时与何人之手的考察，又如联系唐代制度对文人出塞与盛唐边塞诗繁荣关系的研究，还有关于唐代的诗坛中心及其作用的探索，以及关于安史之乱前后的儒学复兴思潮是推进文体革新的直接动力的论述，等等。第二组收论文十篇，是关于高适、岑参、储光羲、杜甫、萧颖士、李华等盛唐诗人和文学家的生平事迹的考证，其中有一些论文，是针对这些作家生平事迹研究中存在的疑难或有争议的问题，发表自己的意见的；还有最后一篇，以三篇王维生平的考证文章为例，归纳、总结出考证古代作家生平事迹易犯的四种错误，以供研究者借鉴。第三组收论文四篇，是对有关唐代科举制与铨选制的某些问题的探讨。其中第一篇据梁玙墓志所载，将进士科试杂文用一诗一赋的时间，往前推进了 48 年，并进而对唐诗繁荣与进士科以诗赋取士的关系，作了自己的论述；第二篇在王勋成《唐代铨选与文学》研究的基础上，对唐代守选制的形成与发展作了进一步的全面研究，提出了若干自己的看法。第三、四篇就《登科记考》所称博学宏词制科与"拔萃科"进行辨析，指出其论述中存在的错误。这些论文最早的发表于 1963 年 8 月，最晚的发表于 2012 年 5 月，相距 49 年，从中或可见出笔者在文史研究领域跋涉的历程。

本书的出版，是中国社会科学院领导关怀的结果。首先是院领导有为本院的学部委员和荣誉学部委员各出版一本论文集的决定，由于笔者忝为荣誉学部委员，因而得以领受这种关怀。于是承担论文集出版任务的中国社会科学出版社与笔者联系，提出了对论文集编集的具体要求：一是专题性，二是字数控制在二十万至二十五万字。遵照上述要求，笔者确定：一是专选唐代文史研究方面的论文；二是以前的论文集《王维新论》（首都师范大学出版社 1990 年版）、《王维论稿》（人民文学出版社 2006 年版）收入的论文，本书一般不收，具体说来，就是除《储光羲生平事迹考辨》一文（曾作为附录收入《王维新论》）外，其余两个集子中的论文，本书一律不收；三是不是所有唐代文史研究方面的论文本书都收，而是从这些论文中，挑选部分自认为较有学术价值的论文，收入书中。

收入本书的论文，一般都保留历史原貌，不作改动（仅个别论文略作修改）。如《岑嘉州系年商榷》一文发表于 1963 年，其中有些说法，与经笔者修订的《岑参集校注》附录《岑参年谱》（上海古籍出版社 2004 年版）的说法已不一样，反映了笔者自己在探索过程中的认识变化，这次收入书中，即不作改动。

本书收入的论文，大抵都能出以己见，而非人云亦云之作。但书中的论文，毕竟多数是旧作，肯定会存在一些缺点和局限的，诚恳希望读者不吝赐教。

2012 年 7 月于北京西三旗寓所

论律诗定型于初唐诸学士

古今都说律诗定型于沈佺期、宋之问。这种说法最早见于唐独孤及《唐故左补阙安定皇甫公集序》："（五言诗）历千余岁，至沈詹事（佺期）、宋考功（之问），始裁成六律，彰施五色，使言之而中伦，歌之而成声，缘情绮靡之功，至是乃备，虽去雅浸远，其丽有过于古者，亦犹路鼗出于土鼓，篆籀生于鸟迹也。"元稹《唐检校工部员外郎杜君墓系铭》序也说："唐兴，学官大振，历世之文，能者互出，而又沈宋之流，研炼精切，稳顺声势，谓之为律诗。由是而后，文变之体极焉。"唐人自己的说法自然具有权威性，所以后代也就沿用其说。

但是，上述说法并非没有可怀疑之处。我们知道，律体是人们经历了两百年左右的不断探索、反复实践才得以形成的，很难想象它的最后定型竟然是由沈、宋两个人说了算。再者，武周、中宗朝的诗坛领袖是李峤（约645—约714），张说《五君咏·李赵公峤》说："李公实神敏，才华乃天授……故事遵台阁，新诗冠宇宙。"《新唐书·李峤传》说："峤富才思，有所属缀，人多传讽。""为文章宿老，一时学者取法焉。"沈佺期（约656—约713）、宋之问（约656—约712）在当时虽以诗知名，但比起李峤来，只是诗坛后辈，而且，李峤今存五言近体诗的合律程度，也高于沈、宋（说见下文），为什么不称李峤为律体的定型者却说沈、宋是定型者？另外，在武周朝，李峤和沈、宋虽同为"珠英学士"，但李峤是《三教珠英》修撰的主持人，而沈、宋则只是李峤手下的一般预修者；在中宗朝，李峤为修文馆首席大学士，而沈、宋则只是修文馆直学士（时修文馆置大学士、学士、直学士三等）；李峤"累官成均祭酒、吏部尚书。三知政事，封郑国公"[①]，

① 见《大唐新语》卷八《文章》，中华书局1984年版，第126页。

而沈、宋则不过做到了朝中的中级官员（沈在武周朝时官至给事中，中宗朝时官至太子少詹事；宋在武周朝时官至奉宸府内供奉，中宗朝时官至考功员外郎）。很显然，沈、宋在当时的地位、威望和影响力都远不能与李峤相比，那么，他们又依靠什么使人们唯其马首是瞻，遵循他们确定的格律作诗呢？如果对上述问题不能作出回答，那么人们对于律诗定型于沈、宋说法的怀疑也就难以消释了。

本文说“律诗定型于初唐诸学士”，所谓“诸学士”，指的是武周、中宗朝的珠英学士、修文馆学士。武则天在天授元年（690）达到称帝的目的后，渐热衷于文事，君臣唱和日盛。圣历二年（699），置控鹤府（后改为奉宸府），令内宠张易之、张昌宗监领，引文学之士薛稷、员半千、阎朝隐、宋之问等入府为内供奉。同年，命张昌宗召李峤、阎朝隐、徐彦伯、薛曜、于季子、沈佺期、徐坚、张说、刘知几、宋之问、崔湜、韦元旦等26人同修大型类书《三教珠英》于内殿，时称“珠英学士”。《唐会要》卷三六记述了这一情况并列有26个预修者的名单。《郡斋读书志》卷二〇载崔融编集预修《三教珠英》者47人所赋诗为《珠英学士集》五卷，但未列出47人的姓名。据今存《珠英学士集》残卷及《新唐书·李适传》、《唐诗纪事》卷六，可知在这26人之外，尚有李适、胡皓、刘允济、乔侃四个预修者。中宗即位后，听从上官昭容的建议，增置修文馆（即弘文馆，避皇太子李弘讳改为昭文馆，又改为修文馆）学士，并提高其地位。武则天称帝后，好改易唐制，弘文馆学士的地位较前有所下降，如修撰《三教珠英》这样的类书，依照旧例，应由弘文馆负责，而武则天却让新设立的奉宸府负责。又太宗、高宗时的弘文馆学士，具有宫廷文学侍从的身份，而则天朝的宫廷文学侍从，则是奉宸府内供奉、珠英学士。景龙二年（708），中宗敕李峤、赵彦昭等四人为修文馆大学士，崔湜、李适、李乂、刘知几等八人为学士，薛稷、宋之问、杜审言、沈佺期、阎朝隐、徐坚、韦元旦、徐彦伯、刘允济等十二人为直学士。这二十四学士的名单，见于《新唐书·李适传》、《唐会要》卷六四、《唐诗纪事》卷九。此外，据两《唐书》本传记载，张说、苏颋、崔日用也曾任修文馆学士，大概是后来又增补的。

为弄清律诗定型于何时及何人之手，有必要对初唐诗人今存作品的声律情况进行考察和统计。在这方面，北京大学杜晓勤的博士论文《齐梁诗歌向盛唐诗歌的嬗变》所附《初唐五言新体诗声律发展统计表》，可给我们提供帮助。《表》的统计包括所有初唐诗人，每个诗人之后列有以下几个栏目：新体诗（包括五言八句、五言四句、五言长律）总数、粘对混合律（指全诗各联之间既有粘又有不粘的格律形式）诗数及所占百分比、粘式律（指全诗各联之间均粘的格律形式）诗数及所占百分比、对式律（指全诗各联之间均不粘的格律形式）诗数及所占百分比。从《表》中的统计可以看出，自武德、贞观年间至武周、中宗时代，粘式律诗数在五言新体诗中所占的比例日渐增大，新体诗的律化程度越来越高，这个发展过程是渐进的。现在，笔者从《表》中抽取存有五言新体诗十首以上的初唐诗人（因为存诗数量过少，统计数字不大能说明问题，故仅取存十首以上者），依其新体诗合律程度的高低顺序，排列如下：徐彦伯（新体诗总数 14、粘式律诗数 14、所占百分比 100%）、李峤（164、156、95.12%）、宋之问（135、124、91.85%）、沈佺期（94、86、91.48%）、崔湜（23、21、91.30%）、李乂（30、27、90%）、杜审言（37、33、89.18%）、杨炯（28、23、82.14%）……由于粘式律的确立对律体的定型具有关键意义，故可以粘式律诗所占百分比，作为新体诗合律程度高低的标志。在以上所列合律程度最高的诗人中，徐、李、宋、沈、崔五人是“双料学士”（先为珠英学士，后为修文馆学士），李、杜二人是修文馆学士。在这些学士的新体诗中，粘式律诗都占了 90% 上下的比例，应该说律体在他们手中已经定型了。

律体定型的历史任务，为什么会落到学士们身上？我们知道，在整个初唐时代，宫廷诗苑始终居于诗坛的中心地位[①]，而宫廷诗苑的主力，则是一批学士。这种情况始于武德、贞观时代。武德四年（621），秦王李世民“锐意经籍，开文学馆以待四方之士”[②]，令杜如晦等 18 人并以本官兼任学士[③]，史称秦王府十八学士。在这些学士中，有谋臣、经学家、史学

① 参见余恕诚《唐诗风貌》第三章，安徽大学出版社 1997 年版，第 42—62 页。

② 见《旧唐书·太宗纪》，中华书局 1975 年版，第 28 页。

③ 十八学士的姓名，见于《全唐文》卷一四七褚亮《十八学士赞》。

家，更多的则是以诗文名世的人，如虞世南、褚亮、于志宁、许敬宗、刘孝孙、薛元敬等。李世民即位后，秦王府不复存在，于是文学馆学士便转成为弘文馆学士。《唐会要》卷五七："贞观中，秘书监虞世南等十八人，或秦府故僚，或当时才彦，皆以弘文馆学士会于禁中，内参谋猷，延引讲习，出侍舆辇，入陪宴私。"除十八学士外，贞观时太宗又陆续遴选若干文学之士入弘文馆，亦并以本官兼任学士或直学士。根据《唐会要》卷六四、《通鉴》武德九年及两《唐书》本传的记载，当时新进的学士、直学士有欧阳询、颜师古、萧德言、褚遂良、朱子奢、谢偃、上官仪等。因此可以说，贞观时的弘文馆，是武德时秦府文学馆的延续与扩充。当时唐太宗除"锐意经籍"外，还热衷学诗。他令诸学士轮番宿直，听政之暇，即引入内殿，或"讨论坟籍"，或吟咏唱酬①。当学士"出侍舆辇，入陪宴私"时，君臣间也常作诗唱和。另外，学士、重臣之间宴饮赋诗的风气也很流行，这样便形成贞观朝宫廷诗创作的盛况，而学士虞世南也成为当时诗坛的领袖人物。高宗朝宫廷诗苑的主力仍是一批学士，许敬宗、上官仪是当时诗坛的领袖，尤其是上官仪，诗作"绮错婉媚"，风靡一代，时人谓为上官体②。虽然高宗时许敬宗、上官仪皆累官至宰相，但仍都兼任着弘文馆学士（唐制，学士皆以他官兼任）。据《唐六典》卷八、杨炯《薛元超行状》及两《唐书》本传的记载，高宗朝在弘文馆任学士、直学士的尚有任希古、袁承序、李义府、来济、薛元超、刘胤之、刘祎之、高智周、孟利贞、郭正一、张大素、范履冰、韩思彦等，他们在当时大抵都有诗名或文名，多数人有诗作传留至今。

武周、中宗朝宫廷诗苑的主力也是一批学士（即上文说过的珠英学士、修文馆学士）。这个时期诗坛的领袖是"双料学士"李峤。珠英学士都是《三教珠英》的预修者。这部类书的修纂，可为文人士子学习诗文、采摭辞藻典故提供便利，同作诗关系密切③。《三教珠英》共一千三百卷，始修于699年，完成于701年，在近三年的修书过程中，学士们"日夕谈

① 参见《全唐文》卷一四三李百药《封建论》。

② 见《旧唐书·上官仪传》，中华书局1975年版，第2743页。

③ 参见闻一多《唐诗杂论·类书与诗》。

论，赋诗聚会”[1]，故有崔融集其所赋诗为《珠英学士集》。在已知姓名的30个珠英学士中，28人有诗作传留至今（仅李处正、蒋凤二人无诗作存留）。学士们还侍从武则天宴游，参与君臣唱和。如久视元年（700）武则天游石淙，赋七律一首，应制奉和的有李显（中宗）、李旦（睿宗）、武三思（武则天之侄）、狄仁杰（宰相）、张易之、苏味道、崔融等十六人[2]，其中张昌宗、李峤、阎朝隐、薛曜、徐彦伯、于季子、沈佺期七人为珠英学士。中宗时修文馆学士的诗歌创作也很活跃，已知姓名的学士凡27人（其中有12人为则天朝之珠英学士），均有诗作传留至今。中宗好宴享游乐，“凡天子飨会游豫，唯宰相及学士得从”，“帝有所感即赋诗，学士皆属和”[3]。当时君臣宴游唱和的规模之大，次数之频繁，以及制作出的诗篇数量之多，都远远超过太宗、武周朝。在学士赋诗属和时，还每“使上官昭容第其甲乙，优者赐金帛”[4]，形成了宫廷赛诗。学士们既是宫廷诗苑的主力，又能经常得到聚集在一起从事创作、探讨诗艺的机会，所以他们也就有了完成律体定型任务的条件与可能。前面谈过，在初唐诗人中，五言新体诗合律程度最高的是一些学士，这种情况的出现当非巧合，而是学士们在“日夕谈论，赋诗聚会”时，对选择和肯定粘式格律有了共识或达成默契的结果。由于这些学士居于当时诗坛的中心地位，具有足够的威望和影响力，其肯定与选择能够得到人们的认可，所以律体的形式也就固定了下来。又，修文馆（弘文馆）学士有“兼训生徒”之责（弘文馆有学生30人，皆皇亲国戚及功臣贵官之子），这使学士们能够通过“讲学授徒”的方式将已定型的律体向社会传布，从而也有助于律体的凝定。

自齐永明年间声律说的提出到律体的定型，整个发展过程是渐进的。武周、中宗朝的学士们之所以能够完成律体定型的任务，与其前辈学士们在这方面的努力探索与实践是不能分开的，没有前辈学士们所做的各种准备，律体定型的任务也就难以在武周、中宗朝完成。弘文馆学士职“司撰

---

① 见《旧唐书·徐坚传》，中华书局1975年版，第3175页。

② 16人的姓名，见《全唐诗》卷四六狄仁杰《奉和圣制夏日游石淙山》解题。

③ 见《新唐书·李适传》，中华书局1975年版，第5748页。

④ 见《资治通鉴》卷二〇九，中华书局1956年版，第6622页。

著"[1]。武德、贞观朝的学士们首先致力于类书的编纂，如欧阳询等奉敕撰成《艺文类聚》，高士廉、许敬宗、褚遂良等奉敕撰成《文思博要》[2]；又褚亮"贞观中奉敕与诸学士撰《古文章巧言语》"[3]，这些书同《三教珠英》一样，可为文人士子作诗提供便利，起到了引导人们学诗的作用。高宗朝的学士们又继续大量编纂类书，如许敬宗等撰《累璧》四百卷，许敬宗、孟利贞等撰《瑶山玉彩》五百卷，张大素撰《策府》五百八十二卷，孟利贞撰《碧玉芳林》四百五十卷等[4]；还编纂大型诗文总集，如许敬宗等编《文馆词林》一千卷，许敬宗、上官仪、孟利贞、元兢等编《芳林要览》三百卷等[5]。特别值得注意的是，上官仪作《笔札华梁》，元兢作《诗髓脑》，对诗歌的声律病犯、对仗技巧等进行探讨总结，直接促进了律体的趋向定型。其中元兢提出的"换头"规则[6]，对律体的趋向定型意义尤为重大。这个规则是对粘式格律的明确揭示，它标志着新体诗的律化已有了可遵循的规范，下一步只要人们在创作实践中加以广泛运用和认可，律体也就定型了。元兢于高宗龙朔元年（661）为周王府参军，总章（668—669）年中任协律郎，虽不是弘文馆学士，却与学士们关系密切。他曾和学士们一起修《芳林要览》，与上官仪之子上官庭芝同供职周王府[7]。他的《古今诗人秀句序》说："余以龙朔元年为周王府参军，与文学刘祎之、典签范履冰，时东阁已建，期竟撰成此录。"刘、范都是兼任弘文馆学士的人。《序》又说："常与诸学士览小谢诗，见《和宋记室省中》，诠其秀句，诸人咸以谢'竹树澄远阴，云霞成异色'为最。余曰……于是咸服，恣余所详。"言及自己同诸学士讨论诗艺的情况。所以"换头"规则的提出，恐怕不是元兢个人的独得之秘，而是前贤尤其是学士们在创作新体诗的过程中试用粘式律的经验积累到一定程度的产物，或者说是对他们的诗歌律

① 见《唐六典》卷八，中华书局 1992 年版，第 254 页。
② 以上见《新唐书·艺文志》、《唐会要》卷三六。
③ 见《文镜秘府论·南卷·集论》引元兢《古今诗人秀句序》。
④ 以上见《新唐书·艺文志》。
⑤ 同上。
⑥ 见《文镜秘府论·天卷·调声》引《诗髓脑》。
⑦ 见两《唐书·上官仪传》。

化经验的总结与升华。根据杜晓勤《表》中的统计，杨炯（650—约694）的粘式律诗在其新体诗中所占的比例已高达82.14%，这距律体的定型可以说是只有一步之遥了。杨炯的这一律化成绩的取得，正是实践元兢“换头”规则的结果。杨炯比李峤小约五岁，但较李早卒约二十年，生活的时代下跨入武则天朝大约十年。他也不是弘文馆学士，但与学士们的关系同样密切。杨炯在高宗显庆四年（659）十岁时应神童举及第，十一岁开始“待制弘文馆”；上元三年（676）补校书郎；永淳元年（682），受到与上官仪“文章款密”、兼任弘文馆学士的宰相薛元超的举荐，任太子詹事司直，兼崇文馆学士（崇文馆属东宫，比照门下省之弘文馆而设），同时任学士的还有崔融、徐彦伯[①]；天授元年（690），与宋之问同值习艺馆，并结为知交[②]。杨炯的新体诗合律程度高，当与他同诸学士、宫廷诗苑中人长期的密切来往有关（他今存的诗也带有较多宫廷诗的印记），而不能仅仅看成是他个人取得的成果。

律体估计在武周朝后期已基本定型。在李峤的合律程度很高的164首五言新体诗中，有120首是咏物组诗《杂咏诗》，它全用五律体裁（五言八句），按照类书的类别细目，逐项歌咏。葛晓音在《创作范式的提倡和初盛唐诗的普及》[③]一文中提出，这一组诗作于武周朝，它为初学者提供了便于效仿的创作范式，具有“作诗入门”的性质，它的出现，“标志着初唐律诗至此已成熟到了可以广为普及的程度”。这一看法不为无据。699年（杨炯卒后五年），李峤以宰相兼任珠英学士，和张昌宗一起主持类书《三教珠英》的修撰；700年，李改任成均祭酒（国子监最高长官。武后垂拱元年改国子监为成均监），仍主持《三教珠英》的修撰；直至《三教珠英》修成后两年，李仍任祭酒之职。修类书与官祭酒两事，应该就是李峤咏物组诗的写作背景，如果这个推测合理，那么这一组诗的写作，当是为了给国子监诸学生徒提供学作律体的范文。

既然律诗完成于诸学士之手，不只是沈、宋两人的功劳，那么，唐人

① 见杨炯《杨盈川集》卷一《庭菊赋》。

② 见《全唐文》卷二四一宋之问《祭杨盈川文》。

③ 葛晓音：《创作范式的提倡和初盛唐诗的普及》，《文学遗产》1995年第6期。

为什么却要说律体定型于沈、宋呢？首先有一个事实值得注意：与沈、宋同时或稍后的人，未曾说过沈、宋是律体的创制者。最早提出律体定型于沈、宋说法的独孤及《皇甫公集序》，作于大历七年（772），离沈、宋辞世大约已有六十年。这时候人们回顾诗史，感到在律体的创作上，沈、宋“如锦绣成文”[①]，技艺在同时代人中最为纯熟，于是很自然地就把他们视作完成律体定型工作的诸学士的代表。独孤及在《序》中叙五言诗的发展演变，初唐时代只提沈、宋，高仲武《中兴间气集》卷上评钱起诗时也说：“士林语曰：前有沈、宋，后有钱、郎。”司空图《与王驾评诗书》说：“国初主上好文雅，风流特盛。沈、宋始兴之后，杰出于江宁，宏肆于李、杜，极矣。”《唐摭言》卷三《慈恩寺题名游赏赋咏杂纪》载华州榜“薛侍郎诸门生诗”云：“机云笔舌临文健，沈、宋篇章发韵清。”都把沈、宋看成是初唐诗歌的代表人物。沈、宋生前的声名不如李峤，身后的声名则超过李峤，类似的现象在唐代诗歌史上是屡见不鲜的。由把沈、宋视作完成律体定型工作的诸学士的代表，进而奉为律体的创制者，也合乎古人的思维定式和历史观，不难理解。如古人将仓颉奉为汉字的创制者，又往往把五、七言诗的产生归结为某个诗人的个人创造，就都是这同一思维定式和历史观的表现。另外，元稹称“沈宋之流”为律诗的创制者，则他也不认为完成律体定型工作的只有沈、宋二人，与我们的看法相吻合。

（原载《文学遗产》2000 年第 1 期）

① 见《新唐书·文艺传》，中华书局 1975 年版，第 5751 页。

关于文人出塞与盛唐边塞诗的繁荣

一

边塞诗是盛唐诗歌高峰上最鲜明的一个标志①。说到盛唐边塞诗繁荣的原因，研究者每好引用胡震亨《唐音癸签》卷二七的一段话加以说明："唐词人自禁林外，节镇幕府为盛。如高适之依哥舒翰，岑参之依高仙芝，杜甫之依严武，比比而是。中叶后尤多。盖唐制，新及第人，例就辟外幕。而布衣流落才士，更多因缘幕府，蹑级进身。"即据此认为，盛唐时文人入幕已蔚为风气，这促进了边塞诗创作的长足发展。而戴伟华《对文人入幕与盛唐高岑边塞诗几个问题的考察》（以下简称"戴文"）则指出②，胡氏的说法"有相当多的问题"，首先，所谓"新及第人，例就辟外幕"者，只是安史之乱后中晚唐的大致情况；其次，盛唐文人入节镇幕府者并非"比比而是"，文人入幕府的盛况只是在中晚唐时才出现。确实，开元、天宝时仅于边地置节度、经略使，凡有十镇；安史乱后则在内地遍设节度、观察使，新增置的节镇达四十多个，所以文人入幕之盛，开元、天宝时无法同中晚唐时相比，胡氏的概括欠严密。但是，中晚唐文人所入幕府多在内地，盛唐文人所入幕府则都在边地，前者与边塞诗的创作无多大关系，后者则与边塞诗的创作关系密切，因此我们研究盛唐边塞诗，有必要对当时文人入边幕的情况进行具体、细致的考察，"戴文"和戴伟华嗣后出版

① 参见林庚《唐诗综论》，人民文学出版社1987年版，第59页。

② 戴伟华：《对文人入幕与盛唐高岑边塞诗几个问题的考察》，《文学遗产》1995年第2期。

的专著《唐代使府与文学研究》（以下简称“戴书”）[①]，就作了一番学界过去未曾作过的这种考察，这自然很有意义。通过这种考察，“戴文”得出如下结论：学界那种盛唐文人入边幕蔚为风气的说法“大有偏颇之处”；“高适、岑参等著名诗人入边幕在当时也还是个别现象，真正是边地幕府中的士人屈指可数”；“高、岑的入边以及唐代诗坛上产生如此独特的盛唐边塞诗，乃取决于作者的个性；而个性所造成的总是个别现象”。“戴书”也说：盛唐“入幕文士极少，高适、岑参入幕纯属个别现象，他们的创作通常情况下是一个人行为”（第166页）。如果实情确如作者所说，则高、岑的边塞诗创作似乎是一种个别和孤立的现象；而且只能说高、岑的入边幕与其边塞诗创作有密切的关系，而很难说文人入边幕任职同盛唐边塞诗的繁荣有多少关系了（“戴文”承认文人入边幕是盛唐边塞诗繁荣的原因之一）。这些问题对于盛唐边塞诗的研究并非无关紧要，所以值得作进一步研究和讨论。

“戴文”得出上述结论，是以自己的考证为依据的。“戴文”说，“从开元初到天宝末约四十年间”，可考出的入幕“文士”仅有朔方四人（郭虚己、牛仙客、萧直、杜鸿渐）、陇右二人（哥舒翰、严武）、河西十一人（薛仪、牛仙客、郭虚己、王维、许远、高适、吕諲、萧昕、严武、李华、杨炎）、安西四人（岑参、李栖筠、萧沼、张谓）、河东二人（王翰、孙逖）、幽州二人（樊衡、徐浩）、剑南三人（杨仲昌、蔡希周、许远），合计共七镇二十八人次[②]。其中郭虚己、牛仙客、严武、许远四人两度入幕，哥舒翰、牛仙客、郭虚己三人“显为武夫”[③]，李华一人本系误考[④]，若都加以删除，实际就只剩二十人了，确乎“屈指可数”。现在的问题是，以上统计数字，距离当时的实际究竟有多远？是否“有很大的参考价值”？“戴文”所定“文士”的标准有两条，一是进士及第者，二是有诗文留存

---

① 戴伟华：《唐代使府与文学研究》，广西师范大学出版社1998年版。

② 开元、天宝时的节镇共有十个，尚有北庭、平卢、岭南三镇“戴文”未作考证。

③ 郭虚己历任侍御史、左庶子、御史中丞、工部侍郎、户部侍郎、工部尚书，皆为文官，不知“戴文”为何称其为“武夫”？参见《元和姓纂四校记》卷一〇，《唐仆尚丞郎表》卷一二、二一、二二。

④ 李华所说“哥舒表华，掌记辕门”，盖指天宝十四载十二月哥舒翰受命守潼关后，辟李华为幕府掌书记，其事与河西镇无涉。参见拙作《李华事迹考》，《文献》1990年第4期。

者，两条中只要有一条符合，即可列入“文士”范围。在这两条标准中，应该说第一条是相当严的。例如，唐时的明经科和制科，均需试时务策，其及第者中，岂能没有能为文堪称为“文士”的人？又，习进士业而应试落第者，难道都算不得真正的“文士”？还有大量凭门荫入仕的人，难道都是没有文才的武夫？所以，我们如果将“文士”的标准适当放宽，入围的“文士”肯定会大为增加。不过，既然“戴文”已定下这样的标准，我们也就姑且依此标准来讨论问题。上述“戴文”已考出的入幕“文士”，绝大多数符合所定的标准，但其中也有两人例外，一是朔方镇萧直，明经及第，二是河西镇薛仅，制举“才高未达，沉迹下僚”科登第，两人均无诗文留存。下面，拟谨依“戴文”所定的标准（不收例外），考证一下开元、天宝时（自开元元年至天宝十四载，共四十三年）入边幕任职的“文士”是否真像“戴文”所说的那么少。“戴文”共考察了七个镇，为省篇幅，本文只想对其中的幽州、朔方、河西、安西四镇作考证，至于其余各镇的情形，读者自能举一反三。这里必须说明一点，即“戴文”所考的入幕文士，是指文职僚佐，笔者这里则指所有在边幕任职的文士，包括府主。像曾任节度使的崔日用、苏颋、张说等人（见下），既是文士，又有边塞诗传留，我们研究盛唐边塞诗的繁荣与文人入幕的关系，不宜撇下他们。

幽州（天宝元年更名范阳）：“戴文”只考出二人，实际可考出者尚有以下八人。

张说，开元六年至七年为幽州都督、河北节度使。说制举登第，有诗文集三十卷传世。

王晙，开元八年为幽州节度使（《唐方镇年表》卷四）。晙明经及第。今存诗一首（《全唐诗》卷九九）、文五篇（《全唐文》卷二九八）。

张嘉贞，开元十四年为定州刺史、北平军（幽州节度使所统九军之一）使（两《唐书》本传）。嘉贞五经举及第。今存诗三首（《全唐诗》卷一一一）、文八篇（《全唐文》卷二九九）。

李适之，开元二十七年至二十九年为幽州节度使（两《唐书》本传）。今存诗三首（《全唐诗》卷一〇九）、文四篇（《全唐文》卷三〇四）。

裴宽，天宝初为范阳节度使（两《唐书》本传）。宽明经及第，又举拔萃科，《旧唐书》本传称其“以文词进”。今存文一篇（《全唐文》卷二七八）。

颜杲卿，天宝末为范阳节度使安禄山营田、支度判官，摄常山太守（颜真卿《颜元孙神道碑》、《新唐书·颜杲卿传》）。杲卿为真卿从兄，以门荫授官，开元中曾赴选，以书判超等为吏部侍郎席豫所赏识（《新唐书》本传）。今存文一篇（《唐文拾遗》卷一九）。

畅璀，《旧唐书》本传："乡举进士。天宝末，安禄山奏为河北海运判官。"按，据《新唐书·方镇表》，开元二十七年"幽州节度使增领河北海运使"，时安禄山盖以范阳节度使兼领河北海运使，璀即其幕府中掌协助处理海运事务的僚佐。璀为诗人畅当之父。今存赋一篇（《全唐文》卷三九四）。

李史鱼，梁肃《李史鱼墓志铭》："上方锐意武功，宠厚边将，拜公殿中侍御史，参安禄山范阳军事。"（《全唐文》卷五二〇）史鱼开元二十一年制举多才科登第（《登科记考》卷八）。今存文一篇（《唐代墓志汇编》[①]圣武〇〇一）。

朔方："戴文"只考出四人，实际可考出者尚有以下十三人。

赵彦昭，开元元年为朔方道大总管（《通鉴》卷二一〇），苏颋、张说皆有诗送其"赴朔方军"。彦昭进士及第（《新唐书》本传）。今存诗一卷（《全唐诗》卷一〇三）。

徐秀（《新唐书·宰相世系表》、《元和姓纂》卷二作"琇"），颜真卿《徐秀神道碑》："幼而聪悟，笃学能属文。……调补幽都县尉，充相国、尚书赵彦昭朔方节度判官。"秀长安二年进士及第（《登科记考》卷四）。无诗文留存。

王晙，开元中为朔方节度使多年（《唐方镇年表》卷一）。其余见前。

吕延祚，《通鉴》玄宗开元三年九月："壬戌，以凉州大总管薛讷为朔方道行军大总管，太仆卿吕延祚、灵州刺史杜宾客副之，以讨突厥。"事又见《全唐文》卷二一玄宗《授薛讷朔方道行军大总管吕延祚杜宾客副总管制》。延祚善文，有《进集注文选表》（《全唐文》卷三〇〇）传世。

张说，开元十年为朔方节度使（《通鉴》卷二一二）。其余见前。

---

① 《唐代墓志汇编》，上海古籍出版社 1992 年版。

李祎，开元中为朔方节度使多年（《唐方镇年表》卷一）。祎封信安郡王。今存诗一首（《全唐诗》卷六）、文一篇（《全唐文》卷一〇〇）。

萧嵩，开元十五年为朔方节度使（《唐会要》卷七八）。嵩开元初尝官中书舍人（掌草诏，见两《唐书》本传）。今存诗二首（《全唐诗》卷一〇八）、文三篇（《全唐文》卷二七九）。

寇洋，《唐代墓志汇编》天宝一三六贺兰弼《寇洋墓志铭》："寻转泾州司马，累充朔方军节度判官，元帅户部尚书王晙、兵部尚书萧嵩悉以金革之事咨于幕下。"洋连应制科材称栋梁、拔萃出类及县令举，皆登第（见《寇洋志》）。今存文一篇（《唐代墓志汇编》开元二五〇）。

陈九言，《全唐文》卷三〇八孙逖《授陈九言起居舍人刘贶起居郎制》："朝议郎守太子舍人摄殿中侍御史、朔方节度判官陈九言……可行起居舍人，散官如故。"九言开元二十九年官右司员外郎时，撰《尚书省郎官石记序》，由著名书法家张旭书写，刻于石（今存），其任朔方节度判官，在开元二十四年之后[①]。

王忠嗣（初名训），自开元二十九年至天宝五载为朔方节度使（《旧唐书》本传）。今存诗一首（《全唐诗》卷七七四，署名"王训"）、文一篇（《全唐文》卷三六三）。

库狄履温，《全唐文》卷三〇五库狄履温《让起复表》："伏奉恩敕，授臣驾部员外郎，充朔方军判官。"寇坦有《同张少府和库狄员外夏晚初霁南省寓直兼充节度判官之作》（《全唐诗》卷一二〇），库狄员外即库狄履温，有诗一首（《全唐诗》卷一二〇）、文二篇传世。

李玮，《通鉴》天宝十载正月："丁酉，命李林甫遥领朔方节度使，以户部侍郎李玮知留后事。"玮曾知天宝九载贡举。今存文一篇（《全唐文》卷三七二）。

郭子仪，天宝中至天宝末，历任振远军使、天德军使（均隶属朔方节度使）、朔方节度右兵马使（两《唐书》本传）。今存诗二首（《全唐诗》卷一〇九）、文十二篇（《全唐文》卷三三二）。

---

① 孙逖开元二十四年始任掌草诏之中书舍人（《旧唐书》本传），其所撰制书最早只能作于开元二十四年。

河西："戴文"只考出十人[1]，实际可考出者尚有以下九人。

杨敬述，开元四年至九年为凉州都督、河西节度使（《唐刺史考》[2] 卷三九）。今存《奉和圣制夏日游石淙山》诗一首（《全唐诗》卷八〇）。

张敬忠，开元十一年为河西节度使（《唐会要》卷七八），以《边词》诗知名。今存诗二首（《全唐诗》卷七五）、文二篇（《全唐文》卷二七七）。

萧嵩，开元十五至十六年为河西节度使（《旧唐书·玄宗纪》、《通鉴》卷二一三）。其余见前。

裴宽，《旧唐书》本传："萧嵩为河西节度使，奏宽及郭虚己为判官。"其余见前。

崔希逸，开元二十四至二十六年为河西节度使（《唐方镇年表》卷八）。今存诗二首（《全唐诗续拾》卷二一一）、文一篇（《全唐文》卷三〇五）。

皇甫惟明，天宝五载任河西、陇右节度使（《通鉴》卷二一五）。今存文一篇（《全唐文》卷三五七）。

王忠嗣，开元中河西节度使萧嵩引为兵马使，天宝五载至六载任河西、陇右节度使（两《唐书》本传）。其余见前。

哥舒翰，天宝初事河西节度使王倕，天宝五载河西节度使王忠嗣以为大斗军副使。十二载至十四载任河西、陇西节度使（《旧唐书》本传、《通鉴》卷二一六、二一七）。其余见"戴文"。

裴冕，《旧唐书》本传："河西节度使哥舒翰表为行军司马。"今存文二篇（《全唐文》卷三七八）。

安西："戴文"只考出四人，实际可考出者尚有以下七人。

张嵩（一作孝嵩），《新唐书·郭虔瓘传》："陕王为安西都护，诏虔瓘为副。……久之，卒军中。以张孝嵩为安西副都护。孝嵩伟姿貌，及进士第，而慷慨好兵。""孝嵩"《旧唐书·郭虔瓘传》作"嵩"，其官安西副都护在开元七年至十二年（《唐刺史考》卷四六）。今存赋一篇（《全唐

① 李华一人已删除。

② 《唐刺史考》，江苏古籍出版社 1987 年版。

文》卷三二八)。

赵颐贞,《新唐书·赵冬曦传》:“兄夏日,弟和璧、安贞、居贞、颐贞、汇贞,皆擢进士第。……颐贞安西都护。”颐贞开元十四年至十六年为安西副大都护(《通鉴》卷二一三)。今存文二篇(《全唐文》卷二九六)。

章仇兼琼,张九龄《敕碛西支度等使章仇兼琼书》:“敕碛西支度、营田等使兼知长行事、殿中(侍)御史章仇兼琼……”(《全唐文》二八七)碛西即安西,见《唐会要》卷七八。孙逖《授章仇兼琼主客员外郎制》:“敕殿中侍御史章仇兼琼……顷逾沙碛,能正纠绳……可尚书主客员外郎。”(《全唐文》卷三〇八)此制书作于开元二十四五年[①],其时兼琼盖自碛西支度等使入为主客员外郎,故制书中有“顷逾沙碛”等语。开元二十七年,兼琼自主客员外郎出为益州司马,寻迁剑南节度使(见《唐尚书省郎官石柱题名考》卷二六)。今存文一篇(《全唐文》卷四〇五)。

许远,《旧唐书》本传:“初从军河西,为碛西支度判官。章仇兼琼镇剑南,又辟为从事。”盖兼琼为碛西支度使时,尝引许远为支度判官。其余见“戴文”。

独孤峻,《旧唐书·封常清传》载,安西四镇节度使夫蒙灵詧幕中[②],有“判官刘眺、独孤峻”。峻今存文一篇(《全唐文》卷三三〇)。

刘单,《旧唐书·高仙芝传》载,天宝六载安西节度副使高仙芝远征小勃律,九月末,“还播密川,令刘单草告捷书”。天宝十载,岑参有《武威送刘单判官赴安西行营便呈高开府》诗,高开府即安西节度使高仙芝[③],则刘单尝于天宝六载至十载在安西幕府中任职。单天宝二年登进士第,为状元(《登科记考》卷九)。

封常清,天宝六载十二月,为安西节度判官,天宝十一载,为安西节度使,天宝十三载,又兼任北庭节度使(《旧唐书》本传)。常清有文才,《旧唐书》本传说:“外祖犯罪流安西效力,守胡城南门,颇读书,每坐常

① 孙逖开元二十四年始任中书舍人(掌草诏)。

② 夫蒙灵詧开元二十九年至天宝六载为安西节度使,见《唐方镇年表》卷八。

③ 《通鉴》天宝十载正月:“安西节度使高仙芝入朝……加仙芝开府仪同三司(文散官一品)。”

清于城门楼上，教其读书，多所历览。”“常清于幕中潜作捷书出……（高）仙芝所欲言，无不周悉，仙芝大骇异之。”“常清有才学，果决。”今存文一篇（《全唐文》卷三三〇）。

以上考出的入幕任职的文士，其数量虽已大大超过“戴文”所考，但绝不敢说根据现存资料，凡可考者笔者都已考出了。至于受现存资料的限制无法考出的入幕文士，应该说还有不少。“戴文”也承认这一点，说限于现存材料，自己考出的七镇28人，“不能完全反映当时的实际”。在这里应特别补充一点，即安史之乱的破坏，造成了作家作品和官府文书的大量丧失。如王维的作品，“天宝事后，十不存一”（《旧唐书·王维传》）；常衮《卢正已墓志铭》说：“自胡马入洛，三川大残……中台文书，尽成灰烬。”（《全唐文》卷四二〇）安史之乱是在人们正陶醉于承平时突然发生的，人们来不及做任何应变的准备，叛乱的这种突发性增大了它的破坏性，所以现存的初盛唐资料明显少于中晚唐资料，开元、天宝时的许多入幕文士也就无从考出了。根据上述情况，加上“文士标准参照进士及第和作品留存尚有其局限”（“戴文”），所以应该说“戴文”所考出的28人，距离当时的实际是相当遥远的。

二

为了进一步弄清盛唐文人入边幕的情况，有必要对当时文人入幕的原因以及文人入幕与仕进的关系作一番考察。

盛唐文人多有积极用世的思想、建功立业的壮志，他们写的不少边塞诗，往往有抒发驰驱沙场、杀敌报国豪情的内容，因此不能不说为国安边是文人入幕的动机之一。但是，他们入幕的一个更为重要更为实际的原因应是：入幕是文人仕进的一条途径。这包含两方面的内容，一是未释褐者通过入幕以释褐，二是已释褐者通过入幕而进身。

先谈第一方面的内容。唐代制度规定，边帅可以自辟僚佐。《通典》卷三二载，唐采访、节度等使之僚佐，“皆使自辟召，然后上闻，其未奏报者称摄”。《通鉴》大历十四年（779）载沈既济上选举议也说：“今诸道节度、都团练、观察、租庸等使，自判官、副将以下，皆使自择。”这种制度使得那些在科举考场上失利、入仕无门的文士，有可能通过入幕而释褐。如《全唐文》卷五〇〇权德舆《王崇术神道碑》："开元中，举孝廉，仍岁为有司所诎，因罢卷慨息，慕班超、傅介子之为人，遂从河西节度使杜尚书暹，抚剑相合。"又《姚南仲神道碑》："烈考发，天宝中，举秀才，十上不合，慨然自奋，从西平王哥舒翰于陇上，积功劳至右领军卫将军。"还有不走科举道路的年轻文士因投笔从戎而释褐的，如《唐代墓志汇编》天宝一〇六《朱光宙志铭》："早闲经史，尤工翰墨，弱冠卓立，时人伟之。开元十五载，陇右、河西寇□孔炽，公弃笔从戎，戮力致讨……爰授上柱国、义阳郡钟山县尉。"又有科举及第后不等吏部授官而自入边幕求仕从而释褐的，如《唐代墓志汇编》开元一九六《樊庭观墓志铭》："遂以明经擢第。既而叹曰：'大丈夫当立功绝域，安能坐事散儒！'于时玉塞兵连，金河使断，杖剑聿从于幕府，援绳誓缚于凶渠。献凯之期，功无与贰……承资入选，释褐授昭武校尉、左玉钤卫长上。"唐时科举登第者尚需经吏部铨选方得授官，至"有出身二十余年不得禄者"[①]，所以便有了得第者不等待吏部授官而自入边幕求仕的情况。上述入幕的文士，其幸运者得为边帅直接辟为僚佐从而释褐，更多的情况则是，入幕后累积一定的资历或军功，才得以释褐，如上文谈到的朱光宙、樊庭观，就都是如此。

"戴书"有一种说法，即认为唐代幕府取士虽不问出身，但"事实上幕府取布衣入幕尚在少数"，唐武宗会昌五年（845），还曾下敕文规定以后不得更许辟无出身者入幕（第31、32页）。应该说，这是中晚唐的情况，开元、天宝时的情况不见得是这样。安史之乱后藩镇割据，其中为害最烈的河北三镇（魏博、成德、幽州），占有19州113县，割据长达156年，淄青镇占有12州63县，割据凡54年，此外还有淮西、泽潞等一些较弱的割据者，他们都"以土地传子孙"，"擅署吏"（《新唐书·藩镇传序》）；另外代宗广德元年（763），吐蕃尽取河西、陇右19州60县之地，这两者相加，即有数十州数百县非朝廷所有，于是造成朝廷得以署授的官吏员额大减（唐时官吏皆有定员，吏部不得超编授官）。而当时每年科举录取的

① 《通鉴》卷二一三，开元十八年。

人数，又比开元、天宝时有所增加①，所以就出现了及第后等待授官的人很多而官位的空缺额却少，许多人登第多年后仍不得授官的问题。上文谈到，安史之乱后新增设的节镇达四十多个，它们各置有僚佐，这等于新增了若干官员的编制，但如果将这些编制过多地给予那些无出身者，则登第多年后仍不得授官的问题依旧难以解决，科举制也会逐渐走向崩溃，所以就只好对入幕者的出身作限制性的规定。这种规定无疑是根据现实的情势作出的，而开元、天宝时并无类似的情势，自然也不会有类似的规定。

入边幕之所以能成为盛唐文人释褐的一条途径，还与科举在当时选官制度中的地位有关。唐代选择官吏，主要有科举、以门荫入仕和流外入流三种途径，初盛唐时，科举在这三种途径中的地位并不是最重要和最突出的。开元十七年国子监祭酒杨玚上《谏限约明经进士疏》说："自数年以来，省司定限，天下明经进士及第，每年不过百人……臣窃见流外入仕、诸色出身，每岁尚二千余人，方于明经进士，多十余倍。"② 大历中洋州刺史赵匡作《举选议》也称科举入仕者和以其他途径入仕者之间为"此一彼十，此百彼千"③。考虑到杨、赵之文皆旨在为习举业者入仕的艰难鸣不平，所称一比十或十余的比例有可能夸大其词，所以笔者决定对当时这两者的实际比例作一番考察。首先，笔者从《唐代墓志汇编》中找出所有开元、天宝年间任过流内文武职事官的人（共有408人），然后根据其各自墓志的记载逐一弄清他们的入仕途径，最后再进行统计，结果发现408人中，科举入仕者99人④，占24%；以门荫入仕者191人，占46.8%。可见门荫入仕者在当时的官场中拥有很大的势力，科举入仕者在所有入仕者中的比重并不大。有限的官员编制既然多数为非科举入仕者所挤占，于是也就形成"没齿而不登科者甚众，其事难，其路隘也如此；而杂色之流⑤，广通

---

① 玄宗时进士、明经每年录取的人数不过百人；唐后期，仅明经每年即录取一百至一百一十人，进士录取数则大抵与开元、天宝时持平（每年二三十人）。参见吴宗国《唐代科举制度研究》，辽宁大学出版社1997年版，第199、200页。

② 《全唐文》卷二九八、《通鉴》卷一七。

③ 《通典》卷一七，编年据《唐刺史考》卷二〇九。

④ 其中进士科24人，明经及诸科（明法、神童举等）56人，制科14人，武举5人。唐人有连应数科者，此处依首次登第的科目作统计。

⑤ "杂色之流"指各色科举以外的入仕者。

其路也”（赵匡《举选议》）的局面。一般地主家庭出身的文士，不能凭门荫入仕，如果科举的隘路再走不通，也就只有走流外入流等路了。但流外入流者升迁缓慢，“不得任清资要官”（《旧唐书·职官志一》），还往往被“士流”瞧不起，所以有些人便选择走从军入幕的道路。这条路虽然也相当狭窄，但较之流外入流，升迁较快，也有可能当高官，仍不失为一种较好的选择。

现在谈第二方面的内容。已释褐者能否通过入幕而进身呢？回答应该是肯定的。“戴书”说：“在盛唐，文人立功边地是一良好愿望，真正投笔从戎而高迁的，几乎没有。”（第116页）这话不符合当时的实情，仅就“戴文”考出的七镇入幕文士和笔者上文考出的四镇入幕文士而言，天宝年间当过节镇僚佐，后来仕至高官的就有：杜鸿渐，河西节度使、丞相；严武，剑南节度使、黄门侍郎；高适，淮南、剑南西川节度使；吕諲，丞相、荆南节度使；萧昕，工部、礼部尚书；杨炎，吏部侍郎、丞相；李栖筠，工部侍郎、浙西观察使；张谓，礼部侍郎；裴冕，丞相、剑南西川节度使；哥舒翰，见前；独孤峻，浙东观察使；封常清，见前[①]。开元或开元以前当过幕僚，安史之乱以前仕至高官的也有：郭虚己，剑南节度使、工部尚书；牛仙客，河西节度使、丞相；孙逖，刑部侍郎、太子詹事；张说，万岁通天元年（696）从清边军总管王孝杰讨契丹，为管记，其余见前；裴宽，见前；吕延祚，工部侍郎；王忠嗣，见前；张敬忠，神龙三年（707）入朔方军总管张仁愿幕，其余见前；章仇兼琼，见前[②]。当然，以上这些人并不是当一任幕僚就骤贵的（那样同唐代官员的迁转常规不相合），他们的高迁也还会有其他原因，但亦应该承认，入边幕为僚佐，是其升迁阶梯之一级，特别是那些升为节度、观察使的（在上述诸人中居多数），其升迁同他们当过幕僚的经历应有密切关系。入幕文士中自然也有许多失意者，但不能因此否认入幕能使不少文士“蹑级进身”，犹如考中进士的人多数不

---

① 以上诸人各见两《唐书》本传，张谓见《唐诗纪事》卷二五，独孤峻见《唐方镇年表》卷五。哥舒翰、封常清系入幕后方释褐，释褐后又渐升迁至边帅的，与其他人有所不同。

② 以上诸人各见两《唐书》本传，郭虚己见《唐方镇年表》卷六，吕延祚见《新唐书》卷六〇《艺文志》，张敬忠见《新唐书·张仁愿传》。

能官至高位，但不能因此否认考中进士是文士获取高位的主要途径之一。

入幕后的文士进身的门径主要有二，一是立军功，二是受到边帅的赏识、提拔和举荐，这两者既有区别又有联系。如封常清，初入安西幕时只是高仙芝的"傔从"，接着因立军功而释褐，后又由于受到高仙芝的信重和提拔，终于官至节度使（《旧唐书·封常清传》）。边帅提拔和举荐自己的僚佐的事，初唐时即不罕见，如裴行俭累为边帅，"所引偏裨……至刺史、将军者数十人"（《旧唐书》本传）；张仁愿为朔方军总管时，"奏用监察御史张敬忠、何鸾、长安尉寇泚、鄠县尉王易从、始平主簿刘体微分判军事，太子文学柳彦昭为管记，义乌尉晁良贞为随机，敬忠等皆以文吏著称，多至大官"（《旧唐书》本传）。开元、天宝时，张说、萧嵩、哥舒翰为边帅，亦多荐拔其幕僚①。自唐初至开元年间，文臣任边帅的不算少，所以被荐拔者不会只是武夫。"戴文"说"以文吏为方面大帅，在安史乱前是很少有的"，这话也不大符合实情，如上文笔者考出的四镇入幕文士中，任边帅的就有十多个。又《通鉴》天宝六载云："自唐兴以来，边帅皆用忠厚名臣……功名著者往往入为宰相"，奸相李林甫为"专宠固位"，"杜边帅入相之路"，乃奏言："文臣为将，怯当矢石，不若用寒畯胡人。"《新唐书·李林甫传》也说："先天、开元中，大臣若薛讷、郭元振（震）、张嘉贞、王晙、张说、萧嵩、杜暹、李适之等，自节度使入相天子。"实际自边帅入相者，还应再补上牛仙客一人，另外开元宰相姚崇、宋璟、苏颋、裴耀卿也都有任边帅的经历②。毫无文才的边帅，是难以"入相天子"的，上述十三个曾任边帅的宰相中，即有九人科举出身③。边帅一旦入相，其僚属高迁的机会也就大增。如萧嵩为边帅时，重用牛仙客、裴宽、郭虚己、王忠嗣、张守珪等，入相后，又大力举荐他们④，遂皆官至高位。

---

① 如张说"喜延纳后进"（《旧唐书》本传），得其荐拔者甚多；《通鉴》天宝十三载有哥舒翰为其部将、僚佐论功、奏职的记载。

② 姚崇曾任灵武道大总管，宋璟曾任幽州都督、岭南五府经略使，苏颋曾任益州长史、剑南节度使，裴耀卿曾随信安王李祎征契丹，任副帅。

③ 只有薛讷、萧嵩、牛仙客、李适之四人非科举出身，但他们也未必是毫无文才的武夫。

④ 如《旧唐书·牛仙客传》说："及（萧）嵩入知政事，数称荐之。……竟代嵩为河西节度使。"《裴宽传》说："萧嵩为河西节度使，奏宽及郭虚己为判官，累年专见委任，嵩加中书令，宽历中书舍人、御史中丞、兵部侍郎。"

综上所述，说入幕是文人仕进的一条途径，应该是可以成立的。既然入幕已成为仕进的一条途径，当然也就不会只有个别的文人走这条路。为了证明盛唐文人入幕是个别现象，“戴书”还提出文人入幕“取决于其个性，而个性所造成的总是个别现象”，譬如高适“性拓落，不拘小节”，岑参“好奇”，所以都走向边幕，而“杜甫沉稳忠厚，不会走边幕”，等等（第198、199页）。不能说文人入幕与其个性、志向毫无关系，然而社会的环境、现实的际遇并不可能使文人都循性而行。盛唐文人每每视仕进为生活的首要目标，为了实现这一目标，是难免做违背个性之事的。即如高、岑等，“戴书”也说他们“是在正常仕途不得意的情况下，才走向边幕”的（第115、116页），则他们的入幕，并非首先“取决于其个性”。至于杜甫，事实上也打算入河西、陇右节度使哥舒翰幕府，只是没有那种机遇罢了。杜甫科举失利，入仕无门，天宝十载，献三大礼赋，玄宗“奇之”，命“送隶有司，参列选序”，但直到天宝十三载，授官的事仍无下文。这时他已四十三岁，贫病交逼，不得已作《投赠哥舒开府翰二十韵》献给哥舒翰，请求入幕[①]。闻一多《少陵先生年谱会笺》说：“唐制，从军岁久者，得为大郡。公交游中如高适、岑参辈，皆以不得志于中朝，乃走绝塞，投戎幕，以为进身之阶。……自李林甫死，杨国忠当国，公仍不见用，再三献赋，复不蒙省录。至是遂欲依翰，故因翰判官田梁丘投诗以示意。”[②]可见不论是高、岑的入成边幕还是杜甫的未入成边幕，都证明入幕是当时文人仕进的一条途径，在文人们看来，是否得以进身比起是否合乎个性，显然更为重要。况且，总不能说入幕文士的个性，都是清一色非“沉稳忠厚”型的吧？

三

谈到盛唐边塞诗的繁荣，若仅以文人入幕来加以说明是不够的，所以本文的题目不说“文人入幕”而称“文人出塞”，所谓出塞，至少应包括

① 诗末二句云：“防身一长剑，将欲倚崆峒。”仇注：“倚剑崆峒，欲参翰军谋也。”

② 见《唐诗杂论》，古籍出版社1956年版，第70页。

入幕、游边、使边三个方面。笔者上文已论证了盛唐文人入幕不是个别现象，不少文人入幕和对边塞军旅生活的真切体验，为盛唐边塞诗的繁荣和取得突破前人的成就，创造了必要的条件，这一点已有学者论及，此不多叙。需要补充的是，边地尚有不少州县官吏，他们虽非幕府成员（也有的兼任幕府僚佐），但亦较长时间居于边地，有对边塞生活的真切体验，也是推动边塞诗创作的一支力量。

游边同唐代士人的漫游之风有关，但游边也并非都同于具有旅游性质的一般漫游。由于入边幕是盛唐文人仕进的一条途径，所以有些文人游边也兼带着寻找入幕机会的目的。如高适北游幽蓟就是这样。开元十八年，契丹军事首长可突于率其族人并胁迫奚众一起投附突厥，从此连年侵犯唐的东北边地，直到开元二十二年十二月幽州节度使张守珪杀可突于后，幽蓟边地的战乱才基本平息。高适是在开元十九年秋赴幽蓟的，当时那里战事不已，气氛紧张："边尘涨北溟，虏骑正南驱。"（高适《塞上》）这样的环境岂宜旅游？所以他到幽蓟当带有寻找入幕和立功机会的目的。开元二十年春，信安王李祎率兵击奚、契丹，高适在边地作《信安王幕府诗》颂美幕中诸公，诗末八句明显有求他们援引入幕之意[①]。游边一般多在离内地较近的幽蓟、河东、河西、陇右一带，但也有远游至北庭的。例如岑参《与独孤渐道别长句兼呈严八侍御》："怜君白面一书生，读书千卷未成名。……兴来浪迹无远近，及至辞家忆乡信。无事垂鞭信马头，西来几欲穷天尽。"[②] 游边比起入幕，时间一般较短，但也有如高适之游幽蓟，在那里滞留了两年的。游边对边塞诗创作的促进作用，不宜低估。如高适游幽蓟期间，写了《蓟门五首》、《塞上》、《自蓟北归》、《营州歌》等不少边塞诗力作，他的流传极广的边塞诗名篇《燕歌行》，也是据在幽蓟时积累的实际生活体验创作的。这些诗直面现实，深切地表现了边塞征战生活的广阔场景和多种矛盾。高适后来入河西幕时写的诗，比起这些作品来都显得逊色。这时的高适作为游边者，身份自由，不像入幕文士那样对幕主具有一

① 参见刘开扬《高适诗集编年笺注》，中华书局1981年版，第39—46页。

② 此诗作于轮台（唐北庭节度使治所庭州之属县，在今新疆乌鲁木齐），时独孤渐欲自轮台还乡。

定依附性，所以观察现实冷静客观[①]，这也许是他能够创作出上述那样一些富有思想、艺术价值的边塞诗的一个主要原因。王昌龄也有游边的经历，开元十四年，诗人游河陇，同样带有寻找从军入幕机会的目的[②]，虽然失意而返，却在边塞诗的创作上取得累累硕果。王昌龄也是以一个游边者的自由身份从事创作的，他的边塞诗也像高适游幽蓟时的诗歌那样，具有厚重深广的现实内容和历久不衰的艺术魅力。崔颢曾入河东军幕，还曾到过唐的东北边塞[③]，殷璠《河岳英灵集》卷下说："颢少年为诗，属意浮艳……晚节忽变常体，风骨凛然，一窥塞垣，说尽戎旅。"谓"一窥塞垣"便使崔颢诗风大变，"一窥"两字很值得玩味，这说明即便游边时间不长，"一般不会深入"（"戴文"），边塞新异的生活、景物与风俗人情，也能激发诗人的浪漫豪情和创作灵感，使其写出一些优秀的边塞诗来，崔颢今存诗中最具凛然风骨的作品，正是他出塞时写的边塞诗。

文人出使边地在盛唐时代也非罕见现象，只是研究者不曾加以注意罢了。开元、天宝时边地有十节镇，各自展开着频繁的军事、政治、经济、文化、外交活动，而所有这一切活动，自然离不开朝廷的指挥和监督，所以朝廷派使者赴边地，便是常见的事；又内地的州县官吏，也每会摊上赴边地送兵、送衣粮等物的官差；还有若干被派往四方诸国执行外交任务的，也属使边行列中人。我们只要翻阅一下《全唐诗》，就不难发现以上各种使边者。使边者同游边者一样，在边地的时间一般不会很长，然而边塞的生活、风物，同样能促使使边的诗人写出一些好的边塞诗来。不妨略举若干著名作家的例子，以见一斑。王维开元二十五年夏以监察御史的身份出使河西（后又留在河西任节度判官），初到边地，即写出《使至塞上》、《出塞作》等杰作；约天宝四载，又曾出使榆林、新秦郡（二郡俱隶属朔方节度），作《榆林郡歌》、《新秦郡松树歌》[④]。高适天宝十载任封丘尉时，曾送兵到清夷军（范阳节度所统九军之一），创作了《送兵到蓟北》、《使

① 参见余恕诚《唐诗风貌》，安徽大学出版社1997年版，第186、187页。

② 参见李珍华、傅璇琮《王昌龄事迹新探》（《古籍整理与研究》第5期，第87—102页），李珍华《王昌龄边塞诗时地初探》（李珍华《王昌龄研究》附录，太白文艺出版社1994年版）。

③ 据其《赠轻车》、《辽西》等诗可知。

④ 参见拙作《王维年谱》，见《王维集校注》附录，中华书局1997年版。

青夷军入居庸三首》、《蓟中作》、《答侯少府》等可同他游幽蓟时的作品媲美的边塞诗。储光羲天宝末官监察御史时曾出使范阳，作《效古二首》、《观范阳递俘》；又曾出使西北边地，写了《使过弹筝峡作》[①]。李华天宝十一载以监察御史出使朔方，写了《奉使朔方赠郭都护》诗，他的骈文名作《吊古战场文》也是根据这次使边的经历和体验创作的[②]。“大为当时所称”（《唐才子传》卷二）的诗人陶翰，也有使边的经历，其《出萧关怀古》云：“驱马击长剑，行役至萧关。悠悠五原上，永眺关河前。”[③] 据“行役”的话，他应是摊上了赴边地的官差。《河岳英灵集》卷上评陶翰诗说：“既多兴象，复备风骨，三百年以前，方可论其体裁也。”陶翰今存边塞诗四首（占其今存诗总数的四分之一），都是具备风骨的作品，这同他曾有使边的经历不能没有关系。

如果将入幕、游边、使边三者加起来，那么应该说盛唐文人出塞的现象是相当普遍的。其实非但盛唐如此，初唐时文人出塞已颇常见。仅就诗人而言，贞观诗坛的盟主唐太宗李世民，曾亲自率兵征高丽，又曾至灵州（今宁夏灵武西南）会铁勒诸部使臣，写下了《辽东山夜临秋》等数首边塞诗。“以文章进”的贞观重臣兼诗人杨师道、岑文本、许敬宗、褚遂良，都曾随从太宗征高丽；贞观诗人陈子良曾游塞北，作《于塞北春日思归》诗；“有文词”的高宗朝宰相来济贬为庭州（今新疆吉木萨尔北）刺史，突厥来犯，他领兵抗击，殁于阵中。高宗、武后时期活跃于文坛的王、杨、卢、骆“四杰”中，卢照邻尝出使河西，骆宾王曾从军北庭，各有边塞诗十余首传世。武后、中宗朝以诗名世的“文章四友”中，李峤尝以监察御史出使岭南监军事，作《安辑岭表事平罢归》诗，又尝出使朔方筑六州城，有《奉使筑朔方六州城率尔而作》诗；苏味道曾随定襄道行军大总管裴行俭征突厥，任管记，写下边塞诗《单于川对雨二首》；崔融曾随梁王武三思征契丹，任掌书记，今存有边塞诗五首；杜审言也曾因公事到过边

---

① 参见拙作《储光羲生平事迹考辨》，《文史》第 12 辑。

② 参见《李华事迹考》。

③ 萧关在今宁夏固原东南，五原在今陕西北部定边。

城岚州（今山西岚县北）[1]。略晚于“四友”、在当时诗名籍甚的宋之问，曾出使河东天兵军，有《使往天兵军约与陈子昂新乡为期及还而不相遇》诗；提倡风骨和兴寄、对唐诗发展有重大影响的诗人陈子昂，曾两度从军，亲临沙场，留下边塞诗二十余首，其成就为初唐写边塞诗者之冠；诗篇多为时人讽诵的乔知之，曾随将军刘敬同北征同罗、仆固，为监军，今存边塞诗五首；因七古名作《古剑篇》受到武后赏识而蜚声诗坛的郭震，累任边帅，有《塞上》诗传世；“少以文辞知名”的珠英学士崔湜曾从军，其《塞垣行》云：“昔我事论诗，未尝怠经籍。一朝弃笔砚，十载操矛戟。”[2]《早春边城怀归》云：“大汉羽书飞，长城未解围。……岁尽仍为客，春还尚未归。”珠英学士王无竞曾使边，有《北使长城》诗及《灭胡》诗；徐坚、张说、李邕在初唐时也各有入幕的经历[3]。以上所举，皆当时之名家，至于出塞的一般诗人、文士，自然更多，只是由于史料缺乏，难以一一考出罢了。可以说，盛唐文人出塞的现象，乃初唐之继续与发展；文人出塞对于初唐边塞诗的发展和诗风的变革都具有推动的作用。

下文拟对有边塞诗存世的盛唐诗人作一番考察，以进一步说明文人出塞与盛唐边塞诗繁荣的关系。先看下列笔者编制的“盛唐诗人出塞与边塞诗创作情况表”：

序号	姓名	是否出塞	今存边塞诗数	出处
1	唐玄宗	曾巡幸并州	4首	《全唐诗》卷3
2	崔日用	曾任并州长史、河东节度使	2首	同上卷46
3	张九龄	未出塞	5首	同上卷48、49
4	苏颋	曾任益州长史、剑南节度使	4首	同上卷73、74
5	张敬忠	曾入朔方幕，任平卢、河西、剑南节度使	1首	同上卷75
6	张说	曾入清边军总管王孝杰幕，任幽州、河东、朔方节度使	16首	同上卷86—89、《全唐诗补编·续补遗》卷1

① 杜审言《经行岚州》云：“北地春光晚，边城气候寒。……自惊牵远役，艰险促征鞍。”

② 此诗一作崔融，但今存崔融《珠英学士集》残卷收作崔湜诗。

③ 张九龄《徐坚神道碑》谓坚解褐“汾州参军事，部送边粮，至于定襄，军使王本立素重公才，署为管记”。李邕武后长安四年曾入灵武道行军大总管姚崇幕，为判官，见苏颋《命姚崇等北伐制》。

续表

序号	姓名	是否出塞	今存边塞诗数	出处
7	李乂	未出塞	2首	《全唐诗》卷92
8	员半千	曾游陇右①	1首	同上卷94
9	王易从	曾入朔方幕	1首	同上卷99
10	张纮	不详②	1首	同上卷100
11	寇泚	曾入朔方幕	1首	同上卷101
12	李元纮	未出塞	2首	同上卷108
13	裴漼	未出塞	2首	同上
14	胡皓	不详	2首③	同上
15	刘庭琦	不详	1首	同上卷110
16	韩休	未出塞	2首	同上卷111
17	袁晖	不详	2首	同上
18	贺知章	曾游边④	2首	同上卷112
19	张宣明	曾入郭震幕	1首	同上卷113
20	殷遥	不详	1首	同上卷114
21	沈如筠	不详	2首	同上
22	贺朝	不详	1首	同上卷117
23	万齐融	不详	1首	同上
24	张若虚	不详	1首	同上
25	孙逖	曾入河东幕	2首	同上卷118
26	崔国辅	曾游陇右⑤	2首	同上卷119
27	崔珪	不详	1首	同上卷120
28	袁瓘	不详	1首	同上
29	李昂	不详	1首	同上
30	卢象	不详	2首	同上卷122
31	王维	曾使河西、朔方，入河西幕	28首	同上卷125—128

① 据员半千《陇右途中遭非语》诗。
② “不详”指作者的生平事迹资料极少，是否有出塞之经历难以确断者。下同。
③ 《补全唐诗》又录胡皓边塞诗二首，系误收。
④ 据贺知章《送人之军》：“常经绝脉塞，复见断肠流。送子今成别，令人起昔愁。”
⑤ 据崔国辅《渭水西别季仑》诗。

续表

序号	姓名	是否出塞	今存边塞诗数	出处
32	崔颢	曾游东北边塞，入河东幕	8 首	《全唐诗》卷 130
33	祖咏	曾游蓟门	1 首	同上卷 131
34	李颀	不详	5 首	同上卷 132—134
35	储光羲	曾使范阳、西北边地	12 首	同上卷 136—139
36	王昌龄	曾游河陇	30 首	同上卷 140—143、《全唐诗补编·补全唐诗》
37	常建	不详	10 首	《全唐诗》卷 144
38	杜頠	不详	1 首	同上卷 145
39	万楚	不详	1 首	同上
40	陶翰	曾使边	5 首	同上卷 146
41	刘长卿	未出塞	13 首	同上卷 148—151
42	颜真卿	曾使河陇①	1 首	同上卷 152
43	李华	曾使朔方	1 首	同上卷 153
44	王翰	曾入河东幕	4 首	同上卷 156
45	贺兰进明	未出塞	1 首	同上卷 158
46	李希仲	不详	2 首	同上
47	孟浩然	曾游蓟门②	5 首	同上卷 159、160
48	李白	曾游并州、幽州	50 首	同上卷 161—185
49	刘湾	不详	3 首	同上卷 196
50	张谓	曾游蓟门，入安西、北庭幕	5 首	同上卷 197
51	岑参	曾入安西幕，又入安西、北庭幕	80 首	同上卷 198—201
52	薛奇童	不详	2 首	同上卷 202
53	梁锽	曾入幕③	1 首	同上
54	徐九举	曾使单于都护府送兵④	3 首	同上卷 203
55	屈同仙	不详	1 首	同上

① 岑参有《胡笳歌送颜真卿使赴河陇》诗。

② 参见刘文刚《孟浩然年谱》，人民文学出版社 1995 年版，第 42—43 页。

③ 据李颀《别梁锽》诗。

④ 徐九举《送部四镇人往单于别知故》云："天下今无事，云中独未宁。忝驱更戍卒，方送远边庭。"

续表

序号	姓名	是否出塞	今存边塞诗数	出处
56	高适	曾游幽蓟，使清夷军，入河西幕	53首	《全唐诗》卷211—214、《全唐诗补编·补全唐诗》
57	杜甫	未出塞	22首	《全唐诗》卷216—224
58	贾至	未出塞	3首	同上卷235
59	钱起	曾游陇右①	8首	同上卷236—239
60	郎士元	不详	1首	同上卷248
61	皇甫冉	不详	1首	同上卷250
62	刘方平	曾入幕②	3首	同上卷251
63	王之涣	曾游玉门关、寓居蓟门	2首	同上卷253
64	郑虔	不详	1首	同上卷255
65	柳中庸	不详	4首	同上卷257
66	赵徵明	不详	1首	同上卷259
67	崔希逸	曾任河西节度使	2首	《全唐诗补编·续拾》卷11
68	哥舒翰	曾任陇右、河西节度使	1首	同上卷13
69	史昂	不详	1首	同上
70	李昂③	曾使河西赤水军	1首	《敦煌诗集残卷辑考》上编卷上
71	萧沼	曾入安西、北庭幕④	1首	同上卷中

说明：

1. 本表所列有边塞诗存世的盛唐诗人，其卒年上限为开元四年（716）以后，下限不定，但只取安史之乱以前写有边塞诗的。为省篇幅，仅存一首送人赴边诗的作者不列入表中。

2. 表中诗人的序次依《全唐诗》。

3. “边塞诗”指写到边塞风光、军民生活和战争的诗（包括送人赴边诗），还有反映后方对边塞问题关心和思念边防战士的诗。

4. “今存边塞诗数”指作于安史之乱以前的作品，安史之乱爆发后作的边塞诗未计算在内（仅岑参安史之乱爆发初期在北庭写的诗计入）。

尽管盛唐边塞诗有不少已亡佚（如“戴文”和本文第一部分考出的人

---

① 钱起有《陇右送韦三还京》诗。

② 皇甫冉《寄刘方平》云：“十年不出蹊林中，一朝结束甘从戎。”

③ 此李昂与序号29之李昂非一人，参见《唐才子传校笺》第五册，中华书局1995年版，第30页。

④ 据岑参《天山雪歌送萧沼归京》。

幕文士中，大多数人无边塞诗留存），上表不能完全反映当时边塞诗创作的实际，但从其中仍可以看出：几乎所有值得一提的盛唐诗人，都写有边塞题材的诗，边塞诗创作在当时呈现出繁荣的局面。在盛唐边塞诗的创作队伍中，有出塞经历者居于多数（上表所列 71 人中，曾出塞者 35 人，未出塞者 9 人，不详者 27 人），由于他们有边塞生活的直接体验，所以能够突破边塞诗创作的传统格局，取得超越前人的成就；又由于有出塞经历的文人多，未出塞者不难借助他们获得边塞生活的间接体验，所以不曾出塞的文人，也同样写出了不少的边塞诗；另外在表现边塞战争给人民造成的困苦、家属对边防战士的思念等方面，未出塞者完全能够具有不同甚或深于出塞者的体验，从而他们也就得以创作出若干反映上述内容的名篇（如杜甫的《兵车行》、李白未游边时写的一些边塞诗等）。综上所述，可以说盛唐边塞诗的繁荣局面，是在出塞与未出塞诗人的共同努力下形成的；高适、岑参的边塞诗创作，绝不是一种个别和孤立的存在，而是与整个盛唐边塞诗的繁荣紧密联系着的。

在盛唐边塞诗的两类作者中，曾出塞者是创作的基干和主力。据上表统计，71 位盛唐诗人，今存边塞诗 440 首，其中曾出塞者 35 人，存有边塞诗 342 首（其中有一部分系诗人未出塞时的作品），占据着最突出的地位；在边塞诗的创作上居于盛唐诗人前列的名诗人高适、岑参、王昌龄、李白、王维，都曾出塞，存诗不多却享誉当时且有边塞之作广为传诵的诗人崔颢、王翰、王之涣、祖咏、陶翰，也各有出塞的经历。可以说，一批未曾出塞的诗人，正是在这些有出塞经历诗人的带动和影响下写作边塞诗的。在有出塞经历的诗人中，高适、岑参是公认的盛唐边塞诗的杰出代表，不但写作的边塞诗数量最多（见上表），在题材内容、艺术表现上也有大的开拓和突破，他们取得这一成就的契机是：出塞的时间最长，边塞生活的体验最为丰富和充实。这个事实印证了一条原理：生活是文学艺术创作的源泉。据此说来，文人出塞对于盛唐边塞诗繁荣的作用，也是不言而喻的。

（原载《文学遗产》2002 年第 3 期）

试论唐代的诗坛中心及其作用

陈寅恪先生在《元白诗笺证稿》中说："苟今世之编著文学史者，能尽取当时诸文人之作品，考定时间先后，空间离合，而总汇于一书，如史家长编之所为，则其间必有启发，而得以知当时诸文士之各竭其才智，竞造胜境，为不可及也。"（上海古籍出版社1978年版，第9页）指出编著文学史，不仅必须考定作品的时间先后，还要究明创作的"空间离合"，洵为高见，惜吾人罕有涉足此道者。本文所探讨的"诗坛中心"，即属创作的"空间离合"范畴，由这个问题入手进行研究，或许能给我们以启发，使我们获得一些关于唐代诗歌发展规律的新认识。

一

所谓"诗坛中心"，指的是诗人荟萃的中心、诗歌创作和传播的中心以及诗艺交流的中心。诗坛中心的创作主潮会对整个诗坛产生重大的影响，甚至起着支配的作用。唐时有这样的诗坛中心吗？

初唐近百年中始终存在的宫廷诗苑，就是当时诗坛的中心。首先，初唐宫廷诗苑是当时诗人荟萃的中心。整个初唐时代，处在宫廷诗苑圈子以外的诗人数量很少（参见余恕诚《唐诗风貌》第三章）。这种情况的出现，有它的历史原因。经历了隋末的多年战乱之后，唐立国之初的文教事业衰敝，诗人文士凋残，这对于唐王朝统治的巩固是不利的。唐太宗说："朕虽以武功定天下，终当以文德绥海内。"（《旧唐书·音乐志》）要"以文德绥海内"，自然应重视文教建设，而从事文教建设，首先需要大量人才。所以，唐初帝王便多方网罗了一批前朝遗留的诗人文士入朝，给予高位。这样，武德、贞观时的宫廷诗苑也就形成了。这一宫廷诗苑的主力是一批学士。武德四年（621），秦王李世民“锐意经籍，开文学馆以待四方之士”（《旧唐书·太宗纪》），令杜如晦等18人并以本官兼任学士（十八学士的姓名，见于褚亮《十八学士赞》），史称秦王府十八学士。在这些学士中，有谋臣、经学家、史学家，更多的则是以诗文名世的人，如虞世南、褚亮、于志宁、许敬宗、刘孝孙、薛元敬等。此外杜淹、杜正伦二人（皆有诗作传世），虽不在18人之列，实际也曾为文学馆学士（据《旧唐书》本传）。李世民即位后，秦王府不复存在，于是文学馆学士便转成为弘文馆学士（据《唐会要》卷五七“翰林院”）。后来，唐太宗又陆续遴选若干文学之士入弘文馆，亦并以本官兼任学士或直学士。根据《唐会要》卷六四、《通鉴》武德九年及两《唐书》本传的记载，贞观时新进的学士、直学士有欧阳询、颜师古、萧德言、褚遂良、朱子奢、谢偃、上官仪（诸人都有诗作传留）等。除学士外，武德、贞观时的宫廷诗苑中，还有一些重臣，如魏徵、王珪、陈叔达、岑文本、李百药、杨师道、袁朗、孔绍安等。

高宗朝宫廷诗苑的主力仍是一批学士。在太宗朝的一些声名最盛、影响最大的宫廷诗人已辞世的情况下，许敬宗、上官仪便自然而然地成为高宗朝宫廷诗苑的代表人物。虽然这时许、上官二人皆累官至宰相，但仍都兼任弘文馆学士（唐制，学士皆以他官兼任）。据《唐六典》卷八、杨炯《薛元超行状》及两《唐书》本传的记载，高宗朝在弘文馆任学士、直学士的尚有任希古、袁承序、李义府、来济、薛元超、刘祎之、高智周、孟利贞、郭正一、张大素、范履冰、韩思彦等，他们在当时大抵都有诗名或文名，多数人有诗作传留至今。此外，董思恭、元万顷、元兢虽非弘文馆学士，也可算作宫廷诗苑中人①。武周、中宗朝宫廷诗苑的主力也是一批学士。武则天在天授元年（690）达到称帝的目的后，渐热衷于文事，君臣唱和日盛。圣历二年（699），置控鹤府（后改为奉宸府），令内宠张易之、张昌宗监领，引文学之士薛稷、员半千、阎朝隐、宋之问等入府为内

① 董思恭，高宗时官中书舍人。曾参与弘文馆学士许敬宗主持的《瑶山玉彩》、《芳林要览》的修撰工作。所著篇咏，为时人所重。元万顷，高宗上元（674—675）年间为北门学士。曾预撰《瑶山玉彩》、《芳林要览》。元兢，龙朔元年（661）为周王府参军，总章（668—669）年中为协律郎。曾预修《芳林要览》。

供奉。同年，命张昌宗召李峤、阎朝隐、徐彦伯、薛曜、于季子、沈佺期、徐坚、张说、刘知几、宋之问、崔湜、韦元旦等26人同修大型类书《三教珠英》于内殿，时称“珠英学士”。《唐会要》卷三六记述了这一情况并列有26个预修者的名单。《郡斋读书志》卷二〇载崔融编集预修《三教珠英》者47人所赋诗为《珠英学士集》五卷，但未列出47人的姓名。据今存《珠英学士集》残卷及《新唐书·李适传》、《唐诗纪事》卷六，可知在这26人之外，尚有李适、胡皓、刘允济、乔侃四个预修者。上述已知姓名的30个珠英学士中，仅李处正、蒋凤二人无诗作存世。中宗即位后，听从上官昭容的建议，增置修文馆（即弘文馆，避皇太子李弘讳改为昭文馆，又改为修文馆）学士，并提高其地位。景龙二年（708），敕李峤、赵彦昭等四人为修文馆大学士，崔湜、李适、李乂、刘知几等8人为学士，薛稷、宋之问、杜审言、沈佺期、阎朝隐、徐坚、韦元旦、徐彦伯、刘允济等12人为直学士。这个二十四学士的名单，见于《新唐书·李适传》、《唐会要》卷六四、《唐诗纪事》卷九。此外，据两《唐书》本传记载，张说、苏颋、崔日用也曾任修文馆学士，大概是后来又增补的。以上修文馆学士凡27人，均有诗作传留至今。除学士外，“文章四友”（李峤、苏味道、杜审言、崔融）中的苏味道、崔融，也是武周、中宗朝宫廷诗苑的重要人物。

初唐宫廷诗苑又是当时的诗歌创作和诗艺交流中心。唐太宗“少尚威武，不精学业”（太宗《答魏徵上〈群书理要〉手诏》），唐建国之后，为了使自己“致治稽古，临事不惑”（同上），很重视自身文化素养的提高，于是除“锐意经籍”外，还热衷学诗。他令诸学士轮番宿直，听政之暇，即引入内殿，或“讨论坟籍”，或吟咏唱酬（参见李百药《封建论》等）。当学士、重臣“出侍舆辇，入陪宴私”（《唐会要》卷五七）时，君臣间也常作诗唱和。另外，学士、重臣之间宴饮赋诗的风气也很流行（例如在安德公杨师道山池、于志宁宅的宴集），这样便形成了贞观朝宫廷诗创作的盛况。高宗朝宫廷诗的创作也未衰减，许敬宗、上官仪等宫廷诗人在当时都有很大影响，尤其是上官仪，诗作“绮错婉媚”，风靡一代，“时人谓为上官体”（《旧唐书》本传）。麟德元年（664），他由于政治原因被杀，但上官体的流行并没有因此而停止，从元万顷、刘祎之等高宗朝宫廷诗人的作品中，就可看到上官体的影子。武周朝的珠英学士们在修撰《三教珠英》的过程中，每每“赋诗聚会”（《旧唐书·徐坚传》），创作活动活跃，故有崔融集其所赋诗为《珠英学士集》。学士、宫廷诗人们还常侍从武则天宴游，君臣作诗唱和。如久视元年（700）武则天游石淙，赋七律一首，应制奉和的除宰相、武则天的子姪、内宠外，有学士、宫廷诗人李峤、苏味道、崔融、阎朝隐、薛曜、徐彦伯、于季子、沈佺期等。今存的《宋之问集》中，也有不少陪侍则天的应制诗，如《龙门应制》、《麟趾殿侍宴应制》、《上阳宫侍宴应制得林字》、《扈从登封告成颂》、《松山岭应制》等。中宗朝的宫廷诗创作更是盛况空前。中宗好宴享游乐，“凡天子飨会游豫，唯宰相及学士得从”，“帝有所感即赋诗，学士皆属和”（《新唐书·李适传》）。当时君臣宴游唱和的规模之大，次数之频繁，以及制作出的诗篇数量之多，都远远超过太宗、武周朝。在学士赋诗属和时，还每“使上官昭容第其甲乙，优者赐金帛”（《通鉴》卷二〇九），形成了宫廷赛诗。初唐宫廷诗人们在赋诗聚会时，也从事诗艺交流。他们先后写出的若干探讨分析诗歌的声律病犯、对仗技巧以及艺术表现的论著，就是从事这种交流的产物，律诗的定型也是他们在从事这种交流中完成的。

宫廷诗苑存在于京师，而京师由于具有各种优越的条件，很自然地成为一个诗歌传播的中心（详后）。我们知道，唐代诗歌的流布，主要依靠传写[①]。在这样一个诗歌的流布主要依靠传写的时代，诗歌传播中心对于诗歌发展的作用，既不同于印刷术已普及的宋代，更大异于今日。在今日，一个诗人的杰作一旦发表，就立刻能在全国产生影响，不论他居于何地；在宋代，一个诗人的佳制一旦刊印，也能迅速传至全国各地并发生影响，尽管他远离诗歌传播中心。而在唐代，一个诗人如果远离传播中心，那么即便他佳作迭出，也难以立即在当世获得普遍的声誉与广泛的影响；而长期居于传播中心的诗人，情况正与此相反。所以，唐代诗人在当世诗坛的

① 雕版印刷虽始创于唐初，但唐时的印刷品主要是佛经、日历、韵书等，诗文的刊印，一直到了唐末五代才开始出现。唐时虽还有传唱、传诵的流布形式，但入乐传唱的多为短章，数量很有限；便于传诵的也非鸿篇巨制，而且最终还需用文字记录下来才能行之久远。至于诗集，更只有依靠传写才得以流布了。

地位与影响，不全由其作品的质量决定。

初唐宫廷诗苑由于居于诗坛的中心地位，加上得到帝王的扶持，因而影响巨大，对当时诗坛起着支配的作用。当时诗坛公认的领袖和代表人物，无一不是宫廷诗苑中人。如武德、贞观朝的诗坛领袖和代表人物是虞世南、李百药、褚亮。时人称虞世南“文为辞宗”（太宗语，见《旧唐书·虞世南传》）、“雕文绝世”（褚亮《十八学士赞》）、“博通万句，对问不休”（卢照邻《南阳公集序》）；谓李百药“海内名流，莫不宗仰。藻思沉蔚，尤工五言”（《大唐新语·文章》），其诗“虽樵童牧竖，并皆吟讽”（《旧唐书》本传）；评褚亮“虽未连衡两谢（谢灵运、谢跳），实所结驷二虞（虞世基、世南兄弟）”（元兢《古今诗人秀句序》）。高宗朝的诗坛领袖是许敬宗、上官仪。许敬宗武德初即任秦府学士，夙已“槐市腾声”（《十八学士赞》），高宗朝累任宰相，以“文学宏奥”（《旧唐书》本传）主持大量类书、诗文总集的修撰，成为文坛宿老、宗师；上官仪的诗作为时人竞相效仿，前已述及。武周、中宗朝的诗坛领袖和代表人物是“文章四友”和沈佺期、宋之问。张说《五君咏·李赵公峤》：“李公实神敏，才华乃天授……故事遵台阁，新诗冠宇宙。”《新唐书·李峤传》：“峤富才思，有所属缀，人多传讽。”“为文章宿老，一时学者取法焉。”可以说李峤是当时诗坛的领袖。沈、宋年辈晚于“四友”，但诗作“如锦绣成文”（《新唐书·文艺传中》），屡次在宫廷赛诗中获胜，成为当时宫廷诗苑的宠儿。

初唐时处在宫廷诗苑圈子之外的诗人不多，较有诗名的只有王绩、四杰、刘希夷、陈子昂等几个。由于他们都不居于诗坛中心，所以在当时诗坛也未能获得应有的地位与影响。如自隋入唐的王绩独标一格，在武德、贞观朝诗人中存诗数量最多（今存诗 124 首），但他长期居于故乡绛州龙门，与诗坛中心（宫廷诗苑）疏离，因而在当世影响不大，在诗界也未能获得应有的地位（唐陆淳《删东举子后序》：“其遗文高迹不显。”）。可以说，他的诗在身后才逐渐为人们所注意。《大唐新语·文章》称刘希夷“少有才华”，“不为时所重”，“后孙翌撰《正声集》，以希夷为集中之最，由是稍为时人所称”。希夷约卒于仪凤四年（679），《正声集》编于开元中期，是希夷在辞世四十余年后，方为人们所注意。这同他一直远离诗坛中心（希夷未在京师做过官），应有关系。陈子昂虽曾任职京师，与一些宫廷诗人也有往来，但始终没有进入宫廷诗苑的圈子。他怀着对宫廷诗风的深刻不满，大力标举兴寄、风骨，倡导诗文革新，可是在当世产生的影响却很有限，卢藏用《右拾遗陈子昂文集序》说："惜乎！湮厄当世，道不偶时……恨不逢作者，不得列于诗人之什，悲夫！"直到盛唐时代，其声名、影响始著①。

骆宾王、卢照邻、王勃、杨炯并称"四杰"大约在高宗咸亨（670—673）、上元（674—675）年间。在并称"四杰"之前，他们各自已都在京师获得了声名。"四杰"之得名京师，与宫廷诗苑有一定关系，但他们又都不能算是宫廷诗苑中人②。下面拟从关于"四杰"次第的争议，来看一看诗坛中心（宫廷诗苑）的作用。景龙二年（708）宋之问所作《祭杜学士审言文》中有"王杨卢骆"的次第，《旧唐书·杨炯传》称杨对这一次第表示不满，"谓人曰：'吾愧在卢前，耻居王后。'当时议者，亦以为然……崔融曰：'王勃文章宏逸……炯与照邻可以企之，盈川之言信矣。'（张）说曰：'杨盈川文思如悬河注水……既优于卢，亦不减王。耻居王后，信然；愧在卢前，谦也。'"不管杨炯争次第的记载是否符合事实，当时当有杨应排名第一的呼声。杜甫《戏为六绝句》其二："杨王卢骆当时体，轻薄为文哂未休。"杜列杨为"四杰"之首③，想来渊源有自，而非别出心裁。从今存的作品看，杨的文学成就实难居四人中的首位，为什么当时却有人认为他应排名第一？杨炯十一岁（660）时开始"待制弘文馆"，上元三年（676）补校书郎；永淳元年（682），受到与上官仪"文章款密"、兼任弘文馆学士的宰相薛元超的举荐，任太子詹事司

---

① 盛唐时李白、杜甫、萧颖士、李华、独孤及等，都对陈子昂在诗文革新方面的作用给予高度评价，如杜甫《陈拾遗故宅》说："有才继骚雅，哲匠不比肩。公生扬马后，名与日月悬。"

② "四杰"皆早慧。骆、杨之得名京师，与入弘文馆有一定关系。骆尝任东台（即门下省）详正学士（高宗时于弘文馆置详正学士，弘文馆属门下省，故称东台详正学士），历时四年。杨入弘文馆事，详下文。卢、王之得名京师，与入王府任职，分别为邓王、沛王所爱重有一定关系。"四杰"曾对宫廷诗风加以抨击（参见杨炯《王勃集序》），不好说是宫廷诗苑中人。又，他们在获得声名的同时，又受到时人的诋毁、疵议（参见骆祥发《初唐四杰研究》），这同他们不是宫廷诗苑中人不无关系。

③ 杜甫此诗，宋曾噩刊本《九家集注杜诗》、林继中辑校《杜诗赵次公先后解》俱作"杨王卢骆"，二书并录宋赵次公注云："炯意欲云卢杨王骆，而公今云杨王卢骆，则公语中已见品第矣。"仇兆鳌《杜诗详注》亦作"杨王卢骆"，校曰："一云王杨。"

直，兼崇文馆（属东宫，比照门下省之弘文馆而设）学士，同时任学士的有崔融、徐彦伯（见杨炯《庭菊赋》）；天授元年（690），与宋之问同值习艺馆，并结为知交（见宋之问《祭杨盈川文》）。在“四杰”中，杨炯同宫廷诗苑中人的关系最为密切。从杨炯今存的诗歌看，也带有较多宫廷诗的印记，骆祥发《初唐四杰研究》谓其“在宫廷诗圈子里挣扎”，不为无据。在宫廷诗苑支配诗坛的情况下，人们认为杨炯应排名第一是很自然的。

初唐近百年中，当一批宫廷诗人辞世后，又有一批新的宫廷诗人取而代之，宫廷诗苑始终存在，并成为当时诗坛的中心。到了玄宗开元年间，这种局面才有了大的改变。虽然当时宫廷的宴饮赋诗活动不绝，但宫廷诗苑已丧失其对诗坛的支配力，再也不能成为当时诗坛的中心了。初唐宫廷诗苑之所以能成为当时诗坛的中心，不仅仅由于它得到帝王的扶持和处于优势的地位，更主要的还在于，它对初唐诗歌的演进起着不可替代的作用，从而对当时诗坛产生了较大的影响。余恕诚《唐诗风貌》一书指出，初唐诗歌是在宫廷内外双方的互补中演进的，“初唐诗歌演进，始终离不开宫廷诗苑这样一个最为重要而持久的基地”。这个看法颇有见地。窃以为初唐宫廷诗苑起码担负并完成了两项宫廷诗苑圈子之外的人难以担负和完成的促进诗歌发展的任务。第一项任务是诱导学诗、传授作诗技艺、普及诗歌创作。弘文馆学士（宫廷诗苑的主力）职“司撰著”（《唐六典》卷八），他们在整个初唐时代，连续编纂了大量类书、诗文总集等，为文人士子学习诗文、采摭辞藻典故提供便利，起到了诱导人们学诗的作用（参见闻一多《类书与诗》）。宫廷诗人们还撰写论著，如上官仪作《笔札华梁》，元兢作《诗髓脑》，崔融作《唐朝新定诗格》等，对诗歌的声律、对偶、艺术表现等进行分析探讨，于文人士子学习作诗和诗歌创作的普及都产生了促进的作用。还有像李峤作咏物组诗《杂咏诗》一百二十首，为习诗者提供了便于效仿的范式，也起到了普及诗歌创作的作用（参见葛晓音《创作范式的提倡和初盛唐诗的普及》，《文学遗产》1995 年第 6 期）。又，弘文馆学士有“兼训生徒”之责（弘文馆有学生三十人，皆皇亲国戚及功臣贵官之子），这使学士们能够通过“讲学授徒”的方式传授作诗技艺，从而也有助于诗歌创作的普及。随着开元之世文教的昌盛，来自庶族寒士阶层的诗人大量涌现，标志着这第一项任务已基本完成。第二项任务是律诗的定型。律诗定型于武周、中宗朝的珠英学士、修文馆学士们之手（详见拙作《论律诗定型于初唐诸学士》，《文学遗产》2000 年第 1 期）。在以上两项任务已完成的情况下，宫廷诗苑的作用与影响力也就大为减弱。另外，经过“四杰”、陈子昂等对宫廷诗风的激烈批评，宫廷诗存在风骨不扬的缺失到开元时已成为人们的共识，于是时代的审美文化取向便同宫廷诗的审美风尚拉开了距离，宫廷诗也就逐渐失去对人们的吸引力。这样，宫廷诗苑自然也就难以成为当时诗坛的中心了。在开元之世，事实上已很难找到严格意义上的宫廷诗人。例如张说（667—731），原是武周、中宗朝的珠英学士、修文馆学士，所作宫廷诗近百首，似乎是一个宫廷诗人；然而他阅历丰富，写的非宫廷诗更多，达二百多首，且作品所追求的气象，亦异于宫廷诗，如他的某些应制之作，甚至具有雄劲的格调，所以又不能算是一个宫廷诗人。可以说，宫廷诗的创作集团到开元时已经瓦解。这是唐代诗歌发展的必然趋势，诗歌创作高潮到来的标志。

二

开元以后，西京长安成为唐代一个首要的诗坛中心。首先，长安是唐代文人士子聚集的中心，也是诗人荟萃的中心。这可从以下四个方面加以说明：第一，长安有数量众多的官员。据《新唐书·百官志》统计，唐中央机构的流内文官约有 1500 人，在西京的京兆府及长安、万年二县（西京所在）的流内官有 58 人。流外文官更远远超过此数，如尚书省流内官 167 人，流外官达 1212 人。此外，武职机构的人里也不乏文士，如诗人岑参曾任右内率府兵曹参军，杜甫曾任右卫率府胄曹参军，等等。第二，在长安国学就读的生徒甚多。据《新唐书·选举志》载，国子监六学生徒有 2210 名，弘文、崇文馆生有 50 名，加上广文馆（天宝九载置）生 60 名，崇玄学（开元二十九年置）生 100 名，共 2420 名。但安史之乱后学生数量减少。此外，京兆府学及长安、万年县学共有生徒 180 人。第三，每年有众多举子入京应试。唐代科举分常举与制举两种，常举每年举行，主要有进士、明经两科。《通典》卷一八说：“我开元、天宝之中，一岁贡举，凡有数千。”谓每年参加进士、明经两科考试的人达数千名。这些参加科举考试的举子，一般要在长安居留五个月左右（举子例于每年十月集于京师，至第二年二月间方放榜），更有不少举子落第后留居长安修业习文，以期来年再试。又，制举虽非每年举行，但应者亦不在少数，《通典》卷一五说，开元以后应制举者，每次“多则二千人，少犹不减千人”。第四，每岁赴京参加吏部流内文官铨选的“选人”成千上万。这些“选人”共包括四类人，一是任职期满或因故停职的官员，二是常举及第后尚未授官的士人，三是门荫出身获得参选资格的人，四是流外出身获允参选入流的人。《通典》卷一七载开元三年（715）张九龄上书称，“今则每岁选者，动以万计，京师米物，为之空虚”。唐时铨选，“始于孟冬，终于季春”（《通典》卷一五），则众多“选人”需滞留于长安的时间之长，更超过入京应试的举子。此外，长安还有不少各府州赴京出差办事的官员以及入京游览观光、寻求出仕门路的士人。随着唐代诗歌创作的普及，在上述各类文士中，当会有许多诗歌作者。宋苏辙就曾说：“唐朝文士例能诗。”（《题韩驹秀才诗卷一绝》）所以长安不仅是一个文人士子聚集的中心，也是一个诗人荟萃的中心。

众多诗人会聚于长安，自然要从事诗歌创作与诗艺交流活动。我们知道，唐诗中多赠答、唱和、送别、宴集、题咏胜境之什①，而长安正是有很多聚会、宴饮、饯送、登临游览等作诗场合的地方；又，诗人们既聚首京师，则新知故交间互示篇什、切磋诗艺便是不可或缺的。所以可以说，长安又是一个诗歌创作和诗艺交流的中心。更为重要的是，长安还是一个诗歌传播的中心。在京诗人们的互示互赠诗篇，应举进士的投行卷（考试前向公卿名流呈献自己的诗文）与纳省卷（考试前向试官递交自己的诗文），都使得诗歌得以“发表”和流传。长安麇集着大量公私歌妓乐工，她们将当时的诗歌配曲演唱，也促进了诗歌的传播。由于京官的出使和外放、生徒的修业期满、举子的还乡、“选人”的离京等原因，聚集于长安

① 这一点当与唐代诗人进行创作时要适应当时的各种“发表”、流传方式有着密切的关系。唐代诗人主要采用个别示赠、即席赋咏、投谒名流、于公共场所题诗的方式来“发表”作品。说见范之麟《唐代诗歌的流传》，载《唐代文学论丛》总第五、六辑。

的文人士子具有很强的流动性，他们既能将自己与他人的诗作带入京师传播，又能将自己在长安获得的诗歌及时地传向四方。唐人对诗人的作品是否传于京师很看重①，因为诗作一旦传于京师，也就能够较迅速地传向全国各地并获得声名。

东都洛阳是唐代又一个诗坛中心，当然其地位不如长安重要。洛阳成为另一个诗坛中心的条件，主要有以下几个方面：第一，洛阳也是一个官员甚多的地方。那里设有分司（分设在东都的中央机构）官、东都留守官属以及负责管理东都宫苑的官员，官吏的数量较长安以外的任何一个府州为多。又太宗、高宗、武则天、中宗、玄宗屡幸洛阳，合计共居洛阳44年。当皇帝居洛阳时，大批官员自然会随从而至。第二，东都也设国子监六学、广文馆、崇玄学，各有生徒。第三，科举考试和吏部铨选有时在东都举行。第四，洛阳是唐代重要的交通枢纽，河南、河北、淮南、江南道诸州的文人士子入京，一般都要经过洛阳。由于具备上述条件，洛阳于是成为又一个诗人荟萃和诗歌传播的中心。

开元以后的诗人是否居于京、洛诗坛中心，会对其作品在当世诗坛的地位与影响产生作用。下面举若干比较典型的例子加以说明。

李白是公认的诗国巨人，但在当时诗坛的地位与影响却不如王维。宝应二年（763）正月，王维卒后约一年半，其弟王缙应诏搜集编录成《王右丞集》呈进，代宗作答诏说："卿之伯氏，天下文宗，位历先朝，名高希代……诗家者流，时论归美，诵于人口，久郁文房。"约作于德宗建中（780—783）年间的高仲武《中兴间气集》卷上"钱起"也说："文宗右丞，许以高格；右丞没后，员外为雄。"都指出王维在盛唐诗坛获得了"天下文宗"的地位与世所稀有的高名。大历七年（772），独孤及作《唐故左补阙安定皇甫公集序》说："沈、宋既殁，而崔司勋颢、王右丞维复崛起于开元、天宝之间，得其门而入者，当代不过数人。"《全唐文》卷四四七窦息《述书赋》窦蒙（息之兄）注也说："二公（王维、王缙）名

① 如韩愈称刘伯刍《三堂新题二十一咏》"流行京师，文士争和之"，见韩愈《奉和虢州刘给事使君三堂新题二十一咏》序；柳宗元称娄图南"所为歌诗，传咏都中"，见柳宗元《送娄图南秀才游淮南将入都序》。

望，首冠一时。时议论诗，则曰王维、崔颢；论笔，则曰王缙、李邕。”都称王维为盛唐诗人的代表和当时最有名望的诗人，而未提及与王维同龄的李白。成书于天宝末年的殷璠《河岳英灵集》选录李白诗 13 首、王维诗 15 首，评曰：“白性嗜酒，志不拘检，常林栖十数载，故其为文章，率皆纵逸。至如《蜀道难》等篇，可谓奇之又奇。”“维诗词秀调雅，意新理惬，在泉为珠，著壁成绘，一句一字，皆出常境。”对王维的评价明显高于李白。《英灵集》卷首的《序》说：“粤若王维、昌龄、储光羲等二十四人，皆河岳英灵也，此集便以‘河岳英灵’为号。”亦列王维为盛唐诗人之首而不提李白。之所以出现上述现象，当与王维长期居于长安这一诗坛中心而李白则不是这样有关。

开元三年（715），王维十五岁，即离家赴长安，谋求进取，在那里居留约五六年，于开元九年（721）应进士试及第。在登第前居长安的几年里，他常游历于宁王、岐王等豪贵之门，并以诗才获得声名（参见两《唐书·王维传》、唐薛用弱《集异记》）。当王维在长安已得诗名之时，李白尚僻居蜀中，到了开元十三年（725），始出蜀东游。又至天宝元年（742）秋，他被玄宗征召，才获机会进京①。而王维自登第后至天宝元年，则有近十年时间居于长安（参见拙作《王维年谱》）。李白入京后，大概由于受到贺知章、玉真公主的称誉、力荐，玄宗于是亲自召见他，给予特殊恩遇，“以七宝牀赐食，御手调羹以饭之”（李阳冰《草堂集序》）。这一来，李白的声誉自然轰动京师，诗名也因此而远播。但他居长安不到两年，即被“赐金放还”。天宝三载（744）春，李白离开长安，开始了新的漫游生活。从这时起直到宝应元年（762）辞世，诗人再未进过长安。自离京后，李

① 学术界有李白两入或三入长安之说，但皆乏确据。李白天宝初入长安，见于唐人的多种记载，于李白之诗文亦有征；而“两入”、“三入”之说，则系今人据李白之诗加以钩稽考证而得出的结论。然所据以钩稽考证之诗，学者间对它们往往有不同的理解，因而难成定说。如《玉真公主别馆苦雨赠卫尉张卿二首》，学者或谓卫尉张卿即张垍，其开元十八年前后为卫尉卿，并以此诗为开元时李白尝入长安之证。而詹锳主编《李白全集校注汇释集评》则指出，张垍尚公主，唐时凡“驸马皆除三品员外官，而不任以职事”（《通鉴》开元二十三年），故垍所为“卫尉卿”，当即“卫尉卿员外置同正员”之省称。又说：“玉真公主于开元二十九年夏始在宗圣观立别馆，知此诗只能作于本年秋或以后某年秋。太白天宝元年入京，可能未被立即诏见，在京逗留期间，结识张垍，请其援引……此诗当作于天宝元年秋。或谓作于开元十八九年，或谓作于开元二十六年前后，并视为一入长安之力证，皆可商。”

白的创作进入了一个更为重要的时期。可以说，他后期（离京以后）诗歌的总体成就超过前期（离京以前）①。但后期李白离开长安这一诗坛中心，诗作不易迅速流布全国并产生广泛影响。这时候，虽有少数知交、崇拜者（如杜甫、李阳冰等）对他的诗歌给予极高评价，其诗却未必能获得当时诗坛的普遍认同。而王维自天宝元年至上元二年（761）辞世，一直居于长安（其间有一年多时间“陷贼”），故而其诗作得以迅速流布全国。大历元年杜甫作《解闷十二首》，其八云：“不见高人王右丞，蓝田丘壑蔓寒藤。最传秀句寰区满，未绝风流相国能。”称当时王维诗在全国流传最为广泛，正因此，所以王维“天宝中，诗名冠代”（《旧唐书·王维传》）。

李白的诗文，最初有魏颢于上元二年以后编集的《李翰林集》，仅二卷；又宝应元年李白临终前授草稿于李阳冰，阳冰为编录成《草堂集》，凡十卷。贞元六年（790），李白卒后 28 年，刘全白作《唐故翰林学士李君碣记》，称李白“文集亦无定卷，家家有之”。元和十二年（817），李白卒后 55 年，范传正又编成李白文集二十卷。这些文集虽都未全备，但随着它们的编集行世，李白诗歌到贞元、元和时大抵已得到广泛流传（所谓“家家有之”）。这时候，李白在唐人心目中的地位才高于王维。孟郊《戏赠无本二首》其一云：“可惜李杜死，不见此狂痴。”韩愈《醉留东野》：“昔年因读李白杜甫诗，长恨二人不相从。”《调张籍》：“李杜文章在，光焰万丈长。”皇甫湜《题浯溪石》：“李杜才海翻，高下非可概。”这些诗都作于贞元、元和间，由它们不难看出，当时李、杜并称，都被尊崇，在诗界获得了至高地位。这时虽有元稹、白居易的抑李扬杜之论，但他们也并不否认李、杜并称以及李白在诗界的崇高地位，不过给予杜诗以高过李诗的评价罢了。

再以伟大诗人杜甫为例。论者多谓杜甫生前寂寞，诗名不显，这话说得是否准确，需作一番辨析。自天宝五载（746）后，杜甫寄居长安这一诗坛中心近十年，照理说他的诗作应该得以广泛流布，然而编于天宝末选

① 今人编注的李白诗选，所选编年诗中，后期诗的数量均超过前期诗，如复旦大学中文系《李白诗选》选前期诗 67 首，后期诗 109 首；裴斐《李白选集》选前期诗 51 首，后期诗 137 首。

入盛唐诗人24个且选录标准又掌握得比较好的《河岳英灵集》却不收杜诗。《英灵集》收诗止于天宝十二载（753），入选的作家，多数年长于杜甫，属前辈诗人，但是也有年少于杜甫的岑参得以入选，为什么独缺杜甫？为了弄清这一问题，不妨将岑、杜两人作一番比较。岑参天宝三载登第前出入京、洛十年，自登第后至天宝十二载，除不到两年时间赴安西外，其余时间大都居于长安。长期处在诗坛中心，对岑参作品的流布与诗名的传扬自然有利。从两人的作品看，杜甫今存诗1400多首，作于天宝十二载以前的只有71首；岑参今存诗近400首，作于十二载以前的有115首①。就其中可选的佳篇而言，岑诗亦较杜诗为多。又《英灵集》卷上评岑诗："参诗语奇体峻，意亦造奇。"认为岑参十二载以前的诗歌，已有自己的鲜明特点；而杜甫十二载以前的诗歌，沉郁顿挫的独特风格则还没有完全形成②。因此可以说，杜甫在当时的诗名比不上岑参。之所以这样，还有另一个原因：岑参进士及第而杜甫两次应试皆落第。天宝时进士试诗赋已成定制，因此进士登第自然也就有助于诗名的传扬。故《英灵集》未收杜甫，当是由于他在当时的诗名尚未显③。

天宝十三四载，杜甫写了《前出塞九首》、《自京赴奉先县咏怀五百字》等名篇，尤其是《五百字》，沉郁顿挫的风格已充分显现。但是他的这些作品还来不及为人们所咀嚼玩味，安史之乱就爆发了。接着作为诗坛中心的长安沦陷，杜甫随着人民奔波逃难。在动乱中，他创作了一系列感时伤世、忧国忧民的杰作，如《月夜》、《春望》、《悲陈陶》、《哀江头》、《羌村三首》、《北征》等。但处于战乱中这些作品并不能迅速流传。至德

① 据陈铁民、侯忠义《岑参集校注》。《校注》卷五录未编年诗62首，其中还会有天宝十二载以前的作品，如果再加上这部分作品，就更不止115首之数了。

② 如山东大学中文系《杜甫诗选》（人民文学出版社1980年版）选杜诗204首，其中作于天宝十二载以前的只有16首；孙钦善等《高适岑参诗选》（人民文学出版社1985年版）选岑诗76首，其中作于十二载以前的有37首。

③ 关于杜甫在天宝时的诗名，杜甫天宝九载所作《奉赠韦左丞丈二十二韵》云："赋料扬雄敌，诗看子建亲。李邕求识面，王翰愿卜邻。自谓颇挺出，立登要路津。"或据此以谓是时杜甫诗名已盛，似可商。盛唐人志壮气豪，多有狂放自负之语，此诗又旨在请求援引，不免夸大其词，余以为不应完全坐实。此诗又云："甚愧丈人厚，甚知丈人真。每于百僚上，猥诵佳句新。"韦济在百官面前吟诵杜甫的诗，自然是意在宣扬、推荐。如果是时杜甫诗名已盛，还需要如此宣扬、推荐吗？

二载（757）九月，唐军收复长安。十一月，杜甫携家至长安，任左拾遗。乾元元年（758）春，他与著名诗人王维、岑参、贾至等并为两省僚友，唱和甚盛。这时的杜甫，已写下众多名篇，又居于长安这一诗坛中心，因而诗名大盛，非昔日可比。任华作于上元元年（760）杜甫“避地锦城（成都）”以后的《杂言寄杜甫》说：“杜拾遗，名甫第二才甚奇……昔在帝城中，盛名君一个。诸人见所作，无不心胆破。郎官丛里作狂歌，丞相阁中常醉卧。”即称扬了杜甫当时在长安的诗名。然而好景不长，他只在长安住了半年，就于乾元元年六月被贬为华州司功参军。乾元二年，杜甫弃官携家往秦州，后又辗转入蜀，漂泊西南，直至大历五年（770）去世，再未回过长安。《全唐文》卷八六五王赞《玄英先生诗集序》说：“杜甫雄鸣于至德、大历间，而诗人或不尚之。呜呼，子美之诗，可谓无声无臭者矣！”从至德到大历五年，是杜甫创作的高峰期，这期间他写了一千二百多首诗，其中有许多光照千古的篇章。从创作成就看，可以说这个时期的诗坛为杜甫的光芒所笼罩。但由于这个时期他远离长安诗坛中心，诗作得不到迅速流布，所以没能在诗坛获得他所应获得的地位。大历四年，已五十八岁的杜甫发出沉重的喟叹：“百年歌自苦，未见有知音！”（《南征》）第二年，他就寂寞地离开了人世。

大历时的诗坛，声名籍甚的是钱起、郎士元、皇甫冉等人。成书于建中年间的高仲武《中兴间气集》，录诗“起自至德元首，终于大历暮年，作者数千，选者二十六人，诗总一百三十四首，分为两卷”（高仲武《中兴间气集序》），而未收杜诗。此集选入皇甫冉诗十三首，居入选诸家之冠，并评曰：“补阙自擢桂礼闱，遂为高格。往以世遘艰虞，避地江外，每文章一到朝廷，而作者变色。于词场为先辈，推钱、郎为伯仲。”“冉诗巧于文字，发调新奇，远出情外……可以雄视潘、张，平揖沈、谢。又《巫山诗》，终篇奇丽，自晋宋齐梁陈隋以来，采掇者无数，而补阙独获骊珠……自非天假，何以逮斯？”作于大历七年的独孤及《皇甫公集序》也评道：“沈、宋既殁，而崔司勋颢、王右丞维复崛起于开元、天宝之间，得其门而入者，当代不过数人，补阙其人也……其诗大略以古之比兴，就今之声律，涵咏风骚，宪章颜谢。至若丽曲感动，逸思奔发，则天机独到，有非师资所奖。每舞雩咏归，或金谷文会，曲水修禊，南浦怆别，新声秀句，辄加于常时一等，才钟于情故也。”可见皇甫冉在大历时的诗名之盛。《间气集》选入钱起诗十二首（选诗数在诸家中居第二位），列为上卷第一人，并评曰：“员外诗，体格新奇，理致清赡。越从登第，挺冠词林。文宗右丞，许以高格。右丞没后，员外为雄。芟齐宋之浮游，削梁陈之靡嫚，迥然独立，莫之与群……士林语曰：前有沈、宋，后有钱、郎。”选入郎士元诗亦十二首（其余各家入选诗多者只有九首），列为下卷第一人，评曰：“员外河岳英奇，人伦秀异，自家刑国，遂拥大名。右丞以往，与钱（起）更长。自丞相以下，更出作牧，二公无诗祖饯，时论鄙之。两君体调，大抵欲同，就中郎公，稍更闲雅，近于康乐。”可见钱、郎为大历时诗名籍甚的人物。而察其得名的原因，则无不与他们当时都居于长安这一诗坛中心有关（当然，这不是唯一原因）。如钱起宝应二年（762）入朝为拾遗，大历元年（766）或二年因故罢官回蓝田旧居，大历四年（769）前后复入朝为员外郎（先后任祠部员外郎、司勋员外郎），大历末或建中初迁郎中；郎士元广德二年（764）或永泰元年（765）入朝为拾遗，后迁员外郎，至大历末方出为郢州刺史；皇甫冉大历二年（767）入朝为左拾遗，后迁左补阙，大历五年冬奉使江表，省家至丹阳，第二年因病卒于丹阳。

杜甫卒后二三年（大历七八年），润州刺史樊晃搜采其遗诗，编成《杜工部小集》六卷，其《序》云：“文集六十卷，行于江汉之南……属时方用武，斯文将坠，故不为东人之所知。江左词人所传诵者，皆公之戏题剧论耳。曾不知君有大雅之作，当今一人而已。今采其遗文凡二百九十篇，各以事类为六卷，且行于江左……冀求其正集，续当论次云。”由这段文字可知，杜甫生前，其诗流布未广。所称六十卷的杜集，可能是杜甫晚年流寓湖湘时整理成帙的，后来不知下落。樊晃所编《小集》，收诗数虽不到今存杜诗的五分之一，但对于杜诗的流布却起了重要的促进作用。元和七年（812），元稹称自己年轻时“得杜甫诗数百首”（《叙诗寄乐天书》）；元和十年（815），白居易谓“杜诗最多，可传者千余首”（《与元九书》），这些情况表明，贞元、元和时的杜集传本，收诗数已大大地超过了樊晃本。正因为这时杜诗的流布日广，杜甫才获得了在诗界与李白并称的崇高地位。

冯班《钝吟杂录》卷五说："按大历之时，李杜诗格未行。"对大历至兴元（784）时期的诗歌影响最大的无疑是王维，这同王维在盛唐时诗名最盛应有关系。但到了贞元、元和时，随着李、杜诗歌的流布日广，他们的诗名也愈盛，对当时诗歌的影响便超过了王维。

蒋寅在《大历诗人研究》一书中，曾做过复原诗史本来面貌的工作，揭示出贞元后期诗坛的盟主是权德舆（759—818），以他为代表的台阁诗风成为贞元后期诗坛的主导诗风。考权德舆自贞元八年（792）至元和八年（813），始终在朝廷为官，且地位日渐显赫，他之所以成为贞元后期诗坛盟主，与那时候他一直居于长安这一诗坛中心应有关系。

中唐诗人李益（748—829）在世时声名籍甚。但他的得大名于天下，大抵在元和年间，而不是在他诗歌创作的旺盛期。自大历末至贞元末，李益"五在兵间"，居边地二十余年，这个时候他佳制迭出，创作进入旺盛期。元和元年（806）前后，他入朝为都官郎中，此后二十多年，绝大部分时间皆居于长安，官位也累迁至秘书监。虽然这期间诗人已届暮年，创作日渐衰萎，但诗名却进而大显。杨巨源《送李舍人归兰陵里》："清词举世皆藏箧，美酒当山为满樽。"王建《上李益庶子》："紫烟楼阁碧纱亭，上界诗仙独自行。"这两首诗都作于元和中李益宫中书舍人、太子右庶子时。元和十二年（817），令狐楚奉敕编《御览诗》，选入李益诗36首，为集中诸家之冠。唐末张为作《诗人主客图》，以李益为"清奇雅正主"，列中晚唐张籍、杨巨源、姚合、贾岛、朱庆余、方干、马戴等26人为其门下客，凡此皆可见他在当时诗界的声名之盛与影响之大。这种声名的取得，同他元和初入居长安这一诗坛中心后，以前创作的不少优秀诗歌（如边塞诗）得以广泛流播，不会没有关系。

胡震亨《唐音癸签·谈丛一》说："唐诗人生素享名之盛，无如白香山。"白居易在元和十年（815）贬江州司马之前，诗作已广为流传，并因此获得大名。他元和十年作于江州的《与元九书》说："日者又闻亲友间说，礼、吏部举选人，多以仆私试赋判传为准的。其余诗句，亦往往在人口中。仆恧然自愧，不之信也。及再来长安，又闻有军使高霞寓者，欲娉倡妓。妓大夸曰：'我诵得白学士《长恨歌》，岂同他妓哉？'由是增价。又足下书云，到通州日，见江馆柱间有题仆诗者，复何人哉？又昨过汉南

（按，指贬江州，途经襄阳）日，适遇主人集众乐娱他宾，诸妓见仆来，指而相顾曰：'此是《秦中吟》、《长恨歌》主耳。'自长安抵江西，三四千里，凡乡校、佛寺、逆旅、行舟之中，往往有题仆诗者。士庶、僧徒、孀妇、处女之口，每每有咏仆诗者……古人云：'名者公器，不可以多取。'仆是何者？窃时之名已多。"白居易的诗作之所以能够广为流传，同他贬江州前有较长时间居于长安这一诗坛中心应有关系（当然，这不是唯一原因）。考白居易于贞元十九年（803）释褐为秘书省校书郎，后历任盩厔（属京兆府）尉、集贤院校理、左拾遗、京兆府户曹参军、太子左赞善大夫，到贬江州时，合计居长安近十年（其中四年左右兼任翰林学士）。如果加上释褐前居长安的时间，则更长一些。

三

上文谈到，开元以后，京、洛成为唐代的诗坛中心。但京、洛作为唐代诗坛中心的地位，也不是一成不变的。例如安史之乱期间，长安落入叛军之手一年又三个月，洛阳沦陷近五年，那时京、洛当然不可能是诗坛中心。中唐以后，随着"河西、陇右没于虏（吐蕃），河南、河北不上计（藩镇割据）"，两都作为全国政治中心的地位下降了，作为诗坛中心的地位也下降了。

随着京、洛诗坛中心在全国诗坛地位的下降，时常或于某一阶段在京、洛之外的某个地方，以某一二位在诗坛有影响的人物为核心，形成一些小的诗歌创作中心。虽然这些创作中心不可能取代京、洛诗坛中心，但这种现象却是初盛唐时期不曾出现过的，值得我们注意。

下面举几个例子加以说明。以鲍防为核心的浙东联唱就是例子之一。鲍防早有诗名，天宝中作《感遇》十七篇，"属诗者宗而诵之"（唐穆员《鲍防碑》）。宝应元年（762），李光弼部将薛兼训受命为浙东节度使（治越州），领兵镇压浙东袁晁起义，以鲍防为行军司马。直到大历五年（770）入朝为职方员外郎，鲍防共居浙东八年。《鲍防碑》："公之佐兼训也，令必公口，事必公手……自中原多故，贤士大夫以三江五湖为家，登会稽（越州）者如鳞介之集渊薮，以公故也。"这些话说明鲍防以其幕府主事的地位和诗名吸引避乱南渡的士大夫纷纷投奔，于是就在越州形成了一个小的诗歌创作中心。《新唐书·艺文志》所著录的《大历年浙东联唱集》二卷，便是这个创作中心唱和作品的结集。《联唱集》今已亡佚，南宋桑世昌《兰亭考》卷一二于所录《经兰亭故池联句》下注云："鲍防、严维、刘全白、朱迪共二十五人，具姓名。大历中唱（和）五十七人。元（通'原'）本不注姓名于联句下。""元本"即指《联唱集》，《经兰亭故池联句》系集中所收之诗，"五十七人"当指《联唱集》的作者人数。据贾晋华《〈大历年浙东联唱集〉考述》（《文学遗产》增刊十八辑）、蒋寅《大历诗人研究》上编第一章的钩稽考证，已知的集中之诗有《忆长安十二咏》，《状江南十二咏》、《中元日鲍端公宅遇吴天师联句》、《严长史宅联句》等十八题，作者有鲍防、严维、刘全白、朱迪、吕渭、丘丹、谢良辅、谢良弼、陈允初、吴筠、贾弇、沈仲昌、章八元等近四十人。其身份大抵为浙东幕府僚佐、越州地方官吏和士人、流寓江南的士人等。由《联唱集》不难推知，在鲍防的倡导下，越州的诗歌创作一时大兴。

紧承浙东联唱之后，又有以颜真卿为核心的湖州联唱。颜真卿自大历八年（773）正月至十二年（777）五月任湖州刺史，时年已六十余。他立朝正色，忠直刚烈，深孚众望，又早以文章知名，因而对士人有很强的吸引力。大历八年六月，真卿延请在江南的文士李萼、陆羽、褚冲、汤衡、潘述、萧存、陆士修、殷佐明、左辅元、皎然等32人于州学及放生池共修《韵海镜源》（其中有十人未始终参与其事）；同年十月，将修撰地移至州治西南杼山，又有文士裴郁、吕渭、刘全白、沈仲昌、丘悌、张著、权器等27人"往来登历"，相与游从（见颜真卿《湖州乌程县杼山妙喜寺碑铭》）。修撰《韵海》期间，真卿每在暇时与诸文士诗酒唱和；大历九年三月，《韵海》修毕，真卿曾同诸文士欢宴并饯送诸文士归，皆吟咏唱和；其后，又常率皎然等文士游赏湖州各山水名胜，共宴饮赋诗；又，袁高、皇甫曾、耿沣、张志和、王纯、杨凭、杨凝、张荐、陆涓等先后来游湖州，真卿及诸文士皆与之宴集唱和。这样，就形成了湖州联唱的盛况。据今存有关联句诗的署名，可知前后参与联唱者除上述预修《韵海》的32人和"往来登历"的27人外，尚有吴筠、强蒙、范缙、裴幼清、柳中庸、韦渠牟、李观、李清、崔子向、少微等三十余人。可见湖州联唱较之浙东联唱规模更大，参加的人员更多，创作的诗歌亦夥。其中仅联句诗（在真卿刺湖期间所作者）就有35首（载于《颜鲁公文集》及《吴兴昼上人集》）。在湖州联唱中，湖州人诗僧皎然（昼上人）也是一个核心人物。他在大历间诗名颇著，交游又广，曾主持和参与了若干次真卿未参加的唱酬、联句活动，存世的湖州联唱之作也数他最多（本段所述各事参用了贾晋华《皎然年谱》的考证成果）。

大中十三年（859）至十四年，襄阳也出现一个以段成式、温庭筠为核心的小创作中心。大中十三年，成式离处州刺史任，闲居襄阳；同年，庭筠贬隋县尉，山南东道节度使（治襄阳）徐商留他为幕府巡官。庭筠“与成式甚相善”（《金华子》卷上），两人又都有诗名、文名，相聚在襄阳即赋诗唱和，襄阳幕府中的官员也参与他们的唱和，于是便形成一个小的创作中心。这个中心所创作的作品，被编集成《汉上题襟集》十卷。《新唐书·艺文志》著录：“《汉上题襟集》十卷。段成式、温庭筠、余知古。”《直斋书录解题》卷一五：“《汉上题襟集》三卷。唐段成式、温庭筠、庭皓、余知古、韦蟾、徐商等唱和诗什、往来简牍，盖在襄阳时也。”温庭皓（庭筠之弟）、余知古、韦蟾当时皆任徐商幕府从事。《题襟集》已佚，但除余知古外，集中上述诸家的唱和诗什，仍有一部分保存了下来（见于《唐诗纪事》、《全唐诗》）。此外，王传、周繇（陶敏谓当作“元繇”，说见《唐才子传校笺》第五册）当时也在徐商幕府任职，参与了襄阳唱和，今存王传《和襄阳徐相公商贺徐副使加章绶》一首（段成式有同和诗）、周繇《嘲段成式》等与段唱和之诗五首，都应是《题襟集》中的作品。《唐诗纪事》卷五七：“成式有《汉上题襟》十卷。”则《题襟集》当是由成式编成的。虽然襄阳唱和规模小，参加的人员不多，延续的时间也短（仅一年左右），但《题襟集》有十卷之多，从中仍可看出襄阳一时唱和甚盛的景况。

与襄阳唱和情况接近的还有以皮日休、陆龟蒙为核心的苏州唱和。咸通十年（869），皮日休为苏州刺史崔璞从事，与苏州隐士陆龟蒙结为知友。两人皆有诗名、文名，于是递相唱和，一年中各赋诗三百余首。是时与唱者尚有崔璞、张贲、崔璐、李縠、魏璞（一作“朴”）、羊昭业、颜萱、郑璧等八人。陆龟蒙将自己和皮日休等的唱和诗共685首编成《松陵集》十卷，由皮日休作序。《松陵集》今存，张贲当时旅寓吴门，李縠自浙东罢职西归途过苏州，故得与皮、陆交游唱和；其余崔、魏、羊、颜、郑五人则都是“吴中名士”。此外，“吴中名士”司马都今存有《和陆鲁望（龟蒙）白菊》一首（见《唐诗纪事》卷六四），皮日休、张贲、郑璧皆有同和之作，说明他也应是参与苏州唱和的人之一。根据以上情况分析，咸通十年的苏州，大抵也可说是一个小的诗歌创作中心了。

上述这些小诗歌创作中心的创作活动，多数是在频繁举行的各种诗会上进行的，具有群体性。这些诗会的组织者和主持者，大多为喜好诗文的地方军政长官，例如浙东之鲍防，湖州之颜真卿。这些小创作中心都在南方，这不是偶然的。延续多年的安史之乱直到广德元年（763）才结束；同年，吐蕃尽取河西、陇右之地，西京长安从此处在吐蕃的威胁之下；加上河北、河南的藩镇割据和叛乱，导致北方战祸不断，于是不少文士徙居南方。由于南方（尤其是长江流域地区）较富庶、社会较安定，加上京官禄薄的原因，又使得不少文士竞趋南方的幕府州郡任职。还有，自元和十五年（820）以后，宦官掌握了皇帝的废立生杀之权，势力益盛，朝廷内部的宦官与朝官之争愈演愈烈，而朝官间的朋党之争也势如水火。这两种矛盾斗争错综复杂地交织在一起，造成晚唐的政局更加混乱，朝廷到处充满杀机，文士在朝中为官的风险增大。于是愿到地方（特别是江南地区）的幕府州郡任职的文士更多。以上各种因素造成了中唐以后居南方的文士、诗人增多的局面，南方小诗歌创作中心的出现，正与此有关。然而，这些创作中心皆偏处一隅，难以同时成为诗歌传播中心，所以具有较大的局限性，其作用与长安诗坛中心终究不可同日而语。

在晚唐时代，藩镇割据等不可调和的社会政治矛盾进一步激化，中央政权愈显孱弱，国家在分裂的道路上越走越快，京、洛作为诗坛中心的地位也进一步下降。这时期，长期居于长安诗坛中心的杰出诗人几乎找不到，长安诗坛中心缺少领袖，创作日益呈衰颓之势，因而这个诗坛中心更多的只能起到一个传播中心的作用。与这种情况相应，晚唐时代生前即名满天下、影响遍及全国的诗人也很难找到。譬如李商隐。他是晚唐的大家，但实际上生前诗名并未远播。唐裴庭裕《东观奏记》卷下：“商隐字义山，文学宏博，笺表尤著于人间。”可见他以章表书启名世。《旧唐书·李商隐传》：“商隐能为古文，不喜偶对，从事令狐楚幕，楚能章奏，遂以其道授商隐，自是始为今体章奏。博学强记，下笔不能自休，尤善为诔奠之辞。与太原温庭筠、南郡段成式齐名，时号‘三十六’。”《新唐书·李商隐传》：“商隐初为文瑰迈奇古，及在令狐楚府，楚本工章奏，因授其学。商隐俪偶长短，而繁缛过之。时温庭筠、段成式俱用是相夸，号‘三十六体’。”两书都称道商隐的骈文，而无一语谈及其诗，说明他生前文名大于诗名。当时，大概只有若干知交对他的诗作给予高度评价。如喻凫《赠李商隐》：“羽翼恣抟扶，山河使笔驱……徒嗟好章句，无力致前途。”李郢《送李商隐侍御奉使入关》：“《白雪》咏歌人似玉，青云头角马生风。”崔珏《哭李商隐二首》其一：“词林枝叶三春尽，学海波澜一夜干。风雨已吹灯烛灭，姓名长在齿牙寒。”商隐一生绝大部分时间在地方任职，前后几度在长安任微官的时间加起来只有五年左右。他生前诗名未能远播，当和这一情况有关。可是，处在同一情况下，他生前的文名为什么却又甚著呢？商隐一生辗转于各幕府，皆掌“记室”之任，为府主等撰拟了大量表状书启一类骈体文（数量远过于其诗作），由于这些文章多送往朝廷、官府，因而容易传于京师；加上唐时的官方文书仍习用骈体，它的写作技巧在官场中极有实用价值，对许多渴望进身的士人颇具吸引力，所以商隐的大量堪称“今体之金绳，章奏之玉律”（孙梅《四六丛话》卷三二）的骈文，便得以在当世广泛流传，商隐因此获得声名。至于他的那些表现自己心灵世界的诗作，就没有这种幸运了。

又如杜牧。他也是晚唐的大家，而且和李商隐一样，生前的文名大于诗名。裴延翰《樊川文集序》说：“窃观仲舅之文，高骋夐厉，旁绍曲摭，絜简浑圆，劲出横贯，涤濯滓窳，支立攲倚……斯有意趋贾、马、刘、班之藩墙者邪！”对杜牧的散文给予高度评价。《序》里还列举出《罪言》、《原十六卫》、《阿房宫赋》、《感怀诗》等16篇杜牧的代表作，加以称誉。这16篇中，除有诗、赋各一篇外，其余都是各种体裁的文章。裴延翰是杜牧的外甥，《序》作于大中九年（855）或十年（牧卒后三四年，参见胡可先《杜牧研究丛稿》，第229页），据《序》中所言，不难测知时人更重视杜牧的文章，他在当世的文名大于诗名。杜牧还有一点同李商隐一样，即一生也是绝大部分时间在地方任职①。至于他在当世获得文名的原因，则与李商隐不尽一样。杜牧是京都长安人，出身名门（宰相杜佑之孙），他登第前在长安写的《阿房宫赋》，当时就在太学生中广为流传（见《唐摭言》卷六《公荐》），并因此赢得才名。出仕后，他非常关心时政，为文“多切经世之务”（《四库全书总目提要》），曾多次上书执政者，献治国安民之策，有的还被执政者采纳（如宰相李德裕曾采纳其平泽潞、御回鹘之策）。这类献策之文，现实性强，极易引起时人的注意；另外，杜牧很重视自己的那些“论列大事，指陈病利”的文章的流播，他在《战论》中说：“发是论者，亦且将书于谤木，传于士大夫，非偶言而已。”他多次将自己的得意之作抄寄达官、知己②，这些都有助于他文章的流传和获得声名。

四

上文谈到，诗坛中心的创作主潮会对整个诗坛产生重大的影响，甚至起着支配的作用；但另一方面，诗坛之边缘的创作，也并非只能被动地接受中心的影响和支配，它也会对中心产生影响、进行渗透，这两者之间是互相沟通、互相带动的。

试以初唐时的“四杰”、陈子昂为例加以说明。“四杰”都有自地方走向朝廷、由边缘接近中心的经历。“四杰”生活的时代，正是上官体流行的时候。杨炯《王勃集序》说：“（王勃）尝以龙朔初载，文场变体，争构纤微，竞为雕刻。糅之金玉龙凤，乱之朱紫青黄，影带以徇其功，假对以称其美，骨气都尽，刚健不闻。思革其弊，用光志业。”王勃所批评的“龙朔变体”即上官体，因仿效此体而形成的一种绮错华艳、纤微柔弱的风格，就是当时宫廷诗苑的主导诗风。“四杰”在进入朝廷后，都深受这种诗风的影响。明王世贞《艺苑卮言》卷四说：“（四杰）词旨华靡，固沿

---

① 杜牧自大和二年（828）释褐至辞世，前后几度在长安为官的时间加起来只有六年多，参见缪钺《杜牧年谱》。

② 如抄写《罪言》、《原十六卫》、《燕将录》、《与刘司徒书》、《阿房宫赋》等七文献给沈传师（见《上知己文章启》）；“缮写所为文凡二十首”寄给刑部尚书崔元式（见《上刑部崔尚书状》）；“别录所为新旧文两卷”寄给崔珙（见《上安州崔相公启》）等。

陈隋之遗。”陆时雍《诗镜总论》云：“（‘四杰’）调入初唐，时带六朝锦色。”胡应麟《诗薮》内编卷四谓“四杰”的五律“靡缛相矜，时或拗涩，未堪正始”；卷三又称其七言歌行“词极藻艳，然未脱梁陈也”。这些评语均道出了“四杰”之诗仍未脱绮艳藻绘之习，而这正是受宫廷诗风影响的表现。然而他们又对宫廷诗风不满，想在创作实践中加以补救。其补救之法大抵有二，一从风骨着手，使诗歌反映的生活面扩大，有真实、充沛的感情，以克服宫廷诗的柔弱、委靡之弊；二在诗歌的语言、结构等方面，减弱上官体的繁缛细碎，使诗歌往流畅、省净、灵活自如的方向演进。因此，“四杰”的诗又呈现出某种革新的风貌。“四杰”的努力虽然未能改变宫廷诗风统治当时诗坛的局面，却对稍后的宫廷诗人如沈、宋等产生了影响。闻一多先生在《四杰》一文中说：“王杨与沈宋也是一脉相承。”（《唐诗杂论》，第28页）就道明了这种影响。初唐宫廷诗本身并非一成不变，以上官仪为代表的高宗朝宫廷诗向以“文章四友”、沈、宋为代表的武周、中宗朝宫廷诗的演进，同“四杰”在诗歌的语言、结构等方面对上官体的革新是相应的。

陈子昂也有自地方走向朝廷、由边缘接近中心的经历。他早年及入居京、洛后的诗歌同样受到宫廷诗风的影响。胡应麟《诗薮》内编卷二说：“子昂《感遇》，尽削浮靡……第自三十八章（《感遇》凡三十八首）外，余自是陈隋格调，与《感遇》如出二手。”说子昂的诗自《感遇》外，“余自是陈隋格调”，未免夸大其辞，但他的集中，也确有若干近似宫廷诗的作品（多为五律、五排），例如《鸳鸯篇》、《于长史山池三日曲水宴》、《上元夜效小庾体》、《晦日宴高氏林亭》、《晦日重宴高氏林亭》、《洛城观酺应制》、《奉和皇帝丘礼抚事述怀应制》等。当然，子昂大力提倡风骨、兴寄，无疑是一个诗歌革新者，他的作品（多为五古）继“四杰”之后，在风骨方面又推进了一步，从而使诗风往刚健、质朴的方向转变，他的《感遇》、《登幽州台歌》、《蓟丘览古赠卢居士藏用》七首等就是这方面的代表作。尽管如李慈铭所云，子昂的革新尚未臻于完全成功：“子昂……所为诗虽力变六朝、初唐绮靡雕绘之习，然苦乏真意，盖变而未成者。”（《越缦堂读书记》之八《文学·诗文别集》）但对同时代的宫廷诗人如沈、宋等，却也发生了潜移默化的影响。如沈、宋晚年遭贬谪离开宫廷后的诗作，情真意笃，自然朴挚，就不无陈子昂的影响[①]。子昂的革新对自初唐向盛唐过渡的诗人张说、张九龄等的影响，则更为明显一些。张说本是初唐宫廷诗苑中人，同陈子昂早有交谊[②]；到了开元前期，他成为宰相和文坛领袖，在继承和发展陈子昂的革新事业、建立“声律风骨”兼备的盛唐诗歌新风貌方面，发挥了重大作用。张九龄在理论主张和创作实践上，也都是陈子昂的继承者。

唐殷璠《河岳英灵集序》说：“开元十五年后，声律风骨始备矣。实由主上恶华好朴，去伪从真，使海内词场，翕然尊古，南风周雅，称阐今日。”殷璠以“声律风骨”兼备作为唐诗高潮到来的标志。所谓“声律风骨”兼备，盖指诗歌既风清骨峻、刚健明朗，又有声律、词采为之附丽，臻于“文质彬彬，尽善尽美”的境地。这种诗歌风貌的形成，首先取决于时代的客观条件已充分具备，又与初唐诗人为此进行的长期准备分不开，还同开元前期（开元十五年以前）诗人张说等的努力有关。开元前期长期或较长期居于京都这一诗坛中心的诗人，年辈较高的有张说、苏颋、张九龄、贺知章、赵冬曦、王湾、王翰、王泠然、卢僎、孙逖等；诗坛新秀有王维、王昌龄、崔颢、储光羲等。而这个中心的领袖则是张说[③]。《河岳英灵集》卷下：“（王湾）游吴中，作《江南意》诗云：‘海日生残夜，江春入旧年。’诗人已来，少有此句。张燕公（说）手题政事堂，每示能文，令为楷式。”《江南意》一作《次北固山下》，作于开元初。它境界开阔，气概闳逸，感情明朗，是“声律风骨”兼备的五律佳制。张说以宰相和诗坛领袖的身份，令文士以此诗为学习的楷模，这对于盛唐诗歌新风貌的形成，当会产生重要作用。张说还在对同时代人诗文的评论中，提出了重风骨、文采，尚气势的文学主张（见《大唐新语》卷八），这显然也有助于盛唐诗歌新风貌的形成。上文提到的那些开元前期居于京都诗坛中心的诗人，大抵都受到过张说的启迪，并以他为核心从事创作；其中且有不少人，如张九龄、贺知章、赵冬曦、王湾、王翰、孙逖等，曾直接受到他的提携

① 陈子昂与宋之问有交谊，彼此有唱和赠答之什，今尚存。

② 万岁通天元年（696），张说从武攸宜讨契丹，为管记，时子昂亦在军中为参谋，两人系同僚。

③ 开元十一年玄宗《命张说兼中书令制》称张说为“当朝师表，一代词宗”。

和奖掖。所以可以说，在张说的主持和倡导下，开元前期京都诗坛中心创作的主导倾向，是追求“声律风骨”兼备的新风貌[①]。不过，京都诗人们对这一新风貌的追求，并非仅仅源自张说个人的倡导之力，它既反映了时代的要求，又同诗坛边缘创作对中心的影响有关系。譬如被张说树为学习楷模的王湾《江南意》，系开元初作于吴中，不久后方随着王湾的进入京都而传诵于诗坛中心[②]。又如张说自己也有走向诗坛边缘的经历，他开元九年入朝为相之前曾为州郡长官和总戎临边，走出宫廷后生活领域的扩大、社会人生体验的加深和时代精神的激励，使他写出不少内容充实、格调雄健的诗歌，唱出了高昂的盛唐之音。这些诗歌一被作者带入京都诗坛，便对那里的创作产生了具有指引方向作用的影响。

在诗坛中心诗风与边缘诗风的互动中，诗坛中心诗风起主导作用。例如上文谈到的“四杰”、陈子昂的革新，虽对当时诗坛中心（宫廷诗苑）的诗风有所影响、渗透，但并不足以改变当时宫廷诗风支配整个诗坛的局面。一般说来，边缘诗风必须受到诗坛中心的认可，通过诗坛中心的作用，方能对当时的整个诗坛产生普遍的影响。下面试举若干例子加以说明：

唐代山水田园诗的创作在盛唐时达到高峰。这个高峰的形成，就经历了自诗坛边缘走向中心并通过中心的作用进而波及整个诗坛的过程。开元三年至五年，张说为岳州刺史期间，写作了不少吟咏湖湘山水的诗歌，随着张说的入朝，这些山水诗也就传入京都诗坛中心。张九龄也是唐代大量创作山水诗的作家之一，他的山水诗多系描写南方风光的纪行之作；开元十四年六月，九龄曾奉命祭南岳及南海，就便归韶州（今广东韶关）省亲，十五年出为洪州都督，十八年徙桂州都督兼岭南按察使，至十九年方奉召入朝，他的山水诗大部分创作于上述期间。与张九龄同时写作山水诗的还有名诗人孟浩然，他在开元十六年入京以前，已写了许多山水田园诗，开元十七年至十九年南游吴越期间，又创作了大量优秀的山水行旅诗。随着张九龄的入朝、孟浩然的两次进京（开元十六年及二十二年），他们的

① 例如王维这个时期的作品中，就有不少兼具风骨与词采的佳制，如《九月九日忆山东兄弟》、《洛阳女儿行》、《桃源行》、《息夫人》等。

② 王湾于开元五年被征入朝整理秘书省图书。

山水田园诗也当传咏于京都诗坛中心。紧接张、孟之后，自开元末至天宝时代一直居于长安诗坛中心的大诗人王维，也创作了大量出色的山水田园诗。王维开元末以前已写过一些山水田园诗，不过大量创作这类诗的时间，则在开元末至天宝时代。这期间他作的山水田园诗，臻于完美的境界，达到炉火纯青的地步。可以说，正是王维将盛唐山水田园诗的创作推上了巅峰。胡应麟《诗薮》内编卷二说："唐初承袭梁隋，陈子昂独开古雅之源，张子寿（九龄）首创清淡之派。盛唐继起，孟浩然、王维、储光羲、常建、韦应物，本曲江之清淡，而益以风神者也。"张九龄虽比孟浩然大十一岁，但两人写作山水诗的时间却大致相同，所以应该说，张、孟都是清淡之派的首创者，只是自开元十八年张说辞世后，九龄即成为京都诗坛中心的领袖，加上官居宰相的高位，所以他对当时诗坛的影响力要大于孟浩然。王维与张、孟都有密切的交往，当他们的作品传入诗坛中心后，无疑会对王维的创作产生影响；自九龄开元二十五年遭贬、二十八年辞世后，王维便成为长安诗坛中心的领袖人物，他在山水田园诗创作方面所作的努力，使清淡之派的成就臻于极致，这些通过诗坛中心的作用，即迅速影响到整个诗坛。如与王维同时的诗人储光羲、卢象、裴迪、祖咏、綦毋潜、常建、丘为等，年辈晚于王维的诗人钱起、刘长卿、韦应物、皇甫冉等，都明显受到王维的影响。

上文谈到，贞元后期长安诗坛中心的领袖是权德舆。当时以他为核心的长安诗坛诗人有杨于陵、韦渠牟、王纯、张荐、许孟容、崔从质、崔邠、陈京、潘孟阳、冯伉等。他们的创作表现出一种游戏化的倾向。如贞元十九年，权德舆赋《离合诗》赠张荐，张荐、崔邠、杨于陵、许孟容、冯伉、潘孟阳等皆有和作；贞元二十年春，潘孟阳、权德舆、张荐三人共作《回文绝句》；今存权德舆诗中还有《五杂组》、《数名诗》、《星名诗》、《卦名诗》、《药名诗》、《古人名诗》、《州名诗寄道士》、《八音诗》、《安语》、《危语》、《大言》、《小言》等游戏之作，足见当时游戏诗风之盛。在上述贞元后期长安诗坛的诗人中，韦渠牟、王纯、张荐都曾参与大历后期的湖州联唱，而在湖州联唱中，已有游戏化的倾向。如《全唐诗》卷七八八所载颜真卿等《三言拟五杂组联句》，真卿、皎然、张荐等《三言重拟五杂组联句》、《七言大言联句》、《七言乐语联句》、《七言才语联句》

等，就都是游戏体诗[1]。所以可以说，游戏诗风是通过张荐、王纯、韦渠牟等人由诗坛边缘的小创作中心传入长安诗坛中心并获得认可而兴盛的。这种诗风在长安诗坛中心的兴盛，会对当时的整个诗坛产生普遍的影响。虽然由于资料的缺乏（此类游戏体诗因为没有多大价值大都亡佚），我们已很难描述出这种影响的具体情状，但通过今存的若干零星的资料，尚可窥见其一斑。如皮日休《杂体诗序》说："近代作杂体，唯《刘宾客集》有回文、离合、双声、叠韵。"（《全唐诗》卷六一六）虽然刘禹锡所作回文、离合等游戏体诗今皆不存，但从这一记载仍可想见当日游戏诗风的盛行。又如元稹、白居易等诗人，也有不少文字游戏之作。据《唐诗纪事》卷三九载，元、白、王起、李绅、令狐楚、魏扶、韦式、张籍、范尧佐等曾共赋一字至七字诗，各以题为韵（如元稹赋《茶》诗，以"茶"字为韵）。元和十二年（817），元稹作五律《生春二十首》，每首都用"何处生春早"起头，以"中"、"风"、"融"、"丛"为韵字，白居易、刘禹锡各有继和之作，凡此皆具有文字游戏性质。降及晚唐，皮日休、陆龟蒙唱和，共赋回文、四声、叠韵、双声、离合、药名离合、县名离合、古人名诗等凡86首，编成《杂体诗》一卷（见《全唐诗》卷六一六、六三〇），也是受到中唐游戏诗风影响的产物。这种诗风的形成，与当时整个社会的风习有关，同时反过来又会对当时的社会风习发生影响。

白居易、元稹倡导的"新乐府运动"，也是始生于诗坛边缘，而后大行于长安诗坛中心，并通过其作用影响到整个诗坛的。在元和四年（809）"新乐府运动"于长安兴起之前，张籍、王建已创作了大量乐府诗。虽然张、王乐府的创作时间不易确考，但"大体在贞元中期至元和之际，恰好在元、白开始新乐府创作之前"[2]；至于其创作地点，则多在诗坛边缘。王建早年离开故乡关辅地区赴相州一带求学，与张籍成为同窗好友，两人常赋诗唱和，其中就有不少乐府[3]，后王建历佐各地幕府，至元和八年方回到长安附近为官；张籍也辗转各地，到元和元年四十一岁时才入朝任太常

① 以上参见《大历诗人研究》上编，第161、404—425页。

② 谢思炜：《从张王乐府诗体看元白的新乐府概念》，《北京师范大学学报》1999年第5期。

③ 今存张王集中有相唱和的乐府诗32首（包括同题唱和与异题唱和两类），大多作于早年。

寺太祝。张、王的乐府诗有以下三个特点值得注意：其一，注重反映现实，讽谕时事。元和十年白居易作《读张籍古乐府》说："张君何为者？业文三十春。尤工乐府诗，举代少其伦。为诗意如何？六义互铺陈。风雅比兴外，未尝著空文。读君《学仙》诗，可讽放佚君。读君《董公》诗，可诲贪暴臣。读君《商女》诗，可感悍妇仁。读君《勤齐》诗，可劝薄夫敦。上可裨教化，舒之济万民。下可理情性，卷之善一身。"王建与张籍齐名，其乐府诗也有同样特点。其二，除用古题及由古题派生的新题外，也自创新题。如《当窗织》、《雉将雏》、《水夫谣》、《送衣曲》、《织锦曲》（以上王建）、《山头鹿》、《节妇吟》、《永嘉行》、《洛阳行》、《江村行》（以上张籍）等，都是新题。其三，诗之体式多用七言歌行和以七言为主的杂言歌行。白居易"读张籍古乐府"，举出其《学仙》、《董公》、《商女》、《勤齐》四诗加以褒扬，其中后二诗已亡佚，前二诗皆用五古体式，则所谓"古乐府"，或指其未全用新题，或指其用五古体式。但实际上张、王采用五古体式的乐府诗并不多。随着张籍由诗坛边缘进入诗坛中心和他同白居易等的交往[①]，张、王乐府便对"新乐府运动"的兴起发生了影响。

"新乐府运动"的首倡者是李绅。他贞元二十年（804）即与元、白相识、定交；二十一年，三人又同在长安，相互赠答唱和。元和元年（806），李绅登进士第，寻入浙西幕府。元和四年春，入朝为校书郎；本年或稍前，写作《乐府新题》二十首（已佚），并在本年示赠元稹。元稹"取其病时之尤急者，列而和之"，成《和李校书新题乐府十二首》；白居易旋复继和并加以推广扩充，成《新乐府》五十首。三人以组诗递相唱和，往来切磋，谱写了我国诗史上的一段佳话；其新乐府之作，也成为"唐代诗中之巨制，吾国文学史上之盛业也"[②]。元、白倡导新乐府有系统而明确的理论，由这些理论不难看出，新乐府创作的灵魂，就是政治性，即所谓"讽兴当时之事"（元稹《乐府古题序》）、"救济人病，裨补时阙"（白居易《与元九书》）、"为君为臣为民为物为事而作"（白居易《新乐府

① 张籍约于元和元年结识白居易，元和三年前后作《病中寄白学士拾遗》，白以《酬张太祝晚秋卧病见寄》答之，其后关系越来越密切。张与元稹也是诗友，但两人初交的诗作今天已看不到了。

② 陈寅恪：《元白诗笺证稿》，上海古籍出版社 1978 年版，第 117 页。

序》)。这是新乐府之“新”的第一个表现。它同张、王乐府的第一个特点一脉相承，但已由自发变成自觉。新乐府之“新”的第二个表现是，“率皆即事名篇，无复依傍”(《乐府古题序》)，即适应“讽兴当时之事”的需要，皆自创新题；第三个表现是，诗之体式都用以七言为主的杂言歌行和七言歌行。这第二、三个表现，是对张、王乐府第二、三个特点的承继仿效和增创改进。当然，“新乐府运动”在长安诗坛中心的兴起，有其深刻的社会政治原因，并非仅仅由于受到诗坛边缘创作的影响。“新乐府运动”在长安兴起后，即凭借诗坛中心的作用，迅速影响到当时的整个诗坛。如当时有唐衢、邓鲂，皆喜好白居易的讽谕诗，唐衢且有和白居易《秦中吟》之作[①]；又有马逢者，“词锋倚天剑，学海驾云涛……旋吟新乐府，便续古《离骚》”。(元稹《送东川马逢侍御使回十韵》) 元和十二年 (817)，元稹曾在梁州“见进士刘猛、李馀各赋古乐府诗数十首，其中一二十章，咸有新意”；所谓“新意”，即指“寓意古题，刺美见事”，这同元、白所认为的新乐府创作的灵魂相合，也是受“新乐府运动”影响的产物，所以元稹加以赞扬，并“选而和之”(以上见《乐府古题序》)。当时不少已成名的诗人，在“新乐府运动”的感召下，也或寓意古题，或自创新题，写作了许多讽兴时事的乐府诗。如刘禹锡元和、长庆年间遭贬时有《聚蚊谣》、《飞鸢操》、《城西行》、《平齐行》、《畲田行》、《代靖安佳人怨》等诗，李贺元和年间有《黄头郎》、《猛虎行》、《老夫采玉歌》等作品，鲍溶有《采葛行》、《采珠行》、《倚瑟行》等新乐府。晚唐张为撰《诗人主客图》，以白居易为“广大教化主”，列杨乘、元稹、羊士谔、张祜、殷尧藩等 17 人为其门下客；《主客图》所标举的“教化”，大抵就是美刺讽谕的新乐府精神，由此亦可见“新乐府运动”的影响之广。直到晚唐，从曹邺、刘驾、皮日休、陆龟蒙、杜荀鹤等人的诗作中，仍可听到“新乐府运动”的回声余响。

综上所述，可以说诗坛中心的作用是明显的，不应忽视。

诗坛中心是一个很有意义而又相当复杂的课题，它涉及政治学、社会学、传播学、教育学、美学等许多知识领域，不少方面尚有待于进一步作

① 参见白居易《与元九书》、《寄唐生》、《伤唐衢二首》。

深入细致的研究。本文只着重从唐代诗坛中心的存在及其作用方面进行探索，欢迎读者对本文所提出的论点加以批评、驳难或补充。如果本文的发表能够引起学界同人的注意和兴趣，开展对这一课题的进一步研究，那么笔者的目的也就达到了。

（原载《国学研究》第八卷，2001 年出版）

安史之乱前后的儒学复兴思潮与文体革新

唐代的社会、哲学思潮，是佛、道、儒三教鼎立并日渐融合。虽然关于三教的座次，有唐初的“老先，次孔，末后释宗”的规定和武周时期释居道前的变化，但就三教实际的社会影响和势力而言，应是佛教第一，道教第二，儒家居末①。这也就是说，唐代儒家的地位有所下降，儒学出现了衰落的趋势。

唐王朝的统治者，大抵都采取对三教并用并重的政策，在三教中，佛、道皆引入出世，不能直接用来施政和治民；而儒家的纲常伦理等，却是维护封建秩序所不可或缺的，所以历代的统治者，即使佞佛特甚像梁武帝的，也无不重儒术。对唐朝的建立和强盛作出了重大贡献的唐太宗，就特别推重儒学，他令颜师古撰《五经定本》，命孔颖达撰《五经正义》，由朝廷颁行，令士子诵习。自此，东汉以来纷纭矛盾的各家师说一扫而空，经书从文字到解释都得以统一，这对于巩固政治上的全国大统一无疑有着重要的意义。然而，拥有官方正统学术地位的儒家经学，也就从此成为各级学校课堂上的标准化读本，而很少成为儒者进行学术研究的对象了，由于《正义》、《定本》是奉敕撰修的官书，诸儒不敢违反，所以自二书颁行之后，传统的以辨析诸经的文字音义、章节句读为主要内容的经学，也就自然衰落了。自二书颁行之后到安史之乱爆发时，经学著作和以经学名世的人都甚少。

走入各级学校课堂的标准化的经学，由于受到科举考试指挥棒的影响，也并没有真正受到士子们的重视。唐代科举主要有进士、明经两科，当时学校学习儒经，明经考试经义，进士策问中也有关于儒经的问目，所以学

---

① 任继愈：《中国哲学发展史（隋唐卷）》绪论，人民出版社 1994 年版。

校学习的内容是与科举考试相衔接的，而到了高宗调露二年（680），刘思立奏请明经、进士加试帖经和进士又加试杂文后，专以记诵为能的帖经就逐渐成为明经科录取的主要依据，试经义则降到了次要的地位；而进士科所试“杂文”也渐变为专用诗赋。于是诗赋就成为进士科录取的主要依据。科举考试内容和录取标准的上述变化，导致经学不为士子所重，真正通经的士子甚少，情况正如广德元年（763）杨绾所上《条奏贡举疏》所说：“近炀帝始置进士之科，当时犹试策而已。至高宗朝，刘思立为考功员外郎，又奏进士加杂文，明经加帖经，从此积弊浸而成俗。幼能就学，皆诵当代之诗，长而博文，不越诸家之集，递相党与，用致虚声，六经则未尝开卷，三史则皆同挂壁，况复征以孔孟之道，责其君子之儒哉！”（《全唐文》卷三三一）指出由于科举考试的弊病，造成了经学不为士子所重的局面。这样，儒学日趋衰落也就是很自然的事了。

儒学既已衰落，也就有人出来倡导复兴儒学。主要活动于天宝至大历时期的萧颖士（707—759）、李华（？—774）、贾至（718—772）、独孤及（725—777）等，以及年辈略晚于他们的梁肃（753—793）、柳冕（？—804）等，就是宗经重道、复兴儒学的倡导者。如萧颖士《赠韦司业书》说：“仆有识以来……经术之外，略不婴心。”又说：“丈夫生遇升平时，自为文儒士，纵不能公卿坐取，助人主视听……尚应优游道术，以名教为己任，著一家之言，垂沮劝之益。”（《全唐文》卷三二三）他的《江有归舟三章》序云：“猗！尔之所以求，我之所以诲，学乎？文乎？学也者……所务乎宪章典法，膏腴德义而已。”（《增订注释全唐诗》卷一四三）表现出作者具有宗经的思想和阐扬儒道、维护名教的志向。李华《质文论》说：“愚以为将求致理，始于学习经史……其余百家之说，谶纬之书，存而不用。”（《全唐文》卷三一七）《崔沔集序》说：“文章本乎作者，而哀乐系乎时。本乎作者，六经之志也；系乎时者，乐文武而哀幽厉也。”（《全唐文》卷三一五）独孤及《赵郡李公中集序》云：“公（李华）之作，本乎王道，大抵以五经为泉源……非夫子之旨不书，故风雅之旨归，刑政之本根，忠孝之大伦，皆见于词。”（《全唐文》卷三八八）可见李华也同萧颖士一样宗经重道，并主张废弃百家之说，以儒道统一人们的思想。贾至也有鲜明的宗经立场，决心以儒道教化天下：

"综核微言，揭厉孔门。匪究枝叶，必探本根。……誓将以儒，训齐斯民。"（《全唐文》卷三九三独孤及《祭贾尚书文》）独孤及宗经、崇儒的思想和志向与萧、李等人也无二致，梁肃就称他"行在五常，志在六经"（《祭独孤常州文》，《全唐文》卷五二二），"操道德为根本，总礼乐为冠带，以《易》之精义，《诗》之雅兴，《春秋》之褒贬，属之于辞"（《独孤及集后序》，《全唐文》卷五一八）。特别是安史之乱后，在总结安史之乱教训的基础上，他们即更加积极地倡导复兴儒学。如贾至《议杨绾条奏贡举疏》说："今试学者以帖字为精通，而不穷旨义，岂能知迁怒贰过之道乎？考文者以声病为是非，而惟择浮艳，岂能知移风易俗化天下之事乎？"认为由取士试以帖经、诗赋之失，导致"末学之驰骋，儒道之不举"，因"末学之驰骋，儒道之不举"，"致使禄山一呼而四海震荡，思明再乱而十年不复"。作者指出，儒道的兴废，关系着国家的安危，"向使礼让之道宏，仁义之风著，则忠臣孝子，比屋可封，逆节不得而萌也，人心不得而摇也"（《全唐文》卷三六八）。由上述议论可以看出，作者是以安史之乱后整顿统治秩序、巩固皇权纲纪的需要为出发点来倡导复兴儒学的。李华亦慨叹天宝时"将相屡非其人，化流于苟进成俗"（《全唐文》卷三一五李华《杨骑曹集序》），世风日下，"礼坠于地久矣，信义不厚"，"人从以偷，俗用不笃，弊在不专经学，沦于苟免者也"（《全唐文》卷三一七李华《正交论》）。由此推出的结论，就是要以复兴经学来挽救世道人心。在复兴儒学思潮的影响下，大历以后的经学确乎出现了复兴的气象，其表现是专门的经学名家名著增多了，李肇《唐国史补》卷下说："大历已后，专学者有蔡广成《周易》，强象《论语》，啖助、赵匡、陆质《春秋》，施士丐《毛诗》，刁彝、仲子陵、韦彤、斐茝讲《礼》，章廷珪、薛伯高、徐润并通经。"尤其是适应安史之乱后反对割据势力和尊王室的需要，《春秋》学趋于兴盛。

萧、李等是儒学复兴的倡导者，同时又是文体复古的倡导者。萧颖士说："仆平生属文，格不近俗，凡所拟议，必希古人。魏晋以来，未尝留意。"（《赠韦司业书》）强调为文取法魏晋以前，也就否定了魏晋以后流行的骈文。李华亦"反魏晋之浮诞"，不赞成"唯化物谐声为文章而已"（《崔沔集序》）。贾至则如独孤及所云，于"文章陵夷"中"振三代风，复雕为朴，正始是崇”（独孤及《祭贾尚书文》）。独孤及提出效法两汉文章：“后世虽有作者，六籍其不可及已。……有以取正，其贾生、史迁、班孟坚云尔。”（梁肃《独孤及集后序》）梁肃也称赞独孤及文有“两汉之遗风”（同上）。柳冕自称其“志之所之”，为“荀、孟、贾生、董仲舒”等“古人之文”（《与徐给事论文书》，《全唐文》卷五二七）。可见儒学复兴的倡导者，都明确地提出了文体复古的观念。

主张为文效法魏晋以前，表面看来是复古，究其实质，则是一种革新。因为魏晋以后，骈文繁兴，至唐前期，余风犹炽，提出效法魏晋以前，其矛头正是指向流行于时的骈文，要求对其进行改革的。萧颖士《江有归舟三章》序云：“文也者，非云尚形似，牵比类，以局夫俪偶，放于奇靡，其于言也，必浅而乖矣！所务乎激扬雅训，彰宣事实而已。”对骈文的弊病作了批判，认为如果死守骈体这套东西，必定影响文意的表达，造成言“浅而乖”的后果。独孤及《赵郡李公中集序》说：“自典谟缺，雅颂寝，世道陵夷，文亦下衰……及其大坏也，俪偶章句，使枝对叶比，以八病四声为梏拳，拳拳守之，如奉法令。……亦犹木兰为舟，翠羽为楫，玩之于陆而无涉川之用。”对六朝以来骈文片面追求形式的积弊，给予了猛烈的抨击。结合萧、李等人的创作实践来进行考察，不难看出，他们是想创立一种骈散相间、句式灵活、散多于骈、质朴近古、适合阐扬儒道的新文体。他们进行的这种文体革新的探索很有意义，对当时散文的发展和后来的古文运动都产生了重要的影响。《赵郡李公中集序》说：“天宝中，公（李华）与兰陵萧茂挺（颖士）、长乐贾幼几（至）勃焉复起，振中古之风，以宏文德。……于时文士驰骛，飙扇波委。二十年间，学者稍厌《折杨》《皇华》而窥《咸池》之音者什五六，识者谓之文章中兴。公实启之。”指出萧、李等的文体革新引起和带出了“文章中兴”，十分正确。

安史之乱前后的儒学复兴思潮与文体革新有着十分密切的关系，应该说，儒学复兴思潮给予文体革新以直接的动力。如萧颖士认为文章应为阐扬儒道、维护名教服务，然而骈俪的文体确乎难以适合阐扬儒道的需要，所以便有了变革骈体、创立新文体的要求。李华说，开元、天宝间作者，“体道者寡”（《杨骑曹集序》），认为作者应“体道”；独孤及提出“以比兴宏道”（《全唐文》卷三八八《萧府君文章集录序》），称李华的文章

"本乎王道"；梁肃认为"文本于道"，"文之作，上所以发扬道德，正性命之纪；次所以财成典礼，厚人伦之义；又其次所以昭显义类，立天下之中"（《全唐文》卷五一八《补阙李君前集序》）；柳冕说："夫君子学文，所以行道。"（《全唐文》卷五二七《答杨中丞论文书》）强调文、道合一等，他们所说的"道"、"王道"，即指儒道，也就是儒家的经邦治国、为人处世、修身养性的根本原则等；他们认为作者的言行必须合乎儒道，作文应当用来宏扬儒道，儒道是文章的根本，文章是宣扬儒道的工具，道、文间为主与从、本与末的关系；他们之倡导文体革新，真正的目的还在于推行儒道、复兴儒学，在他们的心目中，儒道才是真正值得追求的东西，所以可以说，儒学复兴思潮是推进文体革新的直接动力。

过分强调文章是宣扬儒道的工具，也给萧、李等人的理论探索和创作实践带来一些缺陷，如文学观的偏颇、狭隘（例如贬斥屈宋），创作上的放松艺术追求等。还有一个问题应当说明，儒学复兴的倡导者李华、独孤及、梁肃等，同时又信奉佛教，这是唐代三教融合、调和的一种表现，不足为怪。

本文所论，可作为社会、哲学思潮影响文学发展的一个例子。

（原载《东南大学学报》2002年第5期）

高适何时入河西幕

入河西节度使幕任掌书记，是盛唐著名边塞诗人高适平生的一件大事。适何时入河西幕，两《唐书·高适传》都没有说明，而《资治通鉴》天宝十三载三月载河西、陇右节度使哥舒翰奏“前封丘尉高适为掌书记”。近人编的各种高适年谱，对此事各有不同的说法：王达津《诗人高适生平系诗》（载《文学遗产增刊》第八辑，简称《王谱》）据《通鉴》系此事于天宝十三载春，彭兰《高适系年考证》（载《文史》第三辑，简称《彭谱》）系此事于天宝十二载五月，孙钦善《高适年谱》（载《北京大学学报》1963 年第 6 期，简称《孙谱》）则系于天宝十载秋，高适曾和杜甫、岑参、储光羲、薛据同登慈恩寺塔，都有诗作，除薛诗外，均保存了下来，这可以说是当时诗坛的一件盛事。高适入河西幕时间的确定，牵涉到同登慈恩寺塔时间的确定。由于对入河西幕时间的考定不同，因此对登塔时间的看法也不一样：《王谱》系登塔事于天宝十二载秋，《彭谱》、《孙谱》则分别系于十一载秋和十载秋。下面仅就高适入河西幕的时间，谈谈笔者的一些不成熟意见，向王、彭、孙诸同志请教。

高适有《同吕判官从哥舒大夫破洪济城回登积石军多福寺七级浮图》（下简称《同吕判官》）、《同李员外贺哥舒大夫破九曲之作》（下简称《同李员外》）两诗，哥舒大夫即哥舒翰（哥舒翰天宝八载“加摄御史大夫”，见《旧唐书·哥舒翰传》），两诗作于哥舒翰破九曲之后不久，因此确定哥舒翰破九曲的时间，就可以知道高适入河西幕的最晚时间。关于哥舒翰破九曲的时间，史书上有不同的记载，《新唐书·玄宗纪》说：“（天宝十三载）三月，陇右、河西节度使哥舒翰败吐蕃，复河源九曲。”《通鉴》天宝十二载五月载：“陇右节度使哥舒翰击吐蕃，拔洪济、大漠门等城，悉收九曲部落。……杨国忠欲厚结翰共排安禄山，表以翰兼河西节度使。”按，《新唐书·吐蕃传》说：“哥舒翰破洪济、大莫门诸城，收九曲故地，列郡县，实天宝十二载。”《旧唐书·王思礼传》说：“十二载哥舒翰收黄河九曲。”《唐会要》卷七十八说：“神策军，天宝十三载七月十七日，陇右节度使哥舒翰以前年（前一年，犹言去岁）收黄河九曲，请分其地置洮阳郡，内置军焉。”均可证《通鉴》的记载不误。又，哥舒翰兼河西节度使，实由于收九曲之功，据《旧唐书·哥舒翰传》载，翰“加河西节度使”在天宝十二载，因此收九曲也应该在十二载。既然十二载收九曲之后不久，高适已在哥舒翰幕中，为什么《通鉴》却说十三载三月，翰始奏高适为掌书记?《彭谱》说：“疑适十二载已为书记，十三载始奏闻。哥舒翰十三载始奏吕諲为支度判官，而适十二载《同吕判官》诗，即称吕为判官，可资佐证。”这个意见很对，唐制，节度使幕僚不由朝廷直接任命，而由节度使自行辟召，然后奏闻，所以奏闻的时间晚于实际任职的时间是很自然的。综上所述，十二载收九曲之后不久，高适已入河西幕，不可能于这年秋天来长安与诸公同登慈恩寺塔，因此《王谱》的说法不正确。

《孙谱》谓高适始入河西幕之年在天宝十载秋，我认为也不妥当。《孙谱》注意到两首重要的高适佚诗：《自武威赴临洮谒大夫不及因书即事寄河西陇右幕下诸公》、《奉寄平原颜太守》（均见敦煌唐写残卷)，根据它们来推断高适入河西幕的时间，这是很好的（《王谱》、《彭谱》都没有提到这两首诗，不能不说是一个缺陷)，然而它对这两首诗的解释，颇有值得商榷之处。《孙谱》说：“《自武威赴临洮谒大夫不及，因书即事，寄河西陇右幕下诸公》：‘浩荡去乡县，飘摇瞻节旄。扬鞭发武威，落日至临洮。主人未相识，客子心忉忉。……我本江海游，誓将心利逃。一朝感推荐，万里从英旄。……相土（应为“士”）惭入幕，怀贤愿同袍。’知适被荐授职后始赴河西。……《旧唐书》本传记此事……云：‘客游河右，河西节度使哥舒翰见而异之，表为左骁卫兵曹，充翰府掌书记。’不尽确。”这个看法很正确，这首诗是高适被荐授职后由长安初到河西作的，其时他与哥舒翰尚“未相识”。然而，这首诗恰恰说明高适始入河西幕之年不在天宝十载秋，而在天宝十二载。哥舒翰十二载收九曲之前任陇右节度使，收九曲之后因功兼河西节度使，“陇右节度……屯鄯、廓、洮、河之境，治鄯州（今青海乐都）”（《通鉴》卷二百一十五）。“河西节度……屯凉、肃、瓜、沙、会五州之境，治凉州（今甘肃武威）。”（同前）高适如果在收九曲之前赴哥舒翰幕府任职，理应直趋鄯州，不应到武威（即凉州）；诗中既然写高适到武威，那他入哥舒翰幕府的时间就应该在翰兼任河西节度使之后。《孙谱》一方面说适“赴河西”，一方面又说他在“陇右节度使哥舒翰”幕下任职，自己互相矛盾。又，诗题说：“寄河西陇右幕下诸公”，也表明当时哥舒翰已兼任河西、陇右节度使，两个幕府合二为一，因此诗中将它们并提。如果按照《孙谱》的说法，此诗作于天宝十载秋，则当时的河西节度使是安思顺（据《通鉴》卷二百一十五、二百一十六载，安思顺自天宝六载十一月至十一载四月任河西节度使）；其时两个幕府既无特别关系，高适同安思顺幕府中人又无交往，为什么要将这首诗呈献给他们？而且还向他们表示“愿同袍”？另外，诗中说：“顾见征战归，始知士马豪。戈鋋耀崖谷，声气如风涛。隐轸戎旅间，功业竞相褒。献状陈首级，飨军烹太牢。俘囚驱面缚，长幼随巅毛。”写在临洮见到刚打了胜仗从战场上下来的部队。临洮地近九曲（详见后），这次胜仗指的应当就是哥舒翰破九曲的战斗，这也可证明高适始入河西幕在天宝十二载收九曲之后。

《旧唐书·金梁凤传》：“金梁凤，不知何许人也。天宝十三载，客于河西。……时哥舒翰为节度使，诏入京师，裴冕为祠部郎中，知河西留后，在武威。”唐时节度使因事离职，择吏代领其事，号为“留后”，从这段记载可以看出，哥舒翰兼任河西节度使后，治所迁至武威。所以高适被荐授职后，便直趋武威。但其时刚收复九曲，哥舒翰还滞留在那里，未至武威，因此高适到武威后，便又赶赴临洮，希望在那里见到哥舒翰。据记载，临洮地近九曲。《通鉴》卷二百一十七胡三省注：“九曲者，去积石军三百里。”《元和郡县志》卷三十九：“积石军在（廓）州西南一百五十里。”《通鉴》天宝十三载：“秋，七月，癸丑，哥舒翰奏：于所开九曲之地置洮阳、浇河二郡及神策军，以临洮太守成如璆兼洮阳太守，充神策军使。”胡三省注：“洮阳、浇河二郡，皆置于洮、廓二州西南。廓州，本浇河郡，天宝元年更名宁塞郡。洮州西八十里磨环川置神策军。”廓州在今青海化隆县西；洮州天宝元年改名临洮郡，在今甘肃临潭县西南。

此外，《旧唐书·高适传》的记载虽“不尽确”，但称高适被“河西节度使哥舒翰”表为左骁卫兵曹参军，亦可证适始入河西幕在天宝十二载翰兼河西节度使之后。

高适《李云南征蛮诗》序云：“天宝十一载，有诏伐西南夷，右相杨公兼节制之寄，乃奏前云南太守李宓涉海自交趾击之，道路险艰，往复数万里，盖百王所未通也。十二载四月，至于长安……适忝斯人之旧，因赋是诗。”知适天宝十二载四月在长安。既然高适天宝十载秋已赴“河西”任职，为什么十二载四月又到了长安？《孙谱》的解释是：天宝十一载冬高适“由河西（按，是时翰未在河西任职）随哥舒翰入朝”，遂留长安，至十二载夏方“返河西”。这里有两个问题，其一，《旧唐书·高适传》虽称适曾“从翰入朝”，但未注明在哪一年，此外，再也没有任何证据可以证明高适天宝十一载冬曾随哥舒翰入朝。其二，适既随翰入朝，为什么不随翰返河西，而独自滞留长安达半年之久？《孙谱》对此未能加以说明。另外，依照《孙谱》的说法，适天宝十载秋已任掌书记，但过了两年多，一直到十三载三月才奏闻朝廷，相隔时间这样长，也明显不合情理。

高适被荐授职后，由长安赴河西，杜甫曾作《送高三十五书记十五韵》赠行。诗中说：“崆峒小麦熟，且愿休王师。请公问主将，焉用穷荒为？饥鹰未饱肉，侧翅随人飞。高生跨鞍马，有似幽并儿。脱身簿尉中，始与捶楚辞。借问今何官，触热向武威？答云一书记，所愧国士知。人实不易知，尤须慎其仪。”谓适“向武威”，与《自武威赴临洮谒大夫不及……》的自述相合。《彭谱》、《孙谱》均断杜甫此诗作于天宝十二载破九曲前，笔者以为不确。原因是，第一，诗曰“向武威”，当作于哥舒翰兼任河西节度使之后。第二，诗中首四句，正就哥舒翰收复九曲而言，作者认为，收复穷荒之地（指九曲）无用，要求休兵息民。又，《孙谱》称此诗作于适随翰入朝后复返河西之时，亦未确。诗中“脱身”以下八句，说的正是高适辞去封丘尉之后不久，初被荐为书记，所以仇注说：“此志其初为书记。”如果高适当时已当了近两年书记，杜甫显然是不会提出“借问今何官，触热向武威”这样的设问的（杜甫是高适的好友，自天宝十载后又一直在长安，如果天宝十载高适开始任书记，杜显然不会不知道；既然早已知道，自然不会有这样的设问）；另，“人实”二句的规诫之词，也是就高适即将到河西赴任而发的，所以这首诗应当作于高适初被荐为书记时。由这首诗也可看出，高适始入河西幕的时间在天宝十二载破九曲之后。又据诗中“触热（冒热）”、“小麦熟”之语，知适此行由长安出发的时间是五、六月间。

《孙谱》说：“（十二载）五月，（适）从哥舒翰破洪济城，有《同吕判官》、《同李员外》、《九曲词三首》。”《彭谱》也说：“五月，从哥舒翰破洪济城，收九曲部落。”按，这三首诗都不能证明高适曾从哥舒翰破洪济城。前两首诗题目中的“同”字，都是“和”的意思。如杜甫《同诸公登慈恩寺塔》，题下杜甫自注云：“时高适、薛据先有此作。”可知这是和高、薛的诗，“同”就是“和”。又如高适《同房侍御山园新亭与邢判官同游》、韩愈《同水部张员外籍曲江春游寄白二十二舍人》，“同”都是“和”的意思。《同吕判官》：“一歌阳春后，三叹终自愧。”“阳春”即“阳春白雪”，是楚国一个高级的歌曲（参见《文选·对楚王问》），这里用来比喻吕判官的原作，言自己的和诗不能同它相比，亦可证这是一首和吕判官的诗。因高适赴河西后，破九曲的战斗已经结束，所以他以和参与战斗者的诗，来表示对哥舒翰的祝贺。《同李员外》说：“遥传副丞相，昨日破西蕃。”副丞相指“哥舒大夫”（汉御史大夫“掌副丞相”，后世因称御史大夫为副相），而“遥传”之语明谓适未曾参加破九曲的战斗。《彭谱》说：“盖适随哥舒翰破洪济城，收九曲时则正留守后方，因寄诗贺之。故诗中有‘遥传副丞相，昨夜（应作“日”）破西蕃’之句。就‘遥传’‘昨夜’等字样观之，适留守地距九曲甚近。”按，如“留守地距九曲甚近”，则不得曰“遥传”，《彭谱》以为“昨”是“昨天”的意思，其实古诗中“昨”常作“昔”讲，是“从前”或“不久前”的意思，这两句说自己未到河西前，就听到哥舒大夫破九曲的消息。又《同吕判官》曰：“高兴殊未平，凉风飒然至。”写的是秋景；《自武威赴临洮谒大夫不及……》曰：“立马眺洪河，惊风吹白蒿。云屯寒色苦，雪合群山高。”“雪合”说的是山头被积雪覆盖，这几句写的也是秋景。高适自长安出发赴武威在五六月间，复由武威至临洮哥舒翰军中，已是秋日；而破九曲的战斗则发生在五月，亦可见高适未曾参加破九曲的战斗，其始入河西幕在哥舒翰兼任河西节度使之后。至于《孙谱》提到的《九曲词三首》，写作时间更晚。诗中说："将军天上封侯印，御史台中异姓王。"据《旧唐书·玄宗纪》，天宝十二载九月（《通鉴》作"八月"），"哥舒翰进封西平郡王"。诗中又说："万骑争歌杨柳春，千场对舞绣骐驎。"知此诗当作于天宝十三载春。

高适佚诗《奉寄平原颜太守》云："上将拓边西，薄才忝从戎，岂论济代心，愿效匹夫雄。骅骝满长皂，弱翮依雕笼，行军动若飞，旋旆信严终。屡陪投醪醉，窃贺铭山功；虽无汗马劳，且喜沙塞空。……一为天崖（涯）客，三见南飞鸿。"《孙谱》称"上将拓边西"即指哥舒翰收九曲之事，此诗是天宝十二载作的；据诗中"一为"二句，知高适当时在河西已历三秋，由此逆推其始入河西幕之年当在十载秋。按，诗中这段话，描述作者从军后的生活和思想，没有多少确切不移的证据可以证明它一定作于天宝十二载。哥舒翰"拓边"之事，非止一端，"上将"一句，概述了他在边地的行动和功绩，不一定是实指收九曲之事，即使是实指收九曲之事，也只能证明这首诗作于天宝十二载之后，而不能证明它一定作于天宝十二载。"平原颜太守"指颜真卿，据两《唐书·颜真卿传》、岑参《送颜平原》诗、殷亮《颜鲁公行状》、留元刚《颜鲁公年谱》记载，颜自天宝十二载春至安史之乱发生，一直任平原太守，因此高适这首诗应作于天宝十二、十三、十四载这三年内。适始入河西幕在十二载，而此诗应作于始入河西幕后三年，即十四载。

关于高适"从翰入朝"的时间，载籍不详，难以确断。《通鉴》天宝十四载二月载："陇右、河西节度使哥舒翰入朝，道得风疾，遂留京师，家居不出。"杜甫《送蔡希鲁都尉还陇右因寄高三十五书记》："云幕随开府，青城赴上都。"题下杜甫自注："时哥舒入奏，勒蔡子先归。"可证翰"入朝，道得风疾"事发生在十四载春，《旧唐书·哥舒翰传》称"得风疾"在十三载，当误。又《旧唐书·金梁凤传》载十三载翰曾入朝（见前），适随翰入朝或在这一年。

闻一多《岑嘉州系年考证》断杜甫、高适、岑参等同登慈恩寺塔在天宝十一载秋，《彭谱》从之；《孙谱》以为天宝十一载秋适在河西，不得有长安慈恩寺塔之游，遂系此事于天宝十载秋适赴河西前。前面已经证明适十二载始赴河西，因此十一载秋适不得参与此游的说法已不能成立。比较几种不同的说法，我还是认为闻说理由较为充足（参见《岑嘉州系年考证》）。

（原载《中华文史论丛》1979年第3期）

高适系年考补

20 世纪 60 年代以来，对盛唐诗人高适生平的研究，不断有新的进展，先后有六种年谱及多篇有关的文章发表。诸家大抵各有高见，但他们的考述，也存在许多歧异（主要由于有关的记载过于简略，往往只能根据高诗所提供的线索进行考证的缘故）。本文拟试就其中的某些问题，提出几点补充和不同看法，不当之处，希诸家及广大读者不吝赐教。

关于高适第一次赴东北边塞的时间，各家有开元十八年、十九年、二十年等几种不同说法。开元二十年正月，唐命信安王李祎率军击奚、契丹，三月，获胜。高适《信安王幕府诗》云："落梅横吹后，春色凯歌前。"诸家多据此论定此诗应作于三月获胜之后，当时作者已在蓟北；唯不久前刘乾在《根据诗中用典考证史实要防止误解》一文[1]中认为，"春色"句是用典，内容不过是预祝胜利，"《信安王幕府诗》的写作时间，不一定是三月或以后，也可能是正月；写作地点，不一定是蓟门，也可能是长安"。我觉得，说"春色"句是用典，这是正确的；孤立地就这首诗而言，这种推论也不无道理，但联系高适的其他诗作来考察，则知他开元二十年春并无长安之游，这首诗当作于蓟北。《淇上酬薛三据兼寄郭少府微》云："自从别京华，我心乃萧索，十年守章句，万事空寥落。北上登蓟门，茫茫见沙漠，倚剑对风尘，慨然思卫霍。"《别韦参军》云："二十解书剑，西游长安城……白璧皆言赐近臣，布衣不得干明主。归来洛阳无负郭，东过梁宋非吾土，兔苑为农岁不登，雁池垂钓心长苦。"寻绎二诗之意，知适二十岁西游长安，求仕不遇，遂离京居于梁宋（兔苑、雁池皆在梁宋），历时十载左右，即北游蓟门。这也就是说，适北游蓟门前，未尝有长安之

① 载 1984 年 4 月 17 日《光明日报》"文学遗产"专刊。

游。假如《信安王幕府诗》写于长安，则适北游蓟门前，必有长安之游（适开元二十一年在蓟北，有其诗为证，详后），而这与上二诗的记述不相合，所以这首献给信安王幕府诸人的诗，当是三月获胜之前（因诗中多预祝胜利的话）在蓟北写的。

那么，高适最初赴蓟北的时间是否即在开元二十年春呢？《鲁郡途中遇徐十八录事》云："独行岂吾心，怀古激中肠……日出见阙里，川平知汶阳。弱冠负高节，十年思自强，终当不得意，去去任行藏。"此诗诸谱皆系于天宝四载，未妥。玩此诗"弱冠"四句之意，正与"自从别京华，我心乃萧索，十年守章句，万事空寥落"四句接近，所以这首诗应是"北上登蓟门"途中所作。《蓟门不遇王之涣郭密之因以留赠》云："适远登蓟丘，兹晨独搔屑，贤交不可见，吾愿终难说。迢递千里游，羁离十年别，才华仰清兴，功业嗟芳节。"诗系适游蓟门时所作，"羁离"句指他二十岁游长安时与之涣相识分离后至此时已有十年。由这首诗，亦可证以上推断大致不误。周勋初《高适年谱》[①]（简称"周谱"）系《鲁郡途中……》诗于天宝四载，并对"弱冠"二句作了这样的解释："盖自开元二十三年应制科试失利，至此又已十年矣。"但开元二十三年高适已三十余岁（"周谱"谓适此年三十六岁），这同诗中"弱冠"的话又如何合得拢呢？所以此解不可从。又，有人据诗题"鲁郡"之名，证明此诗当作于天宝年间，按，《旧唐书·地理志》云："兖州，上都督府，隋鲁郡。武德五年，平徐圆朗，置兖州……天宝元年，改兖州为鲁郡。""鲁郡"并不是天宝时才有的新称，所以据"鲁郡"之名，不能证明这首诗作于天宝年间（地名沿用旧称，在古人诗中极常见）。《酬裴员外以诗代书》云："少时方浩荡，遇物犹尘埃……单车入燕赵，独立心悠哉。"《淇上酬薛三据兼寄郭少府微》云："独行备艰险，所见穷善恶。"皆称赴幽蓟为"独行"，恰与此诗所云"独行岂吾心"相合，由此亦可见断此诗为赴幽蓟途中所作，似无大误。诸谱皆谓适天宝初曾游齐鲁，此种说法并不误，只是适至齐鲁非只一次（各家大都不曾注意到这一点），所以不能因为发现某诗中有齐鲁地名，即断定它当作于天宝初。

---

① 周勋初：《高适年谱》，上海古籍出版社1980年版。

《途中寄徐录事》曰："落日风雨至，秋天鸿雁初，离忧不堪比，旅馆复何如?"刘开扬《高适诗集编年笺注》（简称"笺注"）谓此诗与《鲁郡途中……》诗系同时所作，其说是。此诗写秋景，所以适赴幽蓟的时间当在秋日。《钜鹿赠李少府》："投壶华馆静，纵酒凉风夕，即此遇神仙，吾忻知损益。"钜鹿即今河北巨鹿，乃赴幽蓟途中经行之地，诗也写秋景。《酬司空璲》："惊飚荡万木，秋气屯高原，燕赵何苍茫，鸿雁来翩翻，此时与君别，握手欲无言。"亦赴幽蓟途中之作，时在秋日。估计适最初赴幽蓟的时间应在开元十九年秋。据《淇上酬薛三……》等诗，知适二十岁西游长安后，又过了"十年"时间，即北游幽蓟；考适约生于公元703年①，开元十年（722）二十岁，自开元十年至十九年，凡九年，约举成数正宜谓之"十年"。

适赴幽蓟途中经行之地，除鲁郡、钜鹿外，又有魏州、东平。《三君咏》序云："开元中，适游于魏，郡北有故太师郑公旧馆，里中有故尚书郭公遗业，邑外又有故太守狄公生祠焉。睹物增怀，遂为《三君咏》。""魏"谓魏州，治所在今河北大名东北。孙钦善《高适年谱诸疑考辨》②（以下简称"孙文"）谓此诗作于开元二十七年适往游相州之时，并说："按《旧唐书·地理志》，天宝元年改相州魏郡为邺郡，改魏州阳武郡为魏郡。此魏郡即相州魏郡。"按，"故尚书郭公"即郭元振，他是魏州贵乡（魏州治所设此）人（见两《唐书》本传），因此贵乡"里中"有他的"旧业"；"故太守狄公"谓狄仁杰，曾任魏州刺史，贵乡东南有他的生祠，《元和郡县志》卷一六云："狄仁杰祠，在（贵乡）县东南四里。为魏州刺史，百姓为立生祠。"很显然，若"魏"指相州（隋时曰魏郡），则诗序中之语便无着落，故孙说非是，此诗当为开元十九年秋北上过魏州时所作。

---

① 高适的生年不可确考。他作于天宝五载（746）的《奉酬北海李太守丈人夏日平阴亭》说："一生徒羡鱼，四十犹聚萤。"又作于天宝八载（749）的《留别郑三韦九兼洛下诸公》说："蹇步蹉跎竟不成，年过四十尚躬耕。"李颀作于天宝八载的《赠别高三十五》称："五十无产业，心轻百万资。……忽然辞命下，众谓趋丹墀。"上述诗中的"四十"、"五十"都是约举成数。假定天宝五载高适四十四岁，则天宝八载为四十七岁，约举成数谓之"四十"、"五十"都是合宜的。这一假定如果不错的话，高适当生于公元703年。

② 孙钦善：《高适年谱诸疑考辨》，载《北京大学学报》1983年第4期。

《东平路中遇大水》曰："天灾自古有，昏垫弥今秋。……指涂适汶阳，挂席经芦洲。永望齐鲁郊，白云何悠悠！傍沿钜野泽，大水纵横流。"东平，唐郓州治所曰东平县（在今山东东平西北），又郓州在汉为东平国，宋、后魏及隋并为东平郡（见《元和郡县志》卷一〇）；汶阳，谓汶水之阳，东平即在汶阳；钜野泽，在东平西南。玩诗意，此诗疑系自鲁郡赴东平途中所作。诸谱俱系此诗于天宝四载，根据为：《旧唐书·玄宗纪》云："天宝四载秋八月，河南、睢阳、淮阳、谯等八郡大水。"按，河南郡（河南府）治所在今河南洛阳，睢阳郡治所在今河南商丘，淮阳郡治今河南淮阳，谯郡治今安徽亳县，由这一记载，似尚不足以证明四载秋东平有大水。《新唐书·五行志》云："（开元）十九年秋，河南水，害稼。""河南"谓河南道（《五行志》中的"河南"，多指河南道，如"河南郡十三，水"、"河南、河北郡二十四，水"等，皆如此），唐郓州即属河南道。又适自鲁郡赴魏州，须过东平，所以这首诗很可能即作于十九年秋赴幽蓟途中。

高适这次赴幽蓟的目的，一方面是漫游，另一方面是寻找仕进的机会。唐代制度规定，边帅可以自辟佐吏，《通典》卷三二说，唐采访使有判官等僚佐，"皆使自辟召，然后上闻，其未奏报者称摄。其节度、防御等使僚佐，辟奏之例亦如之"，所以那些在科举考场上失利的士人，多想通过幕府获得官职，高适也是这样。他作《信安王幕府诗》献给幕府诸人，即有求他们援引入幕之意："直道常兼济，微才独弃捐，曳裾诚已矣，投笔尚凄然。……云霄不可望，空欲仰神仙。"然而他并没有能够达到自己的目的，《蓟门不遇王之涣……》云："逢时事多谬，失路心弥折，行矣勿重陈，怀君但愁绝。"《自蓟北归》云："谁怜不得意，长剑独归来。""周谱"谓适此次出塞尝于燕地"从军"，没有什么材料可以证明。高适"喜言王霸大略"（《旧唐书》本传），自视甚高（《河岳英灵集》称他"耻预常科"），又出身于仕宦之家，在没有谋到幕府职务的情况下，显然是不大可能"从军"的。

关于适此次出塞南返的时间，诸家说法不一。佘正松《辩高适自蓟北归宋中及再到蓟北的年代》[①]（简称"佘文"）认为，高适《自蓟北归》一

---

① 载《文史》第十九辑。

诗，描写和反映了开元二十一年闰三月发生的都山之败，说明其时高适尚在蓟北；又谓此诗所写为冬天景象，因此断定他“自蓟北归”的具体时间在开元二十一年冬。我觉得，“佘文”的考证是有说服力的。下面，我想再作一些补充。《蓟门五首》之五云：“边城十一月，雨雪乱霏霏。元戎号令严，人马亦轻肥。羌胡无尽日，征战几时归?”诗中的“元戎”指谁呢，考适在幽蓟期间，尝为“元戎”者有信安王李祎，幽州节度使赵含章、薛楚玉、张守珪等。李祎开元二十年正月率军击奚、契丹，三月获胜，旋即班师（参见《旧唐书·信安郡王祎传》、《北狄传》）。这也就是说，开元二十年十一月祎已不在幽蓟，“元戎”不可能指他。赵含章自开元十八年至二十年六月为幽州节度使。那时，契丹军事首长可突于率其族人并胁迫奚众投附突厥，“连年为边患”，而赵“不能讨”，故朝廷命信安王将兵击之。开元二十年六月，赵贪赃事发，薛楚玉继任为节度使。开元二十一年闰三月，可突于又领兵来犯，薛同副将郭英杰等，率精骑一万迎敌，战于榆关都山下，唐军大败，六千余人战死。以上事实说明，赵、薛都是军事上无能的将领。高适在这次出塞期间写的一些反映幽蓟的严重边患和揭露边将的无能的诗歌，大抵都是针对赵、薛而发的，所以这首诗中的“元戎”，也不大可能指赵、薛。开元二十一年都山之败后，朝廷改命张守珪为幽州节度使。张到任后，屡破契丹，开元二十二年十二月，杀可突于，此后幽蓟的边患才基本解除。考高适集中，有一些盛赞张大破契丹的作品（如《睢阳酬别畅大判官》、《宋中送族侄式颜时张大夫贬括州使人召式颜遂有此作》等)，所以此诗“元戎”二句，极可能指张而言，写出了军队在他到任之后号令严明、加紧备战的情状，但当时契丹兵势尚盛，战局仍然紧张，所以末二句又对战争的前景表示忧虑。以上分析如果不误的话，这首诗应作于开元二十一年十一月，当时作者尚在幽蓟。《真定即事奉赠韦使君二十八韵》云：“漂泊怀书客，迟迴此路隅。问津惊弃置，投刺忽踟蹰。……始佩仙郎印，俄兼太守符。……岁容归万象，和气发鸿炉。”真定（唐恒州治所，今河北正定）乃适赴幽蓟及自幽蓟南归途中经行之地。韦使君谓韦济。《旧唐书·张果传》：“开元二十一年，恒州刺史韦济以状奏闻。”又《韦济传》曰：“开元初，调补鄄城令。……三迁为库部员外郎。二十四年，为尚书户部侍郎。”此诗“始佩”二句，即指济以库部员外郎出为恒州刺史。

《宝刻丛编》卷六引《诸道石刻录》云："《唐白鹿泉神君祠碑》，唐韦济撰，裴抗分书，开元二十四年三月立，在获鹿。"获鹿为恒州属县，是时济当尚在恒州刺史任上，疑开元二十四年末方入为户部侍郎。唐代官制，诸州刺史大抵经四考（四年，唐以一岁为一考）即迁转，因此济任恒州刺史的期限，应在开元二十一年至二十四年之间。这就是说，开元十九年秋适赴幽蓟时，济尚未出任恒州刺史，所以这首诗当作于适自幽蓟南归途中（"笺注"系此诗于开元十九年秋，误）。又，和气，谓春日温和之气。郭璞《春诗》："青阳（指春天）畅和气，谷风穆以温。"《素问·五常政大论》注："和，春之气也。"鸿炉，大炉，指天地。据此句，知适过恒州时为春日。另，史载开元二十二年六月，张守珪大破契丹，同年十二月，斩可突于，然这些重大事件，高适居幽蓟期间写的诗中都没有反映，可见其时他已离幽蓟。综上所述，适自幽蓟南归的时间当在二十一年冬、二十二年春之际。

关于高适寓居淇上的时间，诸家说法各异。《笺注》及彭兰《高适系年考证》[①]、谭优学《高适行年考》[②]皆谓在天宝五载至六载间，"孙文"称"约在开元二十四年秋至二十五年秋"，"周谱"则定在开元二十九年至天宝元年。这些说法，都缺乏令人信服的证据。

《淇上酬薛三据兼寄郭少府微》云："北上登蓟门，茫茫见沙漠，倚剑对风尘，慨然思卫霍。拂衣去燕赵，驱马怅不乐，天长沧洲路，日暮邯郸郭。酒肆或淹留，渔潭屡栖泊，独行备艰险，所见穷善恶。……故交负灵奇，逸气抱蹇谔。……飘飖劳州县，迢递限言谑，东驰眇贝丘，西顾弥虢略。"寻绎诗意，作者离幽蓟后，当即居留淇上。也就是说，他始居淇上的时间，应在开元二十二年春。孙钦善《高适年谱》[③]（简称"孙谱"）谓适居淇上当紧接于北游燕赵后，其说是；然系此事于开元二十四年秋，则成问题。因为开元二十三年适曾至长安应制举，落第之后又滞留长安（诸谱对此无异辞），而此诗对这一段经历却无一语道及，故孙说未妥。此诗"飘飖"二句谓薛、郭是时在州县为官，道途相隔，不得欢聚；"东驰"二

① 载《文史》第三辑。

② 见《唐诗人行年考》，四川人民出版社 1981 年版。

③ 载《北京大学学报》1963 年第 6 期。

句言二人一在贝丘（今山东博兴县南）为官，一在虢略（今河南灵宝县治）任职。薛据是唐代诗人，他于开元十九年登进士第（见《韩昌黎集·国子助教河东薛君墓志铭》五百家注、《唐才子传》卷二），为永乐主簿。《唐诗纪事》卷二五云："据自永乐主簿陟县丞，复选宰涉县（据为涉县令在天宝六年，见《唐才子传》卷二）。"《封氏闻见记》卷三云："开元中，河东薛据自恃才名，于吏部参选，请授万年录事。吏曹不敢注，以谘执政，将许之矣；诸流外共见宰相诉云：'酝署丞等三官皆流外之职，已被士人夺却，惟有赤县录事是某等清要，今又被进士欲夺，则某等一色之人无措手足矣。'于是遂罢。"按，唐时及第进士，初除不过九品之职，万年录事、永乐主簿皆九品官，疑据登第后请授万年录事，未能如愿，遂除永乐主簿之官。永乐在今山西芮城县西南永乐镇一带，其地距虢略（虢略、贝丘皆春秋时地名）甚近，因此"西顾"句当即谓据是时在永乐为官。考据开元十九年为永乐主簿，二十二年尚未至四年秩满之期，当仍在永乐主簿任上，由此亦可证明，断适于开元二十二年居淇上，似无大误。又，诗题"薛三据"，各本多作"薛三掾"，按，薛三即薛据（见《唐人行第录》），"掾"是官府属员的通称，主簿为县令属吏，故曰"掾"。此处当以作"掾"为是。另，"笺注"将此篇与其他淇上之诗区分开，谓其他淇上之诗皆作于天宝五六载，此篇独作于自蓟北南归宋中途次淇上时。按，玩诗题之意，这当是作者在淇上收到薛据的赠诗后而作的一首答诗，如果作者只是路过而不是滞留淇上，那么远在永乐的薛据恐怕是无法寄诗给他的。又此诗末六句云："吾谋适可用，天路岂寥廓？不然买山田，一身与耕凿。且欲同鷦鹩，焉能志鸿鹄！"言仕进既难，欲于淇上"买山田"躬耕（淇上多山，而宋中无山，故当指在淇上）。《淇上别业》："依依西山下，别业桑林边。……且向世情远，吾今聊自然。""笺注"曰："此西山下之别业当即所买之山田也。"由此可见，滞留淇上与在淇上置别业隐居，当是前后紧相连接的两件事。然"笺注"不知为何却将此二诗分别系于开元二十一年（《淇上酬薛三据……》）和天宝五载（《淇上别业》），前后相去竟达十余年之多。

《途中酬李少府赠别之作》云："西上逢节换，东征私自怜。故人今卧疾，欲别还留连。……连帅扇清风，千里犹眼前。曾是趋藻镜，不应翻弃捐。日来知自强，风气殊未痊。可以加药物，胡为辄忧煎？驱马出大梁，原野一悠然。柳色感行客，云阴愁远天。……余亦惬所从，渔樵十二年。种瓜漆园里，凿井卢门边。去去勿重陈，生涯难勉旃。”玩此诗首二句之意，知是时李少府“西上”，作者“东征”，两人在途中相遇。据“驱马”句，知相遇之地点在大梁（今河南开封）。藻镜，品评鉴别之意。唐时，吏部掌管官吏的铨选，负有品评鉴别人才之责。“曾是趋藻镜”，即指李之“西上”，乃是欲至吏部参加铨选；“不应翻弃捐”，则谓李虽途中“卧疾”，亦不应放弃赴选的机会。考唐时选人赴选的时间，大抵在初春，如岑参在虢州作的《陪使君早春西亭送王赞府赴选》云：“客舍草新出，关门花欲飞。到来逢岁酒，却去换春衣。吏部应相待，如君才调稀。”又适此诗所谓“逢节换”，盖指冬去春来；“柳色”二句，写的正是初春景象，所以作者与李相遇的时间，无疑应在正月。此诗曰：“渔樵十二年。”“十二年”当是实数（“十二”不是成数，不存在约举成数的问题），考适自开元十年二十岁西游长安失意而归后，至开元二十三年正月，恰好满“十二年”之数，所以这首诗的写作时间应在二十三年正月。诗中所谓“东征”，或指由淇上归宋州（今河南商丘），因为自淇上东行回宋州，正须经过大梁。《册府元龟》卷六四五：“（开元）二十三年正月诏，其或才有王霸之略，学究天人之际，智勇堪将帅之选，政能当牧宰之举者，五品以上清官及军将、都督、刺史各举一人；孝悌力田乡间推挽者，本州刺史长官各以名闻。”如前所述，适开元二十三年曾到长安应制举，所以他当是在这年正月玄宗关于本年设制科的诏令下达后，为了争取获得宋州刺史的荐举，而由淇上匆忙回到他曾居留约十年的宋州的。

适集中有《自淇涉黄河途中作十三首》，诸家多谓此系适自淇上还宋州途中所作。按，此诗并无一语述及归宋州事，且其第十首云：“孟夏桑叶肥，秾阴夹长津，蚕农有时节，田野无闲人。”第十一首云：“秋日登滑台，台高秋已暮，独行既未惬，怀土怅无趣。”如此行欲归宋州，岂有在河、淇间滞留达数月之久的道理？又滑台（在今河南滑县东旧滑县）距淇上甚近，安有孟夏自淇上登程欲还宋州，至秋末尚在滑台者？故此说未妥。“孙文”谓此诗系适居淇上期间“自淇涉黄出游”之作，大体近之。

关于高适送兵到蓟北的时间，“佘文”定在天宝十载冬，我认为很对，只是文中对《赠别王七十管记》的解释，尚有不尽圆满处。“孙谱”根据《通鉴》所载开元二十二年十二月幽州节度使张守珪遣管记王悔至契丹牙帐谋斩可突于事，断定王七十管记即王悔，并认为这首诗当作于开元二十二年十二月，是时高适尚在幽蓟。“佘文”则根据这首诗的内容和所涉及的史实，断定它只能作于天宝十载冬，然对王七十管记即王悔的说法，亦不否认。“周谱”系此诗于天宝九载冬，也认为王七十管记即王悔。对此，人们不免会产生一些疑问，即自开元二十二年至天宝十年，将近二十载，其间幽州节度使数度易人（唐制，节度使可自辟佐吏。在张守珪之后相继为幽州节度使的有李适之、王斛斯、裴宽、安禄山等），何以王悔却一无迁转，仍为管记？这同唐代官吏的迁转常规，难道是相符的吗？我觉得，如果王七十管记是王悔，那这首诗就只能作于开元二十二年十二月以前；如果这首诗作于天宝九载或十载冬，那王七十管记就不可能是王悔。因为开元二十二年十二月，王悔立下了谋斩可突于的大功（张守珪因此功几乎被玄宗任为宰相），在这之后他是不大可能继续担任管记的微官的（唐玄宗重武功，边帅一旦立功，其部属多可缘以进身）。“佘文”考定这首诗当作于天宝十载冬，我以为方法和结论都是正确的，所以王七十管记即王悔的说法应该否定。其实，王悔的生平无考，他是否行七十或十七（“王七十”一本作“王十七”），根本没有什么材料可以证明。天下王姓者多，总不能说曾在幽州为管记的王姓之人，只有王悔一个吧？

（原载《文史》第26辑，1986年10月出版）

岑嘉州系年商榷

闻一多《岑嘉州系年考证》（见《闻一多全集》，以下简称“考证”）、李嘉言《岑诗系年》（见《文学遗产增刊》三辑，以下简称“系年”）为研究岑诗提供了不少方便，本篇拟就闻、李二文涉及的某些问题发表一点粗浅的看法，其中有些看法同闻、李二文，但略有补充；有些则与闻、李二文不尽一样，是个人的一些不成熟意见。所见未必正确，尚希读者指正。

一　有关岑参生平的几个问题

（一）岑参生年的推测

“考证”定岑诗《初授官题高冠草堂》“三十始一命”之“三十”为实数，是则岑参应生于开元三年（715）。曹济平《岑参生年的推测》（见《唐诗研究论文集》）对此提出异议，认为《初授官题高冠草堂》之“三十”为成数，《感旧赋》“参年三十，未及一命”之“三十”则为实数。《感旧赋》作于天宝二年，以此上推，则岑参应生于开元二年。《初授官题高冠草堂》之“三十”可能是实数，也可能是成数，要对它作出判断，需有其他旁证，现暂且不论。至断《感旧赋》之“三十”为实数，则未必尽然。曹文称：“赋序所说：‘国家六叶，吾门三相矣。’这是很正确的；又说：‘五岁读书，九岁属文，十五隐于嵩阳，二十献书阙下，参年三十，未及一命。’当然，这也应该是确实可信的。”按，此二者并无必然联系。“国家六叶”之“六”、“吾门三相”之“三”不可举其成数，是很清楚的；而古代诗文中，年岁之可举其成数，亦是很清楚的。[①] 所以没有理由说《感旧赋》之“三十”一定是实数。刘开扬认为，岑参《秋夕读书幽兴献兵部李侍郎》应作于广德元年（763），[②] 这是很正确的。诗曰：“年纪蹉跎四十强，自怜头白始为郎”，若依曹说，广德元年岑参已五十岁，便与“四十强”之语不合。因此有理由说《感旧赋》之“三十”不可能是实数。[③] 然《初授官题高冠草堂》之“三十”是否为实数？刘开扬说：“（《秋夕读书幽兴献兵部李侍郎》一诗）照闻氏所定岑参生年算是四十九岁，那么诗中不说五十而说‘四十强’，是不合习惯的，故我以为岑参生年最少应该比闻氏所定的后一年，即716年。”[④] 按，“四十强”之“强”字本为取韵，似不应过于拘泥；且四十八岁（依刘说岑此年四十八岁）既可称为“四十强”，四十九岁何以一定不可称为“四十强”，又《感旧赋》曰：“二十献书阙下”，“我从东山，献书西周，出入二郡，蹉跎十秋。”赋作于天宝二年，依闻说，自二十献书那年（734）算起至天宝二年恰为十年；依刘说，自二十献书那年（735）算起至天宝二年仅为九年。所以比较几种说法，我仍认为闻说较为妥当，故重申之。

（二）“十五隐于嵩阳”

《感旧赋》序：“十五隐于嵩阳。”“考证”谓，嵩阳犹嵩南，即嵩山之南，嵩山即太室，“十五隐于嵩阳”即指隐于太室。按，“考证”引《史记·封禅书》并不足以证明唐人以嵩山专指太室。《艺文类聚》卷七引戴延之《西征记》谓嵩高为总名，兼指太室，少室（见“考证”征引）。《元和郡县志》卷六亦谓：“东曰太室，西曰少室，嵩高，总名，即中岳也。”我几乎翻查了李白所有写到嵩山的诗，也看不出有以嵩山专

① 旧诗受韵律的约束，诗里的数字往往举其成数；古文特别是赋也讲究字句的整齐，其数字也往往举其成数。

② 参见刘开扬《唐诗论文集》第57页，注①，上海古籍出版社1979年版。

③ 此外，曹文又对“考证”关于仙州设置年代的考订提出驳难，其实闻氏之考订，目的在于说明岑父除仙州刺史的年代和岑参出生的地点，而不在于说明岑参出生的时间，曹文对此有所误解，兹不具论。

④ 参见刘开扬《唐诗论文集》第57页，注①，上海古籍出版社1979年版。

指太室的痕迹。如《赠嵩山焦练师》序曰："嵩山有神人焦练师者……居少室庐……余访道少室，尽登三十六峰，闻风有寄，洒翰遥赠。"诗曰："二室凌青天，三花含紫烟。"《元丹邱歌》曰："暮还嵩岑之紫烟，三十六峰常周旋。"嵩山或指少室，或兼指二室。[①]"考证"又引李白《送杨山人归嵩山》："我有万古宅，嵩阳玉女峰。"玉女峰在太室，遂谓嵩阳亦专指太室。其实嵩阳乃为县名，太室在嵩阳，玉女峰亦在嵩阳，自可称"嵩阳玉女峰"。高适《别杨山人》："不到嵩阳动十年，旧时心事已徒然，一二故人不复见，三十六峰犹眼前。"三十六峰在少室，更可证"考证"所谓"唐人称嵩阳皆谓太室之阳"是不正确的。嵩阳武后时改名登封，《元和郡县志》卷六河南府登封县："少室山在县西十里。"知太室、少室皆在嵩阳，嵩阳可以兼指二室。然《感旧赋》曰："有嵩阳之一邱"，此"邱"指太室？少室？抑或二室兼指？"考证"称："公有《峨眉东脚临江听猿怀二室旧庐》诗，既曰二室，是公于太室、少室，皆尝居之矣。"我觉得，岑诗中未尝单独提过太室，所以他即使在那里住过的话，为时也必定十分短暂。《感旧赋》序"十五隐于嵩阳，二十献书阙下"，指的主要应是作者十五岁至二十岁左右隐于少室的一段经历。

岑诗中几次提到颍阳，颍阳和嵩阳可以相通。嵩阳乃旧县名，在岑时实际上并无其地。《元和郡县志》卷六河南府颍阳县："隋开皇六年改堙阳为武林，十八年又改为纶氏，大业元年改为嵩阳，载初元年又改为武林，开元十五年改为颍阳。"《新唐书·地理志》："颍阳，畿，本武林，载初元年析河南、伊阙、嵩阳置，开元十五年改名颍阳。"《元和郡县志》谓颍阳曾名嵩阳，颍阳即嵩阳；《新唐书·地理志》则谓颍阳辖有故嵩阳地（《唐会要》卷七十同）。即以《新唐书》的说法为准，颍阳在某种意义上也可称为嵩阳。又岑参居少室（于诗有征），少室在嵩阳（登封）之西，颍阳之东，故或谓少室，或谓嵩阳，或谓颍阳，实际上都一样。

---

① 此外，李白《送裴十八图南归嵩山二首》："君思颍水绿，忽复归嵩岑。"《题嵩山逸人元丹邱山居》："故人契嵩颍，高义炳丹雘。"颍水导源少室，嵩，颍并提，此嵩山亦不得专指太室，又《送于十八应四子举落弟还嵩山》："劝君还嵩邱，开酌盼庭柯，三花如未落，乘兴一来过。"三花即贝多花，生于少室，《太平御览》卷九六〇引《魏王花木志》曰："汉时有道人自西域持贝多子植于嵩之西峰下，后极高大，有四树，树一年三花。"嵩之西峰即少室，故此嵩邱亦不得专指太室。

（三）隐居终南

岑参“隐于嵩阳”严格说来不能算归隐（因时岑年方十几，尚不到出仕年龄），真正的归隐要算隐居终南。《下外江舟中怀终南旧居》曰：“早年好金丹，方士传口诀。弊庐终南下，久与真侣别。道书谁更开，药灶烟遂灭。”《冀州客舍酒酣贻王绮寄题南楼》曰“吾庐终南下”，知岑参至晚在开元二十九年时已隐居终南。① 又据《初授官题高冠草堂》，知岑天宝三载登第前亦隐居终南。然作于天宝二年之《感旧赋》又曰：“我从东山，献书西周，出入二郡，蹉跎十秋。”据此又知岑自开元二十九年（或更早）至天宝二年并未定居终南。② 很显然，此种“隐居”并非一心归隐，而是一面隐居，一面在不断寻求出仕的道路（《感旧赋》所谓“思达人之惠顾，庶有望于亨衢”）。又“系年”谓《终南两峰草堂》应“作于天宝十载由安西归后隐居终南之二三年内”。此种推测有一定道理，然杜确序未曾谈到岑出仕后曾经归隐，天宝十二载之《太一石鳖崖口潭旧庐招王学士》诗亦谓：“偶逐干禄徒，十年皆小官”，疑此种“隐居”乃是一种亦官亦隐。

（四）出塞

“考证”谓天宝八载“安西四镇节度使高仙芝入朝，表公为右威卫录事参军，充节度使幕掌书记，遂赴安西。”谓岑于天宝八载赴安西是正确的，兹以岑证之。据《初过陇山途中呈宇文判官》、《寄宇文判官》、《武威春暮闻宇文判官西使还已到晋昌》三诗，知宇文氏为安西节度使高仙芝属下判官。又《初过陇山途中呈宇文判官》曰：“西来谁家子，自道新封侯，前月发安西，路上无停留。都护犹未到，来时在西州。”知岑此行途遇宇文判官，宇文氏时偕安西都护（即高仙芝）入朝。考《旧唐书·高仙芝传》，天宝八载高仙芝曾入朝，则岑赴安西无疑亦在天宝八载。然“考证”谓高仙芝入朝后方表岑为右威卫录事参军赴安西，则是不确的。又“考证”谓

① 《冀州客舍……》诗作于开元二十九年。

② 其时岑家大约仍居颍阳，至天宝三载登第授官后方移至长安。

岑在安西幕中任掌书记亦不确。[①] 关于第二次出塞，“考证”谓岑先居北庭，后居轮台，把居轮台和居北庭截然分开，这似无必要，因轮台为庭州属县，居轮台犹居北庭，岑诗中常把轮台和北庭同用。[②]

二 岑诗系年商榷

有关岑诗系年之商榷，兹据“系年”编年的次序，并照顾叙述的方便，择要分述如下：

（一）《缑山西峰草堂》

“系年”谓：“《自潘陵尖还少室居止秋夕凭眺》曰：‘草堂近少室’，草堂盖即指缑山西峰草堂。”按，“草堂”明即诗题之“少室居止”，非即缑山西峰草堂也。然缑山地近少室，《初学记》卷五：“缑氏山近在嵩山之西也。”岑可能在居少室时一度移居缑山，此诗亦大体与少室诗同时。

（二）《杨固店》

“系年”断此诗为“开元二十二年以后数年中往返京洛间所作”，似不妥。诗曰：“夜来常有梦，堕泪缘思归……长安只千里，何事信音稀。”疑为移家长安（天宝三载）后所作。又曰：“洛水行欲尽，缑山看渐微”，知此行盖自长安首途，经洛阳，过缑山（在河南府缑氏县），在离长安约一千里的地方作了这首诗。岑天宝十三载以后不得有此游，疑诗当为天宝十三载以前所作（作于四载至七载最有可能）。

（三）《醉题匡城周少府厅壁》等

“考证”把《醉题匡城周少府厅壁》、《至大梁却寄匡城主人》、《偃师

① “考证”谓岑“在安西幕中所守职事，据《银山碛西馆》诗‘丈夫三十未富贵，安能终日守笔砚’之语，则似为掌书记。”按，“守笔砚”盖用班超典故（参见《汉书·班超传》），表示作者想到边地干一番事业，并非说明作者在边地干的是“守笔砚”营生。

② 《北庭贻宗学士道别》、《发临洮将赴北庭留别》、《临洮泛舟赵仙舟自北庭罢使还京》、《赴北庭度陇思家》诸诗皆可证之。

东与韩樽同诣景云晖上人即事》等篇定为河朔诗，似值得商榷。诸篇提及的地名，如大梁，东郡（即滑州）、匡城、铁丘、偃师等皆属河南道（古黄河与今有异），没有理由说它们一定是河朔诗。《醉题匡城周少府厅壁》曰："颍阳秋草今黄尽，醉卧君家犹未还"，《偃师东与韩樽……》曰："颍阳归客远相过"；而《送郭乂杂言》则曰："去年四月初，我正在河朔"，"地上青草出，经冬今始归"，明谓河朔之行由长安首途，复归长安，而未言有归颍阳之事，这也是上述三诗不得与河朔诗同时的一个证明。岑参自二十岁以后至登第前，为仕途奔波，每常出游，这三首诗应该是这个时期的作品。另《郊行寄杜位》一首，"考证"定为河朔诗，根据亦嫌不足。

（四）《梁园歌送河南王说判官》等

"考证"注八谓："刘长卿有《曲阿对月别岑况徐说》诗，又有《旅次丹阳郡遇康侍御兼别岑单父》诗。以公《梁园歌送河南王说制官》原注：'时家兄宰单父'，及《送楚丘麹少府赴官》诗：'单父闻相近，家书早为传'之句证之，此岑单父即公兄况无疑也。曲阿县属丹阳郡，天宝元年正月改润州为丹阳郡，同年八月二十日改曲阿县为丹阳县。长卿二诗于郡称新名，县称旧名，疑作于天宝元年正月至八月之间。天宝元年，况在丹阳，则公《敬酬杜华淇上见赠兼呈熊曜》诗：'亿昨癸未岁（按：天宝二年），吾兄自江东'，当即指况，而《送人归江宁》诗曰：'吾兄应借间，为报鬓毛霜'，《送扬州王司马》：'为报吾兄道，如今已白头'，皆即况矣。"按，谓长卿诗作于天宝元年有误，"系年"据此谓上述四诗（《敬酬杜华……》除外）作于天宝元年或天宝元年以前亦误。刘长卿《曲阿对月别岑况徐说》："金陵已芜没，函谷复烟尘。"《旅次丹阳郡遇康侍御……》："羁人怀上国，骄虏窥中原。胡马暂为害，汉臣多负恩。羽书昼夜飞，海内风尘昏。……绣衣从北来，汗马宣王言。忧愤激忠勇，悲欢动黎元。南徐争赴难，发卒如云屯。"明为安史乱后所作，如何是天宝元年的作品？问题出在仅看标题、仅依据地名的更改来断定诗的写作年代。地名之更改是确定诗的写作年代的一种依据，但需要分别不同的情况：若诗用新地名（而且这种新地名是以前从未有过的），则据此确定诗的写作年代便完全可靠；

若诗用旧地名，则据此确定诗的写作年代就不一定可靠。因为地名虽然改成新的，诗文中却往往习惯用旧的，[①] 很难说因用了旧地名就必定是改名前的作品。“考证”及“系年”有不少地方依据地名之更改来确定诗的写作年代，读者可自己根据上述原则来判断其可靠性，这里不再赘述。又上述四诗到底作于什么时候？《旅次丹阳郡遇康侍御……》是长卿旅居丹阳，感于安史乱起，朝廷至江东募兵而作的，它当是至德年间的作品。诗曰：“故人亦沧洲”，知岑况时闲居丹阳。岑参《送人归江宁》曰：“吾兄应借问，为报鬓毛霜。”《送扬州王司马》曰：“为报吾兄道，如今已白头。”则二诗写作年代当与《旅次丹阳……》诗相去不远。岑况宰单父的年月不确，故其余二诗也较难编年，然作于《旅次丹阳……》诗前则不成问题。[②]

（五）《感旧赋》

《感旧赋》作于天宝二年本已不成问题，但“考证”某些话容易引起疑惑，所以还需要略作说明。“考证”称，赋中有“雪冻穿屦”一语，明示此赋应作于冬日。按，此赋若果作于冬日，则不可能作于天宝二年冬，而只能作于天宝元年冬。[③] 其实此赋并非作于冬日，“考证”对“雪冻穿屦”一语似有误解。《感旧赋》曰：“我从东山，献书西周，出入二郡，蹉跎十秋。多遭脱辐，累遇焚舟；雪冻穿屦，尘缁敝裘。”穿屦犹破履，“雪冻穿屦”及上下各句皆用以比喻潦倒失意。

（六）《敬酬杜华淇上见赠兼呈熊曜》等

《敬酬杜华……》诗曰：“忆昨癸未岁”，“系年”谓：“癸未谓天宝二年，则此当作于天宝三载。”按，此诗又曰：“熊生尉淇上，开馆常待客。

---

① 岑诗《浐水东店送唐子归嵩阳》，《至大梁却寄匡城主人》：“仲秋至东郡”，《武威春暮闻宇文判官西使还已到晋昌》：“闻已到瓜州”，皆用旧名就是例子。

② 又《春日醴泉杜明府承恩五品宴席上赋诗》：“吾兄此栖棘，因得贺初筵。”或岑况天宝十三载春居京兆府醴泉县，而宰单父当更在此前。

③ 岑天宝三载登第，按唐代一般考试常规，应举者皆于前一年十月送尚出省，即是说天宝二年冬作者已将应试，不得复曰：“睠城阙以怀归，将欲返云林之旧游。”（《感旧赋》）

喜我二人来，欢笑复朝夕。县楼压春岸，载胜鸣花枝……三月犹未还，客愁满春草。”知此诗乃春三月作于淇上。然岑于天宝三载正月就礼部之试，二月放榜，三月正于长安等候授官（参看“考证”注九），如何能到淇上去作诗？所以“系年”的说法显然有问题。其实“昨”犹“昔”也，[1]“忆昨癸未岁”即“忆昔癸未岁”，这首诗并非天宝三载所作，而只能作于天宝三载以后。[2] 又天宝十三载后岑参行事甚明，故游淇上疑在天宝十三载前。天宝八载至十载作者在安西，十一载至十三载居长安，故此诗作于四载至七载的可能性最大。[3]“系年”又谓《临河客舍呈狄明府兄留题县南楼》、《题新乡王釜厅壁》、《春寻河阳闻处士别业》“皆河北诗”，疑与《敬酬杜华……》诗同时。按，《临河客舍呈……》曰：“黎阳城南雪正飞”，时序不与《敬酬杜华……》诗近，疑非同时所作。[4]《题新乡王釜厅壁》曰：“陌上黎阳尘”，疑与《临河客舍……》诗同时作。至《春寻河阳……》诗作于何时则很难确断。

（七）《终南云际精舍寻法澄上人不遇归高冠东潭石淙望秦岭微雨贻友人》等

此诗“系年”断为初授官后作。诗曰：“若访张仲蔚，衡门满蒿莱。”张仲蔚，后汉扶风人，少与同郡魏景卿隐身不仕，所居蓬蒿没人。见《三辅决录》注。此以张仲蔚自比，诗当作于天宝三载登第前隐于高冠时。《题云际南峰眼上人读经堂》亦同。又《还高冠潭口留别舍第》，“系年”断为初授官后作，似不确。诗曰：“昨日山有信，只今耕种时，遥传杜陵叟，怪我还山迟。”若作者时已为官，则不必要亦不可能在“耕种时”回山。此诗亦当作于出仕前隐居高冠时。

---

① 此种用法很普遍，如岑诗《东归发犍为至泥溪舟中作》：“忆昨在西掖，复曾入南宫。”

② 此外，“系年”又谓：“（诗）又曰：‘熊生尉淇上。’淇上谓淇水之上；《元和姓纂》一‘开元临清尉熊曜’，《新书·地理志》贝州有临清县，临清与淇水为近，淇上殆即临清。”按，临清在今山东临清附近，并不与淇水相近。熊曜开元时尉临清，此时则改尉淇上，二者当非一事。

③ 此诗可与《杨固店》（见前）相参，疑《杨固店》即往游淇上途中所作。

④ 此诗疑开元二十九年自河朔返京途中所作。作者由运河入黄河，遂经黎阳。冬春之际至黎阳，春二月回长安，时序正相吻合。

（八）《首春渭西郊行呈蓝田张二主簿》

“系年”谓：“玩诗意，疑皆初授官后作。”按，诗曰：“愁窥白发羞微禄”，初授官时岑年刚满三十，似不当有“愁窥白发”之语。考岑诗，岑出塞后方有“生白发”之感，故此诗最早也只能作于天宝十一载至十三载居长安时。

（九）《夜过盘豆隔河望永乐寄闺中效齐梁体》等

“系年”谓天宝五六载间岑有绛、晋之游，并谓《夜过盘豆……》一诗为此游途中所作：“案《新书·地理志》，河中府有永乐县。以下列诸篇（按指《骊姬墓下作》、《题平阳郡汾桥边柳树》、《宿蒲关东店忆杜陵别业》等诗）考之，公此游盖自陕虢一带渡河，历永乐、绛州、平阳等地，入蒲关以返京师。”按，岑此游若从京师出发，则当出蒲关，而无必要自陕虢一带渡河，历永乐以至绛、晋。且永乐在黄河北岸、京洛道中，作者“出入二郡，蹉跎十秋”，随时有经过的可能，何以一定要此游才经过，我觉得，“考证”虽然误把此诗之“永乐”当作易州之永乐，但它认为此诗“盖即‘出入二郡’途经永乐时所作”却比较符合诗意。另《题永乐韦少府厅壁》、《晚过盘豆寺礼郑和尚》疑亦“出入二郡”时所作。

（十）《凉州馆中与诸判官夜集》

此诗“系年”断为天宝十载所作，似不妥。诗曰：“河西幕中多故人，故人别来三五春。”看语气当作于别后乍逢之际。岑自天宝八载途经凉州至天宝十载回凉州勉强算起来也有三年（实际上不到二年），但岑回凉州在三月（参看“考证”），此诗则作于秋日，自三月至秋日，岑已和“故人”相聚近半年之久，在此种情况下，诗人不大可能说出“故人别来三五春”这样的话来。且“系年”既同意“考证”天宝十载岑东归六月次临洮的说法，又认为十载秋岑仍在凉州，岂不是互相矛盾？我觉得，此诗不应作于天宝十载，而可能作于天宝十三载赴北庭途中。

（十一）《送四镇薛侍御东归》

“系年”断此诗为天宝十载所作。按，诗曰：“将军初得罪，门客复何依。”天宝十载高仙芝虽兵败还京，但仍在朝供职，算不上“得罪”，此“得罪”应指天宝十四载十二月封常清兵败被处斩事。常清兼安西、北庭节度使，四镇薛侍御亦常清属下。此诗当与《送张都尉东归》同时，而非作于天宝十载。

（十二）《崔驸马山池重送宇文明府》

“系年”谓：“杜甫天宝十三载有《崔驸马山亭宴集》诗，盖与此篇同时所作。”按，岑诗曰：“竹里过红桥，花间藉绿苗，池凉醒别酒，山翠拂行镳。”似作于春日。而杜诗曰：“客醉挥金碗，诗成得绣袍，清秋多宴会，终日困香醪。”既非为送别，又作于秋日，当不与岑诗同时。《旧唐书·哥舒翰传》曰：“（天宝）十一载……禄山、思顺、翰并来朝，上使内侍高力士及中贵人于京城东驸马崔惠童池亭宴会。”据杜诗及《哥舒翰传》，我们至多只能作这样一个不很可靠的推测：岑此诗或作于天宝十一载至十三载居长安时。

（十三）《送魏升卿擢第归东都因怀魏校书陆浑乔潭》

“系年”于此诗下曰：“《摭言》曰：‘乔潭天宝十三年及第，任陆浑尉。’《新书》一九四《元德秀传》曰：‘南游陆浑，乔潭等皆号门弟子。天宝十三载卒，潭时为陆浑尉，庀其葬。’案公十三载后已赴北庭，此诗明写秋景，必十三载秋公赴北庭之前所作。”按，《唐摭言》之记载有误，乔潭《霜钟赋》曰：“潭忝预少宗伯（即礼部侍郎）达奚公特达之遇，擢秀才甲科。”（见《全唐文》卷四五一）《唐语林》卷八称累为主司者：“达奚珣四，天宝二年、三年、四年、五年。”可知乔潭擢第必在此数年间。乔潭《会昌主簿厅壁记》又曰：“潭忝以词赋见知春官……乙酉岁（天宝四载）抄志于南轩之东壁。”明谓潭天宝四载已登第。既然《唐摭言》之记载有误，那么乔潭始为陆浑尉的时间就不一定在天宝十三载，此诗亦非必“十三载秋公赴北庭之前所作”。

（十四）《北庭西郊候封大夫受降回军献上》等

此诗“考证”定在天宝十三载五月，“系年”定在天宝十四载，我则认为它与《轮台歌奉送封大夫出师西征》、《走马川行奉送出师西征》同指一事，一作于出师时，一作于回师时。现试把“回军献上”与“轮台歌”、“走马川行”作一番比较。“回军献上”曰：“北庭西郊候封大夫……”，“走马川行”曰：“车师（按即北庭）西门伫献捷”；“回军献上”曰：“轮台征马肥”，“轮台歌”曰：“汉兵屯在轮台北”；“回军献上”曰：“大夫讨匈奴，前月西出师”，“走马川行”曰：“匈奴草马马正肥，金山西见烟尘飞，汉家大将西出师。”“轮台歌”亦曰：“单于已在金山西”，“上将拥旄西出征”；“回军献上”曰：“阴山烽火灭，剑水羽书稀”，“轮台歌”曰：“三军大呼阴山动”，“剑河风急雪片阔”。通过上述比较，有理由认为三诗同指一事。又“考证”谓“轮台歌”、“走马川行”二诗与《献封大夫破播仙凯歌六章》同指一事，似不妥当，因为：（1）据“回军献上”知二诗之“西征”未曾接战，受降而还，这就与“凯歌”所写战况不合。（2）播仙（《新唐书·地理志》：“播仙镇，故且末城也”，地在今新疆且末东北）在北庭之南，与“走马川行”“戍楼西望烟尘黑”等语不合。（3）“轮台歌”二诗所述地名与“凯歌”无一相合。

（十五）《碛西头送李判官入京》等

下面三首，“系年”定为北庭诗，似不妥。《碛西头送李判官入京》：“一身从远使，万里赴安西。”二句自指，诗当是天宝八载作于安西。《宿铁关西馆》，《新唐书·地理志》：“自焉耆西五十里过铁门关。”焉耆为安西四镇之一，铁门关是赴安西（龟兹）必经之地。诗曰：“雪中行地角，火处宿天倪。”当为天宝八载赴安西途中所作。《题铁门关楼》当与《宿铁关西馆》同时作。

（十六）《玉门关盖将军歌》

“考证”谓此诗作于至德元载十二月东归途中，理由是：“《通鉴》，至德二载正月，‘河西兵马使盖庭伦与武威九姓商胡安门物等杀节度使周佖。'案《元和郡县志》玉门关在瓜州晋昌县东二十步，属河西节度管内。此盖将军在玉门关，当即河西兵马使盖庭伦也。公本年（至德元载）始领伊西北庭支度副使，诗曰'我来塞外按边储'，是至早当作于本年。……诗既作于本年，而盖庭伦本年适在河西，则盖将军为庭伦益无疑矣。"考察一下盖将军是否为盖庭伦，不但对本诗之编年，而且对本诗思想内容的理解，都很有帮助。《通鉴》卷二一五胡三省注："兵马使，节镇衙前军职也，总兵权，任甚重。"河西兵马使既总河西兵权，自当住凉州，不当住玉门关。又，盖将军乃一小小关将，[①] 亦不可和河西兵马使盖庭伦相比拟。[②] 且盖将军至德元载腊日（诗曰："腊日射杀千年狐"）在玉门，至德二载正月如何忽然带兵到千余里外的凉州去杀节度使，所以盖将军当非河西兵马使盖庭伦。本诗与《玉关寄长安李主簿》、《岁暮碛外寄元㧑》、《经火山》时序近，可能是天宝八载西行途中所作，也可能是天宝九载行役经玉关时所作。[③]

（十七）《送张献心充副使归河西杂句》

"系年"谓："《旧书·肃宗纪》，至德二载十月吐蕃陷西平郡，此诗曰：'张掖城头云正黑'，疑即指吐蕃寇边之事。'云正黑'谓兵气也。"按，"云正黑"正德本（四部丛刊影印）作"碛云黑"，《全唐诗》亦一作"碛云黑"，似非谓兵气。且西平即鄯州，属陇右节度，离张掖甚远，与河西无涉，似非即指其事。又诗曰："前日承恩白虎殿，[④] 归家见者谁不羡。"诗盖作于长安，具体时间未详。

（十八）《九日使君席奉饯卫中丞赴长水》等

"系年"谓此诗作于乾元二年，卫中丞即卫伯王。按，新、旧《唐书·

---

① 据《通鉴》及《元和郡县志》，河西有八军三守捉，皆不住玉门关，可见玉门关不会有多少守军，诗曰："五千甲兵胆力粗"盖夸大之辞。

② 《通鉴》谓盖庭伦"聚众六万"。

③ 至"按边储"一语，岑于安西职事未详，故"按边储"完全有可能即指其事。

④ 汉未央宫有白虎殿，此借指唐在长安的宫殿，岑诗《送青龙招提归一上人远游吴楚别诗》："朝从青莲宇，暮入白虎殿"可证。

卫伯玉传》皆未言伯玉曾兼御史中丞职；若卫中丞果为卫伯玉，诗亦不当作于乾元二年。诗曰："节使横行西出师，鸣弓擐甲羽林儿。"据新、旧书本传、旧书本纪、《通鉴》载，伯玉初以神策军兵马使出镇陕州行营，乾元二年十二月以功封右羽林大将军，四镇、北庭行营节度使，上元元年迁神策军节度使，诗即曰"节使"，又曰"羽林"，当作于上元元年九月。又《卫节度赤骠马歌》当作于伯玉为节度使之后，广德元年春史朝义败死之前（诗曰："待君东去扫胡尘"）。[①]

（十九）《使君席夜送严河南赴长水》

"系年"谓严河南即河南尹严武，亦即"（《旧唐书》）《严武传》所谓'为京兆少尹，以史思明阻兵，不之官（优游京师）'者也"。按，此说极当。本传之"京兆"似应为"河南"之误，因若为京兆少尹的话，就不会有"史思明阻兵，不之官，优游京师"的问题。又"不之官"疑亦有误，果"不之官"，则岑不会有《送严河南赴长水》诗。[②]

（二十）《送裴判官自贼中再归河阳幕府》

"系年"谓，河阳曾隶怀州，"《旧书·肃宗纪》，上元元年十一月乙巳李光弼奏收怀州，次年二月又失。此诗既送裴某再归河阳，则当作于上元元年冬既收怀州之后"。按，河阳自高宗显庆二年隶洛州（见《新唐书·地理志》），此时已和怀州无涉。据《旧书·肃宗纪》及《通鉴》，乾元二年九月洛阳陷落后，李光弼据守河阳，史思明屡攻不下。上元元年十一月，光弼自河阳攻怀州，拔之。上元二年二月，朝廷屡促光弼进取东京，光弼不得已而出师，败，河阳、怀州皆陷落。所谓"河阳幕府"即指此。诗曰："却向嫖姚幕，翩翩去若飞。"盖以霍嫖姚指李光弼。又曰："上马雪沾衣"，诗当作于乾元二年冬或上元元年冬。

---

① "系年"谓此诗作于乾元元年，又谓必作于长安，似皆不确。诗曰："忆昨看君朝未央"，昨犹昔也，此句不得为此诗作于长安之证。

② 严武应是"之官"了，只是非"之官"洛州（河南府治所在此）罢了。

（二十一）《送王七录事赴虢州》等

《送王七录事赴虢州》、《送王录事却归华阴》二诗，“系年”谓“自是宝应元年十月公为雍王掌书记在陕州时王录事旬日之内两度过此送之而作。”按，陕州在虢州之东，王录事自华阴赴虢州并不经过陕州，故此说有误。岑于宝应元年春为镇国节度判官，镇国节度虽治华州，而岑实居潼关，有《潼关镇国军勾复使院早春寄王同州》、《潼关使院怀王七季友》为证。《送王七录事赴虢州》曰：“小店关门树”，《送王录事却归华阴》曰：“关门路再过”，王录事赴虢州、归华阴需经潼关，二诗当是宝应元年春作于潼关。又《送杨录事充潼关判官》，“系年”谓：“潼关判官盖谓镇国节度判官，此当是上元二年诗。”依此说，本诗当为上元二年冬于虢州送杨录事赴潼关之作。然此诗正德本题作“送王录事充使”，则诗当作于宝应元年，与《送王七录事赴虢州》诗同时。又，若题作“送杨录事充潼关判官”是对的，诗亦不一定作于上元二年。①

（二十二）《冬宵家会饯李郎司兵赴同州》

“系年”谓：“诗曰：‘州县信徒劳’，当为虢州长史以后所作，姑系宝应元年。”按，此说根据不足。② 诗曰：“贺君关西掾，新绶腰下垂。”送新官赴任（且任所是在离长安很近的同州），理应作于京师。又诗曰：“季女由自小，老夫未令归。”既称“老夫”，又在长安，诗非作于乾元元年左右，必作于广德元年至永泰元年间。

（二十三）《祁四再赴江南别诗》

“考证”谓，祁四即画家祁岳，“于邵《送家令祁丞序》……序曰：‘去年八月，闽越纳贡，而吾子实董斯役……远与为别，故人何情？虞部郎

① 《新唐书·方镇表》：“乾元二年置陕、虢、华节度，领潼关防御、团练、镇守等使。”知乾元二年前潼关已有防御等使，而防御等使下有判官（参见《通典》卷三十二），故此“潼关判官”不一定指镇国节度判官，而可能指潼关防御等使判官。

② 诗曰：“州县信徒劳，云霄亦可期。”此盖一般经验之谈，非必为虢州长史后方能说出。

中岑公赠诗一篇，情言兼至，当时之绝也。’案岑公所赠诗当即《祁四再赴江南别诗》……《旧书》一八八《于邵传》：转巴州刺史，夷獠围州掠众，邵与贼约，出城受降而围解。节度使李抱玉以闻，超迁梓州，以疾不至，迁兵部郎中。《旧书》一八三《李抱玉传》：广德元年冬，兼山南西道节度使。则其表奏于邵受降解围，及邵辞梓州迁兵部事，至早当在本年（广德二年）。本年于邵始至京师，序称公为虞部郎中，则本年公已转此官矣”。按，此处引书有误。《旧书·李抱玉传》：“广德元年冬，吐蕃寇京师，乘舆幸陕，诸军溃卒及材间亡命相聚为盗……乃诏抱玉兼凤翔节度使讨之……以功迁司空……时吐蕃每岁犯境，上以岐阳国之西门寄在抱玉，恩宠无此，迁同中书门下平章事，又兼山南西道节度使。”抱玉兼山南西道节度使显非广德元年事。《旧书·代宗纪》：永泰元年三月，李抱玉“授左仆射同平章事”。《新书·李抱玉传》：“大历二年来朝，久之，加山南西道副元帅兼节度使。”《旧书·于邵传》：“节度使李抱玉以闻，超迁梓州，以疾不至，迁兵部郎中，西川节度使崔宁请留为支度副使。”《通鉴》谓大历二年七月崔宁为西川节度使。可知于邵“辞梓州迁兵部事”不得在大历二年以前。其实，《送家令祁丞序》应为于邵出任巴州刺史前为比部郎中时所作。假使于邵出为巴州刺史在大历元年，《送家令祁丞序》作于永泰元年，则岑为虞部郎中当在广德二年（因“序”有“去年八月……”等语）。

（二十四）《和刑部成员外秋夜寓直寄台省知己》

“考证”谓此“成员外”与《郎官石柱题名》之“左司员外郎成贲”、独孤及《送成都成少尹赴蜀序》之“左司郎中成公”同为一人。“系年”谓成为郎中在永泰元年，“则为员外郎当在广德元、二年之间”。按，若三成果为一人，亦尚不能确定此诗的确切年代。诗曰：“粉署荣新命，霜台忆旧寮。”《唐宋白孔六帖》卷七十二“郎官”条下有“粉署”之名，知粉署即郎署；又霜台即御史台。宝应元年（762）岑以殿中侍御史充关西节度判官，广德元年（763）入为祠部员外郎，“唐御史以擢省郎为美迁”（《唐音癸签》卷十七），故曰“荣新命”。此诗当作于广德元年秋，与《秋夕读书幽兴献兵部李侍郎》同时。

三 “系年”未编年诗之编年

“系年”未编年诗大部分无从编年，但其中也有一小部分似可约略定个年代：

（一）《秋夜宿仙游寺南凉堂呈谦道人》等

仙游寺地近长安，疑此诗为岑居长安时作。诗曰：“愿谢区中缘，永依金人宫，寄报乘辇客，簪裾尔何容。”对“乘辇客”颇有傲气，可见自己在“乘辇客”之外，诗亦当作于出仕前。① 另《太白东溪张老舍即事寄舍弟侄等》疑与此诗同时作。

（二）《函谷关歌送刘评事使关西》

诗曰：“寂寞无人空旧山，圣朝无事不须关。”疑作于安史乱前。又曰：“请君时忆关外客，行到关西多致书。”时岑居关东，诗当作于天宝三载登第前。又，《题观楼》一诗可与本诗相参。②

（三）《秦筝歌送外甥萧正归京》

诗曰：“汝归秦兮弹秦声，秦声悲兮聊送汝”，知诗为岑居外任时所作。又曰：“红亭水木不知暑。”考岑诗，“红亭”一语凡六见（本诗除外）：《早春陪崔中丞泛浣花溪宴》、《水亭送刘颙使还归节度》、《虢州西亭陪端公宴集》、《暮春虢州东亭送李司马归扶风别庐》、《虢州后亭送李判官使赴晋绛》、《虢州西山亭子送范端公》。六首中除第一首为蜀中诗外，其余皆虢州诗，本诗疑亦作于虢州。

---

① 岑出仕后也有类似的诗，但说法不一样。如《田假归白阁西草堂》曰：“误徇一微官，还山愧尘容。”

② 《题观楼》“系年”谓“题函谷关也”是正确的，有“函谷关歌”为证，然“函谷关歌”作于早年，故《题观楼》也不一定是虢州诗（“系年”断此篇为虢州诗）。

（四）《送杜佐下第归陆浑别业》等

《送杜佐下第归陆浑别业》、《送陈子归陆浑别业》、《送胡象落第归王屋别业》三诗皆作于长安，既作于长安，就有个大体的年代：或天宝十三载前，或至德二载十月至乾元二年四月间，或广德元年至永泰元年间。又陆浑在今河南嵩县东北，王屋在今河南济源西，安史之乱中皆为战地，故三诗皆不可能作于至德二载十月至乾元二年四月间。[①] 作于广德元年至永泰元年的可能性也不大。[②] 又《送杜佐下第归陆浑别业》曰："夫子且归去，明时方爱才，还须及秋赋，莫即隐蒿莱。"据诗中所表现的思想，疑作于安史之乱前居长安时。

（五）《赵少尹南亭送郑侍御归东台》等

东台即东都留台，少尹谓京兆少尹。诗曰："关树应先落，随君满路霜"，盖于长安送郑氏出关归洛阳时作。按，东都陷后，东台亦废，安史乱平后方有可能重新恢复。[③]《唐会要》卷六十谓天宝十四载安禄山杀留台御史中丞卢奕，大历十年以何运、蒋沇"兼御史中丞，仍东都留台。"是否至大历十年留台才重新设置，不甚清楚，然既非急务，亦似无在乱平后立即设置之必要。如果这种推测不错的话，则大历元年后岑不在长安，此诗当作于安史之乱前岑居长安时。又《青门歌送东台张判官》亦与此同。

（六）《送李别将摄伊吾令充使赴武威便寄崔员外》

此位李别将兼伊吾令（《新书·地理志》伊州有伊吾县）是由边地出使武威还是由京师出使武威是解决本诗编年问题的关键。诗曰："词赋满书囊，胡为在战场?"语气是既在战场。又曰："行间脱宝剑，邑里挂铜章。"盖谓行时把别将和县令的职务搁下，是则李氏是从职守上出使武威，

---

① 此时东都虽然收复，然杜佐等人在其前很难于陆浑等地筑别业居住（据诗意观之，杜佐等人入京前已居陆浑等地）。

② 因此时安史之乱初平，杜佐等人在其前亦很难于陆浑等地筑别业居住。

③ 至德二载十月至乾元二年九月东都收复，然为时短暂，又处于兵乱中，留台无恢复可能。

也即从边地出使武威。伊州属北庭节度，诗盖作于岑居北庭时。

（七）《送樊侍御使丹阳便觐》

本诗作于长安。诗曰：“卧病穷巷晚，忽惊骢马来，知君京口去，借问几时回。”至德二载十月至乾元二年四月岑为右补阙及起居舍人，广德元年至永泰元年岑为郎官，似皆不得有“卧病穷巷晚”之语，然则此诗亦天宝十三载以前所作。

（八）《晦日陪侍御泛北池》

诗曰：“日暮舟中散，都人夹道看。”“都”指东都（岑诗《送崔全被放归都觐省》、《送韩巽入都觐省便赴举》皆然），诗盖作于洛阳。岑天宝八载以后未至洛阳，诗疑作于天宝八载前。

此外，《春梦》亦可编年（《河岳英灵集》选录此诗）。还有不少长安诗，它们也有个大体年代。

（原载《北京大学学报》1963 年第 3 期）

《敦煌写本〈历代法宝记〉所见岑参事迹考》求疵

张子开《敦煌写本〈历代法宝记〉所见岑参事迹考》（《文学遗产》2000年第6期，第107—109页）据佛教典籍《历代法宝记》来考证岑诗中的人名和岑参在成都时的行止，确有新收获，可“再一次提醒我们，佛教典籍中仍然隐藏着大量与文学史有关的材料，值得去进一步发掘”。但“张文”所考，也尚有若干问题，现提出来与作者商榷。

一　所称今人尚未考出的岑诗人名有实已考出者

岑诗中的人名是否已考出，应拿此前今人所有有关的考证成果作比照方能确定：“张文”所举出的考证成果，只有赖义辉《岑参年谱》（1930）、闻一多《岑嘉州系年考证》（1933）、李嘉言《岑诗系年》（1956）和拙作《岑嘉州系年商榷》（1963）四种，皆发表于1963年以前，而1964年以后的成果，则概未涉及，所以它得出的结论，也就不那么可靠了。

1.《酬成少尹骆谷行见呈》等诗中的“成少尹”即成都少尹成贲，“张文”认为此前尚未有人“定出”，实际闻一多《考证》注㊵已指明：“石刻《郎官石柱题名》，左司郎中有成贲，《文苑英华》五三四有成贲《对夷攻蛮假道判》，此成少尹即贲也。”（闻一多《唐诗杂论》，古籍出版社1956年版，第141页）大概因为将考证成果写入注中，所以被“张文”忽略了。

2.《入剑门作寄杜杨二郎中时二公并为杜元帅判官》中的“杜杨二郎中”即杜亚、杨炎，“张文”也认为还没有人“指明”，实际上陈铁民、侯忠义《岑参集校注》（上海古籍出版社1981年版，第328页）已考出。

3. 关于《与鲜于庶子泛汉江》等诗中的“鲜于庶子”，“张文”参照《历代法宝记》中“邛南使、中丞鲜于叔明”的记载，以不敢十分肯定的语气推测说：“李叔明（即鲜于晋，字叔明，后改名李叔明）尝‘出为邛州刺史’（按，见《旧唐书》本传），此盖即《历代法宝记》所言的‘邛南使’吧。”其实《岑参集校注》已考出“鲜于庶子”即鲜于叔明，并征引颜真卿《鲜于仲通神道碑》为证：“公弟晋，字叔明……永泰二年（即大历元年），有诏自太子左庶子复拜为邛州刺史，兼御史中丞、邛南八州都防御观察等使。”（第321页）颜真卿的话恰可同《历代法宝记》的记载相印证。

二 因不明官制、误解诗意之类而作不恰当引申者

1. “张文”说《入剑门作寄杜杨二郎中》诗“很可能是二人为判官时所作，标题则是后来才加上去的；因为，依《历代法宝记》的排列顺序，判官的地位应该比郎中低一些，而标此首诗的题目时，二人显然已经升为郎中了”。《历代法宝记》在列出永泰二年（766）十月一日随从杜元帅（杜鸿渐）到成都空惠寺拜见无住和尚的官员名单时，先提郎中杨炎、杜亚、岑参等，接下才说“观察判官、员外李布”，所以“张文”认为判官的地位比郎中低一些。其实唐节度使幕府中有多种判官，如节度判官、观察判官、支度判官等。节度使兼观察使，置观察判官一人，兼安抚使，置安抚判官一人，兼支度、营田、招讨、经略使，亦皆各置判官一人（《新唐书·百官志》）。其中节度判官（多简称判官）的地位最高，观察、支度等判官都只专门负责协助处理使府某一方面的具体事务（如观察判官专掌协助考察本使府所辖官员的善恶），节度判官则负责协助处理使府的各种军政事务。《通鉴》天宝六载十二月“仙芝为节度使，即署常清判官”，胡三省注：“唐诸使之属，判官位次副使，尽总府事。”所以节度判官的地位当在观察判官之上。杨炎、杜亚任的是节度判官，李布当的则是“观察判官”，两者焉能混同？郎中是唐尚书省六部诸司的正长官，杨炎、杜亚远在成都幕府，岂能履行郎中的职责，所以郎中不过是他们所带的朝官虚衔，

节度判官才是他们的实际职务。《全唐文》卷四一〇常衮《授庾准杨炎知制诰制》:“检校尚书兵部郎中充山南副元帅判官、赐绯鱼袋杨炎……可守尚书礼部郎中、知制诰。”“山南副元帅”即指杜鸿渐。永泰二年二月，朝廷命杜鸿渐以宰相充任山南西道、剑南东、西川副元帅，剑南西川节度使，兼成都尹，以平蜀乱。鸿渐赴任前，“择佐命介”，辟杨、杜为判官（独孤及《送吏部杜郎中兵部杨郎中入蜀序》)。制书中杨炎的“兵部郎中”官衔上带“检校”字样，岑仲勉指出:“凡官衔上带‘检校’字样者都是虚衔，并无实在职务。”（岑仲勉《金石论丛》，上海古籍出版社 1981 年版，第 474 页）可见杨、杜入蜀为杜鸿渐幕府判官时，分别带着兵部郎中和吏部郎中的虚衔，根本不存在两人先为判官后升任郎中的问题，标题也不可能是“后来才加上去的”。唐时的使府僚佐，多带朝官虚衔，如广德二年(764）杜甫在剑南节度使严武幕府为节度参谋，带“检校工部员外郎”衔，李布在杜鸿渐幕府为观察判官，亦带员外（即员外郎）衔。所带朝官衔虽是虚设，却可作为以后入朝任职的资历依据，如杨、杜入蜀前皆任员外郎（从六品上)，自蜀还朝后就都官真郎中（从五品上）了（杨官礼部郎中，杜官吏部郎中，见《旧唐书·杜亚传》)。至于节度判官的地位是否比郎中低一些，则难以作出确切判断，因为唐时的郎中有品秩，而节度使及其僚佐皆无品秩（《金石论丛》第 217—220 页)。唐代的节度判官，有带郎中衔的，也有带员外郎衔的，则其地位，大抵在郎中与员外郎之间吧。在杜鸿渐幕府中，节度判官带郎中衔，观察判官则带员外郎衔，由此亦可证节度判官的地位必在观察判官之上。杨、杜在幕府中既有实职，又带虚衔，人们既可用实职相称，也可用所带虚衔相称，所以《历代法宝记》中便统称他们为“郎中”。

2. “张文”说:“岑参《西蜀旅舍春叹寄朝中故人呈狄评事》，闻一多定为大历四年春作。曰‘朝中故人’，曰‘狄评事’……如此，狄氏在大历四年又已经升为朝（此下疑脱一‘官’字）了。”按，此诗前二十四句自叹平生不遇的身世和白头旅寓的处境，并回忆往昔在朝中任职的景况，是对着“朝中故人”而发的；后八句才转为“呈狄评事”:“昨者初识君，相看俱是客。声华同道术，世业通往昔。早须归天阶，不能安孔席。吾先税归鞅，旧国如咫尺。”“昨者”二句说自己与狄氏俱作客蜀中，相识未久；“早须”二句赞狄氏为国操劳，坐无暖席，早该还朝为官；“吾先”二句表示自己意欲先于狄氏归京，可见此时狄氏并未“升为朝官”。评事，即大理评事，大理寺属官，当系狄氏当时所带朝官衔。

3.“张文”说：“闻一多先生《岑嘉州系年考证》谓，大历元年（即永泰二年）二月，杜鸿渐表岑参为职方郎中，兼侍御史，列置幕府，一同入蜀，并于是年七月抵成都。而根据《历代法宝记》的记载，岑参的官职至少到永泰二年十月初，尚未变化也。”有谁说过岑参的官职到永泰二年十月初已变化了？此言可谓无的放矢。据《考证》谓，在杜鸿渐入蜀前，岑参已被任为嘉州（今四川乐山）刺史，因蜀中大乱，未能赴任；随杜鸿渐入蜀后，又被其留在幕府中任事，直至大历二年（767）六月，杜鸿渐还朝为相，幕府解散，岑参始赴嘉州刺史之任。然则闻一多所称岑参官职的变化，比“张文”所划定的时间（永泰二年十月初）晚八个月，所以“张文”的上述说法似无意义。

三　所考岑诗人名有未必尽是者

1.“张文”称《青山峡口泊舟怀狄侍御》之“狄侍御”，即《历代法宝记》中所列随杜鸿渐往见无住官员名单中的“侍御狄博济”；又说前述《呈狄评事》诗之“狄评事”，《陪狄员外早秋登府西楼因呈院中诸公》、《送狄员外巡按西山军》之“狄员外”，“或者即指狄博济吧”。按，《元和姓纂》卷一〇载：狄仁杰长子光嗣，光嗣孙博通、博济；杜甫《寄狄明府博济》：“梁公曾孙我姨弟，不见十年官济济。”岑参《怀狄侍御》诗云：“皆云梁公后，遇鼎还能调。”狄仁杰睿宗时追赠梁国公，世称狄梁公，则称“狄侍御”即狄博济，甚是。谓“狄评事”也指狄博济，亦可信。《怀狄侍御》诗云“狄生新相知”，正与《呈狄评事》诗所说“昨者初识君”相合；《呈狄评事》诗谓“世业通往昔”（见前引），指岑参的伯祖父长倩、狄博济的曾祖父仁杰武后时先后为相，这与《怀狄侍御》诗所说“皆云梁公后”也相合。但是，大历三年秋（《怀狄侍御》诗作于是时）岑参称狄博济为“侍御”，为什么到了大历四年春（《呈狄评事》诗作于是时，俱见闻一多《考证》），却又改称他为“评事”呢？侍御，唐代殿中侍御史（从七品下）或监察御史（正八品下）的别称（见《因话录》卷五）。唐时节度使幕僚往往同时带有两种朝官衔，其中一个是宪官（御史台职）衔，另一个是其他朝官衔。如岑参天宝十五载（756），“忝大理评事，摄监察御史，领伊西北庭支度副使”（岑参《优钵罗花歌》序），其中“支度副使”为幕府实职，“监察御史”是宪衔，“大理评事”为其他朝官衔；宝应元年（762），“改太子中允，兼殿中侍御史，充关西节度判官”（唐杜确《岑嘉州诗集序》）。其中“节度判官”为幕职，“殿中侍御史”是宪衔，“太子中允”为其他朝官衔。因此可以说，狄博济在任成都西川幕府僚佐（《怀狄侍御》诗云“赋诗折造化，入幕生风飙”）时，兼带着监察御史宪衔和大理评事朝衔，所以岑既可称他为“侍御”，又可称他为“评事”。幕职带宪衔，还兼具有纠弹本府官吏非法行为之职能（参见戴伟华《唐代使府与文学研究》，广西师大出版社 1998 年版，第 36 页），在当时不纯是虚衔，故《怀狄侍御》诗说：“把笔判甲兵，战士不敢骄。”至于“张文”又说“狄员外”也指狄博济，则值得怀疑。我们知道，当时岑参与“狄员外”同在杜鸿渐幕中为僚佐（《送狄员外》诗云“狄子幕府郎”），“员外”即狄氏所带朝衔，倘若“狄员外”指狄博济，则他大历元年（《陪狄员外》诗作于此年早秋，《送狄员外》诗作于此年冬，见闻一多《考证》及李嘉言《系年》），所带朝衔是从六品上的员外，到了大历四年，所带朝衔却反而降至从八品下的评事，这同唐代官员的迁除常例是不相合的。又，“张文”说，据《历代法宝记》所载，大历元年十月一日狄博济的官衔为“侍御”，所以《陪狄员外》、《送狄员外》两诗“皆应该是在大历元年十月之后写的”。也即认为，大历元年十月之后狄博济由侍御升为员外。然而《陪狄员外》诗只能作于大历元年早秋，而不可能作于这一年十月之后，因为此诗题中云“早秋登府西楼”，“府”谓成都府，“府西楼”即张仪楼，是成都著名的古迹（见《岑参集校注》第 332 页），大历元年早秋岑参正在成都，得以为此诗，而大历二年早秋，岑参已至嘉州，不得在成都作此诗。此诗只能作于大历元年早秋，还有其他理由，详见闻一多《考证》。而且大历元年十月之后狄博济既已升为员外，为什么大历三年岑参所作《怀狄侍御》诗中却又称他为“侍御”？那么是不是大历元年狄博济兼带着侍御的宪衔和员外的朝衔呢？我看这也不大可能，因为《历代法宝记》所列大历元年十月一日往见无住和尚的官员名单，大抵依官员品秩高下的顺序排列，譬如名单中先列“观察判官、员外李布，员外柳子华”，后列“侍御狄博济、崔伉、崔倜”等；如果狄博济当时兼带员外朝衔，理当就其高不就其低（员外之品秩高于侍御），将他的姓名列在柳子华之前或之后，例如岑参当时在杜鸿渐幕府任职，兼带着侍御史（从六品下）宪衔和职方郎中（从五品上）朝衔（杜确《序》），名单中就将他列入“郎中”项内，而不列于“侍御史”项内。再者，《陪狄员外》、《送狄员外》两诗皆无一语述及狄氏与狄仁杰的关系，与《怀狄侍御》、《呈狄评事》两诗不同，所以狄员外与狄博济当非一人。

2.“张文”说：“岑参《韦员外家花树歌》、独孤及《同岑郎中屯田韦员外花树歌》，其中的‘韦员外’，或者应该是《历代法宝记》所记载的‘租庸使韦夏有’。韦氏当是在岑参被杜鸿渐表为郎中以后，一同去成都为官的；何况，租庸使和屯田员外郎，也似乎为同一系统中的官职，韦氏在这两个职位之间升降是很自然的。”按，此说也值得怀疑。《元和姓纂》卷二载：“（韦）夏有，考功郎中。”夏有父迪，乃韦述之弟。岑仲勉《元和姓纂四校记》：“天宝十三载，夏有为朝城主簿，见《鲁公集》五。黄本骥云：按《杜少陵集》（一六）有《寄韦有夏郎中》五言六韵诗。‘有夏’乃‘夏有’之倒。”杜甫《寄韦有夏郎中》云：“省郎忧病士，书信有柴胡。……亲知天畔少，药饵峡中无。……犹闻上急水，早作取平涂。万里皇华使，为僚记腐儒。”宋赵次公谓大历元年“三月过望，（杜甫）自云安县移于夔州”，此诗即在是年春末夔州舟居时所作（见《杜诗赵次公先后解辑校》下册，上海古籍出版社1994年版，第749、777页）。仇兆鳌注：“下（四句）则待韦于夔州也。……急水，谓峡江。平涂，谓夔州。皇华指韦，腐儒自谓。”韦夏有盖自吏部考功郎中受命为剑南西川租庸等使，是时正拟溯江西上经夔州入蜀赴任，因为韦氏尚未到任，故杜甫诗中仍以郎中的旧官相称；到了大历元年（766）十月一日，韦氏已在任上，所以《历代法宝记》便载为“租庸使韦夏有”（可用《历代法宝记》来印证杜诗，这真是一个意外的收获）。据以上所考，知韦夏有是由考功郎中出为租庸使的，而岑、独孤同赋之《花树歌》中的“韦员外”，永泰元年（765）春则只是任屯田员外郎（两首《花树歌》皆永泰元年春作于长安，详见闻一多《考证》)；又韦夏有官考功郎中前曾任户部员外郎（《唐尚书省郎官石柱题名考》卷一二)，他当过屯田员外郎的事无任何材料可以证实，所以“韦员外”与韦夏有当非一人。另外，所谓租庸使和屯田员外郎“为同一系统中的官职”的说法，也不正确。屯田员外郎为工部屯田司副长官，屯田司掌管边地军州屯田之政令和在京文武官之职分田、诸司之公廨田的分给；而租庸使则是掌财赋之官。天下财赋本由户部度支司掌管，安史之乱爆发后，由于连年用兵，国用困乏，于是特设度支使等以管理全国财政，上元元年（760）五月，以著名理财家刘晏为户部侍郎，充度支、盐铁、租庸等使，总管全国财赋；大历元年（766）正月，又以刘晏为东部诸道度支、盐铁、租庸、转运等使，第五琦为西部诸道度支等使，改由两人分理天下财赋，而各道亦设租庸、盐铁等使，以协理天下财赋，一道的租庸等使虽无品秩，在当时却是重要职务，派郎中充任是常事，如广德元年（763)，裴谞亦以考功郎中出为“河东道租庸、盐铁等使”（《旧唐书》本传)。

四　关于《历代法宝记》的成书年代

“张文”认为《历代法宝记》“大约撰写于保唐无住（714—774）元寂后不久、其成书年代最迟也不会超过大历十四年（779)”，大抵正确，但其时间范围（774—779）还可再缩小些。《历代法宝记》称崔宁的官衔为“仆射”，仆射为尚书省长官，乃崔宁所带朝官虚衔。《新唐书·崔宁传》：“宁在蜀久……累加尚书左仆射。(大历）十四年，入朝，进检校司空、同中书门下平章事。”（《旧唐书》本传同）谓崔宁带仆射衔在大历十四年进检校司空之前。据《旧唐书·代宗纪》载，崔宁大历二年（767）七月继杜鸿渐为剑南西川节度、观察等使；三年（768）四月入朝，加检校右散骑常侍，旋又加检校工部尚书，遣归镇；十三年（778）七月，加检校司空（《通鉴》称宁十四年九月加司空)。但颜真卿作于大历十二年（777）十一月之《杜济神道碑》(《全唐文》卷三四四，《杜济碑》谓济大历十二年七月二日卒于常州，同年十一月二十三日葬于京师万年县之少陵原，由此可知其写作时间)，已有“今司空、冀国公崔宁既诛（郭）英义”语，则崔宁加检校司空实在大历十二年十一月之前。考《通鉴》大历十二年载，崔宁曾于本年四月和十月两次大破吐蕃，他的进检校司空或许与此有关。如果崔宁进检校司空恰在大历十二年，则他带仆射衔应在大历十一年，因为此年正月，他有“大破吐蕃二十万，斩首万级”（《旧唐书·代宗纪》）的功劳；而且他所带朝衔，自散骑常侍（从三品）进至工部尚书（正三品），再进至仆射（从二品），然后升为司空（正一品），由低而高，历历可寻。大历十一年十二月，平卢、淄青节度使李正己与成德军节度使李宝臣、淮西节度使李忠臣同时由检校仆射进为“检校司空、同中书门下平章事”（《旧唐书·代宗纪》），所带朝衔的升进情况同于崔宁，正是我们上述说法的一个有力旁证。据《历代法宝记》叙及无住辞世事及崔宁所带仆射衔，它当作于大历九年（774）无住辞世之后、崔宁正带仆射衔之时，也就是大历十年或十一年，尤以作于十一年的可能性最大。

以上看法不一定都对，欢迎读者批评指正。

（原载《文学遗产》2001 年第 2 期）

储光羲生平事迹考辨

储光羲是盛唐的山水田园诗人，在当时颇有声名。唐殷璠《河岳英灵集》说："储公诗格高调逸，趣远情深，削尽常言，挟风雅之迹，浩然之气。"唐顾况《监察御史储公集序》说："开元十四年，严黄门知考功，以鲁国储公进士高第，与崔国辅员外、綦毋潜著作同时。其明年擢第，常建少府，王龙标昌龄，此数人皆当时之秀，而侍御（指储光羲，官至监察御史，故云）声价隐隐躏轹诸子。"但两《唐书》都没有储光羲的传，他的生平事迹，唐、宋人仅有一些简短、零星的记载，因此我们所知甚少。近读马茂元先生《唐诗札丛》（载《中华文史论丛》1979 年第 4 辑）中《储光羲里贯及生平事迹考略》一节，感到颇受启发，可增多我们对储光羲生平的了解。但该文对储光羲事迹的考证，过于简略。这里拟依据储诗本身提供的材料，结合唐代的有关史籍，对储光羲的生平作进一步的考证，以补马文之不足。下面分列几个问题，依次加以考辨。

一 储光羲为延陵人

关于储光羲的里贯，《四库全书总目提要》卷一四九说："案陈振孙书录解题载《储光羲诗》五卷，唐监察御史鲁国储光羲撰，与崔国辅、綦毋潜皆同年进士，天宝末任伪官，贬死。《唐书·艺文志》储光羲《政论》下注曰：兖州人，开元进士第，又诏中书试文章，历监察御史，安禄山反，陷贼，自归。与振孙所叙爵里相同，而任伪官事已小异。又《包融集》条下注曰：融与光羲皆延陵人，与丁仙芝等十八人皆有诗名，殷璠汇次其诗，号曰《丹阳集》。则并其里籍亦异，自相矛盾，莫之详也。"马茂元先生认为储光羲的籍贯是润州延陵，而兖州是他的祖籍，这个意见很对，兹以储诗证之。

《赴冯翊作》："本自江海人，且无寥廓志。大明耀天宇，霭霭风雨被。迢递别荆吴，飘飘涉沂泗……。"末二句指作者别故乡（荆吴）涉沂泗（沂水、泗水，流经今山东、江苏二省之境）北行入都，延陵唐属润州（治所在今江苏镇江市），即今江苏丹阳县西南的延陵镇。春秋时为吴地，后归楚，所以称之为"荆吴"。由此可见储光羲的故乡是延陵而不是兖州（今山东兖州市）。《贻王侍御出台掾丹阳》："纷吾家延州，结友在童孺。……秋涛联沧溟，舟楫凑北固。……登陟芙蓉楼，为我时一赋。"丹阳即润州，天宝元年正月，改润州为丹阳郡。因王侍御要到自己的家乡润州做官，储光羲遂作此诗赠别，诗中写到了家乡的风物名胜。北固，即北固山，在润州城北一里（《元和郡县志》卷二十五），芙蓉楼为润州城楼名（《元和郡县志》卷二十五："其城吴初筑也，晋王恭为刺史，改创，西南楼名万岁楼，西北楼名芙蓉楼。"），而延州即指延陵（参见拙作《〈唐才子传·储光羲传〉笺证》，载傅璇琮主编《唐才子传校笺》卷一）。又《游茅山五首》其二："世业传儒行，行成非不荣。其如怀独善，况以闻长生。家近华阳洞，早年深此情。"茅山在延陵，《元和郡县志》卷二十五："茅山在（延陵）县东南二十五里，三茅得道之所，事具仙经，不录。"华阳洞在茅山上，储光羲《题茅山华阳洞》："华阳洞口片云飞，细雨濛濛欲湿衣。玉箫遍满仙坛上，应是茅家兄弟归。"綦毋潜《茅山洞口》："华阳仙洞口，半岭拂云看。"可见储无疑是延陵人。

二　游长安和入太学

《秋庭贻马九》："伊昔好观国，自乡西入秦。"《游茅山五首》其一："十年别乡县，西去入皇州。"知储年轻时曾离别故乡延陵西游长安。关于他始游长安的时间，《贻丁主簿仙芝别》说："赫赫明天子，翘翘群秀才。昭昭皇宇广，隐隐云门开。摇曳君初起，联翩予复来（自注：丁侯前举，予次年举）。兹年不得意，相命游灵台（自注：同为太学诸生）。骅骝多逸气，琳琅有清响。联行击水飞，独影凌虚上（自注：同年举而丁侯先第）。关河施芳听，江海徽新赏。……既别复游处，道深情更殷。下愚忝闻见

（自注：予后及第，又应制授官），上德犹邅迍。”丁仙芝是储光羲的同乡，据《新唐书·艺文志》《包融集》下注语，他是曲阿（属润州，天宝元年改为丹阳县）人，曾任余杭尉。由上述诗句及注语，可推知储始游长安的大致时间。据顾况《储公集序》，储开元十四年（《直斋书录解题》卷十九作十三年，岑仲勉《元和姓纂四校记》卷二已辨其误，此不赘）进士及第，主考官为严黄门（即严挺之，《唐语林》卷八：“累为主司者……严挺之三：开元十四年、十五年、十六年。”）。在这以前，他曾两次应举，均落第。“同年举而丁侯先第”，大体指的是储在及第的前一年（开元十三年），曾同丁仙芝一起应举，丁登第，储落第。“丁侯前举，予次年举”，说的大致是丁曾于开元十年应试，落第，储在第二年（开元十二年）应试，亦落第。唐制，举子皆于头年十一月随方物入贡，第二年正月就试吏部（后改由礼部主试），储既然参加了开元十二年的进士试，则他始游长安的时间，应为开元十一年冬。《秦中岁晏马舍人宅宴集》：“冬暮久无乐，西行至长安。”诗盖初至长安时所作。

又，“同为太学诸生”，指的是储开元十二年落第后，与丁仙芝同入太学为诸生。唐代太学招收生徒，原有资格的限制（收五品以上官员子弟），但又规定下第举子可以入学（《新唐书·选举志》：“即诸州贡举省试不第，愿入学者亦听。”），所以储落第后便入太学读书。又《酬李处士山中见赠》：“厥初游太学，相与极周旋。”也谈到入太学事，他在长安太学大约学习了一年多时间，随即于开元十三年秋冬之际，由长安到了洛阳。

三 居洛阳

《秋庭贻马九》：“伊昔好观国，自乡西入秦。往复万余里，相逢皆众人。大君幸东岳，世哲扈时巡。予亦从此去，闲居清洛滨。”序曰：“扶风马挺，余之元伯也。……挺充郑乡之赋，予乃贻此诗。”据序，知马九即马挺，又《新唐书·艺文志》《包融集》下注语，称挺为丹徒（润州治所，今镇江市）人，官江都主簿，有诗名，殷璠尝汇次其诗入《丹阳集》。序曰“扶风马挺”大概是称其郡望。诗中“大君”二句，指开元十三年唐玄宗东封泰山事。大君，谓天子。《通鉴》玄宗开元十三年：“十月……辛西，车驾发东都，百官、贵戚、四夷酋长从行。……十一月，丙戌，至泰山下，御马登山。……壬辰……赦天下，封泰山神为天齐王。……甲午，车驾发泰山……十二月，乙巳，还东都。”“予亦”二句是说，正当玄宗东封泰山之时，自己离开长安，居于洛阳。洛阳濒临洛水，故诗以“清洛滨”代指洛阳。《荥阳马氏二子》：“圣君封太岳，十月建行旂。辇路开千里，寒云霁九天。故人多侍从，二子留伊川。”也谈到封泰山事；伊川即伊河，在洛阳南十八里（《元和郡县志》卷五），诗盖亦居洛阳时所作。《华阳作贻祖三咏》：“朝行敷水上，暮出华山东。高馆宿初静，长亭秋转空。曰余久沦汩，重此闻霜风。……凄然望伊洛，如见息阳宫。旧识无高位，新知尽固穷。夫君独轻举，远近善文雄。岂念千里驾，崎岖秦塞中。”敷水，在华阴县西二十四里，《新唐书·地理志》：“（华州华阴县）西二十四里有敷水渠，开元二年，姜师度凿以泄水害，五年，刺史樊忱复凿之，使通渭漕。”华山，在华阴县南八里（《元和郡县志》卷二），华阳即指华山之阳，据首二句，知储此时正自西向东而行，尚未出秦地。“凄然望伊洛（伊水、洛水）”，则此行的目的地当为洛阳。祖咏，“开元十三年进士”（唐姚合《极玄集》卷上）。“夫君独轻举”，谓咏是时已登第也。“曰余久沦汩（沉沦）”，则指自己此时尚未登第。综上所述，此诗当作于开元十三年由长安赴洛阳途中。诗曰“霜风”，曰“秋转空”，则玄宗车驾还没有从东都出发时，储已由长安动身赴洛阳了。又《晚次东亭献郑州宋使君文》曰：“薄游出京邑，引领东南望。林晚鸟雀噪，田秋稼穑黄。……昔岁幸西土，今兹归洛阳。同焉知郑伯，当辅我周王。”据“今兹”句，此诗当作于开元二十四年以前（开元二十四年，玄宗自东都还长安，自此不复东幸），由“薄游”句看，则此诗应作于开元十三年由长安赴洛阳途中。开元十一、十二年，唐玄宗在长安，十三年居洛阳（见《通鉴》），所以说“昔岁幸西土，今兹归洛阳”（玄宗实于开元十二年十一月至洛阳，但约略言之，称十三年“归洛阳”亦可）。此诗写秋景，与《华阳作贻祖三咏》同。总合上述诸诗言之，储由长安赴洛阳的时间，应在开元十三年秋冬之际。

《洛阳道五首献吕四郎中》其一：“洛水春冰开，洛城春树绿。朝看大道上，落花乱马足。”其四：“春风二月时，道傍柳堪把。上枝覆官阁，下枝拂车马。”其五：“洛水照千门，千门碧空里。少年不得志，走马游新市。”诗中“少年”二句，系作者自指（“走马游新市”与诗题“洛阳道”相应），其时作者尚未登第，故有“不得志”之语，又诗写洛阳春景，当作于开元十四年二月居洛阳时。诗中的“吕四郎中”，系指吕向（参见岑仲勉《唐人行第录》），《新唐书·吕向传》：“玄宗开元十年，召入翰林，兼集贤院校理，侍太子及诸王为文章。……以起居舍人从帝东巡（按，指东封泰山），帝引颉利发及蕃夷酋长入仗内，赐弓矢射禽。向上言……帝顺纳，诏蕃夷出仗。久之，迁主客郎中，专侍皇太子，眷赉良异。”按，岑仲勉《郎官石柱题名新考订》云：“《旧唐书·突厥传》，开元二十年，诏都官郎中吕向等入蕃吊祭，按‘二十’应正作‘十九’，见拙著《突厥集史》（第635页）。向官都中在主中之后，《庆唐观铭碑阴》（《山右石刻》六）开元十七年九月向结衔为朝议郎守尚书主客郎中，详说见《壁记注补》。”（第180页）知吕向开元十七年已官主客郎中，传文中的“久之”二字未确。吕向始为主客郎中的时间，还有可能早于十七年。据储此诗和向随从东封曾向玄宗建言并被采纳的事实以及史书中关于两省吏随从玄宗登山，“礼毕推恩，往往加阶超入五品”的记载（见《通鉴》卷二一二。起居舍人为两省吏，主客郎中从五品上），他很可能在东封礼毕回到洛阳后，即被玄宗擢为主客郎中。另此诗孟浩然有和作，题为《同储十二洛阳道中作》，陈贻焮先生认为孟浩然开元十六年入京前曾一度久滞洛阳，这首诗即作于此次久滞洛阳之时（参见《孟浩然事迹考辨》，载《文史》第四辑）。这个看法很对，因为开元十六年后孟浩然两次路过洛阳时，储已出仕，未在洛阳，两人不得互相唱和。储光羲开元十四年春登第，秋冬之际授官，随即赴任，离开洛阳（详见后），可见此诗只可能作于开元十四年二月，孟浩然久滞洛阳的具体时间，亦应在开元十四年前后。

《秋庭贻马九》：“大君幸东岳，世哲扈时巡。予亦从此去，闲居清洛滨。……妙年一相得，白首定相亲。重此虚宾馆，欢言冬及春。……夫君美声德，直道期终始。孰谓忽离居，优游郑东里。东里近王城，山连路亦平。何言相去远，闲言独凄清。万里鸿雁度，四邻砧杵鸣。其如久离别，重以霜风惊。”“妙年”四句，写作者到洛阳后，自冬及春，与马九欢晤，可见自开元十三年冬至十四年春，储一直在洛阳。东里，古地名，春秋郑国大夫子产尝居此，在今河南新郑县城内。王城，西周的东都，成王时周公所筑，平王东迁后定都于此，故址在今河南洛阳市王城公园一带，这里借指唐东都洛阳。“孰谓”二句，言开元十四年春后，马九离开洛阳，居于东里。“东里”四句，谓东里近洛阳，彼此相去未远，当得见面。由此可见，作此诗时，储尚在洛阳。又诗末四句写秋景，故此诗当作于开元十四年秋。

这里有一个问题：储光羲既然于开元十四年登进士第，那么这一年正月，他理应在长安受吏部试，为什么又跑到洛阳去了呢？回答是，这一年的进士试就在洛阳举行。根据有五：其一，开元十四年进士试如果在长安举行，则各地举子，必于十三年秋冬间，纷纷动身赴长安，储不应反于此时离长安赴洛阳；同样，此年进士试如在长安举行，则二月间储应在长安等候放榜（唐代考试常例，皆于春二、三月间放榜），不得于洛阳与吕向、孟浩然相互赠答唱和。其二，唐玄宗自开元十二年十一月至十五年九月居东都，以开府仪同三司宋璟为西京留守，其时宰相、诸王、诸司长官、尚书郎、御史等，多从至洛阳，因此开元十四年进士试改在洛阳举行是完全可能的。其三，《册府元龟》卷六三九：“长寿（武则天年号）二年十月左拾遗刘承庆上疏曰：‘伏见比年已来，天下诸州所贡物，至元日皆陈在御前，惟贡人独于朝堂拜列。但孝廉秀异，国之英才，既随方物以充岁贡，宜同珍宝列见王庭。……伏请贡举人至元日引见，列在方物之前，以播充庭之礼。’从之”。可见唐时有于元日引见贡举人的制度。唐玄宗东封泰山后，于开元十三年十二月还东都，所以十四年元日引见贡举人，必定在东都进行。贡举人既于元日在东都被引见，那么紧接着进行的吏部试，自然不会改到别的地方。其四，史籍中有玄宗在洛阳亲试举人的记载，如《册府元龟》卷六四三：“（开元）十四年七月，癸巳，以御雒城南门楼亲试岳牧举人及东封献赋颂人。”“（开元十五年）九月，庚辰，帝御雒城南门亲试沉沦草泽诣阙自举文武人等。”又，开元二十三年进士试也在东都举行，试场设在崇业坊福唐观（参见闻一多《少陵先生年谱会笺》）。其五，綦毋潜《冬夜寓居寄储太祝》（《河岳英灵集》作薛据诗，此从《全唐诗》）：“自为洛阳客，夫子吾知音。”储太祝即储光羲。潜，与储光羲同年登进士第。此二句谓作者与储早在客居洛阳时，已结为知交。考两人同居洛阳的时间，应为开元十四年。此年两人同在洛阳应进士试，放榜后同时登第，接着又一起在洛阳等候授官。

下面附带辨析一条有关的史料。《唐会要》卷七十五："永徽（唐高宗年号）元年，始置两都举，礼部侍郎官号，皆以两都为名，每岁两地别放及第。自大历十二年，停东都举，是后不置。"据这条材料，开元十四年长安、洛阳两地曾同时置举。然而这条材料有许多可疑之处，是不可信的。首先，贡举人由礼部考试，是开元二十四年以后的事，自永徽元年至开元二十四年，共八十多年，试士皆由考功员外郎主之，此曰"礼部侍郎官号"云云，极不确切。其次，安史之乱爆发不久，东都洛阳就陷落了，那时东都举肯定已停，不会一直延续到大历十二年。最后，这条材料讲的是贡举之事，而《唐会要》却把它列到"东都选"的名目之下，颇不伦不类。《旧唐书·代宗纪》："（广德二年九月）尚书左丞杨绾知东京选，礼部侍郎贾至知东都举，两都分举选，自此始也。"《唐摭言》卷一："永泰元年，始置两都贡举，礼部侍郎官号，皆以'知两都'为名，每岁两地别放及第。自大历十一年停东都贡举，是后不置。"这两条材料，都说明《唐会要》作"永徽元年"是错误的。

储光羲开元十四年登进士第后，并未立即解褐入仕，《新唐书·艺文志》储光羲《政论》下注："开元进士第，又诏中书试文章。"《贻丁主簿仙芝别》自注："予后及第，又应制授官。"所谓"应制"，即"诏中书试文章"，盖登第后又试文章，然后授官也。据《秋庭贻马九》，知开元十四年秋，储尚在洛阳，估计他授官和离洛阳赴任的时间，约在十四年秋冬间。

四　四为县佐

储授官后，即离洛阳赴任。《赴冯翊作》："本自江海人，且无寥廓志。大明耀天宇，霭霭风雨被。迢递别荆吴，飘飖涉沂泗。广川俟舟楫，峻坂伤骐骥。蹭蹬失归道，崎岖从下位。西出太华阴，北走少梁地。……耻从侠烈游，甘为刀笔吏。"冯翊为县名，唐时是同州治所，在今陕西省大荔县。玩诗意，此当为初释褐赴任途中所作。诗自作者辞别故乡北行入都求官，说到就任卑职，不得归乡，语意颇类初次入仕的景况。又冯翊在华山之北、洛阳之西，盖作者由洛阳西行至冯翊赴任，故曰“西出太华阴”。由此也可知，这首诗是开元十四年作者在洛阳应试及第后初次授职的作品。冯翊应当是作者释褐后的任所，但他在冯翊的具体职务，诗中却未明说。玩“甘为刀笔吏”句意，其所任或是主簿一类县佐官。

储《大酺得长字韵》诗题下自注：“时任安宜尉。”又《送兵健至州敕放作》（“兵”原作“丘”，从岑仲勉《读全唐诗札记》之说校改）诗题下自注：“时任下邽尉。”又《元和姓纂》卷二：“开元汜水尉储光羲，润州人。”安宜属楚州，在今江苏宝应县西南；下邽属华州，在今陕西渭南县东北，汜水属河南府，在今河南荥阳西北汜水镇。关于储转任安宜尉、下邽尉及汜水尉的时间，下面略作一些考证。

储始任安宜尉的时间约在开元十八年或十八年之前。《大酺得长字韵》曰：“大道启元命，时人居太康。中朝发玄泽，下国被天光。明诏始端午，初筵当履霜。鼓鼙迎爽气，羽籥映新阳。”大酺即大宴饮之意，端午指八月五日。洪迈《容斋随笔》卷一“八月端午”条云：“唐玄宗以八月五日生，以其日为千秋节，张说《上大衍历序》云：‘议以开元十六年八月端午赤光照室之夜献之。’《唐类表》有宋璟《请以八月五日为千秋节表》云：‘月惟仲秋，日在端午。’然则凡月之五日皆可称端午也。”《旧唐书·玄宗纪》：开元十七年八月癸亥，“上以降诞日，宴百僚于花萼楼下。百僚表请每年八月五日为千秋节……天下诸州咸令宴乐，休暇三日，仍编为令。从之。”诗中“明诏始端午”句，即指开元十七年八月五日唐玄宗诏令天下诸州大宴乐事，“初筵”句，谓唐玄宗发布诏令后，第一次于八月五日大宴饮。可见此诗当作于开元十八年千秋节，储始任安宜尉的时间即在此年或此年之前。储在安宜时，还写有《献高使君大酺作》、《安宜园林献高使君》等诗。

储由安宜尉转任下邽尉的时间，约为开元十九年。《送人随大夫和蕃》：“西方有六国，国国愿来宾。圣主今无外，怀柔遣使臣。大夫开幕府，才子作行人。解剑聊相送，边（一作‘秦’，是）城二月春。”据《通鉴》载，开元十八年九月，吐蕃求和亲，上使忠王友皇甫惟明与内侍张元方使于吐蕃，十月，吐蕃遣其大臣论名悉猎随惟明入贡。十九年正月，上复遣鸿胪卿崔琳使于吐蕃。《旧唐书·玄宗纪》：开元十九年正月，“遣鸿胪卿崔琳入吐蕃报聘”。“二月，甲午，以崔琳为御史大夫。”“三月，乙酉朔，崔琳使于吐蕃。”诗中“大夫”，指御史大夫崔琳。他于十九年三月初一正式由长安出发赴吐蕃，此诗是在崔正式出发之前，在长安为其某随员送行时作的，故有“秦城二月春”之语，如其时储尚在安宜，显然不得有此赠行之作。可见十九年二月，储已由安宜尉转任下邽尉。盖下邽地近长安，所以储在那里任职时，有可能到长安为崔的随员送行。

储光羲迁汜水尉，疑在开元二十年。《贻鼓吹李丞》云：“北伐昧天造，王师示有征。……文儒托后乘，武旅趋前旌。出车发西洛，营军临北平。”诗题下作者自注：“时信安王北伐，李公，王之所器者也。”按，《通鉴》开元二十年载：“春，正月，乙卯，以朔方节度副大使信安王祎为河东、河北行军副大总管，将兵击奚、契丹。”所谓“北伐”，即指此事，诗盖作于开元二十年春。又，是年玄宗居洛阳（见《通鉴》卷二一三），信安王北伐当自洛阳出发，故诗云“出车发西洛”。称洛阳为“西洛”，或是时作者正在洛阳东之汜水为县尉。

五　辞官归乡

储大约于开元二十一年辞官归乡。《游茅山五首》其一：“十年别乡县，西去入皇州。此意在观国，不言空远游。……北洛反初路，东江还故丘。”其二：“天地朝光满，江山春色明。王庭有轩冕，此日方知轻。”其四：“昔贤居柱下，今我去人间。良以直心旷，兼以外视闲。”玩诗意，此盖去官回乡隐居后所作。据“十年”二句，知储自离乡入秦至辞官归乡，大约经过了十年时间。如前所述，储于开元十一年冬入秦，则其辞官回乡的时间，应为开元二十一年。又据“北洛”二句，知储“自乡西入秦”，曾途经洛阳，而此次辞官还乡，走的还是当年所走过的这条路。看来，储在辞官还乡前，又曾到过长安。

又《酬李处士山中见赠》曰：“厥初游太学，相与极周旋。含采共朝暮，知言同古先。……斯须旷千里，婉娩将十年。……想象南山下，恬然谢朝列。犹恐鶗鴂鸣，坐看芳草歇。”南山指终南山，是李处士的隐居地。

"婉娩将十年"，谓李不出山已将近十年了（《礼记·内则》："女子十年不出，姆教婉娩听从。"）。"斯须旷千里"，谓储、李别后，不多久已相距千里之遥。盖是时储已辞官归乡，故有此语。储于开元十二三年间游太学，与李相周旋，接着李即隐居终南，由李隐居之时算到储归乡之时，将近十年。此诗所述，同《游茅山五首》完全吻合，可见储弃官而归的时间，约为开元二十一年。

《贻阎处士防卜居终南》："春风摇杂树，言别还江汜。坚冰生绿潭，又客三千里。……圣主常征贤，群公每举德。此时方独往，身志将何欲？愿谢山中人，回车首归躅。""圣主"四句谓阎将隐居终南，首二句及末二句则指自己即将归乡。延陵离长江甚近，故曰"还江汜"。据《唐才子传》载，阎"开元二十二年李琚榜及第"，诗称阎为"处士"，说明此时他尚未登第授官。由此也可证，断储于开元二十一年辞官归乡是大致不误的。

《秦中初霁献给事二首》其二："南国久为思，西都尝作宾。云开天地色，日照山河春。……妙年弄柔翰，弱冠偶良晨。擢第文昌阁，还家沧海滨。寸心何所望，东掖有贤臣。"诗即辞官归乡前所作。又綦毋潜有《送储十二还庄城》诗，《大清一统志》卷九一："庄城，在金坛县西北天荒荡东北，唐綦毋潜有《送储十二还庄城》诗。"金坛，唐属润州，即今江苏金坛县，其地在延陵东南，与延陵相距不过四五十里，据《元和郡县志》，茅山在延陵东南二十五里，而庄城在金坛西北，其地必距茅山甚近，又储尝自称"家近（茅山）华阳洞"，因此庄城很可能就是储在延陵的居地，而此诗即綦毋潜送储辞官归乡之作。

推求储辞官归乡的原因，大致是：四任县佐，不曾升迁，感到职卑禄微，守之无益，故弃而归。

六　隐居终南

《过新丰道中》："西下长乐坂，东入新丰道。雨多车马稀，道上生秋草。……诏书植嘉木，众言桃李好。自愧无此容，归从汉阴老。"诗题下自注："二十八年有诏植果。"《日知录》卷十二："《册府元龟》：唐玄宗开元二十八年正月，于两京路及城中苑内种果树。”新丰即今陕西临潼县东北新丰镇。据此诗，知储归乡后，约于开元二十八年复离乡至秦。嗣后，即隐于终南山。《田家杂兴八首》其二：“我情既浩荡，所乐在畋渔。山泽时晦暝，归家暂闲居。满园植葵藿，绕屋树桑榆。禽雀知我闲，翔集依我庐。所愿在优游，州县莫相呼。日与南山老，兀然倾一壶。”《终南幽居献苏侍郎三首》其二：“中岁尚微道，始知将谷神。抗策还南山，水木自相亲。深林开一道，青嶂成四邻。平明去采薇，日入行刈薪……。”二诗皆隐居终南时所作。

王维在开元二十八、二十九年以后，天宝三载以前曾隐于终南（见陈贻焮《王维生平事迹初探》，载《文学遗产增刊》第六辑），是时储亦在终南隐居，两人有彼此唱和之诗。如王有《哭殷遥》五古一首，储有和作《同王十三维哭殷遥》。《唐诗纪事》卷十七：“（殷）遥，丹阳人，天宝间终于忠王府曹参军。”王又有《哭殷遥》七绝一首，收入《国秀集》中，题作“送殷四葬”（殷遥行四，参见《唐人行第录》），《国秀集》选诗迄至天宝三载，是则殷遥当卒于天宝元、二、三载间，王《哭殷遥》诗及储的和作，也当作于此时。盖此时王隐于终南，故诗中有“负尔非一途，痛哭返柴荆”之语。

《蓝上茅茨期王维补阙》云：“山中人不见，云去夕阳过。浅濑寒鱼少，蘩兰秋蝶多。……酒熟思才子，溪头望玉珂。”“蓝上茅茨”指“蓝田山居”（见王维《请施庄为寺表》），时王维隐于此，“山中人”即指王而言，大概储至蓝田山居寻王，王适不在，储留候之，久仍未至，因作是诗。诗中称王维的官衔为“补阙”，《旧唐书·王维传》：“历右拾遗、监察御史、左补阙、库部郎中，居母丧柴毁骨立，殆不胜丧。服阕，拜吏部郎中。”赵殿成《右丞年谱》谓王任左补阙和迁库部郎中，都在天宝元年。按，谓王始为左补阙在天宝元年，大致不误，称迁库部郎中亦在此年，则根据不足。据陈贻焮同志考证，王母崔氏最迟卒于天宝七载，则王迁库部郎中应在此年母卒之前，又王始隐于蓝田山居在天宝七载以前，隐居终南之后（参见《王维生平事迹初探》）。从各方面参酌考订，此诗当作于天宝三、四载间，时王亦官亦隐，既仍官左补阙，又已隐于蓝田山居。如果说此诗作于天宝三载以前，则王是时尚未隐于蓝田山居，与诗意不合，如果说此诗作于天宝六、七载间，则王是时已迁库部郎中，也同诗意不合。储作此诗时，疑尚在终南隐居。

七　官太祝及监察御史

《终南幽居献苏侍郎三首》诗题下自注："时拜太祝未上。"又綦毋潜有《冬夜寓居寄储太祝》诗，知储在隐居终南之后，即出山官太祝（或谓储拜太祝而未尝之官，马茂元先生已辨其说之非，此不赘）。由此也可见，储所以千里迢迢离乡入秦隐居，乃是为了做官。

储出山官太祝的具体时间，难以确考，估计在天宝六、七载间。储有《述华清宫五首》，诗题下自注："天宝六载冬，十月，皇帝如骊山温泉宫，名其宫曰华清。"又有《述降圣观》，诗题下自注："天宝七载十二月二日，玄元皇帝降于朝元阁，改为降圣阁。"二诗疑皆出山后所作。其时，又屡与王维赠答唱和，如王赠储："重门朝已启，起坐听车声。要欲闻清佩，方将出户迎。晓钟鸣上苑，疏雨过春城。了自不相顾，临堂空复情。"（《待储光羲不至》）储答王："门生故来往，知欲命浮觞。忽奉朝青阁，回车入上阳。落花满春水，疏柳映新塘。是日归来暮，劳君奏雅章。"（《答王十三维》）据"忽奉"二句，知储时已居官。又王有《偶然作六首》，储有《同王十三维偶然作十首》，其四曰："但言婴世网，不复得闲居。"则亦出山后所作。

储又尝官监察御史，《新唐书·艺文志》储光羲《正论》下注："历监察御史，安禄山反，陷贼……。"《唐诗纪事》卷二十二："历监察御史，禄山乱陷焉。"《唐才子传》卷一："尝为监察御史，值安禄山陷长安，辄受伪署。"知禄山乱起之时，储官监察御史。又顾况为储集作序，称"监察御史储公"，可见监察御史是储一生所任的最终官职。有唐官品，太祝为正九品上，监察御史正八品下。依迁除常例，储盖自太祝升而为监察御史也。储始任监察御史在哪一年？要弄清这个问题，必须首先弄清他出使范阳的具体时间。

储曾使至范阳，有《观范阳递俘》诗。又有《效古二首》，其一曰："晨登凉风台，暮走邯郸道。……大军北集燕，天子西居镐。"汉时长安有凉风台，头两句是说，作者从长安出发，走上通往邯郸的大道，“大军”句指安禄山军集聚于范阳一带地方，诗盖赴范阳途中所作。又《观范阳递俘》写冬景，“烈风朝送寒，云雪霭天隅。草木同一色，谁能辨荣枯。”《效古二首》则写途中所见夏日大旱的景象，如其一曰：“曜灵何赫烈，四野无青草。……稼穑既殄灭，川泽复枯槁。”其二曰：“赪霞烧广泽，洪曜赫高丘。野老泣相语，无地可荫休。”由此可知，储于夏日自长安赴范阳，至冬日尚滞留范阳未回。

马茂元先生认为，光羲于“天宝之末”使至范阳，《效古》“诗中自称‘翰林客卿’，则其时尚未官御史也”。又“《唐才子传》云：‘历监察御史。值安禄山陷长安，辄受伪署。’以其言参之，光羲之为御史，当在天宝十四、十五载间，禄山乱起之际”。（《唐诗札丛》）按，《效古二首》其二曰：“……野老泣相语，无地可荫休。翰林有客卿，独负苍生忧。中夜起踯躅，思欲献厥谋。君门峻且深，踠足空夷犹。”唐之官号，无所谓“翰林客卿”，扬雄《长杨赋序》：“……雄从至射熊馆，还上《长杨赋》，聊因笔墨之成文章，故借翰林以为主人，子墨为客卿以风。”诗用其意，“翰林”即主人，指作者途中寄宿之家；“客卿”即客人，为作者自指，“翰林有客卿”，等于说“主人家有个客人”。可见据“翰林客卿”之语，不能证明储“其时尚未官御史”。《通典》卷二十四：“大唐监察御史。……掌内外纠察，并监祭祀及监诸军、出使等。”《新唐书·百官志》：“监察御史……掌分察百寮，巡按州县，狱讼、军戎、祭祀、营作、太府出纳皆莅焉。”“太祝……掌出纳神主，祭祀则跪读祝文，卿省牲则循牲告充，牵以授太官。”参照这些记载，储出使范阳时，当官监察御史，不当官太祝，因监察御史有监诸军和出使的职事，太祝则无之。

下面谈谈储出使范阳的具体时间。《效古二首》收入《河岳英灵集》，应作于天宝十二载前，储出使范阳的时间也一样。《观范阳递俘》云：“北河旄星陨，鬼方狝林胡。群师舞弓矢，电发归燕墟。……方思壮军实，远近递生俘。车马践大逵，合沓成深渠。”旄星陨，古人以为是胡兵败亡的征兆。鬼方，这里借指北方少数民族地区。狝，杀。林胡，战国时北方部族名，这里借指奚、契丹（开元二十年，信安王祎将兵击奚、契丹，高适作《信安王幕府诗》，序曰：“开元二十年，国家有事林胡，诏礼部尚书信安王总戎大举。”可证）。诗写范阳安禄山军胜奚、契丹及“递俘”事。稽之史籍，天宝十二载无安禄山胜奚、契丹及“递俘”事，故储出使范阳不当在此年。又天宝十一载储在长安，亦不得出使范阳。储《同诸公送李云南伐蛮》曰：“冢宰统元戎，太守齿军行。……耀耀金虎符，一息到炎荒。蒐兵自交趾，茇舍出泸阳。群山高崭岩，凌越如鸟翔……。”高适《李云南征蛮诗》序云：“天宝十一载，有诏伐西南夷，右相杨公兼节制之寄（指杨国忠兼剑南节度使），乃奏前云南太守李宓涉海自交趾击之。道路险艰，往复数万里，盖百王所未通也。”《通鉴》天宝十一载六月：“杨国忠奏吐蕃兵六十万救南诏，剑南兵击破之于云南。”所谓吐蕃兵救南诏，盖指李宓率兵击南诏，吐蕃出兵救之。此役之胜既在十一载六月，则李自长安出发的时间，应为十一载春夏间。是时储在长安，作此诗赠行。另十一载秋，储曾在长安与高适、杜甫、岑参、薛据同登慈恩寺塔，作《同诸公登慈恩寺塔》诗（说见拙作《高适何时入河西幕》，载《中华文史论丛》1979年第三辑）。又《哥舒大夫颂德》曰：“大罪肆决轧，石堡高峥嵘。攻伐若振槁，孰云非神明！……来朝芙蓉阙，鸣玉飘华缨。”哥舒大夫即陇右节度使哥舒翰（翰天宝八载“加摄御史大夫”，见《旧唐书·哥舒翰传》），据《通鉴》及《旧唐书·哥舒翰传》载，天宝十一载冬翰入朝，诗即其时作于长安。凡此皆可证储出使范阳不当在十一载。又据《通鉴》载，天宝十载八月，安禄山将范阳、平卢、河东三道兵六万讨契丹，大败，士卒死伤略尽，则储出使范阳亦不当在十载。

《通鉴》天宝九载：“冬，十月……安禄山……请入朝，上命有司先为起第于昭应。……辛未，禄山献奚俘八千人，上命考课日书上上考。”《观范阳递俘》诗所谓“递生俘”，盖指递解奚俘入京也。据此，则储使至范阳应在天宝九载。其始任监察御史，最晚即在此年。

储又有《使过弹筝峡作》，亦收入《河岳英灵集》中。《元和郡县志》卷三：“泾水源出县（原州百泉县）西南泾谷。……又南流经都卢山。山路之中，常如弹筝之声，故行旅因谓之弹筝峡。”《大清一统志》卷二五八：“弹筝峡，在（甘肃）平凉县西一百里。”诗盖安史之乱以前任监察御史出使边地时所作。

八 陷贼

天宝十五载（756）六月，安禄山军占领长安，储即陷身贼中。对于这一点，各书的记载没有什么不同。而储陷贼后的行止，诸书所述则稍异，顾况《储公集序》说他“挟身虏廷，竟陷危邦”。《新唐书·艺文志》说：“安禄山反，陷贼，自归。”《郡斋读书志》卷四上：“后从安禄山伪署。贼平，贬死。”《直斋书录解题》卷十九：“天宝末任伪官，贬死。”《唐诗纪事》卷二十二：“禄山乱陷焉。贼平，贬死。”《唐才子传》：“值安禄山陷长安，辄受伪署。贼平后自归，贬死岭南。”下面就上述记载所提到的问题作一些分析。首先，他曾受职于安禄山之朝是无疑的。如果他未曾接受伪官，则脱身归国后，肯定是不会被朝廷定罪的。其次，《新唐书》谓储“陷贼，自归”是正确的，兹以储诗证之。《登秦岭作》：“朝出猛兽林，躞跜登高峰。僮仆履云雾，随我行太空。……回首望泾渭，隐隐如长虹。九逵合苍芜，五陵遥瞳矇。鹿游大明殿，雾湿华清宫。……失途走江汉，不能有其功。……惟言宇宙清，复使车书同。林木被繁霜，合沓连山红。鹏鹗励羽翼，俯视荆棘丛。誓将食鸰鹑，然后归崆峒。”诗题下自注：“时陷贼归国。”据《通鉴》卷二二〇载，至德二载（757）九月癸卯，唐军收复长安，十月丁卯，肃宗至长安，入居大明宫；诗曰“鹿游大明殿”，述登秦岭遥望长安所见宫殿荒凉的景象，由此可以推知，当时长安尚未收复。唐百官受禄山伪职者大批来归，是在唐军攻克两京的时候，储既在唐军收复长安之前已经“归国”，当然是自己脱身而归的。史载，长安沦陷后，“禄山命搜捕百官、宦者、宫女等，每获数百人，辄以兵卫送洛阳”（《通鉴》卷二一八）。则储陷贼后当居洛阳。诗曰“失途走江汉”，言己由洛阳南行江、汉，而后溯汉水北行入秦（安史之乱爆发后，汴路不通，江、淮租赋转运入秦，即走此道）。盖当时自洛阳西行入秦的道路，驻有重兵，不便行走，故诗人先折而南行，然后北上。《同张侍御宴北楼》曰：“……朝览干戈时听讼，暮延宾客复登楼。西山漠漠崦嵫色，北渚沈沈江汉流。……不分开襟悲楚奏，愿言吹笛退胡兵。……期君武节朝龙阙，余亦翱翔归玉京（道书谓天帝所居之地，此指天子所居之地）。”玩诗意，此即自贼中脱身南行抵江、汉时所作；“余亦”句，乃谓其将赴行在。据此，亦可见储是脱身自归的。又《狱中贻姚张薛李郑柳诸公》曰：“直道时莫亲，起羞见谗口。……诬善不足悲，失听一何丑！……中夜囹圄深，初秋缧绁久。疏萤出暗草，朔风鸣衰柳。……哀哀害神理，恻恻伤慈母。妻子垂涕泣，家僮日奔走。……寒服犹未成，繁霜渐将厚。吉凶问詹尹，倚伏信北叟。鬼哭知已冤，鸟言诚所诱。……瑾瑜颇匿瑕，邦国方含垢。眷言出深阱，永日常携手。”《左传》宣公十五年：“瑾瑜匿瑕，国君含垢（杜注：忍垢耻）。”此诗所谓“邦国方含垢”，当指安史之乱而言，由此可见，储之被系狱中，应在自贼中脱身归国之后。前面谈过的《登秦岭作》在语句上同此诗有若干相似之处（如前诗曰：“林木被繁霜。”此诗曰：“繁霜渐将厚。”前诗曰：“僮仆履云雾。”此诗曰：“家僮日奔走。”），两诗的写作时间当相去不远。估计储溯汉水北上赴行在途中，曾经过秦岭，《登秦岭作》就写于这个时候，不久抵行在，即被系狱中，于是作了这首《狱中……》诗。诗曰“初秋缧绁久”，则储脱身后入秦和被系狱中，均在至德二载初秋。而唐军收复东京后，大批陷贼官被系狱中，则在至德二载十月，《通鉴》至德二载十月：“广平王俶之入东京也，百官受安禄山父子官者陈希烈等三百余人，皆素服悲泣请罪。俶以上旨释之，寻勒赴西京。己巳，崔器令诣朝堂请罪，如西京百官之仪，然后收系大理、京兆狱。”由此更可证，储无疑是脱身自归的。正因为他是“自归”的，与别的陷贼官不同，所以被系于狱中时，便自己觉得冤屈（诗曰“鬼哭知已冤”）。

《通鉴》至德二载十二月：“崔器、吕諲上言：‘诸陷贼官，背国从伪，准律皆应处死。’上欲从之。李岘以为……争之累日，上从岘议。以六等定罪，重者刑之于市，次赐自尽，次重杖一百，次三等流、贬。”储被定罪贬窜，应该就在这个时候。关于他的贬地，《唐才子传》说是“岭南”，别的记载则没有谈到，《唐才子传》的说法是否可信，因材料缺乏，已难考知。《上长史王公责躬》：“自咎失明义，宁由贝锦诗。松柏日已坚，桃李日已滋。顾己独暗昧，所居成蒺藜。……惕惕愧不已，岂敢论其私！”这是一首贬居时写的诗，反映了作者当时的心情。

《晚霁中园喜赦作》：“五月黄梅时，阴气蔽远迩。浓云连晦朔，菰菜生邻里。……睆朗天宇开，家族跃以喜。涣汗发大号，坤元更资始。散衣出中园，小径尚滑履。……嘉树如我心，欣欣岂云已。”由这首诗可知，储遭贬后曾遇赦，关于他遇赦的具体时间，从这首诗中可以找到一些线索。这首诗是储在贬地收到赦令后作的，其贬地在南方（据“黄梅”、“菰菜”等语可知），离长安颇远，需经过一定时日，方能收到朝廷发布的赦令。储五月收到赦令，则朝廷发布赦令的时间应在四月左右。稽之史籍，从乾元元年（758）至宝应元年（762），朝廷共有三次在四月发布赦令：第一次，乾元元年四月，《册府元龟》卷八十七载乾元元年四月诏曰：“……可大赦天下，除反逆之党缘坐……自余一切原免。”规定了“反逆之党缘坐”不在被赦之列。储受安禄山伪署，自然算“反逆之党”（同年二月发布赦令，有“及安禄山反党缘坐，不在免限”的规定，可证），所以他的遇赦，肯定不在这一年。第二次，上元元年（760）闰四月，《唐大诏令集》卷四载上元元年闰四月己卯诏曰：“……可大赦天下，改乾元三年为上元元年，自上元元年闰四月十九日昧爽已前，大辟罪已下，已发觉，未发觉，已结正，未结正，系囚见徒，罪无轻重，常赦不免者，咸赦除之。其与逆贼元谋及胁从受驱使，惧法来降，并潜藏不出者，已频处分，但能归顺，赦罪，除元恶之外，一无所问。”（《改元上元赦》）“其与逆贼元谋”云云，说的是“安禄山反党”，今后但能归顺，除首恶之外，并赦其罪，而陷贼官已定罪者，是否在赦除之列，诏令中并未明言。《唐大诏令集》卷八十四载上元二年（761）正月诏曰：“……诸色流人及左降官等，所由类例并与量移，仍委中书门下复奏取处分。其先缘安禄山伪署，三司有名，应在流贬者，原情议罪，负国诚深，朕已舍其殊死，窜于荒徼，固当与众共弃，长为匪人，然皆邦家旧臣，常挂缨冕，使其终没裔土，永匿惭魂，孰若贷以殊私，俾令效节，亦准例处分，兼委中书门下量轻重类例奏取处分。”（《以春令减罪囚徒德音》）这个诏令的颁发说明，在这以前，陷贼官已定罪者，并不曾被赦免，如上元元年闰四月的赦令中，已包含有赦除陷贼官的内容，则上元二年正月，没有必要又一次颁发类似的赦令。因此，储的遇赦，也不在上元元年。另，根据上元二年正月诏令的内容，储是有可能在这个时候被赦的，但是，第一，诏令中有“兼委中书门下量轻重类例奏取处分”等语，说明对被流贬的陷贼官的赦免，还需要经有关部门具体研究决定，不是对所有被流贬的陷贼官，无条件地一律赦免。第二，诏令的发布时间

(正月）和《晚霁中园喜赦作》的写作时间（五月）两不相合。所以，储之遇赦，亦不在上元二年。第三次，宝应元年（762）四月，《册府元龟》卷八十七载宝应元年四月诏曰："……其天下见禁囚徒，罪无轻重……四月十五日昧爽已前，一切放免。左降官宜即量移近处，流人一切放回，有司更不得辄有类例条件。"这回是无条件地一律放回。紧接着，代宗即位，又于五月发布大赦令："自开元已来，所有诸色犯累者，并宜雪免。左降官并诸流人，及罚镇效力、配军团练等，一切即放还。"（《唐大诏令集》卷二《代宗即位诏》）因此，储之遇赦，应即在宝应元年。

九　生卒年推测

储光羲的生卒年不可确考。这里只能根据储诗所提供的线索，作一些较为合理的推测。先谈生年。如前所述，《洛阳道五首献吕四郎中》作于开元十四年（726）二月，诗中自称"少年"，则他当时大致不过二十岁上下。又他于开元十二年（724）入太学，而唐代太学招收生徒是有一定年龄限制的。《新唐书・选举志》曰："凡生，限年十四以上，十九以下。"又曰："岁终，通一年之业，口问大义十条，通八为上，六为中，五为下。并三下与在学九岁、律生六岁不堪贡者罢归。"生徒可在学九年，如初入学时为十四岁，在学九年，已超过十九岁，可见"十四以上，十九以下"，指的是生徒始入学时的年龄限制，而不是生徒在学时的年龄限制。如他开元十二年始入学时为十九岁，则开元十一年冬离乡至长安时为十八岁，作《洛阳道五首》时为二十一岁，二十一岁时自称"少年"，还是合宜的。如他开元十二年始入学时为十八岁，则开元十一年冬离乡至长安时为十七岁，十七岁即离乡远游，以常理而言，嫌早一些。所以，断开元十二年始入学时为十九岁，比较合适。由此逆推，储当生于中宗神龙二年（706）。另《终南幽居献苏侍郎三首》作于天宝六、七载出山官太祝前，当时作者四十二三岁，诗曰"中岁尚微道"，四十二三而称"中岁"，也是合宜的。

再谈卒年。上文谈到储遇赦在宝应元年（762），当时他五十七岁。储被赦后，理应还乡，但《郡斋读书志》、《直斋书录解题》、《唐诗纪事》、

《唐才子传》等都说他“贬死”，未言其归乡，或其时储年老多疾，拟作归计而不果，遂卒于贬所。这样，储之卒，当在遇赦后不久，姑定为广德元年（763）。

兹附简要年表于后：

纪年	时事	生平事迹
中宗神龙二年（706）	王维六岁。孟浩然十八岁。	约在此年生于润州延陵。
玄宗开元十一年（723）		十八岁。冬，离乡西游长安。
开元十二年（724）	十一月，上幸东都。以宋璟为西京留守。	十九岁。正月，就试吏部，落第。寻入太学读书。
开元十三年（725）	玄宗东封泰山。十月，车驾发东都。十一月，至泰山。十二月，还东都。	二十岁。正月，应进士试，又落第。秋冬之际，由长安至洛阳。
开元十四年（726）	上居东都。	二十一岁。正月，在洛阳应进士试。二月，作《洛阳道五首》，是时孟浩然留滞洛阳，有和作。三月，放榜，登第，又诏中书试文章，解褐为冯翊县佐。秋冬之际赴任。
开元十五年（727）	十月，上回西京。	二十二岁。在冯翊。
开元十六年（728）		二十三岁。在冯翊。
开元十七年（729）	以八月五日为千秋节，诏令天下宴乐。	二十四岁。迁安宜尉疑在此年。
开元十八年（730）	九月，吐蕃求和亲，许之。	二十五岁。在安宜。
开元十九年（731）	三月朔，御史大夫崔琳使于吐蕃。	二十六岁。迁下邽尉。
开元二十年（732）	正月，以信安王李祎为河东、河北行军副大总管，将兵击奚、契丹。	二十七岁。迁汜水尉疑在此年。
开元二十一年（733）		二十八岁。辞官回乡隐居。
开元二十八年（740）	孟浩然卒。王维隐于终南，约在此年之后。	三十五岁。复离乡西入秦。嗣后，即隐于终南。
天宝二年（743）	殷遥约卒于是年。	三十八岁。隐居终南。有《同王十三维哭殷遥》诗。
天宝四载（745）		四十岁。仍居终南。《蓝上茅茨期王维补阙》诗约作于此年。

续表

纪年	时事	生平事迹
天宝六载（747）	十月，上幸骊山温泉，改温泉宫曰华清宫。	四十二岁。出山官太祝约在此年。作《述华清宫五首》。
天宝九载（750）	冬，范阳、平卢节度使安禄山入朝，献奚俘八千人。	四十五岁。迁监察御史最晚在此年。夏，出使范阳。冬，仍滞留范阳未回。作《效古二首》、《观范阳递俘》诗。
天宝十载（751）	二月，安禄山兼河东节度使。八月，安禄山将范阳、平卢、河东三道兵六万击契丹，大败。	四十六岁。仍官监察御史。
天宝十一载（752）	春夏间，前云南太守李宓率兵击南诏，六月，获胜。冬，陇右节度使哥舒翰入朝。	四十七岁。仍官监察御史。在长安。春夏间，作《同诸公送李云南伐蛮》诗。秋，与高适、杜甫、岑参，薛据同登慈恩寺塔。冬，作《哥舒大夫颂德》诗。
天宝十四载（755）	十一月，安禄山反。十二月，禄山陷东京。	五十岁。仍官监察御史。
肃宗至德元载（756）	六月，禄山陷潼关，玄宗奔蜀，禄山兵入长安。七月，肃宗即位于灵武，改元至德。	五十一岁。仍官监察御史。长安沦陷后，为贼所获，送至洛阳。被迫接受伪官。
至德二载（757）	九月，唐军收复长安。十月，收复洛阳；肃宗发凤翔，还长安；陷贼官被收系于大理、京兆狱中。十二月，陷贼官以六等定罪。	五十二岁。初秋，自贼中逃归，先由洛阳南行江、汉，而后溯汉水北行入秦。过秦岭，有《登秦岭作》。抵行在，即被系狱中，作《狱中贻姚张薛李郑柳诸公》诗。十二月，被定罪贬南方。
代宗宝应元年（762）	四月，丙辰，肃宗病转剧，命太子监国。甲子，改元宝应，大赦天下。丁卯，肃宗去世。己巳，代宗即位。五月，又大赦天下。	五十七岁。是年遇赦，作《晚霁中园喜赦作》诗。
广德元年（763）	正月，史朝义败死。	五十八岁。约卒于此年。

附记：此文所引储诗文字，系据储皖峰校《储光羲诗集》本，该书是以文津阁《四库全书》本为底本刊印的。

（原载《文史》第12辑，1981年9月出版）

也谈储光羲的卒年

《文学遗产》1991年第2期李金坤《储光羲里贯、生卒年考辨》（以下简称“李文”）一文，推测“储光羲卒年当在大历元年（766）左右”，根据是顾况《监察御史储公集序》有如下一段话：

> 嗣息曰溶，亦凤毛骏骨，恐堕先志，溯洄千里，泣拜告余曰：“我先人与王右丞，伯仲之欢也。相国缙云，尝以序冠编次，会缙云之谪，亡焉。”后辈据文之士，风流不接，故小子获忝操简。（全唐文》卷528）

“李文”说，这段话“是考辨储光羲卒年的一则重要参考资料”，“由顾序可知，储光羲嗣息储溶面请顾况作序为的是‘恐堕先志’。所谓‘先志’，很显然是指储光羲生前编次刊行其文集的愿望。从储溶之言知悉，相国王缙曾经为已编好的储光羲文集作过序，只因王缙遭贬而亡佚，使得储光羲文集未得完善而刊行。根据这些信息，我们可以觅得储光羲卒年的一点新线索”。又说，光羲因陷贼遭贬，于宝应元年（762）遇赦，他编次自己的文集“定在遇赦之后”，“因为只有在这时，诗人才有可能也才有必要在有生之年将自己的文篇赋论之散篇汇编成集”；光羲编好文集时，王维已去世（王维卒于761年），所以他只好约请王维的弟弟王缙作序。又谓，“储光羲在编次文集的过程中，恰逢王缙就任相国”，考缙在广德二年（764）为相，但其时安史之乱刚刚结束，“百废待举，诗人不可能即请王缙作序”，须等“约一年以后”，“诗人才会请其作序”，所以据此把光羲的卒年，定在大历元年（766）左右。最后又说，缙云，即括州，王缙于大历十二年（777）贬括州刺史，“储溶泣求顾况为其先人作序必在大历十二年后”。

“李文”的上述考辨，是以这样一点为前提的：储光羲文集是光羲生前为求“刊行”而自己编订的。事实上，这个前提，“李文”中并未加以证实，因而也就大可怀疑。众所周知，今存最早的雕版印刷品是唐咸通九年（868）印制的卷子本《金刚经》，而且最初的雕版印刷，大都用来印制日历、唱词、佛经等民间大量需要的书籍，到了五代时期，才开始使用这项技术来刊印《九经》、《文选》等书，所以，在唐代，尚未出现文人生前为求“刊行”（“李文”中多处提到光羲文集的“刊行”、“印行”、“题刻”）而自编文集的情况。及至宋代，印刷术流行，这种情况才普遍起来。唐人编文集，目的自然是为了使之传留后世（即所谓“先志”），但实现这一目的的途径，在当时还只能依靠官家的收藏和私人的传抄。在这里，“李文”是误把唐代的情况与宋以后的情况等同起来了。

也许是由于印刷术尚未流行的缘故，唐人在生前自编文集的情况很不普遍。唐时的文集，多数是在作者死后由其亲属、门人或好友编集的。如王绩的文集，乃其殁后由友人吕才编定（见吕才《王无功文集序》）；王勃文集，系勃卒后由友人杨炯编集（见杨炯《王勃集序》）；陈子昂文集，是子昂去世后由其好友卢藏用编成的（见卢藏用《右拾遗陈子昂文集序》）；王维文集，系维卒后由其弟王缙纂集（见王缙《进〈王右丞集〉表》）；孟浩然文集，是浩然殁后由友人王士源编成的（见王士源《孟浩然集序》）；岑参诗集，乃参卒后由友人杜确编次（见杜确《岑嘉州诗集序》）；独孤及文集，是及亡后由其门人梁肃编录的（见梁肃《毗陵集后序》）；顾况集，是况谢世后由其子非熊编成的（见皇甫湜《唐故著作佐郎顾况集序》）；韩愈文集，是愈去世后由门人李汉辑集的（见李汉《韩昌黎集序》）；柳宗元文集，是宗元殁后由知交刘禹锡编定的（见刘禹锡《唐故柳州刺史柳君集》）。当然，唐时也有文人生前自编文集的情况，如白居易就是如此，但这种情况在当时不多见。

那么，储光羲文集是不是光羲生前自编的呢？顾况《序》并无一语提及储光羲文集是光羲生前自编的。“相国缙云，尝以序冠编次”，是说王缙曾作序冠于已编次好的储光羲文集之首，由这两句话，显然无法引出文集乃光羲生前自编的结论。万曼《唐集叙录·储光羲诗集》在征引了本文开头征引过的那段顾况《序》后接着说："是《储光羲集》最初曾由王缙编次，并为之作序。"这恐怕是据唐人文集多由他人掇拾编次的常例推断的，根据顾《序》，实际上也不能证明储光羲文集是由王缙编次的。既然无法证实储光羲文集系光羲生前所自编，又怎么能够根据王缙为储光羲文集作序的时间，来推测出光羲的卒年呢？又，"李文"认为，王缙在广德二年（764）之后一年，即永泰元年（765），为储光羲文集作了序，这篇序文写成后，"一直由王缙保存，直到大历十二年（777）三月王缙遭贬，终于亡佚"。求序的人似乎毫无诚意，居然连当朝宰相亲为撰写的序文也不愿取走，以至于让它在宰相手里搁置了十二年之久而招致亡佚！但后来却又来了个一百八十度大转弯，不辞劳苦，"溯洄千里"，泣求顾况作序，这种推论，合乎情理吗？

顾《序》称王缙为"相国缙云"，考缙自广德二年正月至大历十二年三月为相，大历十二年三月贬括州刺史，括州天宝时曾名缙云郡；又，缙在缙云二年有余，于大历十四年六月又入为太子宾客（见《旧唐书·德宗纪》），所以，据"相国缙云"之语，可推知顾《序》当作于大历十二年三月之后、大历十四年六月以前。至于王缙为光羲文集作序的时间，则大抵应在大历十二年三月王缙贬括州之前不久。不妨作如下合理推论：当王缙写成序文后，求序的人还来不及取走，就发生了一件突然事故——大历十二年三月，代宗下令逮捕宰相元载、王缙，派吏部尚书刘晏等审讯他们，起初两人皆"赐自尽"，后又免去王缙的死罪，贬为括州刺史（参见《通鉴》卷二二五）。于是王缙写成不久的序文便亡佚了。接着，就有了储溶泣求顾况作序之举。求顾况作序的人是储溶，求王缙作序的人也应一样。至于光羲文集的编辑者，估计也是储溶。光羲辞世后，当有部分遗文留存于其子储溶手中，因为有过安史之乱陷贼、遭贬的经历，光羲的诗文颇多散佚（王缙尝谓"臣兄"维之诗文，"天宝事后，十不存一"，例与此同），所以储溶又经过若干年的搜采访求，才在王缙贬括州之前不久，编成了多达七十卷（见顾《序》）的光羲文集。

笔者在《储光羲生平事迹考辨》（载《文史》第12辑，又见《王维新论》附录）一文中曾考证出光羲遇赦在宝应元年（762），并说光羲之卒，当在遇赦后不久，姑定为广德元年（763）。这一说法，看来大致不误，因为直到目前为止，尚找不出广德元年之后光羲仍活在世上的证据。

（原载《文学遗产》1991年第4期）

由新发现的韦济墓志看杜甫天宝中的行止

笔者近得朋友之助，有幸读到了陕西省西安市出土的韦济墓志的拓片。拓片长、宽均73厘米，原石藏西安市小雁塔保管所。墓志题作："《大唐故正议大夫行仪王傅上柱国奉明县开国子赐紫金鱼袋京兆韦府君墓志铭》"；题下署"族叔银青光禄大夫行工部侍郎述撰　外甥扶风郡参军裴叔猷书"。

墓志的作者韦述，是唐代著名的史学家，曾"勒成《国史》一百一十三卷"，两《唐书》都有他的传。《全唐文》共录存韦述文九篇，但没有这篇墓志。墓志主人韦济，祖父思谦、伯父承庆、父嗣立，都官至宰相。两《唐书》也有韦济的传，但文字颇短（《旧唐书》二百余字，《新唐书》一百余字），叙事简略。韦济墓志约一千五百字，撰于天宝十三载闰十一月十一日韦济下葬之前，详细地记述了韦济的生平事迹。它的出土，可补两《唐书》记载之不足，并纠正其误。特别值得注意的是，杜甫同韦济有很深的交谊，曾作《奉寄河南韦尹丈人》、《赠韦左丞丈济》、《奉赠韦左丞丈二十二韵》三诗献给韦济，韦济墓志中的某些记载，为我们弄清杜甫天宝中的行止以及他的某些诗歌的编年与训释，提供了新的重要依据。

我们知道，天宝六载杜甫到长安应制举，宰相李林甫"恐草野之士对策斥言其奸恶"，便施诡计，令改试诗、赋、论，结果"无一人及第者"。关于杜甫此次应试失利后的行止，公认的说法是：杜甫一直寄寓长安，到了天宝八载冬，才回到洛阳（参见仇兆鳌《杜工部年谱》、闻一多《少陵先生年谱会笺》等），其根据主要就是《赠韦左丞丈济》、《奉赠韦左丞丈二十二韵》这两首诗。前一首诗说："左辖频虚位，今年得旧儒。……有客虽安命，衰容岂壮夫。家人忧几杖，甲子混泥涂。不谓矜余力，还来谒大巫。岁寒仍顾遇，日暮且踟蹰。"后一首诗说："纨袴不饿死，儒冠多误身。丈人试静听，贱子请具陈。……骑驴十三载，旅食京华春。朝扣富儿门，暮随肥马尘。残杯与冷炙，到处潜悲辛。主上顷见征，欻然欲求伸。青冥却垂翼，蹭蹬无纵鳞。”寻绎诗意，这两首诗都是杜甫在长安谒见尚书左丞韦济时呈献给他的。诗中自陈失意苦情，有请求汲引之意。《旧唐书·韦济传》说：“天宝七载，（济）又为河南尹，迁尚书左丞。”仇兆鳌《杜诗详注》即根据这一记载将此二诗系于天宝七载冬（诗中有“岁寒”之语），并认为这时杜甫仍留滞长安。此后学者，皆承其说，一无异议。然而实际上，这种说法是不正确的。新发现的韦济墓志说：“君讳济，字济，京兆杜陵人。……天宝七载，转河南尹，兼水陆运使，事弥殷而政弥简，保清静而人自化。九载，迁尚书左丞，累加正议大夫，封奉明县子。十一载，出为冯翊太守。”明谓韦济任尚书左丞在天宝九载至十一载。又诗云“左辖（尚书左丞）频虚位，今年得旧儒”，可见诗当作于韦济迁任左丞的头一年。也就是说，杜甫的这两首诗应作于天宝九载冬。既然这两首诗都非作于天宝七载，自然也就不能根据它们来证明天宝七载杜甫仍留滞长安了。

《奉寄河南韦尹丈人》云：“有客传河尹，逢人问孔融：‘青囊仍隐逸，章甫尚西东？’……浊酒寻陶令，丹砂访葛洪。江湖漂短褐，霜雪满飞蓬。牢落乾坤大，周流道术空。谬惭知蓟子，真怯笑扬雄。……尸乡余土室，谁话祝鸡翁！”诗题下作者自注：“甫故庐在偃师，承韦公频有访问，故有下句。”《杜诗详注》系此诗于天宝七载。更确切地说，它应当作于天宝七载至九载初韦济任河南尹期间。这首诗前四句说，有人从洛阳来，传达了河南尹韦济的话，问杜甫现在是在隐居学道，还是在到处漫游？下面是杜甫的答复。“浊酒”二句述己隐逸之状，“江湖”四句谓己落拓江湖，奔走东西，结果一事无成。由此看来，天宝六载杜甫应试失利后，并没有一直寄寓于长安。那么，这首诗是在哪儿写的呢？《杜诗详注》引黄鹤注云：“诗云‘章甫尚西东’，又云‘江湖漂短褐’，‘周流道术空’，可知是时公又去京师而他矣。意在近畿，故云奉寄。”既然写这首诗时杜甫不在京师，又怎么能够说他应试失利后一直留在长安呢？又，诗中的“尸乡”，即尸乡亭，在河南偃师县西二十里，杜甫有旧居（即所谓“土室”）在那附近，称“陆浑庄”。由于人们认定天宝七载杜甫在长安，因而就把这首诗的题下注语理解成为杜甫“听说河南尹韦济曾多次到偃师他的陆浑庄故庐访问他，他就写了这首诗寄给韦济”。也即认为，天宝七载韦济多次访问陆浑庄的时候，杜甫都不在陆浑庄。对此我们不禁要问，长安、洛阳相距不远，经常有人员往来，身为河南尹（治所在洛阳）而且又是杜甫的知交的韦济，能不知道当时杜甫留滞长安未回陆浑庄吗？即便原来不知道，访问一次扑空后也就知道了，怎么还会一次又一次地去访问，情愿接二连三地扑空呢！所以，比较合理的解释应该是：天宝六载杜甫在长安应试失利后，感到失望和愤慨，不久就回到陆浑庄隐居（故韦济有"青囊仍隐逸"之问）。天宝七载韦济迁任河南尹之后，曾多次到陆浑庄访问杜甫。后来，杜甫离开陆浑庄，到"近畿"之地（应在洛阳附近）漫游，韦济又托人捎话，问候杜甫，于是他便写了这首诗寄给韦济。诗中诉说自己近来的境况，并对韦济昔日的屡次来访、垂注后进，表达了感激的心情。

杜甫《高都护骢马行》云："安西都护胡青骢，声价欻然来向东。此马临阵久无敌，与人一心成大功。功成惠养随所致，飘飘远自流沙至。雄姿未受伏枥恩，猛气犹思战场利。……长安壮儿不敢骑，走过掣电倾城知。"仇注云："按高仙芝平少勃律，在天宝六载。是年，大食诸部七十二国皆降附。八载，入朝，诗云'飘飘远自流沙至'，又云'长安健儿不敢骑'，正其时也。九载，仙芝讨石国，俘其王以献，则知次年又往边疆矣。此诗当是天宝八载所作。"《杜工部年谱》、《少陵先生年谱会笺》等都把此诗作为杜甫应试失利之后直到天宝八载仍留在长安的一个证据。然而，既知天宝七载杜甫不在长安，天宝八载冬杜甫在洛阳（详见后），则此年自春至秋，杜甫是否又赴京，也就值得怀疑了。《旧唐书·高仙芝传》："（天宝）八载，入朝，加特进。"未说明仙芝八载入朝在哪一月，但据岑参诗，可知仙芝入朝在八载冬。我们知道，岑参于天宝八载赴安西，为安西节度使高仙芝僚属。他赴安西途中写的《初过陇山途中呈宇文判官》说："西来谁家子，自道新封侯。前月发安西，路上无停留，都护犹未到，来时在西州。"宇文氏系高仙芝属下判官（说详拙著《岑参年谱》，见《岑参集校注》附录），都护即指安西节度使高仙芝，唐时，安西节度使例兼任安西都护，故称。由此诗可知，岑参赴安西途过陇山时遇到了从安西（今新疆库车）来的宇文判官，当时他正偕仙芝入朝而为之先行，当宇文氏抵达陇山的时候，仙芝还停留在西州（治所在今新疆吐鲁番东南达克阿奴斯城）。又岑参赴安西途中写的《经火山》说："火山今始见，突兀蒲昌东。……

我来严冬时，山下多炎风。”《宿铁关西馆》说：“雪中行地角，火处宿天倪。塞迥心常怯，乡遥梦亦迷。”可见岑参赴安西的时间在冬日。仙芝入朝的时间亦然。但天宝八载冬，杜甫正在洛阳，不可能在长安作《高都护骢马行》。所以，这首诗不当作于天宝八载，由此诗也无法证明天宝八载杜甫在长安。《通鉴》天宝十载正月：“安西节度使高仙芝入朝，献所擒突骑施可汗、吐蕃酋长、石国王、朅师王。”十载正月杜甫正在长安（详见后），此诗盖即是时所作。

杜甫《冬日洛城北谒玄元皇帝庙》云：“五圣联龙衮，千官列雁行。”按，《通鉴》天宝八载六月：“戊申……上高祖谥曰神尧大圣皇帝，太宗谥曰文武大圣皇帝，高宗谥曰天皇大圣皇帝。中宗谥曰孝和大圣皇帝，睿宗谥曰玄真大圣皇帝。”这就是所谓“五圣”。又题曰“冬日”，而自天宝九载冬至十四载冬，杜甫皆在长安（参见《杜工部年谱》、《少陵先生年谱会笺》）所以这首诗只能作于天宝八载冬。由此诗可知，天宝八载冬杜甫在洛阳（参见《少陵先生年谱会笺》）。

综上所述，杜甫天宝六载应试失利后，不久即离开长安，到陆浑庄隐居。后来他虽离开陆浑庄，但仍在洛阳及其附近一带活动，直到天宝九载，才再次赴京。他再次赴京的目的，无疑是为了谋求进取，寻找出仕的门路。这一年冬天，他曾两次献诗韦济，请求汲引。《奉赠韦左丞丈二十二韵》诗末云：“甚愧丈人厚，甚知丈人真。每于百僚上，猥诵佳句新。窃效贡公喜，难甘原宪贫。焉能心怏怏，只是走踆踆。今欲东入海，即将西去秦。尚怜终南山，回首清渭滨。常拟报一饭，况怀辞大臣。白鸥没浩荡，万里谁能驯！”韦济墓志：“春秋六十七，以十三载十月十一日终于京城之兴化里第。”知韦济天宝九载六十三岁，长杜甫二十四岁，故杜甫称他为“丈人”。杜甫寄希望于韦济，看来，韦济也曾在朝官中推奖杜甫，但那时候的朝廷，李林甫专权，杨国忠受宠，政治日益腐败，韦济的推奖，并没有能使杜甫获得一官半职。诗人感到失望，表示要离开长安。他真走了吗？闻一多先生说：“或曰远游，或曰归隐，但故为愤词以自解，非本意如此也。”（《少陵先生年谱会笺》）所论甚是。这年杜甫三十九岁，自觉年已老大，一无所成，求仕的愿望极急切，是不会轻易离开长安的。天宝十载正月，玄宗祠太清宫、太庙，祀南郊，杜甫仍在长安，作三大礼赋，投延恩瓯以献（参见《杜工部年谱》、《少陵先生年谱会笺》）。杜甫这一炮总算打响："帝奇之，命待制集贤院。"（《新唐书·杜甫传》）这以后杜甫的行止，已在本文所当论述的范围之外，这里就不谈了。

最后，谈谈《奉赠韦左丞丈二十二韵》中"骑驴十三载"一句的校勘与解释问题。《杜诗详注》："诸本作三十载，卢注作十三载。"或以为杜甫自开元二十三年归东都举进士不第，至天宝七载在长安作此诗，恰好十三年，诸本作"三十载"断误。按，此诗实作于天宝九载冬。这就与"十三"之数不合，且改作"十三载"，也缺乏版本依据。又，杜甫《壮游》云："往者十四五，出游翰墨场。斯文崔魏徒，以我似班扬。"说明杜甫十四五岁，就开始到东都文坛与名流交往，从这时算起至天宝九载，为二十五六年，约举成数，正可谓之"三十载"，故我以为此处似当以作"三十载"为是。

（原载《文学遗产》1992 年第 4 期）

萧颖士系年考证

萧颖士是韩、柳“古文运动”的前驱者、盛唐文坛的领袖人物。他一生困顿，而文名远播，李华说他“名盖天下”（《祭萧颖士文》，《全唐文》卷三二一），“以文章制度为己任，时人咸以此许之。……后之为文者，取以为法焉”（《扬州功曹萧颖士文集序》，《全唐文》卷三一五）；刘太真《送萧颖士赴东府序》说：“顷东倭之人，逾海来宾，举其国俗，愿师于夫子。”（《全唐文》卷三九五）《新唐书·文艺传中》载阎士和称当时“闻萧氏风者，五尺童子羞称曹、陆”。颖士不但以文章名世，还热衷于讲学授徒，据载，其门下弟子甚众，所以他的思想和创作，对当时及后世，都产生了很大影响。可惜他的文章有不少已经散佚（今存只29篇），近人对他的研究也很不够，至近几年始稍有论及者。本文试图根据现存的各种资料，参考今人的一些研究成果，对萧颖士一生的主要行事，作较为详细的考述。尤其是对一些史传记载中的可疑和相互牴牾之处，笔者更力图辨明，但限于学力，错误在所难免，欢迎读者批评指正。

萧颖士字茂挺，梁鄱阳王恢七世孙。祖籍兰陵，实为颍川人。

李华《扬州功曹萧颖士文集序》云：“开元天宝间词人……以文学著于时者，曰兰陵萧君颖士，字茂挺，梁鄱阳忠烈王之后。”《新唐书》本传云：“萧颖士字茂挺，梁鄱阳王恢七世孙。”关于颖士之先世，唐赵璘《因话录》卷三云：“梁高祖武皇帝，父讳顺之……第三子恢，封鄱阳王，薨谥忠烈。恢生宜丰侯循，循生唐太子太保造，造生武威大将军夙，夙生雅州都督善义，善义生左卫录事参军元恭，元恭生密县主簿旻，旻生杨府功曹讳颖士。”按，《新唐书》卷七一下《宰相世系表》曰：“顺之字文纬……十子：懿、数、衍、畅、融、宏、伟、秀、憺、恢。衍，梁高祖武皇帝也，号齐梁房。”《南史·梁宗室传》同，唯秀作第七、伟作第八。[①]由此可见，恢非顺之第三子。又“循”《南史·梁宗室传》作“脩”。又据《旧唐书·高祖纪》载，造于武德初官刑部尚书、太尉、太子太保。关于颖士之祖，颖士《赠韦司业书》云：“越敬王之图匡复也，王父实预其谋，摈身江海，不臣武氏，旧业郊岐，一朝瓦解。”《新唐书·萧颖士传》云：“祖晶，贤而有谋，任雅相伐高丽，表为记室。越王贞举兵，杖策诣之，陈三策，王不用，晶度必败，乃亡去，客死广陵。”谓颖士之祖名晶，与《因话录》异。又李华《序》、《三贤论》及《新唐书》本传，俱称颖士父旻尝官莒县丞，可补《因话录》记载之不足。

《新唐书》七一下《宰相世系表》称：萧氏出自姬姓，汉有丞相何，本居丰、沛，其孙彪，“以事始徙兰陵丞县”；彪之后裔整，“晋淮南令，过江居南兰陵武进之东城里”。又《南史·梁本纪上》云：“梁高祖武皇帝讳衍……南兰陵中都里人，姓萧氏，与齐同承淮阴令整。”可见，唐人称“兰陵萧颖士”，盖就其祖籍而言。

颖士《赠韦司业书》自称“颍川男子萧颖士”，又云：“仆汝、颍之间一后生耳。”“仆生于汝、颍，幼而苦贫。”所以，他应为颍川人，颖士所谓“颍川”，盖指许州，隋大业时曰颍川郡，唐武德年间改为许州，天宝元年又改为颍川郡，辖境相当今河南许昌、长葛、鄢陵、扶沟、临颍、舞阳间地，正在汝、颍流域。

唐中宗神龙三年丁未（707），颖士生。

关于萧颖士之生年，今人有二说，一、《新唐书》本传云：“后客死汝南逆旅，年五十二。”颖士卒于乾元二年（说见后），由此逆推，他当生于公元708年。二、李华《序》云：“十九进士擢第。”考颖士开元二十三年登进士第（见后），据此上推，他当生于开元五年（717）。俞纪东《萧颖士事迹考》（载《中华文史论丛》1983年第二辑）一文说：“萧颖士自己在《赠韦司业书》中也说：‘孜孜强学，业成冠岁，射策甲科，见称朝右。’古代男子二十岁举行冠礼，因称二十岁为冠岁，当然，

① 同书又称恢为第十子，憺为第十一子，无第九子。

二十岁左右也可以近似地说成冠岁。所以，李华称萧颖士十九岁中进士是可信的。”按，此说同萧颖士及李华的一些文章，实多有牴牾之处。现择要列举于下：（一）颖士《爱而不见赋》题下注云：“丙辰岁待诏京邑，贻旧知作。”丙辰即开元四年（716），依俞说，颖士此时尚未出生。《萧颖士事迹考》说：“‘丙辰’两字当是‘丙戌’之误。”但这只是一种推测，缺少证据，且牴牾之处非仅此一端，不好都用传写讹误来解释。（二）颖士《莲蕊散赋》序云：“予同生继夭，僭戚所萃。己未岁夏六月，旅寄韦城，忧伤感疾，肿生于左胁之下，弥旬不愈，楚痛备至。友生于逖、张南容在大梁闻之，以言于方牧李公。公，予之旧知也，俯垂惊嗟，远致是散，题曰莲蕊。”己未即开元七年（719），依俞说，颖士是时仅三岁（实际只有两周岁），何来旧知？又怎能作此赋？（三）《赠韦司业书》云：“丈夫行己三十年，读书数千卷，尚不能揣摩捭阖，取权豪意旨，况复终年怏怏，折腰于掾吏之下哉！”又云：“壮年志气，尽此一行，时耶命耶，若此之甚也！”“况乎沦厌盛时，悲凉壮岁，宿心有在，得不为先达论乎！”《赠韦司业书》作于开元二十九年（741，说见后），依俞说，颖士此时只有二十五岁，怎好自称“行己（犹言‘处身行事’）三十年”呢？又，二十五岁也不得谓之“壮年”、“壮岁”（古称三四十岁壮盛时期为壮年）。（四）李华《三贤论》：“不幸元罢鲁山，终于陆浑；刘避地，逝于安康；萧归葬先人，殁于汝南。……三贤不登尊位，不享下寿。”（《全唐文》卷三一七）谓三贤（元德秀、刘挺卿、萧颖士）享年皆不至六十。《庄子·盗跖》云：“下寿六十。”考德秀卒于“天宝十二载九月二十九日”，“春秋五十九”（《全唐文》卷三二〇李华《元鲁山墓碣铭》），则颖士之享年，亦当有五十余。但依俞说，颖士去世时，却只有四十三岁。

又，据“仆生于汝、颍，幼而苦贫。孜孜强学，业成冠岁；射策甲科，见称朝右”等语，并不能证明颖士擢第即在二十岁左右。“孜孜”二句谓己努力学习，至冠岁即成就学业；“射策”二句则指自己后来登进士高第，受到朝中大官的称赏。古人为文简约，因此容易引起误解。下面试举一例，即可以说明这一问题。颖士《登临河城赋》序云：“既而射策桂林，校书芸阁，道为知己遇，名为海内称，舅氏之力也。”“射策桂林”言己擢第，

"校书芸阁"指已任秘书正字（芸阁谓秘书省），这两句话，极易使人误解成：颖士擢第后即官秘书正字，而实际上，颖士在擢第之后、官秘书正字之前，还任过金坛尉、桂州参军等官。李华《祭萧颖士文》曰："呜呼茂挺，平生相知，情体如一。……华畴昔之岁，幸忝周旋，足下不弃愚劣，一言契合。古称管鲍，今则萧李，有过必规，无文不讲。"李华是颖士的知交，他的记述照理是不应有误的；但李华的文章，在流传的过程中却不能保证不发生错误。有鉴于上述的各种矛盾，我以为"十九进士擢第"应为"廿九进士擢第"之误。唐人"二十"多写作"廿"，从致误原因方面来考察，"廿"和"十"形近，易生讹误，又此句之上有"十岁以文章知名，十五誉高天下"二句，所以"廿"也可能是因涉上文之"十"字而误。如果此说可以成立，那么颖士就当生于神龙三年（707）。此说同两《唐书》的记载大抵相合。《旧唐书·韦述传》谓颖士"乾元初，终于扬府功曹"，但未载其享年。乾元只有两年（乾元三年闰四月，改乾元三年为上元元年），"乾元初"当指乾元元年（758）。《新唐书·萧颖士传》称颖士"客死汝南逆旅，年五十二"，但未载其卒年。如果据《旧唐书》所载之卒年与《新唐书》所载之享年进行推算，那么颖士正应生于707年。当然，颖士实际上卒于乾元二年，《旧唐书》的记载未确。又，定颖士生于707年，则上文所说的那些矛盾、牴牾之处，也就不复存在（说见后）。所以，拙说还是有一定根据的。

开元四年丙辰（716），十岁。待诏京邑，寻人太学读书。

李华《序》："十岁以文章知名。"《爱而不见赋》题下注云："丙辰岁待诏京邑，贻旧知作。"《新唐书》本传："十岁补太学生。"盖颖士"聪隽过人"（《旧唐书·韦述传》），幼即以文章知名，故十岁就被征召入京；但由于年龄过小，不便授官，遂入太学读书。据《新唐书·选举志》及《百官志》载，唐时太学招收生徒，有资格（收五品以上官员及郡县公子孙）和年龄（始入学时的年龄为十四以上、十九以下）的限制，考颖士之父、祖，仅官至县佐、左卫录事参军（俱六品以下官吏），颖士本年又只有十岁，所以他的入学，可说是受到了一种特殊的优待。

开元七年己未（719），十三岁。夏六月，旅寄韦城。

本年旅寄韦城（唐滑州属县，在今河南滑县东南）事，见《莲蕊散赋》序。

开元九年辛酉（721），十五岁。誉高天下。其后复入太学读书，与李华、赵骅、邵轸等相善。

李华《序》："十五誉高天下。"

《唐诗纪事》卷二一李华《寄赵七侍御》："昔日萧邵游（《唐摭言》卷一'两监'条引此诗作'友'），四人才成童。属词慕孔门，入仕希上公。""四人"句下注云："华与赵七侍御骅、故萧十功曹颖士、故邵十六轸，未冠进（《唐摭言》作'游'）太学，皆苦贫共弊。同年三人登科（此句《唐摭言》作'五人登科'，非），相次典校。邵后三人及第也。"古以十五以上为成童（见《礼记·内则》"成童，舞象"郑注），可见颖士十五岁之后复入太学，并与华、骅、轸等相交。骅，字云卿，两《唐书》有传。《旧书·赵骅传》曰："骅志学，善属文。……性孝悌，敦重交友，虽经艰危，不改其操。少时与殷寅、颜真卿、柳芳、陆据、萧颖士，李华、邵轸，同志友善。"《唐语林》卷五："萧功曹颖士、赵员外骅，开元中同居兴敬里肄业。"轸，字纬卿，《寄赵七侍御》曰："纬卿陷非罪，折我昆吾锋。"注："邵……以冤横贬，卒南中。"《唐摭言》卷一"两监"条云："邵后（萧李）二年擢第。"

颖士自幼交游就颇广。李华《三贤论》云："汝南邵轸纬卿词举标干，天水赵骅云卿才美行纯，陈郡殷寅直清达于名理，河南源衍季融粹微而周，会稽孔至惟微述而好古，河南陆据德邻恢恢善于事理，河南柳芳仲敷该练故事，长乐贾至幼邻名重当时，京兆韦收仲成远虑而深，南阳张有略维之履道体仁，有略族弟邈季遐温其如玉，中山刘颖士端疎明简畅，颍川韩拯佐元行备而文，乐安孙益盈孺温良忠厚，京兆韦建士经中明外纯，颍川陈晋正卿深于诗书，天水尹徵之诚明贯百家之言，是皆厚于萧者也。尚书颜公，重名节，敦故旧，与茂挺少相知，颜与陆据、柳芳最善，茂挺与赵骅、邵轸洎华最善，天下谓之颜萧之交。殷寅源衍睦于二交之间。"尚书颜公谓颜真卿。颜至德二载（757）官宪部尚书，广德二年（764）至永泰二年

(766)官刑部尚书(见严耕望《唐仆尚丞郎表》)。颜生于公元709年(据《旧唐书·颜真卿传》),小颖士两岁,李华称他与颖士“少相知”,则两人之订交,亦当在颖士未冠时。又,《三贤论》所称厚于颖士的诸人中,共事迹可略考者尚有:殷寅,见《登科记考》卷九,《旧唐书·韦述传》,《新唐书·儒学传中》。孔至,见《新唐书·儒学传中》。陆据,见《旧唐书·文苑传下》。柳芳,见李华《杨骑曹集序》,《新唐书·柳芳传》,《旧唐书·柳登传》。其子冕,是唐代古文运动前驱者中的理论家。贾至,生于公元718年,两《唐书》有传。独孤及《赵郡李公中集序》(《全唐文》卷三八八)称他与萧颖士、李华同是天宝时“文章中兴”的代表人物。韦收,见《新唐书》卷七四上《宰相世系表》,《旧唐书·严震传》。韦建,见《唐诗纪事》卷二四,刘长卿《客舍赠别韦九建赴任河南韦十七造赴任郑县就便觐省》诗(《全唐诗》卷一五〇),又,韦建有《黔州刺史薛舒神道碑》(《全唐文》卷三七五)。《旧唐书·韦述传》:“萧颖士者……有名于时,贾曾、席豫、张垍及述皆引为谈客。”曾为贾至之父,以文辞见知当世,“开元初,复拜中书舍人。……后坐事,贬洋州刺史。开元六年……继历庆、郑等州刺史,入拜光禄少卿,迁礼部侍郎。十五年卒”(《旧唐书·贾曾传》)。按,曾贬洋州,约在开元五年,官郑州刺史,在开元十三年(见《新唐书·宇文融传》)①;入拜光禄少卿,则在开元十四年。其引颖士为谈客,大抵当在官中书舍人时或入为光禄少卿后。席豫,以词藻见称于世,累官中书舍人、吏部侍郎、尚书左丞、礼部尚书,天宝七载(748)卒,年六十九。两《唐书》有传。张垍,张说次子,尚玄宗女宁亲公主,“玄宗特深恩宠,许于禁中置内宅,侍为文章”。事见两《唐书·张说传》。贾曾、席豫、韦述皆当世名流,又都是颖士的前辈,他们对颖士的爱重,更增高了他的声誉。

颖士自复入太学读书至登第前的一段时间,行止不详。《赠韦司业书》云:“仆家业山东,非举选时,不至三辅,而倏来忽往,亦已再三。”看来,他不可能一直留在长安的太学里,而可能有较长的时间居于家乡颍

---

① 《新唐书·宇文融传》:“会帝封太山还,融以选限薄冬,请分吏部为十铨。有诏融与礼部尚书苏颋……郑州刺史贾曾、怀州制史王丘分总。”玄宗封泰山后还东都,在开元十三年十二月。

川（颍川属“山东”地区）。《山庄月夜作》：“献书嗟弃置，疲拙归田园。”或此期间他曾献书求官，不遇而返乡隐居也。又，《登临河城赋》云：“昔自公而暇豫（指其亡舅而言，当时他任临河尉），陪作赋于兹楼。怀一纪以如昨，怆今晨而独游。”此赋作于天宝元年（说见下），“一纪”谓十二年。由此赋可知，开元十八九年，颖士曾至临河（今河南濮阳西）。

开元二十三年乙亥（735），二十九岁。春，擢进士第，授金坛尉。适因父为莒丞得罪，颖士自洛至莒救之，而未得赴任。复回京求官，无成而归。

《唐摭言》卷三谓颖士本年登第，诸书所载俱无异词。颖士擢第后授何职？李华《序》：“十（廿）九进士擢第。历金坛尉、桂州参军、秘书正字、河南参军。……君为金坛尉也，会官不成。”唐时及第进士，初除大抵不过县尉，所以金坛尉应是颖士擢第后初次被授之官，然李华又云“会官不成”，可见颖士授官后，又适逢某种变故而未能赴职。李华《三贤论》：“茂挺父为莒丞得罪，清河张惟一时佐廉使，按成之。茂挺初登科，自洛至莒，道邀使车，发词哀乞，惟一涕下，即日舍之，且曰：‘萧赞府生一贤才，资天下风教，吾由是得罪亦无憾！’”明言萧旻“为莒丞得罪”，在颖士“初登科”之时。看来，颖士是由于到莒县（今山东莒县）去解救萧旻，未能在官府规定的期限内到任，而做不成金坛尉的。

《唐诗纪事》卷二二：“（邹）象先尉临涣，萧颖士自京邑无成东归，以象先同年生也，作诗赠之。来年，萧补正字，象先寄诗重述前事云：‘六月度关云，三峯玩山翠。尔时黄绶屈，别后青云致。’萧答云：‘桂枝常共擢，茅茨冀同荐。一命何阻修，载驰各州县……。’”古谓登科为“擢桂”，据“桂枝常（尝）共擢”句，可知萧、邹二人同年登第（岑仲勉《登科记考订补》即谓《登科记考》开元二十三年下应补入邹象先）。两人登第后，一授临涣尉，一授金坛尉，故云“尔时黄绶屈”（彼时屈为县尉）。至于所谓“自京邑无成东归”大致是指颖士做不成金坛尉后，复入京求职，无所成而东归颍川。

《唐摭言》卷三载有颖士及第后的一件轶事：“萧颖士开元二十三年及第，恃才傲物，敻无与比。常自携一壶，逐胜郊野。偶憩于逆旅，独酌独吟。会风雨暴至，有紫衣老父，领一小僮避雨于此。颖士见其散冗，颇肆陵侮。逡巡，风定雨霁，车马卒至，老父上马呵殿而去。颖士仓忙觇之，左右曰：‘吏部王尚书也。’颖士常造门，未之面，极所惊愕，明日，具长笺，造门谢。尚书命引至庑下，坐而责之，且曰：‘所恨与子非亲属，当庭训之耳。’复曰：‘子负文学之名，倨忽如此，止于一第乎！’”《太平广记》卷一七九引《明皇杂录》，亦载有此事，且于“吏部王尚书”下注云：“尚书名丘。”又《云溪友议》卷中“李右座”条云：“右座曰：‘有一萧颖士，既叨科第，轻时纵酒，不遵名教，尝忤吏部王尚书丘，然以文识该通，孰为其敌?’”按，以上记载，多不合于事实，恐系得自传闻，根据是：（一）据两《唐书·王丘传》及严耕望《唐仆尚丞郎表》，王丘从未任过吏部尚书。[①] 他曾于开元八年至十年任吏部侍郎。后官尚书左丞、右散骑常侍；开元二十一年，为御史大夫，“丘讷于言，所白奏帝多不喜，改太子宾客，袭父封。以疾徙礼部尚书致仕”。开元二十三年，王丘大抵正在太子宾客任上。（二）颖士《赠韦司业书》云：“仆有识以来，寡于嗜好，经术之外，略不婴心。……有时疲顿，即聊自止息，不过临池水视游鱼耳。……己又酒性不多，涓滴辄醉，适情缓饮，则乐在终席。”这同“常自携一壶，逐胜郊野”、“轻时纵酒，不遵名教”的说法，相去甚远。（三）《唐摭言》谓颖士见一老父“散冗”，即“颇肆陵侮”，及知其为达官，又“具长笺，造门谢”，这等行径，自不足取，只是执此与有关的记述相较，颇多不合。细察颖士之为人，有以下几点值得注意：第一，《三贤论》：“萧若百炼之钢，不可屈折。”《赠韦司业书》：“仆褊介自持，粗疎浸久，平生峻节，未尝屈下。”“丈夫行己三十年……尚不能揣摩捭阖，取权豪意旨。”可见他立身刚正不阿，不屑摧眉折腰事权贵。第二，《三贤论》：“萧病贬恶太亟。”“视听过速，欲人人如我。”《赠韦司业书》：“直性褊中，少所容忍，于心不惬，未曾勉强。”《庭莎赋》序也说自己“僻直多忤”。可见颖士疾

① 《萧颖士事迹考》说：“据《旧唐书·王丘传》所记，王丘在开元二十一年以前曾为吏部尚书。”按，《旧唐书·王丘传》根本无此记载，俞说误。

恶如仇，对“籧篨阘茸”（《赠韦司业书》）的人与事，多不能容忍。第三，《三贤论》：“萧病……奖能太重。”《新唐书·萧颖士传》：“颖士乐闻人善，以推引后进为己任，如李阳、李幼卿、皇甫冉、陆渭等数十人，由奖目，皆为名士。天下推知人，称萧功曹。”颖士在权贵面前，颇有傲骨，而对于后进，却乐于推引。第四，《三贤论》：“萧之志行，当以中古易今世。”“志与时多背，恒见诟于人。”他好古道，宗经术，“以名教为己任”（《赠韦司业书》），无论志行、好尚，皆与时俗相异，曾自称：“若乃筝歌乱奏，继以举白，博奕樗蒲，呼枭争道，优姬艳伎，諠杂左右，易貌变声，千态万曲，即嗒然气尽，无所觉知，心识低徊，魂动神挠，但思临长风一大叫耳。”（同上）由于颖士为人具有上述特点，所以时人誉之者众，毁之者亦众，《赠韦司业书》云：“寮列不谙，悉异之。又以为务恃文词，傲弄当世，同声悉疾，何地自容，可叹息也！”正因为这个缘故，唐人笔记中的记述，就可能杂有世俗飞短流长的成分，不可尽信。颖士少即以文章知名，然却未早登科第，究其原因，恐怕同他的“与时不偶”（《旧唐书·韦述传》）有关。

开元二十四年丙子（736），三十岁。始为桂州参军，约在是年。

李华《序》：“历金坛尉、桂州参军、秘书正字、河南参军。辞官避地江左……淮南节度使表君为扬州功曹参军。……君为金坛尉也，会官不成；为扬州参军也，丁家艰去官；为正字也，亲故请君著书，未终篇，御史中丞以君为慢官离局，奏谪罢职；为河南参军也，寮属多嫉君才名，上司以吏事责君，君拂衣渡江。”这段话先叙颖士擢第后历任的四项职务，然后依次说明每次任职的具体情况，前后相互对应。只是前之“桂州参军”与后之“扬州参军”不合。考“扬州参军”并不等于“扬州功曹参军”（唐扬州置大都督府，官属有功曹参军事一人，正七品下；参军事五人，正八品下），且颖士官扬州功曹参军的时间，不在其为秘书正字之前，所以，“桂州参军”与“扬州参军”，两者之中必有一误。从致误原因方面来考察，桂、扬形、音俱不相近，若前之“桂州参军”原作“扬州参军”，不大可能误为“桂州参军”，而后之“扬州参军”原作“桂州参军”，则有可能因涉上文之“扬州功曹参军”而误为“扬州参军”。所以，作“桂州参军”应该是正确的。颖士《滞舟赋》云：“摄提岁，拂衣海岳，应调函洛。……征良图以趋事，窘中道以摧落。昔谬价于当年，今后来之不若。众飞钳以抵巇，余矩枘而规凿。悲介直之不可媒，想云林以自托。眷眷离忧，行行独愁。遭我车而北上，竭吾道而东游。……于时丙丁守位，恢台肇节，朱云四腾，瑶草半歇。景虫虫而炽旱，风翳翳以歊热。……朝发乎荆衡，夕止乎扬越，晷刻千里之外，一何去留之倏忽！”荆衡，《书·禹贡》：“荆及衡阳惟荆州。”注：“北据荆山，南及衡山之阳。”扬越，指古扬州一带。寻绎文意，作者是时盖自某地“遭我车而北上”，过衡阳，复乘舟循湘水北行，抵大江，再沿江东下，至扬州。唐桂州治所在今广西桂林，自桂州至扬州，正需经过衡阳，所以作者此行的首途之地，应当就是桂州。由此亦可证，作者曾任过桂州参军（唐桂州置下都督府，官属有参军事三人，从八品下）。又，“摄提岁”谓寅年，此处当指开元二十六年（戊寅）；另赋写夏景（参见“于时丙丁守位”六句），可见开元二十六年夏，颖士正在桂州参军任上。至于他始为桂州参军之时间，则难以确考，姑定在本年。

开元二十六年戊寅（738），三十二岁。是夏，应调函洛，遂自桂州北上过衡阳至扬州。七月，滞留扬州。八月，自扬州北行赴洛阳、长安。九月九日，途过鲁山，作《重阳日陪元鲁山德秀登北城瞩对新霁因以赠别》诗。十月，在长安，曾谒见韦述。寻丁父艰去官。

本年夏颖士“应调函洛”自桂州至扬州事，已见于二十四年所考。所谓“函洛”，函即函谷（实指长安），洛谓洛阳。

颖士《为扬州李长史贺立皇太子表》云：“臣某言：伏奉制书，皇太子以今月嘉辰，肃膺典册……臣忝贰藩条，局守官次，不获预陪大礼，称庆阙庭。”《旧唐书·玄宗纪》：“（开元）二十六年……六月庚子，立忠王玙为皇太子。秋七月己巳，册皇太子，大赦天下。”“皇太子以今月嘉辰，肃膺典册”，即指“秋七月己巳，册皇太子”事，据此，知《表》当作于二十六年七月。颖士又有《为扬州李长史作千秋节进毛龟表》，千秋节即八月五日，《旧唐书·玄宗纪》载：开元十七年“八月癸亥，上以降诞日，宴百僚于花萼楼下。百僚表请以每年八月五日为千秋节……

从之”。此表理当在八月五日玄宗生日前进呈，则其写作时间亦应在七月。据以上二文，可知本年七月颖士滞留扬州，曾代扬州大都督府长史李某（《唐刺史考》卷一二三谓此人名知柔）作二表。颖士离扬州北赴函洛的时间，大致当在本年八月。颖士《重阳日陪元鲁山德秀登北城瞩对新霁因以赠别》云：“山县绕古堞，悠悠快登望。……中欢怆有违，行子念明发。仅能泯宠辱，未免伤别离。江湖不可忘，风雨劳相思。明时当盛才，短伎安所设？何日谢百里，从君汉之澨。”诗题下作者自注：“时元兄屡有挂冠之意。”元鲁山德秀即鲁山令元德秀。关于德秀任鲁山令的时间，李华《元鲁山墓碣铭》云：“以才行第一，进士登科。丁艰……食无盐酪、居无爪剪者三年。……参调求仕，铨试超等，补南和尉，黜陟使以至行上闻，授左龙武军录事。……以甥侄婚仕为念，授署鲁山令。”（《全唐文》卷三二〇）《旧唐书·元德秀传》：“开元二十一年登进士第。……以兄子婚娶，家贫无以为礼，求为鲁山令。……秩满，南游陆浑，见佳山水，杳然有长往之志，乃结庐山阿。”《通鉴》开元二十三年正月：“上御五凤楼酺宴……时命三百里内刺史、县令各帅所部音乐集于楼下，各较胜负。鲁山令元德秀惟遣乐工数人，连袂歌《于蒍》。”按，德秀于开元二十一年春擢第，随即守丧三年（古三年之丧，究其实不过两周年[①]），则他始任南和尉的时间，不可能早于开元二十三年春。德秀官南和尉后，又曾任左龙武军录事，方转而为鲁山令，所以他始任鲁山令的时间，不大可能早于开元二十三年冬，《通鉴》的记载未确。又《通典》卷一五云：“凡居官，以年为考，六品以下，四考为满。”鲁山令为六品以下官，以四考为满（即四年秩满），所以德秀为鲁山令秩满去职的时间，不会早于开元二十七年冬。细玩萧此诗之意，不难看出是时颖士正居官，不过途过鲁山，作短暂停留，又本年八月颖士自扬州北行赴洛阳，九月九日正可抵鲁山（在洛阳东南，今河南鲁山），而且颖士“尝兄事元德秀”（《新唐书·萧颖士传》），他趁赴洛之机，顺便到鲁山看望德秀，也是极合乎情理之事。另外，寻绎萧诗题下自注之意，似乎当时德秀为鲁山令已有多时。所以，断萧此诗作于本年九月九日，似无

① 说详拙作《王维年谱》，载《文史》第十六辑。

大误。既知本年重阳日颖士在鲁山，则他自鲁山至洛以及自洛至长安的时间，也就可以大致推知了。在长安，颖士曾谒见吏部郎中韦述。《赠韦司业书》云："顷数岁前，足下新除吏部郎中，时曾与都省之间昧然一谒，足下亦颇垂顾接，而今得无忘耶?"《旧唐书·韦述传》："（开元）十八年，兼知史官事，转屯田员外郎、职方吏部二郎中，学士、知史官事如故。……二十七年，转国子司业。"又《郎官石柱题名》吏部郎中下有韦述名，在孙逖、李昂后（参见岑仲勉《金石论丛·郎官石柱题名新著录》）。孙逖官吏部郎中事，两《唐书》本传俱失载。《旧唐书·孙逖传》："（开元）二十一年，入为考功员外郎、集贤修撰。逖选贡士二年，多得俊才。……二十四年，拜逖中书舍人。……丁父丧免，二十九年服阕，复为中书舍人。"逖曾以考功员外郎知开元二十二、二十三年贡举（见《唐语林》卷八），开元二十四年知贡举者则为李昂。《新唐书·选举志》："（开元）二十四年，考功员外郎李昂为举人诋诃，帝以员外郎望轻，遂移贡举于礼部，以侍郎主之。"唐进士试例于每年正月举行，而各种准备工作，则当始于上一年冬，李昂既知二十四年贡举，则他继孙逖为考功员外郎之时间，自不得晚于二十三年冬。这也就是说，孙逖为吏部郎中的时间，当在他二十三冬离考功员外郎任之后、二十四年官中书舍人之前（中书舍人正五品上，吏部郎中从五品上，依唐代官吏迁除常例，官吏部郎中应在官中书舍人之前）。《旧唐书·苗晋卿传》："（开元）二十四年，与吏部郎中孙逖并拜中书舍人。"可证。又李昂官考功员外郎后，即升任吏部郎中。《芒洛遗文》中《大唐故吉州刺史陇西李府君墓志铭》云："府君讳炅，字守贤，陇西成纪人。……与季弟考功员外、吏部郎中昂幼差肩学诗，寻比延入仕，考功以文词著称。"（转引自岑仲勉《郎官石柱题名新考订》第18页）昂官吏部郎中在孙逖后，其时间应为开元二十四五年。韦述为吏部郎中在李昂后，当在开元二十六年。又《赠韦司业书》作于开元二十九年（说见后），《书》云"顷数岁前，足下新除吏部郎中"，由此亦可证断述官吏部郎中在二十六年，似无大误。

李华《序》云"为扬（桂）州参军也，丁家艰去官"，可见颖士自桂州参军应调入京后不久，却因父丧去官（颖士丧母在天宝八载，说见后）。

开元二十七年己卯（739），三十三岁。居父丧，在颍川，间至洛阳。

颖士丁父艰去官后居于何地？据“仆家业山东，非举选时，不至三辅”等语看来，他大抵当居于故乡颍川。

《赠韦司业书》：“顷在洛中，闻足下初出南宫，仆惕然不乐，寻知足下载司东观，又翻然以喜。”“初出南宫”谓述离吏部郎中任（唐人通呼尚书省为南宫，吏部郎中为尚书省属官，故云）。“载司东观”指述转国子司业。国子司业为唐国子监（掌教授生徒）副长官（正长官曰祭酒）。东观乃后汉宫中著述及藏书之处，也是诸儒讲习之所，南朝宋尝置学官名“东观祭酒”。韦述自吏部郎中转国子司业在开元二十七年，由此可证颖士本年又尝至洛阳。

开元二十八年庚辰（740），三十四岁。仍居颍川守丧。是冬，服除。

颖士守父丧至是冬已满两周年，当除服。

开元二十九年辛巳（741），三十五岁。正月，至长安谋职。三月，有司选授某外官。其间，国子司业韦述尝屡次下访颖士。五月，仍未之任，淹留长安，作《赠韦司业书》及《仰答韦司业垂访五首》，述亦遗之以《答萧十书》。后得韦述荐引，改除秘书正字。

《赠韦司业书》当作于本年，根据有三：（一）《书》称述为“韦司业”，据《旧唐书·韦述传》载，本年述正官国子司业：“（开元）二十七年，转国子司业。……天宝初，历左右庶子。”（二）《书》云：“近日见苗侍郎，乃云……。”苗侍郎即苗晋卿。《旧唐书·苗晋卿传》：“（开元）二十七年，以本官（中书舍人）权知吏部选事。……二十九年，拜吏部侍郎。……天宝二年春……贬为安康郡太守。”（三）《书》云：“仆……射策甲科，见称朝右。……何言日损一日，年贬一年，蹉跎半纪，乃殊方一下吏耳（颖士丁父艰去官前任桂州参军）！”古以十二年为一纪，颖士开元二十三年登第，至二十九年恰为半纪。

《书》云：“以正月二十五日至自东京，参后迨兹，遽承足下屡垂访引。……仆平生属文，格不近俗……又况区区咫尺之判，曷足牵丈夫壮志哉！而时议喧喧，辄复见数。亦尝标奖恩于铨庭，振尘声于辇下。……近日见苗侍郎，乃云以子文章，非文章才所及，异时大用，不系于此得，会当再发，方成一举。嗟夫，以文体为言则尔，而一身自卜，且又不然。何者?仆向时之试，非不工也，苗公之言，非不知也，以得便之试，逢见知之言，词殚理极，卒孤始望，自兹以外，更安可料哉！……尝愿得秘书省一官，登蓬莱，阅典籍，冀三四年内，绝笔之秋，使孟浪之谈，一朝见信。……校理是司，于今绝望，刊削之志事，即都损矣！圣朝官人，宜求称职，使道皆适务，时无弃能，何须铨衡枉分如此！仆以三月二十六日拜谢阙庭，迩来凡四十余日，正以足下之故，未便东行，久不能断夫人与不见于胸中，由此致淹泊耳。……自今月五日始作书，首末千余言，经半旬乃就。……杂诗五首，谨以奉投，聊用代情，不近文律耳。”据上述文字，不难推知：（一）本年正月，颖士至洛阳，复由洛阳入长安。抵京后，曾参加吏部铨选。唐制，六品以下文官的铨选，由吏部负责，吏部侍郎主之。选事一般始于正月，至三月毕。吏部对赴选者，先试以书、判，合格者方可授官。颖士盖尝受铨试于吏部，且判入优等，故云“时议喧喧，辄复见数。亦尝标奖思于铨庭，振尘声于辇下”、“仆向时之试，非不工也”。（二）颖士受试后，自求为秘书省校书郎或正字（唐秘书省置校书郎十人，正九品上，正字四人，正九品下。“掌雠校典籍，刊正文章”），以期获得阅读省中图籍之便，实现自己修史的夙愿，但吏部司选事者拒绝授给此职，故谓“卒孤始望”、“校理是司，于今绝望”。（三）在参加吏部铨选的过程中，韦述曾屡次下访颖士。《旧唐书·韦述传》云：“述早以儒术进，当代宗仰，而纯厚长者，淡于势利，道之同者，无间贵贱，皆礼接之。”由述的礼遇颖士，也可看出他的上述品格。（四）本年三月，选事将毕，吏部授颖士某官（据“未便东行”之语，可知当系外官），同月二十六日，颖士“拜谢阙庭”（《新唐书·选举志》：“凡官已受成，皆廷谢。”），然未立时东行之任，而淹留长安凡四十余日。五月五日至十日，作《赠韦司业书》及杂诗五首（即《仰答韦司业垂访五首》，见《全唐诗》卷一五四），将己“一世浮沉之端，一身能否之效，从始至末，仰诉知音”，又述己“思欲依鲁史编年，著历代通典”的志向，并流露了希冀韦述荐引之意。如《仰答韦司业垂访五首》其四云：“临难俟解纷，独知祁大夫。举仇且不弃，何必论亲疏。夫子觉者也，其能遗我乎?”颖士淹留长安未行的原因，就在于仍希望得到荐引，觅得秘书省一官。

述得《赠韦司业书》后，尝作《答萧十书》（萧十即颖士，见《唐人行第录》）遗颖士。《书》云：“述白：忽枉书问，词高理博，寻玩反覆，罔知厌倦。……谨当扫陋巷之庭宇，望君子之轩车，博约之道，以俟会面。”（《全唐文》卷三〇二）估计颖士后来又曾会见韦述。

据李华《序》，颖士曾官秘书正字，其时间在任桂州参军后。天宝元年颖士正任秘书正字，这已有确凿的材料可以证明（说见下年考证）；但也有可能由于得到韦述的荐引，颖士在本年即被补为正字。

又，颖士本年曾作《为陈正卿进〈续尚书〉表》。《表》中称玄宗为“开元圣文神武皇帝”，据《旧唐书·玄宗纪》载，开元二十七年二月，玄宗加尊号为“开元圣文神武皇帝”，天宝元年二月，又加尊号为“开元天宝圣文神武皇帝”，由此即可推知，《表》当作于开元二十七年二月之后、天宝元年二月以前。又《新唐书·艺文志》云：“陈正卿《续尚书》……开元末上之，卷亡。”按，陈晋字正卿，乃颖士好友（见《三贤论》），据《表》中“臣林莽介贱”、“耕牧余暇，辄复著书”、“陛下必谓臣所著小有可观，赐以召见阙庭，一垂试问”等语，可知是时晋尚未释褐，唐有上书拜官之例，类如制举，晋上所著《续尚书》，盖意在求官也。本年颖士在京师，代晋作进书表当即在此时。

又，本年在长安，又尝作《为从叔鸿胪少卿论旱请掩骼埋胔表》（据表中所用尊号“开元圣文神武皇帝”可知）。

天宝元年壬午（742），三十六岁。在长安，官秘书正字。八月，奉使搜求遗书于赵，卫间。不久，为有司劾免，留客濮阳。

《新唐书·萧颖士传》云：“天宝初，颖士补秘书正字。于时裴耀卿、席豫、张均、宋遥、韦述皆先进，器其材，与钧礼，由是名播天下。奉使括遗书赵、卫间，淹久不报，为有司劾免，留客濮阳。于是尹徵、王恒、卢异、卢士式、贾邕、赵匡、阎士和、柳并等皆执弟子礼，以次授业，号萧夫子。”颖士《登临河城赋》序曰：“既而射策桂林，校书芸阁……天宝元年秋八月，奉使求遗书于人间。越来月，届于临河之旧邑。”“校书芸阁”即指为秘书正字，颖士始为正字的时间，不得晚于本年。又，“赵”

当指今河北西南部一带，战国时属赵地；“卫”即今河南淇县、滑县、濮阳一带，春秋时为卫地。临河，唐隶相州，濮阳（今河南濮阳），唐隶濮州，春秋时俱为卫地。关于颖士被劾免的原因，李华《序》云：“亲故请君著书，未终篇，御史中丞以君为慢官离局，奏谪罢职。”与《新唐书》的说法不同。或许这两方面的原因都存在（两者不矛盾）。依照《新唐书》的说法，颖士奉使在外期间，即被有司劾免，他未再返京，而就近“留客濮阳”。这样看来，颖士被劾免的时间，离其初奉使时当不会过远，估计就在本年底或下年初。

关于颖士官正字时“器其材，与钧礼”的诸位“先进”，席豫、韦述前已述及，其余三人略考于下：

裴耀卿，开元二十一年十二月，与张九龄同时拜相，二十二年五月，耀卿为侍中，九龄为中书令，二十四年十一月，耀卿罢为尚书左丞相（左仆射），九龄罢为尚书右丞相（右仆射）。天宝元年八月，转右仆射，二年七月卒于官，年六十三。事见两《唐书》本传、《全唐文》卷四七九许孟容《右仆射裴公神道碑》。

张均，张说长子，开元二十二年为兵部侍郎，二十六年贬饶州刺史，开元末征为太子左庶子，天宝元年迁户部侍郎，二、三年转为兵部侍郎。两《唐书》有传。

宋遥，两《唐书》无传。开元十八或十九年为户部侍郎，二十二年二月十九日以前为礼部侍郎兼魏州刺史，是日充河北采访使，天宝元年为吏部侍郎，二年正月贬武当太守，不久入为户部侍郎、尚书左丞，六年卒。参见岑仲勉《元和姓纂四校记》卷八、严耕望《唐仆尚丞郎表》。按，上述诸人（包括席、韦）天宝元年俱在京师（席时为左丞，见《旧唐书》本传），可见《新唐书》的记载不误。

天宝二年癸未（743），三十七岁。客居濮阳教授。

《新唐书》谓此时从颖士学者，有尹徵、王恒、卢异、卢士式、贾邕、赵匡、阎士和、柳并等。按，尹徵，天宝十三载登第，说详后。卢异，颖士《江有归舟三章》序：“且后进而余师者，自贾邕、卢冀之后，比岁举进士登科，名与实皆相望腾迁，凡数子。”异、冀形音俱近，疑有一误。贾邕，天宝九载登第，见《唐诗纪事》卷二七。赵匡，《新唐书·啖助传》云：“助门人赵匡、陆质，其高第也。……匡者，字伯循，河东人，历洋州刺史，质所称为赵夫子者。大历时，助、匡、质以《春秋》，施士匄以《诗》……皆自名其学。”又《陆质传》云：“陆质……师事赵匡，匡师啖助，质尽传二家学。”阎士和，《新唐书·文艺传中》：“士和字伯均，著《兰陵先生诔》、《萧夫子集论》。”柳并，《文艺传中》云：“柳并者，字伯存。……初，并与刘太真、尹徵、阎士和受业于颖士，而并好黄、老。颖士常曰：‘太真，吾入室者也，斯文不坠，寄是子云。徵博闻强识，士和钩深致远，吾弗逮已。并不受命而尚黄、老，予亦何诛？’”《江有归舟三章》序曰：“彼吴之丘，曾是昔游……南条北固，朱方旧里，昔与太真初会于兹，余之门人有柳并者，前是一岁，亦尝觏兹地，其请业也，必始乎此焉。并也有尹之敏，刘之工，其少且疾，故莫之逮。”北固、朱方，俱在唐润州丹徒县（今江苏镇江）。《元和郡县图志》卷二五：“丹徒县，本朱方地，后名谷阳，《春秋》鲁襄二十八年齐庆封奔吴，吴与之朱方，聚族而居之，富于其旧。……北固山，在县北一里。”考颖士天宝八载为广陵（今扬州）大都督府参军事，九、十载“流播吴、越”（说见下），曾至润州一带，则柳并从颖士受业，当非在颖士客居濮阳期间，《新唐书》的记载未确。

天宝四载乙酉（745），三十九岁。仍居濮阳。

邬载《送萧颖士赴东府得君字》：“一辞芸香吏，几岁沧江濆。”芸香吏，谓秘书省官，此指秘书正字。秘书省为国家藏书机构，芸香（草本植物）之花叶有强烈气味，置书页内可以避蠹，故称秘书省官为芸香吏。颖士罢正字后，客居濮阳，其地近黄河，故云“沧江濆”。由此二句，可知颖士客居濮阳约有数岁。

天宝五载丙戌（746），四十岁，在濮阳。本年或上年秋，尝至北海，代北海太守李邕作进芝草表。

《为李北海作进芝草表》云：“臣本郡道学讲堂中梁，有芝英产见六茎……当九月而生，聿符阳数；挺六茎之表，遥叶乐章。”李北海即北海太守李邕。《旧唐书·李邕传》："天宝初，为汲郡、北海二太守。"按，李邕为汲郡太守前官滑州刺史（见两《唐书》本传），天宝元年尚在滑州刺史任上（详见《唐刺史考》卷五七），则其为汲郡太守，约在天宝二、三载，迁北海太守，当在四载左右，六载正月，李林甫遣使至北海（即青州，治所在今山东益都）杖杀李邕（见《旧唐书·玄宗纪》）。《表》云"当九月而生"，故应作于本年或上年秋，颖士至北海，亦即在此时。

天宝六载丁亥（747），四十一岁。召为集贤校理，约在是年。

《新唐书》本传："留客濮阳……召为集贤校理。宰相李林甫欲见之，颖士方父丧，不诣。林甫尝至故人舍邀颖士，颖士前往，哭门内以待，林甫不得已，前吊乃去。怒其不下己，调广陵参军事，颖士急中不能堪，作《伐樱桃树赋》……以讥林甫云。"《伐樱桃树赋》序云："天宝八载，予以前校理罢免，降资参广陵大府军事。"按，唐集贤殿书院有校理官，掌校理经籍，颖士始为校理的时间，当在天宝八载前，今姑系于六载。关于李林甫欲见颖士事，《旧唐书·萧颖士传》云："李林甫采其名，欲拔用之，乃召见。时颖士寓居广陵，母丧，即缞麻而诣京师，径谒林甫于政事省。林甫素不识，遽见缞麻，大恶之，即令斥去。颖士大忿，乃为《伐樱桃树赋》以刺林甫云……"《因话录》卷三云："或传功曹为李林甫所召，时在禫制中，谒见，林甫薄之，不复用，萧遂作《伐樱桃树赋》以刺。此盖不与者所诬也。功曹孝爱著于士林，李吏部华称其冒难葬亲，岂有越礼之事？此事且下萧公数等者不为。余尝闻外族长老说，林甫闻功曹名，欲见之，知在艰棘。后闻禫制已毕，令功曹所厚之人导意，请于萧君所居侧僧舍一见，遂许之。林甫出中书至寺，自以宰辅之尊，意谓功曹便于下马处趋见，功曹乃于门内哭以待之，林甫不得已前吊，由此怒其恃才敢与宰相敌礼，竟不问，后余见今丞相崔公铉，说正同。崔公外祖母柳夫人，亦余族姨，即李北海之外孙也。柳夫人聪明强记，且得于其外族，可为实录。"按，称林甫欲见颖士，事或有之；谓林甫怒颖士"不下己"、"恃才敢与宰相敌礼"，正同颖士"平生峻节，未尝屈下"的品性相合，至于说《伐樱桃树赋》有讥刺林甫之意，也完全可能。但是，上述记载也有许多可疑之处。（一）《新唐书》称林甫欲见颖士时，“颖士方父丧”，就不可信。首先，《唐会要》卷三八云：“长安三年（703）正月二十六日勅；三年之丧，自非从军更籍者，不得辄奏请起复。”可见官员在三年守丧期内必须去职，就是说，如果是时“颖士方父丧”，那么他就既不当“为集贤校理”，也不得“调广陵参军事”。其次，据李华《序》，颖士父丧在任桂州参军时，不在为校理时。（二）《旧唐书》谓是时颖士正值母丧，也有问题。第一，这同样与官员在守丧期内必须去职的规定不合。《因话录》说颖士“孝爱著于士林……岂有越礼之事”，不无道理。第二，《旧唐书》谓《伐樱桃树赋》乃颖士应召入京后所作，这与《赋》序的记述（见下）不合。（三）关于林甫欲见颖士的时间，诸书的说法各异。《新唐书》称在天宝八载“调广陵参军事”前，《旧唐书》谓在“调广陵参军事”后，《因话录》则仅曰时“禫制已毕”，未明言在何年，但据“功曹乃于门内哭以待之，林甫不得已前吊”等语，可推知颖士是时初除服，然颖士父丧初除服后至京，得与林甫相见，在开元二十九年正月，母丧初除服后至京，则在天宝十载九月（说见后）。看来，《因话录》的记载也是得自传闻，所以有点含糊其辞。（四）依照《因话录》的说法，林甫见颖士一事，既与《伐樱桃树赋》的写作无关，也与颖士的被谪外放无关（开元二十九年正月及天宝十载九月颖士入京后未曾被谪为外官），这恐怕不大合乎情理。所以，赵璘虽自诩其记载为“实录”，却不见得完全可信。

下面，试参照诸书记载，对林甫见颖士一事，作如下修正：“召为集贤校理。宰相李林甫闻颖士名，欲见之，令颖士所厚之人导意，请于萧君所居侧僧舍一见，遂许之。林甫出中书至寺，自以宰辅之尊，意谓颖士便于下马处趋见，颖士乃于门内待之，林甫怒其恃才敢与宰相敌礼，调广陵参军事。颖士大忿，作《伐樱桃树赋》以刺林甫。”窃以为作如是修正，似更接近事实。

天宝七载戊子（748），四十二岁。在长安，为集贤校理。

天宝八载己丑（749），四十三岁。春夏间，出为广陵大都督府参军事。

作《伐樱桃树赋》，讥刺李林甫。夏秋之际，因母丧去职，流播吴、越。

《伐樱桃树赋》序曰："天宝八载，予以前校理罢免，降资参广陵大府军事，任在限外，无官舍是处，寓居于紫极宫之道学馆，因领其教职焉。庙庭之右，有大樱桃树，厥高累数寻，条畅荟蔚，攒柯比叶，拥蔽风景……余实恶之，惧寇盜窥窬，因是为资，遂命伐焉。聊托兴兹赋，以儆夫在位者尔。"按，唐于广陵郡（即扬州，天宝元年改名）置大都督府。据此序，可知颖士出为广陵大都督府参军事在本年，《伐樱桃树赋》即颖士在广陵任职期间所作。

《伐樱桃树赋》云："观其体异修直，材非栋干……猗具美而在兹，尔何德而居焉？擢无用之琐质，蒙本枝而自庇。汨群林而非据，专庙庭之右地。虽先寝而式荐，岂和羹之正味！"以"体异修直，材非栋干"却植于紫极宫前的樱桃树比拟无才德而在相位的李林甫，两《唐书》说它有刺讥李林甫之意，看来不误。《赋》又云："譬诸人事也，则……琳峻擅而吴削，伦冏专而晋坠。其大者虎迁赵嗣，鸾窃齐位。由履霜而莫戒，聿坚冰而洊至。呜呼，乃终古覆车之轨辙，岂寻常散木之足议！"还指明大臣擅权的危害，向统治者发出警告。所以此赋的写作，并非只是为了发泄私愤。

《新唐书·萧颖士传》："调广陵参军事……会母丧免，流播吴、越。"据颖士母丧服除的时间（见下），可推知其母丧的时间应在本年夏秋之际，至于其调广陵参军事之时间，则当在母丧前，即本年春夏间。

天宝九裁庚寅（750），四十四岁。在吴、越。

根据颖士的诗文，他因母丧去职后所至之地，有润州（见前）、震泽（今江苏太湖，见《江有枫一篇十章》）、山阴（今浙江绍兴，见《白鹇赋》序）、东阳（今浙江东阳，同前）、剡中（今浙江嵊县，见《庭莎赋》序）等。

天宝十载辛卯（751），四十五岁。在越中。夏秋之际，母丧服除。八月，奉召入京。九月，至长安，待制史馆。

《新唐书·萧颖士传》："史官韦述荐颖士自代，召诣史馆待制，颖士乘传诣京师。而林甫方威福自擅，颖士遂不屈，愈见疾，俄免官，往来鄠、杜间。林甫死，更调河南府参军事。”按，颖士《白鹇赋》序云：“天宝辛卯岁，予飘泊江介，流宕逾时，秋八月，自山阴前次东阳，方议夫南登西泛，极闻见之义……会有命自天，召赴京阙，适与兹鸟偕至于会稽之传舍。”又《庭莎赋》序曰：“天宝十载，予以史臣推择，待诏阙下，僻直多忤，连岁不偶，未选叙，求参河南府军事，府尹裴公以予浮名，枉顾遇焉。……往岁久游剡中，将遂终焉，朝旨迫召，故不获展，著《白鹇赋》以寄斯意。”可见本年八月之前，颖士在越，八月，应召自越至京。由颖士的被召赴京，可推知是时他服丧已期满。所以，颖士母丧服除的时间，大致当在本年夏秋之际。颖士自称他的被“召赴京阙”，是由于得到了“史臣”的推荐。所谓“史臣”，即《新唐书》所说的“史官韦述”。李华《三贤论》：“工部侍郎韦述修国史，推萧同事。”韦述自天宝九载至天宝十五载陷贼前，官工部侍郎，兼知史事（参见《旧唐书·韦述传》、《唐仆尚丞郎表》卷二二）。据《庭莎赋》序，颖士至京后，一直未叙官，待制史馆，《新唐书》所谓“俄免官，往来鄠、杜间”，未确。刘太真《送萧颖士赴东府序》云：“退然贫居，述作万卷，去其浮辞，存乎正言。昔左氏失于烦，穀梁失于短，公羊失于俗，而夫子为其折衷。王公交辟，拒而不应，从官三年，始参谋于洛京。”此文作于天宝十二载春（说见下）。由此文，亦可证颖士至京后，一直致力于修史，既未叙官，亦无所谓“免官”之事。

天宝十二载癸巳（753），四十七岁。春，在长安，日本国遣唐大使藤原清河等上表玄宗，自言其国人愿得颖士为师，颖士辞以疾而不之从。三月，调河南府参军事。离京赴任之日，弟子刘太真等十二人赋诗赠行，颖士亦作《留别二三子得韵字》诗答之。

刘太真《序》：“顷东倭之人，逾海来宾，举其国俗，愿师于夫子，非敢私请，表闻于天子，夫子辞以疾而不之从也。”姚发《送萧颖士赴东府得草字》：“中夏授参谋，东夷愿闻道。行轩玩春日，饯席藉芳草。”《旧唐书·萧颖士传》：“是时外夷亦知颖士之名，新罗使入朝，言国人愿得萧夫子为师，其名动华夷如此。”《新唐书·萧颖士传》：“倭国遣使入朝，自陈国人愿得萧夫子为师者，中书舍人张渐等谏不可而止。”按，刘《序》曰“东倭”，《新唐书》曰“倭国”，则《旧唐书》作“新罗”当误。又，刘《序》及姚诗皆作于本年三月（见下），因此倭国使者自请愿得颖士为师一事，应发生于本年春。据近人及日本学者考证，天宝十一载岁暮，日本国遣唐大使藤原清河一行抵长安，十二载元旦，玄宗亲自接见，同年秋末，清河等离京返国。所以，所谓“东倭之人”、倭国使者，当即指藤原清河等人。

颖士官河南府参军事（唐京兆、河南等府，各置参军事六人，正八品下）一事，上文所引《庭莎赋》序、李华《序》、刘太真《序》及《新唐书》本传都曾谈及，但关于其任职的具体时间，以上记载多未明言，唯《新唐书》云“林甫死，更调河南府参军事”，考林甫死于天宝十一载十一月（见《旧唐书·玄宗纪》），则颖士调河南参军，应在十一载十二月或十二载春。又，俞纪东《萧颖士事迹考》据刘太真《序》“从官三年，始参谋于洛京”之语，断颖士调河南参军在天宝十三载春。按，所谓“从官三年”，系指颖士待制史官前后历经三个年头（天宝十载、十一载、十二载），犹如所谓“三年之丧”，实际上并没有三年一样。所以，据刘《序》之语，不能证明颖士调河南参军在天宝十三载。颖士除河南参军应在本年，兹以如下二事明之：（一）颖士逸文《唐故沂州承县令贾君墓志铭并序》云：“君讳钦惠……以天宝十二载岁次戍（癸）巳十月戊辰朔十七日甲申，启殡□平乐里，葬于河南县梓泽乡邙山之北原。”志文题下署“登仕郎守河南府参军萧颖士撰”，另占一行（见岑仲勉《续贞石证史》“萧李遗文拾”条）。由此文可知，本年十月颖士已官河南参军。（二）太真《送萧颖士赴东府序》：“从官三年，始参谋于洛京，家兄与先鸣者六、七人，奉壶开筵，执弟子之礼于路左。太真以文求进，以无闻见举，而不吝为夫子羞。春云轻阴，草色新碧，皎皎匹马，出于青门，吾徒喟然，瞻望不及。赋诗仰饯者，自相里造、贾邕以下，凡十二人，皆及门之选也。”东府，指河南府（治所在洛阳）。据此序，知颖士除河南参军离京赴任之时，其门下弟子赋诗相送者凡十二人。诸人所赋，除相里造及刘太真诗已佚外，其余十人（贾邕、刘舟、长孙铸、房白、元晟、刘太冲、姚发、郑愕、殷少野、郇载）之作，俱载于《全唐诗》卷二〇九。又，“家兄”谓刘太冲，他于天宝十二载登第（见《唐诗纪事》卷二七）。“先鸣者六、七人”，指十二人中，除太冲外，已登第者尚有六、七人。据《纪事》卷二七载，贾邕天宝九载登第，刘舟、长孙铸、姚发、郑愕、殷少野五人俱十二载登第，这与“六、七人”之数正合。此外，房白、郛载二人，《纪事》四部丛刊影印本作十三载登第，汲古阁本则作十二载。另据刘《序》“以无闻见举，而不吝（疑当作‘佞’）为夫子羞”之句，可推知太真是时尚未登第。颖士《留别二三子得韵字》云：“二纪尚雌伏，徒然忝先进。英英尔众贤，名实郁双振。残春惜将别，清洛行不近。相与爱后时，无令孤逸韵。”《纪事》卷二七谓此诗乃颖士离京赴河南参军任时与其弟子道别之作。据“残春惜将别”句，知此诗当作于三月。若此诗及刘《序》作于天宝十三载三月，则是时太真已登第（太真十三载登第，说见下），这就与《序》文之意不合，且是时十二人中已登第者至少有九人（十二载以前登第者六人，十三载登第者三人），也与“六、七人”之数不符。所以，此诗及刘《序》，当作于本年三月。颖士调河南参军也即在此时。

李华《三贤论》云：“礼部侍郎杨（岑仲勉谓当作‘阳’）浚掌贡举，问萧（颖士）求人，海内以为德选。”按，杨浚天宝十二载至十五载掌贡举（见《唐摭言》卷一四“主司称意”条），十二载颖士门下弟子登第者多达六人，当是得到颖士大力推荐的结果。

天宝十三载甲午（754），四十八岁。在洛阳，为河南府参军事。夏五月，弟子刘太真、尹徵擢第授官后归江表觐省，途过洛阳，颖士赋《江有归舟三章》诗送之。是冬，托疾辞官，游太室山。十二月，归颍川。

颖士《江有归舟三章》序云：“吾尝谓门弟子有尹徵之学，刘太真之文，首其选焉。今兹春连茹甲乙，淑问休阐、为时之冠。浃旬有诏，俾徵典校秘书，且驰传陇首，领元戎书记之事。四牡骓骓，薄言旋归，声动日下，浃于寰外，而太真元昆，前已甲科，未始间岁，翩其连举。……夏五月，回棹京洛，告归江表。岵兮屺兮，欢既萃矣，兄矣弟矣，荣斯继矣。……上京饯别，庭闱望归，从古已来，未之闻也。余羁宦此都，色斯云举……同是饯者，赋《江有归舟》，以宠乎嘉庆焉尔。”按，太真兄太冲，天宝十二载登第（见前），此云“未始间岁，翩其连举”，则太真登第在十三载矣，玩序文之意，尹徵登第亦在是年。又据序文所述，可知刘、尹于本年登第授官后归江表（长江以南之地）觐省，夏五月，过洛阳，颖士为之饯行，并即席赋《江有归舟》诗。“余羁宦此都”，自谓是时在洛阳为河南参军。“上京”，京都之通称，此处即指东京洛阳。

颖士门人息夫牧《冬夜宴萧十丈因饯殷郭二子西上》序云：“冬十有二月，家君宰邑许下，夫子问津颍上，二贤将驰会府，皆适兹土。夜处狭室，列坐有位，尊卑俨如，或捧觞上寿，或抠衣请益。……顷夫子升堂之后，若卢、贾、刘、尹之徒，半纪间，接武鸣跃，实夫子训之导之斯至也。……夫子以家君政事，百里无事，命门弟子赋诗鸣琴……小子不敏，忝居门人之末，敢不敬书其事。”按，“卢、贾”即《江有归舟三章》序中提到的卢冀、贾邕（见前），“刘、尹”即刘太真、尹徵，“接武鸣跃”，谓其相继登第。考此四人之中，刘、尹登第的时间最晚，在天宝十三载，又序文称“冬十有二月”，所以此诗当作于十三载十二月（此诗不可能作于下年十二月，说详后）。又“许”谓许昌，唐时为许州颍川郡属县。根据这篇序文不难测知，本年十二月，颖士已辞去河南参军之职，返归颍川。

《新唐书》本传云：“林甫死，更调河南府参军事。……安禄山宠恣，颖士阴语柳并曰：‘胡人负宠而骄，乱不久矣。东京其先陷乎！’即托疾游太室山。”按，颖士《江有枫一篇十章》序云：“《江有枫》，思陆、郑二友吴会旧游，且疾谗也。臣宦于尹（指河南尹）府，以直方不偶，见逼谗佞，惟古之贤者，有避色避言之义，矫然去之。二室之间，有槭树焉，与江南枫形胥类，憩于其下，而作是诗，以贻夫二三子焉。”此诗盖颖士辞去河南参军之职后所作。二室，即太室、少室，为嵩山的东、西二峰。由此诗，可证《新唐书》关于颖士辞官后曾游太室山的记载不误。颖士自洛阳归颍川，宜途经嵩山，所以他游太室的时间，应在其返颍川之前。

关于颖士辞官的原因，上引《新唐书》本传的说法与颖士在《江有枫》诗序中的自述不同。又，《庭莎赋》序云：“求参河南府军事，府尹裴公（名迥，见《唐刺史考》卷四九）以予浮名，枉顾遇焉。而尹之外姻，或绾纪纲之局，怙势矜权，求府僚降礼于己，予清慎自守，不能附会，爰逝我陈，嫌怒遂构。又同官多贵游右戚，酒食之会，丝竹之娱，无间旬朔，予人质鄙野，雅不之好，常愿鸥鸟为俦，江海是处。”《江有枫》诗云：“彼何人斯，曾足伤惧。此惧惟何？惧置于罗。彼骄者子，谗言孔多。”又李华《序》云：“为河南参军也，寮属多嫉君才名，上司以吏事责君，君拂衣渡江。”说俱与《新唐书》本传异。按，颖士去官，在安史之乱爆发前约一年，《新唐书》的说法疑是揣测之辞。

天宝十四载乙未（755），四十九岁。是春，至汴州。秋九月，仍在汴州。十一月，安禄山反。是时颖士旅寓卫县，乃南奔滑州、汴州，又西至洛阳，复东南经轘辕山、嵩山，循汝水至郏城、叶县，再西南过南阳、穰县，至岁末，抵襄阳。

颖士《蓬池禊饮序》云：“粤天宝乙未，暮春三月，河南连帅领陈留守李公，以政成务简，方国多暇，率府郡佐吏、二三宾客，帐饮于蓬池，备祓除之礼也。……下客不敏，闻于前载曰：夫德洽礼成，则咏歌系之。梁，故魏也，请皆赋诗志焉。”蓬池，《元和郡县图志》卷七汴州开封县：“逢泽，在县东北十四里。今号蓬池，《左氏》所谓逢泽也。”连帅，多指采访使之类。唐河南道采访使治所在汴州。陈留郡，即汴州，天宝元年改名陈留郡。据此文，可知颖士于本年春自颍川至汴州。又文中作者自称“下客”，说明他当时并未居官。颖士《陪李采访泛舟蓬池宴李文部序》云：“若乃池梁（唐汴州治所乃故战国魏都大梁）虚，城浚（指浚仪，唐汴州以浚仪、开封二县为治所）都，……方域之雄也，牧守之任，循良之选，岂易人哉！今兹春岁聿旱，人咨荒歉，朝廷虑东方之耗斁也，慎简大贤而临莅之，明诏乃下，俾钜鹿（邢州）守李公往焉。……已而襄国（唐邢州治所龙冈，古名襄国）士女，结去思之怨，大君愍然，又命公族之良前文部侍郎东阳继焉（继为钜鹿守）。……秋九月，钜鹿（李文部）舟舆次于是都，明使君客焉。……越三日，宴集于南亭，具水嬉也。”李采访即《蓬池禊饮序》之“河南连帅领陈留守李公”。李文部疑是李暐。暐为宗室，属“大郑王房”（见《新唐书·宗室世系表上》），天宝末曾官文部侍郎（见《唐仆尚丞郎表》卷一〇）。又暐者，光盛貌也，“东阳”或即暐之字。据此文，可知本年九月颖士仍在汴州。

本年十一月甲子（7日），安禄山反。关于安史之乱爆发后颖士的行迹，《登宜城故城赋》述之甚详："变之始也，予旅寓于淇园，初提挈而南奔，崩波滑台，逼进夷门，亡车徒于鼎城，摈图籍于轘辕，背维嵩，遵汝坟，迴环乎郏、叶，飘泊乎穰、宛。嗟岁聿之云暮，结穷阴之涸沍……略南乡之左鄙，凌北津之劲渡。伟夫岘首之为镇也，峻隅百雉，危甍万井……汉之盛也，移南国之冠盖；晋之衰也，为北门之捍屏。"又《新唐书》本传云："已而禄山反，颖士往见河南采访使郭纳，言御守计，纳忽不用，叹曰：'肉食者以儿戏御剧贼，难矣哉！'闻封常清陈兵东京，往观之，不宿而还。因藏家书于箕、颍间，身走山南，节度使源洧辟掌书记。"按，淇园，在唐卫州卫县（今河南淇县）附近。任防《述异记》卷下："卫有淇园，出竹，在淇水之上。"滑台，唐滑州治所白马县即古滑台城（在今河南滑县东旧滑县）。夷门，战国魏都大梁城东门。根据以上记载，可知安史之乱发生时，颖士适寓卫县，寻即南奔滑州、汴州，并往见河南采访使、陈留郡太守郭纳，进御守之计，纳不用，颖士于是自汴州西行赴洛阳。《登宜城故城赋》所谓"鼎城"，即指洛阳。韩休《奉和圣制送张说巡边》："受钺辞金殿，凭轩去鼎城。"（《全唐诗》卷一一〇）张说巡边在开元十年，《旧唐书·玄宗纪》"（开元）十年……闰五月壬申，兵部尚书张说往朔方军巡边。"这一年玄宗居东都洛阳（见两《唐书·玄宗纪》），"去鼎城"即谓离东都赴边。玄宗原赋《送张说巡边》云："鼓吹威夷狄，旌轩溢洛阳。"（《全唐诗》卷三）即可证。《左传》宣公三年："成王定鼎于郏鄏（郏鄏即周之王城）。"洛阳本周之王城，成王定鼎于此，故谓之鼎城（洛阳又有鼎门，取义同）。颖士至洛阳后，即往观封常清所募之兵。《通鉴》天宝十四载十一月："壬申（15日），以常清为范阳、平卢节度使。常清即日乘驿诣东京募兵，旬日，得六万人，乃断河阳桥，为守御之备。"颖士抵达洛阳的时间，估计约在本年十一月末。史载"封常清所募兵皆白徒，未更训练"（《通鉴》卷二一七），颖士观后知其不能御敌，遂"不宿而还"。颖士离洛阳后，即东南至轘辕山、嵩山。《元和郡县图志》卷五河南府缑氏县（今河南偃师南缑氏镇）："轘辕山，在县东南四十六里。"其地近嵩山。又"箕、颍"谓箕山、颍水，其地亦近嵩山。皇甫谧《高士传》卷上："（许）由于是遁而耕于中岳，颍水之阳，箕山之下。"颖士藏其所携图籍于轘辕山后，即经嵩山南行至汝水，沿汝水东南至郏（唐郏城县，汉曰郏县，今河南郏县）、叶（今河南叶县），复由叶县西南至宛（唐南阳县，汉曰宛县，今河南南阳市）、穰（今河南邓县），而后再南行至襄阳（今湖北襄樊市）。岘首，即岘山（岘山又名岘首山），在襄阳东南。颖士抵襄阳的时间，当在本年岁末，故《赋》云“嗟岁聿之云暮”。

当颖士自洛阳南走襄阳之时，安禄山亦引兵大举而南。十二月丁亥（2日），陷灵昌郡（滑州）。辛卯（6日），“陷陈留郡，执太守郭纳”。丁酉（12日），陷东京。寻屯兵于陕郡（今河南陕县）。事见两《唐书·玄宗纪》、《通鉴》。

肃宗至德元载丙申（756），五十岁。正月，在襄阳，山南节度副使源洧辟为掌书记，寻随洧赴江陵。至江陵后，洧卒，颖士往客金陵。九月，永王璘修书请之，颖士遁逃不与相见；应广陵郡大都督府长史、淮南节度使兼御史中丞李成式之召为掌书记。十月，作《为李中丞贺赦表》，《与崔中书圆书》。

《新唐书》本传：“身走山南，节度使源洧辟掌书记。贼别校攻南阳，洧惧，欲退保江陵，颖士说曰：‘官兵守潼关，财用急，必待江、淮转饷乃足，饷道由汉、沔，则襄阳乃今天下喉襟，一日不守，则大事去矣。且列郡数十，人百万，训兵攘寇，社稷之功也。贼方专崤、陕，公何遽轻土地，欲取笑天下乎？’洧乃按甲不出。亦会禄山死，贼解去。洧卒，往客金陵，永王璘召之，不见。”按，源洧始为山南节度副使在上年十二月十六日（见下）“贼别校攻南阳”在本年四、五月[①]，“禄山死”在至德二载正月（见《通鉴》）。若上述记载无误，则自天宝十四载十二月至至德二载正月，洧与颖士当一直居于襄阳。然而实际上上述记载有很多问题，并不可信。《旧唐书·源洧传》：“天宝中，为给事中、郑州刺史，襄州刺史、本道采

① 《通鉴》至德元载：“（正月）甲子……置南阳节度使，以南阳太守鲁炅为之，将岭南、黔中、襄阳子弟五万人屯叶北，以备安禄山。……夏，四月……南阳节度使鲁炅立栅于滍水之南，安禄山将武令珣、毕思琛攻之。五月，丁巳，炅众溃，走保南阳，贼就围之。……戊辰，（李）巨引兵自蓝田出，趣南阳，贼闻之，解围走。”

访使。及安禄山反，既犯东京，乃以洧为江陵郡大都督府长史、本道采访防御使，摄御史中丞，以兵部郎中徐浩为襄州刺史、本州防御守捉使以御之。洧至镇卒。”《旧唐书·徐浩传》：“安禄山反，出为襄阳太守，本郡防御使，赐以金紫之服。肃宗即位（本年七月），召拜中书舍人。”知天宝十四载十二月洧已改除江陵郡长史，不当复居襄阳。《旧唐书·玄宗纪》：“（天宝十四载）十二月……辛丑（16日），诏皇太子统兵东讨。以永王璘为山南节度使，以江陵长史源洧副之；颍王璬为剑南节度使，以蜀郡长史崔圆副之。二王不出阁。”知十四载十二月十二日东京沦陷后洧除江陵长史，十六日又加山南节度副使（时永王不出阁，故洧是实际上的节度使）。洧既能同时任以上二职，说明当时山南节度使的治所也在江陵（今湖北江陵）。洧离襄阳到江陵赴任的时间，估计不会在十四载十二月。因为当时正值安史之乱，襄阳又是战略要地，在新任襄阳太守、本郡防御使徐浩到任之前，源洧是不大可能离开襄阳的，而徐浩除襄阳太守前在长安官兵部郎中，又必须经过一些时日方能到任。《登宜城故城赋》题下作者注云：“丙申岁，避地襄阳，见召掌节度书记，陪幕府源公赴江陵作。”又赋云：“升彼墟兮，遐眺荆江，迩瞩樊沔……野茫茫其靡极，何人户之单尠！怅青春兮始交，又白日兮将晚。……凭寒皋以尽目，究林莽之深浅。”宜城，在今湖北宜城南，是由襄阳赴江陵的必经之地。赋盖即颖士陪源洧自襄阳至江陵途过宜城时所作。据赋中“丙申岁”、“怅青春（春季）兮始交”、“凭寒皋以尽目”等句，可知洧离襄阳到江陵赴任的时间在本年正月。又，洧辟颖士为掌书记（唐节度使僚属有掌书记），当在其离襄阳前，时间也应在本年正月。

《旧唐书·源洧传》谓“洧至镇卒”，《新唐书·萧颖士传》谓“洧卒，往客金陵”，洧卒与颖士往客金陵的时间，疑皆在本年春。

李华《序》云：“辞官避地江左，永王修书请君，君遁逃不与相见。”永王璘修书请颖士在何时？《旧唐书·永王璘传》：“（天宝）十五载（756）六月，玄宗幸蜀，至汉中郡，下诏以璘为山南东路及岭南、黔中，江南西路四道节度采访等使，江陵郡大都督，馀如故。璘七月至襄阳，九月至江陵，召募士将数万人，恣情补署。”按，两《唐书·玄宗纪》、《通鉴》卷二一八俱谓本年七月甲子（12日），玄宗至普安郡（剑州，治所在今四川剑阁），丁卯（15 日），下诏以永王璘为山南东路等四道节度都使、江陵郡大都督，盛王琦为淮南等三路节度都使、广陵郡大都督，颖士《与崔中书圆书》亦云："先奉七月十五日敕，盛王当牧淮海，累遣迎候，尚仍在蜀。"又玄宗此敕乃贾至所拟，题作"玄宗幸普安郡制"（见《全唐文》卷三六六），由此可见，《旧唐书·永王璘传》的上述记载未确，但称璘"九月至江陵"，则大抵可信。璘至江陵后，即广召士将，修书请颖士，或当在是时。

《与崔中书圆书》云："某自中州隔越，流播汉阴，遂至江左，淮南节度使召掌书记。……然任翰墨，罕参筹议，徒怀所见，莫获申述。"颖士为淮南节度使掌书记事，李华《序》、两《唐书》本传俱未言及。"淮南节度使"指李成式。贾至《玄宗幸普安郡制》："盛王琦宜充广陵郡大都督，仍领江南东路及淮南、河南等路节度采访都大使……以广陵郡长史李成式为副都大使兼御史中丞。"按，《通鉴》至德元载七月节录玄宗此制，胡三省于其下注云："诸道各有节度使，以诸王为都使以统之，其不赴镇者，都副大使摄统。"《通鉴》同年同月又谓"时（盛王）琦、（丰王）珙皆不出阁，惟（永王）璘赴镇"；另，淮南节度使治广陵郡，例皆兼任广陵郡大都督府长史（参见《新唐书·方镇表》、《唐方镇年表》卷五）。可见，李成式是时不仅摄统江南东路、淮南、河南三道节度采访都使，而且还兼领淮南节度采访使。《通鉴》至德元载十二月："季广琛袭广陵长史、淮南采访使李成式于广陵。"亦可证。颖士《为李中丞贺赦表》云："臣某言：中书省马崇至自蜀郡，伏奉八月一日制书，大赦天下……臣尝叨近侍，谬佐藩牧，千里景从，不及扈游之观……。"按，《旧唐书·玄宗纪》云："（天宝）十五载……八月癸未朔，御蜀都府衙，宣诏曰：'……今巡抚巴蜀……思与群臣重弘理道，可大赦天下。'""李中丞"即淮南节度使兼御史中丞李成式，《表》盖颖士本年在淮南节度使幕为掌书记时所作。《与崔中书圆书》云："首冬渐寒，伏惟相公尊体动止康裕……今副大使李中丞，华胄茂德，平时良守……然与今时经略，颇不甚称。……谨因贺赦使附状不宣。"按，崔圆于本年六月除中书侍郎、同平章事（见《通鉴》），据此文末句，可知《表》与《书》乃同时所作，又据首句，可知二文皆作于本年十月。又《为李中丞作与虢王书》云："四郎挺雄烈之姿，荷专征之任……必将长驱许下，席卷浚郊，解滑台之围，刷襄邑（今河南睢县）之耻，在是行矣。……天气渐寒，伏惟尊体动止康胜。……所调兵粮，事资军国，唯力是视，曷敢差池?”按，《与崔中书圆书》云：“虢王之镇河南，亦有政刑，而百城馑乏，兵力未振。”虢王即嗣虢王巨，他于本年五月除河南节度使（见《通鉴》），至十二月尚在任,[①] 玩“天气渐寒”之语，此文亦当作于本年十月。据以上三文，可知本年十月，颖士已在淮南节度使幕中任职。至于他始入幕的时间，则难以确考，姑系于本年九月。

颖士在李成式幕中，颇不得志。《与崔中书圆书》云：“忝职幕宾，言不见录，长宵叹息，不觉饮泪。”《新唐书》本传亦云：“贼围雍丘，胁泗上军，（李）承（当作‘成’）式遣兵往救，大宴宾客，陈女乐。颖士曰：‘天子暴露，岂臣下尽欢时邪?夫投兵不测，乃使观听华丽，一旦思归，谁致其死哉?’弗纳。”

至德二载丁酉（757），五十一岁。约是年初或上年末，辞去淮南节度使掌书记之职。去职后仍居广陵。韦某曾荐之于淮西节度使兼御史中丞来瑱，瑱拟除以郡佐，颖士坚辞不受。

颖士《与从弟评事书》云：“吾素志疎野，平时尚不求仕进，况今岂徼荣禄哉！前赴牒追者，盖为三道重权，冀以畴昔厚眷，计议获申，惟荐群才，庶其裨益。今既一言不见预，一士荐不行，方复规求一中下郡佐而利其禄秩，岂在意耶?况马坠所伤，全未平复……更不复力强耳。……来中丞便至责其违阙，乃罪不可料，何负使司，作此相陷。古人有言，冠一免，岂可复加于首?吾志决矣，之死矢靡惧，弟无惑焉。再申意（韦）二十五官，无为咄咄见逼也。”寻绎文意，此篇当作于颖士离开淮南节度使幕府之后。所谓“三道重权”，即指李成式为江南东路、淮南、河南三道节度都使。“前赴牒追者”以下数句，作者说明了自己从前应召入淮南节度使幕府以及后来去职的原因。颖士何时离开淮南幕府?要弄清这一问题，

---

① 《萧颖士事迹考》说：“到至德元载十月，贺兰进明已代嗣虢王巨‘为河南节度使’（《资治通鉴》卷二一九）。”按，《通鉴》，至德元载十二月又云：“河南节度使虢王巨屯彭城，假（张）巡先锋使。”盖时遇战乱，朝命虽下，面进明却未能及时到任替代虢王也。

须先辨明李成式在淮南节度使任的时间。《旧唐书·肃宗纪》："（至德元载）十二月戊子……谏议大夫高适为广陵长史、淮南节度兼采访使。"据此，则成式当于上年十二月离淮南节度使任，入为大理卿。[①] 然而实际上，他于本年二月，尚在广陵。《通鉴》至德二载二月："时李成式与河北招讨判官李铣合兵讨璘……成式使判官裴茂将兵三千，军于瓜步，广张旗帜，列于江津。"推求成式未能于上年十二月离任的原因，不外有二：（一）永王璘于上年十二月擅引兵东巡，此后广陵一带即成为战场，直至本年二月永王璘败死，战事方平息。（二）高适于本年二月方至广陵（参见周勋初《高适年谱》）。唐制，节度使得自辟佐吏，《玄宗幸普安郡制》也说："其（指诸路节度使）署官属及本路郡县官，并各任便自简择。"所以节度使一易人，幕府僚佐也必定随之发生大的人事变动。由此文"一言不见预，一士荐不行"等语看来，颍士离开淮南幕府，恐怕不是出于成式离任的原因，所以他去职的时间，当在本年二月成式离任之前，即上年末或本年初。此文之"来中丞"即来瑱。《旧唐书·来瑱传》："安禄山反，张垍复荐之，起复兼汝南郡太守，未行，改颍川太守。……以功加银青光禄大夫，摄御史中丞、本郡防御使及河南淮南游奕逐要招讨等使。鲁炅败于叶县，退守南阳，乃以瑱为南阳太守兼御史中丞，充山南东道节度防御处置等使以代炅。寻以嗣虢王巨为御史大夫、河南节度使，因奏炅能守南阳，诏各复本位。……诏为淮南西道节度使。收复两京，与鲁炅同制加开府仪同三司，兼御史大夫，封颍国公。"《通鉴》至德元载十二月："置淮南西道节度使，领汝南等五郡，以来瑱为之。"《新唐书·方镇表》至德元载："置淮南西道节度使，领义阳、弋阳、颍川、荥阳、汝南五郡，治颍川郡。"又《旧唐书·肃宗纪》谓瑱封颍国公在本年十二月戊午朔。根据以上记载，可知本年十二月戊午之前，瑱官淮南西道节度使、颍川太守，兼御史中丞。又据颍士此文可知，瑱为中丞时，韦二十五（名未详）曾向他推荐颍士，瑱拟任之以本路一中下郡佐，颍士坚辞不受。

---

① 贾至《授李成武大理卿薛景仙少府监制》："守广陵长史李成式，贞白俭约，履历清贯……可试大理卿。"（《全唐文》卷三六七）

乾元元年戊戌（758），五十二岁。官扬州功曹参军疑在是年。

李华《序》：“永王修书请君，君遁逃不与相见。淮南节度使表君为扬州功曹参军。”《新唐书》本传：“时盛王……留蜀不遣，副大使李承式玩兵不振。颖士与宰相崔圆书，以为……。贼围雍丘……颖士曰……弗纳。崔圆闻之，即授扬州功曹参军。至官，信宿去。”按，据《旧唐书·肃宗纪》及《通鉴》载，至德二载十二月，肃宗命改郡复为州（广陵郡复名扬州），可见颖士官“扬州功曹参军”，当在至德二载十二月之后。据《唐方镇年表》，当时的淮南节度使、扬州长史是邓景山。《新唐书》谓扬州功曹参军乃崔圆所授，实不可信。理由是：（一）颖士作《与崔中书圆书》及劝谏成式，皆至德元载之事，当时扬州曰广陵郡。（二）是时颖士已在成式幕中为掌书记，何必又改授功曹？且官虽改授，而上司却仍是成式（时成式兼任广陵长史），何能解除颖士“言不见录”的苦闷？（三）是时节度使有权自择本路郡县官（见前），无须待崔圆任命。（四）《与崔中书圆书》作于至德元载十月，那时肃宗已即位于灵武（是年七月肃宗即位，八月灵武使者至蜀，玄宗命人奉传国宝玉册诣灵武传位），而崔圆仍在蜀中，安可自行除授官吏？

颖士官扬州功曹的时间极短（“至官，信宿去”）。

乾元二年己亥（759），五十三岁。是年三月之后，相国、诸道租庸使第五琦延请为僚佐，颖士不从。是冬，归葬先人，行至汝南而殁。

李华《序》：“相国、诸道租庸使第五琦请君为介，君以先世寄殡嵩条，因之迁祔终事，至汝南而殁。”按，《旧唐书·第五琦传》云：“迁户部侍郎……领河南等道支度都勾当转运、租庸、盐铁、铸钱……等使。乾元二年，以本官加同中书门下平章事（第五琦加同平章事，在本年三月，见两《唐书·肃宗纪》、《通鉴》）。……乾元二年十月（两《唐书·肃宗纪》、《通鉴》俱作‘十一月’），贬忠州长史。”知第五琦为诸道租庸等使兼相国，在本年三月之后、十一月之前，其延请颖士为僚佐，当即在这一期间。

《旧唐书·韦述传》：“萧颖士……乾元初，终于扬府功曹。”《新唐书》本传：“至官，信宿去。后客死汝南逆旅，年五十二，门人共谥曰文元先生。”按，据李华《序》及《新唐书》本传的上述记载，颖士当既非卒于乾元初（指乾元元年，说见前），也非终于扬府功曹。李华《祭萧颖士文》云：“维乾元三年二月十日，孤子赵郡李华，以清酌之奠，敬祭于亡友故扬州功曹兰陵萧公之灵。……存、实等泣血千里，羁旅相依，闻其一哀，心骨皆断。”按，是时李华“屏居江南”（见《新唐书·李华传》），而颖士殁于汝南（今河南汝南），两地相距较远，颖士之殁，李华不可能立即得到消息；又李华是在见到了颖士的儿子萧存等之后才写作这篇祭文的，所以，他去世的时间，不可能在乾元三年初，而应在乾元二年冬。又《三贤论》云：“萧归葬先人，殁于汝南。”颖士盖自扬州北上，行至汝南，因病发而殁于客舍。

（原载《文史》第 37 辑，1993 年 2 月出版）

李华事迹考

李华与萧颖士俱以文章著名而连称“萧李”（见《唐国史补》卷下），都是韩、柳“古文运动”的前驱者、盛唐文坛的领袖人物，唐李良《荐蒙求表》云：“司封员外郎李华，当代文宗，名望夙著。”（《唐文拾遗》卷一九）梁肃《为常州独孤使君祭李员外文》云：“自五百年，风雅陵夷，假手于兄，郁为宗师。”（《全唐文》卷五二二）李华生前著述甚丰，虽多散佚，今存文也尚有105篇①，较颖士文（今存仅29篇）为多。关于李华的生平事迹，独孤及《检校尚书吏部员外郎赵郡李公中集序》（《全唐文》卷三八八）及两《唐书》都有记述，但其中不少地方过于简略，且相互牴牾。本文试图根据李华的诗文和各种有关的资料，对他一生的行事，作较为详细的考述，以补史传记载之不足。对于史传中的一些相互牴牾之处，也试图辨明。不当之处，敬请读者不吝赐教。

独孤及《赵郡李公中集序》云：“公名华，字遐叔，赵郡人。”《旧唐书》本传同。《新唐书》本传曰：“李华字遐叔，赵州赞皇人。”按，《新唐书》卷七二上《宰相世系表》云：“赵郡李氏，出自秦司徒昙次子玑……三子：云、牧、齐。牧为赵相，封武安君，始居赵郡。”据《表》，华属“赵郡李氏”，故其文中常自称“赵郡李华”或“邯郸遐叔”（赵郡，秦汉时曾一度改名邯郸郡）。《表》又称，赵郡李氏传至晋司农丞楷，徙居常山平棘南；楷“五子：辑、晃、芬、劲、叡。叡子勗，兄弟居巷东；劲子盛，兄弟居巷西。故叡为东祖，芬与弟劲共称西祖，辑与弟晃共称南祖”。《元和郡县图志》卷一七赵州平棘县（今河北赵

① 《全唐文》收载李华文凡103篇，又《唐文拾遗》卷一九、岑仲勉《续贞石证史》“萧李遗文拾”条各录其遗文一篇。

县）："赵郡李氏旧宅，在县西南二十里。即后汉、魏以来山东旧族也，亦谓之'三巷李家'，云东祖居巷之东，南祖居巷之南，西祖居巷之西。"又同卷赵州赞皇县（今河北赞皇）："百陵冈，在县东十里。即赵郡李氏之别业于此冈下也。冈上亦有李氏茔冢甚多。"知赞皇亦赵郡李氏一世居之地。至于华之父、祖是否仍居赞皇，华的出生地是否在赞皇，由于资料缺乏，就不得而知了。

关于李华之先世，李华《送观往吴中序》云："在昔兰陵府君、平棘公、柏人懿公兄弟三人，有重名于天下。钜鹿，兰陵之穆也，故扬州孝公后之，观之世父也；高平，平棘之嫡也，吾后之。"按，据《表》所载，兰陵府君即兰陵太守勰，平棘公即后魏平棘令系，柏人懿公即后魏赵郡太守、柏人懿子曾，三人皆东祖叡之曾孙。又，钜鹿，谓勰子后魏洛州刺史、钜鹿简公灵；高平，谓系子四部尚书、高平宣公顺。而华，即顺八世孙。又据《表》载，华曾祖太冲，雍王友；祖嗣业，同州司功参军；伯父虚己，安邑令；父恕己，典设郎。按，《新唐书》本传云："李华……曾祖太冲，名冠宗族间……太宗时，擢祠部郎中。"盖传载曾任官，而表或叙终官，故有异。又独孤及《序》云："公名华……安邑令府君第三子。"李华《李夫人传》（传主为华之外祖母）云："夫人赵郡李氏……年十三，归于贵乡丞范阳卢公善观。……开元元年终，春秋五十。无子，有女一人……归于安邑令赵郡李公，遗孤检校吏部员外华，不及逮事，感慕罔极，闻于外家，十不存一，哀书大略，敢告史官。"则华之父，乃官安邑令者，《表》的记载有误。

李华之生年，诸书均失载，现已无从确考。李华《三贤论》云："余兄事元鲁山而友刘、萧二功曹。"元鲁山谓鲁山令元德秀，他生于公元695年[①]，萧功曹即扬州功曹参军萧颖士，他生于公元707年（详见拙作《萧颖士系年考证》，即将发表于《文史》第37辑，1993年）。疑李华年龄与萧接近，故兄事德秀而以萧为友。

李华十五岁之后曾入太学读书。《唐诗纪事》卷二一李华《寄赵七侍

---

① 李华《元鲁山墓碣铭》云："维唐天宝十二载（753）九月二十九日，鲁山令河南元公终于陆浑草堂，春秋五十九。"据此可推知元生于695年。

御》："昔日萧邵游（《唐摭言》卷一'两监'条引此诗作'友'），四人才成童。属词慕孔门，入仕希上公。""四人"句下作者自注云："华与赵七侍御骅、故萧十功曹颖士、故邵十六轸，未冠进太学，皆苦贫共弊。同年三人登科，相次典校。邵后三人及第也。"古以十五岁以上为成童（见《礼记·内则》"成童，舞象"郑注），可见李华十五岁之后，曾与萧颖士等一起入太学读书。又，据"四人才成童"之语，也可证李、萧两人的年龄接近。

李华开元二十三年（735）登进士第。独孤及《序》云："开元二十三年举进士，天宝二年举博学宏词，皆为科首。"《旧唐书》本传："李华……开元二十三年进士擢第。"关于华与颖士同在二十三年擢第一事，记述尚多，均无异辞。《旧唐书》本传："华进士时，著《含元殿赋》万余言，颖士见而赏之曰：'《景福》之上，《灵光》之下。'"《新唐书》本传、《唐国史补》卷上、《唐摭言》卷七、《唐语林》卷二也有类似记载，但均未言赋作于"进士时"。按，独孤及《序》云："自监察御史已后所作颂赋诗歌碑表……凡一百四十三篇……编为二十卷，号中集。其中陈王业，则《无疆颂》，主文而谲谏，则《言医》、《含元殿赋》……"知《含元殿赋》乃天宝十一载华官监察御史之后所作，《旧唐书》的记载未确。

李华擢第后授何职，两《唐书》本传均未记载。独孤及《序》："……天宝二年举博学宏词，皆为科首，由南和尉擢秘书省校书郎。"知天宝二年（743）举宏词前，华官南和（唐属邢州，今河北南和县）尉。《通典》卷一五："凡居官，以年为考，六品以下，四考为满。"县尉为六品以下官，以四考为满（即四年秩满）；又元德秀也曾任南和尉，时间在开元二十三年（见拙作《萧颖士系年考证》），所以，自开元二十三年至天宝二年的八年中，李华不大可能一直任南和尉。或他擢第之后，曾待选若干年，而后官南和尉。

李华天宝二年擢秘书省校书郎后，至天宝七载（748）仍任此职。《著作郎厅壁记》云："今大著作清河崔公名杰，天宝三载，自秘书郎拜。……先是命官之记，不列于斋，以华职忝末班，与闻前志，拜命之辱，敢叙官之守云。时天宝七载二月辛亥记。"按，唐秘书省有著作局，置著作郎二人（从五品上），掌判局事；又置校书郎二人（正九品上），华自云"职忝末班”，则是时（天宝七载二月）他当在秘书省著作局为校书郎。

独孤及《序》：“（天宝）八年（749），历伊阙尉。”伊阙在今河南伊川西南，唐时属河南府。天宝九、十载，华仍官伊阙尉。撰有《河南府参军厅壁记》（此文末署“时天宝九载九月十三日记”）、《安阳县令厅壁记》（此文末署“天宝十载记”）。又，《唐故东光县主神道碑铭》序云：“少子德位兼盛曰迥，今河南尹兼东都留守、上柱国……不逮劬劳之报故也，衔涕投简而命下吏，敬铭三章，式表幽宅。”迥即裴迥，天宝十载至十三载任河南尹（见郁贤皓《唐刺史考》卷四九）。文中华自称“下吏”，则是时他当仍在河南府伊阙县为县尉。

独孤及《序》：“（天宝）十一年（752），拜监察御史。”《新唐书》本传：“天宝十一载，迁监察御史。”在任监察御史期间，华曾出使朔方。《韩国公张仁愿庙碑铭》序云：“唐之元老，有大庇于生人，曰韩公张仁愿，尽力天朝，位尊将相，三城立庙，军帅乞灵则祠之。天宝季岁，华奉使朔方，展敬祠下，式瞻风采，像与神合，沈沈如生。……三城既就，刊木标橹，记之种落，刻其降年。”三城，即三受降城。中受降城在今内蒙古包头市西，东受降城在今内蒙古托克托南，黄河北大黑河东岸，西受降城在今内蒙古杭锦后旗乌加河北岸。《通鉴》中宗景龙二年（708）载：“三月，丙辰，朔方道大总管张仁愿筑三受降城于河上。”又天宝元年载：“朔方节度……统经略、丰安、定远三军，三受降城，安北，单于二都护府……治灵州（治所在今宁夏灵武西南）。”据华此文，可知他天宝末年出使朔方时曾到过三受降城。又《卧疾舟中相里范二侍御先行赠别序》云：“天宝中，奉诏廉军政，北至朔垂，驻车山阴，辱司徒公、太尉公一盼之恩。”按，此文作于宝应二年（763，说详后），“太尉公”，谓李光弼，他于上元元年（760）正月加太尉兼中书令，二年三月罢太尉，五月复为太尉，直至广德二年（764）七月卒，始终任此职（参见《新唐书·宰相表》、《全唐文》卷三四二颜真卿《李光弼神道碑铭》）；又《旧唐书·李光弼传》云：“（天宝）十一载，拜单于副使（大）都护。十三载，朔方节度安思顺奏为副使、知留后事。”颜真卿《李光弼神道碑铭》：“（天宝）十一载，拜单于副都护。十三载，为安思顺朔方节度兵马使。”知天宝十一载至十三载，光弼在单于都护府（治所在今内蒙古和林格尔西北土城子）任职，李华的受“太尉公一盼之恩”和出使朔方，当即在这期间。“司徒公”，即郭子仪，他于至德二载（757）十二月为司徒（见《新唐书·宰相表》），至广德二年仍任此职。《唐大诏令集》卷五九《郭子仪汾阳郡王知朔方行营制》：“司徒兼中书令……可汾阳郡王……元年（宝应元年，762）建辰月。”《旧唐书·代宗纪》：广德二年（764）正月，“丁卯，司徒兼中书令郭子仪充河东副元帅。”又李华《奉使朔方赠郭都护》云：“绝塞临光禄，孤营佐贰师。铁衣山月冷，金鼓朔风悲。”此诗作于出使朔方期间，“郭都护”即郭子仪。《旧唐书·郭子仪传》：“天宝八载，于木剌山置横塞军及安北都护府，命子仪领其使，拜左卫大将军。十三载，移横塞军及安北都护府于永清栅北筑城，仍改横塞为天德军，子仪为之使，兼九原太守、朔方节度右兵马使。”按，横塞军在今内蒙古乌拉特中后旗西阴山北麓，天德军在今乌拉特前旗北乌加河东岸，横塞军和天德军的驻地既然都在安北都护府治所，那么身为横塞军使和天德军使的郭子仪，就理当兼任安北都护或副都护。子仪为振远军（驻单于都护府）使时，也曾兼任单于副都护①。又上引李华文云“驻车山阴”，山阴即山北，这里当指阴山北，横塞军正处阴山北麓，所以李华出使朔方，应在天宝十一、十二载子仪为横塞军使兼安北都护之时（天宝十载以前子仪虽也任此职，但其时李光弼未在朔方）。李华《二孝赞》序云：“灵武二孝，曰侯知道、程俱罗……华奉使朔陲，欲亲往吊焉，属河凌绝渡，愿言不果。”赞云：“冬十一月，浮冰塞津，吾将唁之，其路无因，寄诚斯文，挥涕河滨。”灵武，唐灵州属县，在今宁夏青铜峡东北，与唐朔方节度使及灵州治所回乐县（今宁夏宁武西南）隔河相望。据此文，可知李华出使朔方时又曾至回乐，时间在十一月。综上所述，李华当于天宝十一载或十二载秋冬间出使朔方，此行曾到过安北单于二都护府、三受降城及灵州等地。《通典》卷二四：“大唐监察御史……掌内外纠察，并监祭祀及监诸军、出使等。”《新唐书·百官志》：“监察御史……掌分察百寮，巡按州县，狱讼、军戎、祭祀、营作、太府出纳

① 《新唐书·郭子仪传》：“累迁单于副都护、振远军使。天宝八载，木剌山始筑横塞军及安北都护府，诏即军为使。”《通鉴》天宝八载：“三月，朔方节度等使张齐丘于中受降城西北五百余里木剌山筑横塞军，以振远军使郑人郭子仪为横塞军使。”胡三省注：“振远军在单于府界。”

皆莅焉。”监察御史有监诸军和出使的职事，李华出使朔方，即在官监察御史期间。

李华的名作《吊古战场文》云：“浩浩乎平沙无垠，敻不见人；河水萦带，群山纠纷；黯兮惨悴，风悲日曛；蓬断草枯，凛若霜晨；鸟飞不下，兽铤亡群……”李华出使时所到的安北都护府等地北临大漠，那里的景象同此文所展现的图画大抵相合。所以，此文当作于李华这次朔方之行以后①。《新唐书》本传云：“华文辞绵丽，少宏杰气，颖士健爽自肆，时谓不及颖士，而华自疑过之。因著《吊古战场文》，极思研榷，已成，汙为故书，杂置梵书之庋。它日，与颖士读之，称工，华问：‘今谁可及？’颖士曰：‘君加精思，便能至矣。’华愕然而服。”《旧唐书》本传的记载略同。如果以上记载无误，那么李华出使朔方的时间就应在天宝十一载秋冬，因为假若李华出使朔方的时间在十二载秋冬，则他完成出使任务返京后，颖士已不在长安（颖士于天宝十二载三月离京，此后再没有到过长安，详见拙作《萧颖士系年考证》），两人不可能在一起共读李华的新作。

独孤及《序》云：“（天宝）十一年，拜监察御史。会权臣窃柄，贪猾当路，公入司方书，出按二千石，持斧所向，郡邑为肃，为奸党所嫉，不容于御史府，除右补阙。”《新唐书》本传云：“天宝十一载，迁监察御史。宰相杨国忠支娅所在横猾，华出使，劾按不桡，州县肃然。为权幸见疾，徙右补阙。”按，天宝十一载十一月，右相李林甫卒，杨国忠继任右相。上述记载皆谓华为御史，不避权贵，遂为奸党所嫉，徙右补阙。但对于华徙任的具体时间，又均未明言。李华《御史大夫厅壁记》云：“尊号加孝德之明年，乐成公自尚书左丞兼文部迁，崇德也。……公……谓华尝备属僚，或知故实，授简之恩至，属词之艺寡。……天宝十四载六月十五日记。”《御史中丞厅壁记》云：“天宝中……以尚书左丞张公为大夫，少府大卿庾公为中丞……华昧学浅艺，承命维谷……然故吏也，勉以酬德。天宝十四载九月十日记。”“尊号加孝德之明年”，谓天宝十四载（755）。《新唐书·玄

① 关于这个问题，俞纪东《李华和他的〈吊古战场文〉》（载《唐代文学论丛》总第五辑）已有论述，可参阅。

宗纪》、《通鉴》卷二一七俱谓天宝十三载二月，“群臣上尊号曰开元天地大宝圣文神武证道孝德皇帝”；《旧唐书·玄宗纪》亦谓十二载十二月，张筠等请上尊号为“开元天地大宝圣文神武孝德证道皇帝”，十三载二月，玄宗“御兴庆殿受徽号，礼毕，大赦天下”。又，“乐成公”即“尚书左丞张公”，名倚，见严耕望《唐仆尚丞郎表》卷七。另，据前文云“华尝备属僚”，后文云“华……故吏也”，可推知张倚迁御史大夫（御史台正长官）时，华尚在御史台供职（官监察御史）；又，据文中下一“尝”字、一“故”字，又可推知作以上二记时，华已离开御史台。这也就是说，天宝十四载六月十五日，华已徙为右补阙。至于张迁任御史大夫的时间，则应在同年春或夏初。

《旧唐书》本传：“天宝中，登朝为监察御史。累转侍御史，礼部、吏部二员外郎。……禄山陷京师，玄宗出幸，华扈从不及，陷贼。”按，根据上述独孤及《序》和《新唐书》本传的记载以及李华的自述，天宝时华当不曾官侍御史，礼部、吏部二员外郎，《旧唐书》的记载有误。

天宝十四载十一月，安禄山反于范阳。其时李华曾以谏官（右补阙）的身份，累上御敌之策，然均未被采纳。《新唐书》本传云：“安禄山反，上诛守之策，皆留不报。”独孤及《序》：“禄山之难，方命圮族者（违抗教命而毁败善类之人）蔽天聪明，勇者不得奋，明者不得谋，公危行正词，献纳以诚，累陈诛凶渠完封疆之策，阍犬迎吠，故书留不下。”李华《祭刘左丞文》云：“维年月日，左补阙赵郡李华……祭于故国子祭酒刘十六兄之灵。……畴昔之年，逆虏悖天（指安禄山反），帝命西平（西平郡王哥舒翰），董戎于关（指镇守潼关）。上宰（指宰相杨国忠）奸回，蔽明怙权，沮以监抚，海内翻然，督哥舒将，盍不速辕（指玄宗听信杨国忠之言，累遣中使催促哥舒翰引兵出关，恢复陕、洛）？兄在西陲，飞章上言，喻古引今，易亡为存……华忝谏官，亦尝披肝，千里同气，瘏寐永叹。请受监牧，请镇丰安，乞固上党，乞备太原，心竭犬马，事屈群顽。哥舒表华，掌记辕门，明明仁兄，绍介三军，举族在此，惧为祸原，竟迫方寸，孤天负恩。”刘十六即刘秩（见岑仲勉《唐人行第录》）。秩为刘子玄（知几）子，《旧唐书·刘子玄传》云：“秩，给事中、尚书右丞、国子祭酒。”《新唐书》卷七一上《宰相世系表》亦云：

“秩，尚书右丞。”华此文作“左丞”，盖因形近致误。关于秩“飞章上言”事，《新唐书·刘子玄传》云：“秩字祚卿……坐小累，下除陇西司马。安禄山反，哥舒翰守潼关，杨国忠欲夺其兵，秩上言：‘翰兵天下成败所系，不可忽。’房琯见其书，以比刘更生。”又，“华忝谏官”以下十句，盖谓当时自己任谏官，也曾献守御之策，但结果是“事屈群顽”。另“哥舒表华”二句，是说天宝十四载十二月翰受命守潼关后，曾辟华为幕府掌书记。不过寻绎“举族在此”以下数句之意，李华是时当未曾应聘赴潼关任职。

至德元载（756）六月，安禄山军陷潼关，寻入长安，李华为贼所获，伪署为凤阁舍人。李华《寄赵七侍御》云：“世故坠横流，与君哀路穷。”自注：“逆胡陷两京，华与赵受辱贼中。”《旧唐书》本传：“禄山陷京师，玄宗出幸，华扈从不及，陷贼，伪署为凤阁舍人。”《新唐书》本传：“玄宗入蜀，百官解窜，华母在邺（在今河南安阳北），欲间行辇母以逃，为盗所得，伪署凤阁舍人。”又独孤及《序》云：“禄山之难……时继太夫人在邺。初，潼关败书闻，或劝公走蜀诣行在所，公曰：‘奈方寸何！不若间行问安否，然后辇母安舆而逃。’谋未果，为盗所获。”据“潼关败书闻”之语，亦可证是时华未尝在潼关幕府任职。

至德二载（757）十月，唐军收复东京，诸陷贼官均被勒赴西京，收系于大理、京兆狱中。十二月，诸陷贼官“以六等定罪，重者刑之于市，次赐自尽，次重杖一百，次三等流、贬”（《通鉴》卷二二〇）。这时，李华被从轻处置，贬为杭州司功参军。《旧唐书》本传：“收城后，三司类例减等，从轻贬官，遂废于家，卒。”独孤及《序》：“二京既复，坐谪杭州司功参军。”《新唐书》本传：“贼平，贬杭州司户参军。”按，李华《云母泉诗》序云：“乾元初……华贬杭州司功。”则《新唐书》作“司户”当误。关于华被从轻处置的原因，《祭刘左丞文》云：“圣朝孝理，未忍行戮，爰诏三司，伏念哀鞫。网脱乌鸟，恩开桎梏，实赖仁人，再春枯木。房公介然，明华于朝，兄志提挈，出泥登霄。言于宰司，大启学徒，陈沈洎华，可备师儒。堂堂昌言，光我囚拘，褚中不行，何日忘诸！”“房公”，谓房琯。这篇祭文在述及刘秩“飞章上言”一事时尝云：“文武房公，慷慨独论，迎吠狺狺，竟寝斯文。”所谓“房公”“慷慨独论”，也就是

《新唐书》所说的“房琯见其书，以比刘更生”（见前）。“文武”，言“房公”才兼文武。《新唐书·房琯传》：“朝臣多言琯谋包文武，可复用。”房琯自至德元载七月至二载五月为相，自二载五月至乾元元年（758）六月官太子少师。“兄”即刘秩。他同房琯的关系很密切，曾被目为“琯党”。《通鉴》至德元载十月：“房琯上疏，请自将兵复两京，上许之……琯请自选参佐，以……给事中刘秩为参谋。……琯谓人曰：‘贼曳落河虽多，安能敌我刘秩！’”又乾元元年六月：“上……下制数琯罪，贬邠州刺史。前祭酒刘秩贬阆州刺史，京兆尹严武贬巴州刺史，皆琯党也。”《旧唐书·房琯传》录贬琯为邠州刺史的诏书说：“（琯）又与前国子祭酒刘秩、前京兆少尹严武等潜为交结，轻肆言谈，有朋党不公之名，违臣子奉上之体。”在李华被囚拘之时，刘秩当官左（右）丞或国子祭酒。据上述这篇祭文，可知李华的“从轻贬官”，是由于得到了房琯、刘秩的救解和“提挈”。

李华到杭州赴任的时间，当在乾元元年春。关于他在杭州为司功时的景况，《新唐书》本传云：“华自伤践危乱，不能完节，又不能安亲，欲终养而母亡，遂屏居江南。”谓不久即去官，屏居江南。独孤及《序》云：“坐谪杭州司功参军。太夫人弃敬养，公自伤悼以事君故，践危乱而不能安亲，既受汙，非其疾而贻亲之忧，及随牒愿终养，而遭天不吊，由是衔罔极之痛者三。故虽除丧，抱终身之戚焉。谓志已亏，息陈力之愿焉，因屏居江南，省躬遗名，誓心自绝。”谓华携母赴任，愿终养而母亡；除丧后，无心仕进，因屏居江南。按，李华《祭刘评事兄文》云：“维乾元二年岁次己亥六月乙未朔三日丁酉，赵郡李华祭于刘三兄之灵。……浙东幕庭，丧此一贤，识与不识，辛酸泫然。……去岁季冬，将膺使檄，累辱来召，陵江挂席，持酒欢酣，忧怀顿释，携手终日，晤言竟夕。……赠言绸缪，宠我行役。涉泗而还，遽承遘疠，犹复垂念，尺书相继。将庆有瘳，俄哀永逝，萎我盛德，天胡不惠！……华江滨憔悴，风湿所侵，疾不果问，丧不果临，无由执绋，从此破琴！”岑仲勉谓刘三即知几长子、秩之兄贶（见《唐人行第录》）。浙东幕庭，指浙东节度使幕府，始置于乾元元年（见《新唐书·方镇表》），治所在越州（今浙江绍兴）。由此文可知，乾元元年季冬，作者“膺使檄”“行役”在外，曾同当时在越州浙东节度使幕府任职的刘贶欢晤。这时的李华，应当尚未去职。所以李华因母丧去官的时间，应在乾元二年（759）。在写作此文之时（乾元二年六月），华大抵已去职，故云“江滨憔悴”。李华《台州乾元国清寺碑》云：“（县令李）平请于前刺史赵郡李公丹，丹请于河南等五道度支使、御史中丞京兆第五公琦，琦闻于天子，墨制曰可。僧义璇等伏以乾元之初，元恶扫除，国步既清，庙易名牓，因改曰乾元国清寺。……第五公以上智利国，人登宰辅。”台州治所在今浙江临海①。据两《唐书·肃宗纪》及《通鉴》载，第五琦为宰辅在乾元二年三月之后、十一月之前，此文当即作于这一期间。估计华作此文时，已经去官，但仍居于今浙江一带。又《祭萧颖士文》云：“维乾元三年二月十日，孤子赵郡李华……敬祭于亡友故扬州功曹兰陵萧公之灵。”盖其父母已卒，故自称“孤子”。华母卒后，华理当去职守丧三年（指前后历经三个年头，但究其实不过两周年）；又前谓华母卒于乾元二年（759），所以华除丧的时间应在上元二年（761）。

华除丧后，不久即诏除为左补阙。独孤及《序》云：“因屏居江南……无何，诏复授左补阙，又加尚书司封员外郎。玺书连征，公卿已下，倾首延伫，至之日，将以司言处公，公曰：‘焉有隳节夺志者可以荷君之宠乎？’移疾请告。”《新唐书》本传云：“上元中，以左补阙、司封员外郎召之。华喟然曰：‘乌有隳节危亲，欲荷天子宠乎？’称疾不拜。”按，李华《云母泉诗》序云：“颍川陈公，天宝中，与华同为谏官。……乾元初，公贬清江丞，移武陵丞，华贬杭州司功，恩复左补阙，上元中，俱奉诏征。公自清江至武陵，道路多虞，制书不至；华溯江而西，次于岳阳，江山延望，日夕相顾属。……秋风露寒，洞庭微波，一闻猿声，不觉涕下……”此诗系华诏复左补阙后应召入京途次岳阳楼（在今湖南岳阳）之作，其时间为上元二年秋。自乾元二年九月洛阳为史思明所据之后，经汴河入京的道路即受阻，当时由江南赴长安，多溯江而西，至江夏（今武汉市武昌）入汉水，再溯汉而上抵关中。华此行未在江夏入汉，而继续溯江西行至今岳阳，恐怕是由于当时同他一起被征的“颍川陈公”居于武陵（今湖南常

① 劳格《读书杂识》卷六《文苑英华辨证补》谓此文题中“台州”二字，当为“衢州”之误。

德)，华意欲约他一起入京的缘故。《衢州刺史厅壁记》云："……元年建寅月二十一日左补阙赵郡李华于江州附述。"按，元年即肃宗宝应元年(762)，建寅月即夏历正月，左补阙从七品上，"掌供奉讽谏，扈从乘舆"(《旧唐书·职官志》)，为此官者，理当随侍天子，而华却居于江州（治所在今江西九江），由此可见，他上年（761）秋应召入京后，确乎未在朝廷供职，而"移疾请告"回到南方，由于没有正式辞官，所以仍自称"左补阙"。《祭刘左丞文》云："维年月日，左补阙赵郡李华……祭于故国子祭酒刘十六兄之灵。……浔阳地古，举目凄悲，执绋流恸，谁堪此时?"此文写于江州（浔阳为唐江州治所），又自称"左补阙"，其作年当同于上文。又据《新唐书·刘子玄传》和《通鉴》的记载，刘左丞秩于乾元元年（758）六月"出为阆州刺史"，后"贬抚州（治所在今江西抚州西）长史，卒"，由此亦可证，断此文之作年及秩之卒年为宝应元年（762），当无大误。

宝应二年（763，是年七月改为广德元年）春，李华再次奉诏入京。《卧疾舟中相里范二侍御先行赠别序》云："华与二贤早相得……先时为伊阙尉，忝相公尚书约子孙之契，不幸孤负所知，亏顿受汙，流落江湖，于今六年。……天下衣冠，谓华为相府故人，诏书屡下，促华赴职，稽首震惶，恨无毛羽。……侍御史相里公……监察御史范公……望高职雄，持斧登车，江湖霜清，道路风起。华也潦倒龙钟，百疾丛体……并毂无由，呻吟舟中。……江亭凭槛，平视汉皋，武昌柳暗，湓城花发，一荣一枯，有欢有戚，离别之念，又焉得不悲乎?""相公尚书"，谓刘晏。晏自宝应二年（763）正月至广德二年（764）正月为吏部尚书、同中书门下平章事（见《新唐书·宰相表》)，故云。《新唐书·刘晏传》："天宝中，累调夏令，未尝督赋，而输无逋期。举贤良方正，补温令。"据傅璇琮同志考证，天宝七载春，晏正为夏县令（参见《唐代诗人丛考·李颀考》)，则他补温县（今河南温县）令，当在八载以后，华为伊阙尉也在八载以后（见前)，又温县与伊阙县同属河南府，故两人得以相交并"约子孙之契"。"亏顿受汙，流落江湖"，指己陷贼及遭贬事而言；自乾元元年春华贬杭州司功至宝应二年晏为相之时，前后恰好经历六年。所以，此文应作于宝应二年春（此文写春景）。又，寻绎此文之意，可知当时作者奉诏入京，与相里造、范伦二侍御同行[1]，不料途中病发，“并毂无由”，遂送二侍御先行，并作此序赠别。武昌，唐鄂州属县，今湖北鄂城；湓城，又名湓口城，唐于此置浔阳县。《元和郡县图志》卷二八：“江州……隋文帝平陈，置江州总管，移理湓城。……州理城，古之湓口城也，汉高帝六年灌婴所筑。”据此序所用地名，可推知它当作于华自江州溯江西行赴武昌途中。

《登头陀寺东楼诗序》云：“侍御韦公延安威清江汉，舅氏员外象名高天下，宾主相待，贤乎哉！王师雷行，北举幽朔，太尉公分麾下之旅，付帷幄之宾，与前相张洪州夹攻海寇，方收东越，夏首地当邮置，吉语日闻。喜气填塞于江湖，生人鼓舞于王泽。……江下茂树方黑，春云一色……。”韦延安宝应二年（763）为鄂州刺史，《全唐文》卷三八一元结《别王佐卿序》：“癸卯岁（宝应二年）……次山顷日浪游吴中，佐卿顷日去西蜀，对酒欲别……主人鄂州刺史韦延安，令四座作诗，命余为序，以送远云。”所谓“威清江汉”，即指为鄂州刺史而言。太尉公，即李光弼。前相张洪州，谓张镐。《全唐文》卷三九〇独孤及《唐故洪州刺史张公遗爱碑》序云：“平原张公，讳镐，字从周……起布衣二年，绾相印。……于时至德二载也。……于是有洪州之拜，粤宝应元年冬十月，公朝服受命，至自临川。”海寇，指袁晁。《通鉴》宝应元年八月：“台州贼帅袁晁攻陷浙东诸州……李光弼遣兵击晁于衢州，破之。”同年九月：“袁晁陷信州。”同年十月：“袁晁陷温州、明州。”又宝应二年：“夏四月，庚辰，李光弼奏擒袁晁，浙东皆平。时晁聚众近二十万，转攻州县，光弼使部将张伯仪将兵讨平之。”《新唐书·张镐传》：“代宗初，起为抚州刺史，迁洪州观察使，更封平原郡公。袁晁寇东境，江介震骚，镐遣兵屯上饶，斩首二千级。又袭舒城贼杨昭，枭之。”参照以上记载，华此文当作于宝应二年春三月。又，夏首，当指唐鄂州治所江夏（今武汉市武昌）。《楚辞·九章·哀郢》王逸

① 独孤及《序》称此文为《别相里造范伦序》，由此可知，“相里，范二侍御”即相里造、范伦。相里造为萧颖士弟子（参见拙作《萧颖士系年考证》），历任户部郎中（见《旧唐书·鱼朝恩传》），江、杭二州刺史，河南少尹（见《全唐文》卷三九三独孤及《祭相里造文》）。范伦，曾任兵部员外郎兼侍御史（见李华《杭州开元寺新塔碑》），《旧唐书·范传正传》：“父伦，户部员外郎，与郡人李华敦交友之契。”《新唐书·范传正传》：“父怆，为户部员外郎，与赵郡李华善，有当世名。”按《郎官石柱题名》户部员外郎有“范怆”，又《元和姓纂》卷七亦作“怆”。

注："夏首，夏水口也。"古又称汉水下游为夏水，故夏首也用以指汉水入长江之处，即夏口。《元和郡县图志》卷二七："鄂州……州城本夏口城，吴黄武二年，城江夏以安屯戍地也。"头陀寺，在江夏。《元和志》二七鄂州江夏县："头陀寺，在县东南二里。"前谓宝应二年春，华再次奉诏入京，自江州溯江而西，此文盖即他此行途次江夏之作。另，"舅氏员外象"即指卢象。《李夫人传》谓华之外祖父名卢善观（见前征引），则其舅应为卢氏无疑。刘禹锡《唐故尚书主客员外郎卢公集纪》云："尚书郎卢公讳象……时大盗起幽陵，入洛师……为虏劫执，公堕胁从伍中。初谪果州长史，又贬永州司户，移吉州长史。天下无事，朝廷思用宿旧，征拜主客员外郎，道病留武昌，遂不起。"持《集纪》与华此文相参，可知宝应二年春，象已被征为主客员外郎（故称"员外象"）。他应征由吉州（治所在今江西吉安）赴京，须先沿赣江北行至江州，再自江州溯江西行至江夏入汉水，华作此文时，象已行至江夏（在唐武昌今湖北鄂城之西），则所谓"道病留武昌"之说，实未确（"武昌"疑当作"江夏"）。既然卢象于宝应二年春应征入京，道病不起，遂卒，则他的卒年，估计亦即当在宝应二年（763）或广德元年（763）。学术界一向以为象的卒年不可确考，故此处特论及之。

《临湍县令厅壁记》云："……宝应二年七月甲辰左补阙李华记。"按，临湍为唐邓州属县，在今河南邓县西北，其地近汉水。疑华宝应二年春奉诏赴京，因中途染病在江夏滞留若干时日后，又于是夏溯汉而上，当行至今湖北均县（在汉水北岸）一带邻近临湍之地，即应临湍县令之请，为作此记。

《故中岳越禅师塔记》云："禅师法号常超……司徒郭公举为东京大德，御史中丞郑公表敷教于三吴，乃沿汉至黄鹤矶，州长候途，四辇瞻绕，请主大云寺。……宝应二年暮春季旬之二日，证灭于禅居。……门人宝藏、怡熙等，……建塔东冈，遵象法也。……弟子司封员外郎赵郡李华，泣举双林，敬表仁旨，时广德二年正月六日。"黄鹤矶，一名黄鹄矶，在唐鄂州江夏县黄鹤山（今武汉市武昌蛇山）西，其上有黄鹤楼。《南齐书·州郡志》："夏口城据黄鹄矶，世传仙人子安乘黄鹄过此上也。"《元和郡县图志》卷二七："鄂州……州城本夏口城……城西临大江，西南角因矶为楼，名黄鹤楼。”又同卷鄂州江夏县：“黄鹤山，在县东九里。”寻绎此文之意，常超卒时所居之大云寺当在黄鹤矶附近江夏县境内。又，“泣举双林”，指作者哭于常超入灭之处（双林，娑罗双树之林，即佛入灭之处），所以此文当作于江夏。华于宝应二年（763）七月甲辰以前所作诸文皆自称“左补阙”，至作此文始自称为“司封员外郎”，估计他在广德元年（763）八、九月间抵京后，即除为司封员外郎（吏部属官，从六品上），但他又一次“移疾请告”，离京南下，故得以在广德二年（764）正月于江夏作此文。

综上所述，华奉诏入京，前后应有两次：第一次在上元二年，授左补阙，第二次在宝应二年，除司封员外郎。《新唐书》谓“上元中，以左补阙、司封员外郎召之”，合两次为一次，非是。

广德二年正月，华在江夏，四月，即至江州。《卢郎中斋居记》云：“尚书左司郎中、嗣渔阳公卢振……处于九江南郭荒榛之下，不贻害于身，不假力于人……书堂斋亭，成于指顾；高松茂条，森于门巷。……况大江在下，名山当目，嘉宾时来，携手长望。……寻阳侨旧，推仁人焉，推智者焉，广德二年四月五曰赵郡李华记。”卢振，《新唐书》卷七三上《宰相世系表》云：“振，国子主簿。”又谓其父奂，“尚书右丞、渔阳县伯”。九江，即指江州。《元和郡县图志》卷二八：“江州……大业三年，罢江州为九江郡。武德四年……复置江州。”名山，指庐山，在唐江州浔阳县东南。寻阳，即江州治所，隋时曰寻阳，唐改名浔阳。据此，知卢郎中斋居在浔阳，此文亦即作于浔阳。又《全唐文》卷三八九独孤及《卢郎中浔阳竹亭记》云：“前尚书右（华文作‘左’，盖因形近致误）司郎中卢公……因数仞之丘，伐竹为亭……亭外有山围溢城，峰名香炉。”由此文亦可见郎中斋居当在浔阳。

《江州卧疾送李侍御诗序》云：“侍御历总汉上湖阴江左之赋，王府之入不匮，爱人之颂有余。前相国刘公居佐帝庭，行恤人隐，侍御时贤高誉，盛府旧僚，传檄速驾，江城风动。……今圣人在上，夔龙宣力，而老夫甘心贫贱……方理舟浔阳，追迹幽人……侍御忽告余行……。”前相国刘公，谓刘晏。晏于广德二年正月罢相（见前），此云“前相国”，当作于晏罢相之后。又，此序作于江州，由此也可知，广德二年李华曾居江州。

独孤及《序》：“故相国梁公岘之领选江南也，表为从事，加检校吏部郎中。”《新唐书》本传：“李岘领选江南，表置幕府，擢检校吏部员外郎。”按，李岘领选江南，事在广德二年九月。李华《故相国兵部尚书梁国公李岘传》云：“除太子詹事。又历御史大夫、礼部尚书，迁吏部，领选江西。”《旧唐书·李岘传》：“寻迁吏部尚书，知江淮举选，置铨洪州。”《旧唐书·代宗纪》；“（广德）二年……九月乙未朔……辛酉，以太子詹事李岘为吏部尚书兼御史大夫，知江南东西及福建道选事，并观农宣慰使，仍命洪州刺史李勉副知选事。”华之被岘表为从事，则约在广德二年（764）冬。关于华此时的兼官，独孤及《序》作“检校吏部郎中”，《新唐书》作“检校吏部员外郎”，按，独孤及这篇序文题作“检校尚书吏部员外郎赵郡李公中集序”，李华《常州刺史厅壁记》、《李夫人传》，均自称“检校吏部员外郎”，故当以作“吏部员外郎”为是。又，岘既“置铨洪州”，则华之任所亦当在洪州（治所在今江西南昌）。李华《寄赵七侍御》诗序云：“自余干溪行，经弋阳至上饶，山川幽丽，思与云卿同游，邈不可得……”余干、弋阳、上饶均在今江西东北部，去洪州不远，此诗当系作者在洪州任职期间所作。

独孤及《序》：“加检校吏部郎中。明年，遇风痺，徙家于楚州。疾痼贫甚，课子弟，力农圃，赡衣食，雅好修无生法……惟吴楚之士君子，撰家传，修墓版，及都邑颂贤守宰功德者，靡不赍货币，越江湖，求文于公，得请者以为子孙荣。公遇暇日，时复缀录以应其求，过是而往，不复著书。”《新唐书》本传：“擢检校吏部员外郎。苦风痺，去官，客隐山阳，勒子弟力农，安于穷槁。晚事浮图法，不甚著书，惟天下士大夫家传、墓版及州县碑颂，时时赍金帛往请，乃强为应。大历初，卒。”据《序》所云，华去官徙家楚州，在被李岘署为从事的“明年”，即永泰元年（765）。按，《旧唐书·李岘传》云：“知江淮举选，置铨洪州。明年，改检校兵部尚书，兼衢州刺史。”又《代宗纪》云：“永泰元年……六月癸亥，吏部尚书李岘南选回，至江陵，贬衢州刺史。”知永泰元年六月江南选事毕，李岘北返，李华离开洪州，大抵也当在此时。《杭州刺史厅壁记》云：“……永泰元年七月二十五日记。”此文估计是永泰元年李华自洪州北至润州（永泰二年华居于润州，说详下）途经杭州时所作。

李华离开洪州后，并未立即徙家于楚州（治所在山阳，即今江苏淮安）或“客隐山阳”。《杨骑曹集序》云：“永泰二年，余旅疾延陵，故人之孤，更来候余……候余小间，捧君之集十卷……咨余为序。”可见永泰二年（766），李华居于润州延陵县（今江苏丹阳西南）。《润州丹阳县复练塘颂》序云：“大江具区惟润州，其薮曰练湖，幅员四十里……其傍大族强家，泄流为田，专利上腴……自丹阳、延陵、金坛环地三百里……旱则悬耜，水则具舟，人罹其害九十余祀。……永泰元年……诏公卿选贤良……是岁十一月二十三日，拜常州刺史京兆韦公损为润州………公素知截湖开壤，灾甚螟蝥，临事风生，指期以复。……人不俟召，呼抃从役……广湖为八十里。……时前相国彭城公刘尚书晏统东方诸侯，平其贡赋，闻而悦之，白三事以闻，诏书褒异焉。彭城公宣命至江南，捧诏授公……。”按，《通鉴》大历元年（即永泰二年）正月：“丙戌，以户部尚书刘晏为都畿、河南、淮南、江南，湖南、荆南、山南东道转运、常平、铸钱，盐铁等使，侍郎第五琦为京畿、关内……转运等使，分理天下财赋。”所谓“时……晏统东方诸侯，平其贡赋”，即指刘晏当时任河南、淮南、江南等道转运、常平等使。由此可见，这篇颂当作于永泰二年。又，练塘在润州丹阳县（今江苏丹阳），其地距延陵甚近，华作此文时，或居于延陵。《著作郎赠秘书少监权君墓表》云：“君姓权氏，讳皋……大历元年四月某日，不幸逝于丹徒，因殡焉。……华因病风，扶曳而往哭之。”知大历元年（766）四月，李华在润州治所丹徒县（今江苏镇江）。《润州天乡寺故大德云禅师碑》云：“永泰二年某月日，涅槃于润州丹徒天乡寺。……以某月十六日，迁定于鹤林寺西。……刺史韦公损……与门人俾华赞德，于万斯年。”此文亦永泰二年华居润州时所作。又《常州刺史厅壁记》云：“永泰二年二月庚戌，赞皇公从子检校吏部员外郎华述。”赞皇公即李栖筠[①]。或是时华仍“移疾请告”，未正式辞官，故自称“检校吏部员外郎”。既知华永泰二年（766）居润州，则他去官“客隐山阳”的时间，自不应早于大历二年（767）。

《新唐书》谓华大历初卒，实误。因为华今存的文章中，不仅有大历

---

① 《新唐书·李栖筠传》：“元载忌之，出为常州刺史。……以治行进银青光禄大夫，封赞皇县子。……栖筠喜奖善……为天下士归重，不敢有所斥，称赞皇公云。”

初的作品，而且有大历中（大历共十四年）的作品。《与弟莒书》云：“汝忧吾疾，令吾将息，一一用汝语，念汝知之；且作判官，事中丞叔父，小心戒慎，不离使司……莒省吾书，当努力也。”中丞叔父，谓赞皇公李栖筠。《新唐书·李栖筠传》：“族子华每称（栖筠）有王佐才，士多慕向。”《旧唐书·代宗纪》云：“（大历）三年……二月己卯，以常州刺史李栖筠为苏州刺史兼御史中丞、浙西团练观察使。”又云：“（大历）六年……八月……丙午，以苏州刺史、浙江观察使李栖筠为御史大夫。”唐节度、团练、观察等使僚属有判官（见《新唐书·百官志》），所谓“作判官，事中丞叔父”，即指是时莒任浙西团练观察使兼御史中丞李栖筠判官。据此，可知本文当作于大历三年（768）二月之后、大历六年（771）八月以前。《太子少师崔公墓志铭》云：“少师讳景姪……大历四年，龟筮从吉，嗣子圆，尚书右仆射赵国公，哀奉先少师夫人之裳帷，合祔于河南北邙山某原，礼也。”《唐赠太子少师崔公神道碑》也有同样记载。二文皆当作于大历四年[1]。《送张十五往吴中序》云：“邯郸遐叔，风病目疾……南阳张士容……晨告余行曰：‘……相里杭州、刑部郎李君以道教我，以文博我，将求饩粥于二贤，可乎？’”相里杭州即相里造。造官杭州刺史在大历七年（772）以前（参见郁贤皓《唐刺史考》卷一四一），此文之写作时间同。《寿州刺史厅壁记》云：“某年，以兼侍御史扬州司马独孤问俗为寿州刺史……公理州三年，迁御史中丞，镇江夏，工部郎中楚州张纬之代公为州牧，某部郎中韦延安代张典此州，佥有政闻。”《唐刺史考》卷一三〇谓独孤、张、韦任寿州刺史之时间，分别在大历元年至三年、四年至六年、七年至八年。《与外孙崔氏二孩书》云：“吾出身入仕，行四十年，晚有汝母，已养汝二人矣……。”华自开元二十三年（735）登第释褐至大历九年（774），为四十年，此云“行四十年”，当作于大历六年至八年。

李华卒于大历九年。《全唐文》卷五二二梁肃《为常州独孤使君祭李员外文》云：“维大历元年五月日，朝散大夫守常州刺史赐紫金鱼袋独孤

① 《旧唐书·崔圆传》、《代宗纪》、《全唐文》卷四四一韩云卿《故中书令赠太子太师崔公庙碑》俱谓崔圆卒于大历三年六月，与此文曰“大历四年”云云牴牾，《新唐书·崔圆传》云：“大历中卒。”则与此二文合。二者孰是，待考。

某，谨以清酌之奠，祭于故尚书吏部郎赵郡李遐叔三兄之灵。”据上文所考，李华显然非卒于大历元年，“常州独孤使君”即常州刺史独孤及，考及于大历八年十二月拜常州刺史，九年三月到任，十二年四月卒于位（参见岑仲勉《唐集质疑》“独孤及系年录”条），则“大历元年”，盖即“大历九年”之形误。

（原载《文献》1990年第4期）

考证古代作家生平事迹易犯的几种错误

王辉斌同志在2001年和2003年，连着发表了《王维早期行事探究》（下文简称《探究》）①、《王维开元行踪求是》（简称《求是》）②、《关于王维的隐居问题》（简称《问题》）③ 等三篇文章，着重对王维早期的事迹进行考证，提出自己的看法，并与我商榷。我们知道，有关王维早期事迹的记载很少，研究者往往只能根据他一些诗歌提供的线索进行钩稽、考证，而诗无达诂，不免仁者见仁，智者见智，所以关于这个问题，学界存在许多不同看法。我认为这些看法不妨并存，以待时间的检验，故而对于就这个问题同我商榷的文章，一般不作回答；然而当我仔细读了这三篇文章后，却又产生了回答的愿望。我以为这三篇文章存在不少错误，它们涉及考证方法问题，具有一定的典型性，是考证古代作家生平事迹时易犯和常犯的，有时方家也难免。所以我决定将它们揭示出来，以供研究者参考，并作为自己从事这项工作的一种鉴诫，同时也是对上述三篇文章的一个回答（但不斤斤于具体事迹和琐细问题的是非之辨）。现将这些错误归纳成几种类型，分述于下。

一　为牵合己说而轻易否定古人记载

《求是》一文说："综以上对王维'开元行踪'的考察……是以其'知南选'为研究的中心的。兹将所考作归纳为：开元二十八年的秋天，

① 王辉斌：《王维早期行事探究》，《王维研究》第三辑，陕西人民教育出版社2001年版。

② 王辉斌：《王维开元行踪求是》，《山西大学学报》2003年第4期。

③ 王辉斌：《关于王维的隐居问题》，《周口师范学院学报》2003年第6期。

王维以监察御史之衔自长安经大散关入蜀，‘知南选’于黔州。翌年春正月事毕，乃由渝州顺长江东下至夏口，之后溯汉水而上抵襄阳，并于南阳临湍驿与神会等‘说经数日’，旋北返长安。翌年改元天宝，唐玄宗下诏令，‘内外文武官九品已上，各赐勋两转’，王维乃由正八品下的监察御史，擢升为从六品下的侍御史。”“知南选”在黔州，是上述推断的核心与关键，也是《求是》的新说；然而王维今存的诗文中并无一语提及黔州，也没有任何一种记载说过王维“知南选”在黔州，所以这个新说还只是一种推测。为了证成这个新说，《求是》对凡与这个新说相左的古人记载，皆轻易加以否定。如王维《哭孟浩然》诗题下注曰：“时为殿中侍御史，知南选，至襄阳有作。”说的是自己以殿中侍御史知南选，走到襄阳时写了这首诗；而《求是》却认为这条自注“当非出自王维的手笔，而是为他人如王缙等所为”，根据是：“考杜佑《通典》卷十五云：‘其黔中、岭南、闽中郡县之官，不由吏部，以京官五品以上一人充使，就补御史一人监之，四岁一往，谓之南选。”“又《旧唐书》卷四十四有云：‘在通常称谓中，监察谓之御史，殿中谓之侍御，侍御史谓之端公。’此则表明，《通典》……中‘御史’这职，所指为监察御史。借此，可知王维‘知南选’时所官乃应为正八品下的监察御史，才与《通典》等所载相合。”按，《旧唐书》卷四十四为《职官志》三，我翻查了这一整卷书，根本未见《求是》的这段引文，又用电脑检索，结果是整部《旧唐书》都无这段引文；事实上，唐时监察御史俗称侍御，而非御史，唐赵璘《因话录》卷五：“御史台三院，一曰台院，其僚曰侍御史，众呼为端公。”“二曰殿院，其僚曰殿中侍御史，众呼为侍御。”“三曰察院，其僚曰监察御史，众呼亦曰侍御。”唐人所谓“御史”，是御史台属官（包括侍御史、殿中侍御史、监察御史）的统称，如唐李肇《唐国史补》卷下：“御史故事：大朝会则监察押班，常参则殿中知班，入阁则侍御史监奏。”《因话录》卷五：“凡三院（台、殿、察院）御史初拜，未朝谢，先谒院长。”这两条材料中的“御史”，都兼指侍御史、殿中侍御史、监察御史。唐时选派到岭南或黔中监南选的御史，既有监察御史，也有殿中侍御史，如《新唐书·柳泽传》：“睿宗善之，拜监察御史，开元中，转殿中侍御史，监岭南选。”所以《哭孟浩然》的自注，并没有什么错误，不应轻易怀疑和否定。

拙作《王维年谱》（最初发表于1982年出版的《文史》第16辑，经修改后收入1990年出版的《王维新论》，再经修改后收入1997年出版的《王维集校注》）说过，王维曾于天宝四载在南阳郡临湍驿中与神会和尚晤谈，此说与《求是》的上述新说相左，自然也在被否定之列。先看一下有关的记载，胡适辑《神会和尚遗集·神会语录》第一残卷："门人刘相倩云，在南阳郡见侍御史王维，在临湍驿中屈和上及同寺慧澄禅师语经数日。""王侍御惊愕曰：'大奇，曾闻诸大德言说，皆未有作此说法者。'乃谓寇太守、张别驾、袁司马等：'南阳郡有好大德，有佛法甚不可思议。'"（《王维集校注·附录二》）[①] 此文称王维之官衔为侍御史，而写于天宝四载的王士源《孟浩然诗集序》中也有"侍御史京兆王维"之称，所以拙谱断王维与神会晤谈在天宝四载，并认为王维到南阳郡的原因，是"受制出使"（唐侍御史"掌纠察内外，受制出使"）。《求是》说："王维'知南选'时所官应为监察御史。而《神会语录》中作侍御史者，确属与王维斯时的职官不合，但此一矛盾的出现，实则乃后人所为。即是说，编辑《神会语录》者与王士源撰写《孟浩然集序》的情况大体类似，其所称谓者乃王维后来的官衔，而非能证明王维斯时所官即为侍御史……王维被擢升为侍御史，乃在天宝元年。至天宝四载，王维仍在侍御史任上，故王士源于是年秋八月所撰《孟浩然集序》乃有'侍御史王维'云云。"按，前面说王士源在《集序》中所称乃王维后来的官衔，后面又说王士源于天宝四载八月撰《集序》，当时王维仍在侍御史任上，则《集序》所称"侍御史"，乃王维当时的官衔，而非后来的官衔，前后所述，自相矛盾；某文中称某人之官衔，若非该文写作之时的官衔，便是其以往的官衔，怎么可能是未知的后来的官衔?《求是》又说："'南阳郡'的始名于唐乃在天宝元载以后，但此并不能证实王维的是次南阳之行，即乃在天宝四载。这是因为，《神会和尚遗集》的原刻（或抄本）与胡适所辑之是《集》，均为后人所为，即'南阳郡'这一地名乃为编辑《神会和尚遗集》者首次使用，而非王维与神会等人在'语经'时所涉及。"认为王维本于开元二十九年官监

① 陈铁民：《王维集校注》，中华书局1997年版，第1245页。

察御史时在邓州（天宝元年改为南阳郡）与神会相遇，然而《神会语录》的编辑者，却将当时王维的官衔监察御史更改为侍御史，还将相遇之地点邓州改为南阳郡；在这里，我们不禁要问：有何迹象表明编辑者作了上述更改？他又为什么要作这样的更改？如果回答不了这两个问题，那么所说的更改，不过是主观臆测而已。又，《神会语录》中的资料，是近人从敦煌唐写卷子中发现的，胡适将它们辑为《神会语录》出版，其中根本不存在上述《求是》所说的更改（日本也有同样的辑印本，又敦煌卷子今存，可核）。另外，《语录》为神会弟子记录其师言论的资料，有无可能神会与王维晤谈于开元末，而其弟子追记于天宝时，所以改用天宝时的地名、官衔？我认为这种可能性也不存在。上引《语录》中的“寇太守”，即南阳郡太守寇洋。贺兰弼《唐故广平郡太守恒王府长史上谷寇府君墓志铭》：“公讳洋……历吉、舒二州刺史，南阳、广平二郡太守。”“晚加衰疾，屡表恳辞，由是除恒王府长史。将行，以天宝七载六月十五日薨于外馆，春秋八十有四。”[①] 唐天宝元年二月，“天下诸州改为郡，刺史改为太守”（《旧唐书·玄宗纪》），《墓志》记载寇洋之历官，将州刺史与郡太守清楚地分开，则他任南阳郡太守，当在天宝元年改州为郡之后。又《册府元龟》卷四五〇：“玄宗天宝元年制曰：田仁琬忝居节度，镇守西陲，不能振举师旅……宜黜远藩，用戒边使，可舒州刺史，即驰驿赴任。”田仁琬盖继寇洋之后为舒州刺史者，其任舒州刺史之时间，在天宝元年二月改州为郡之前，而寇洋自舒州改任南阳郡太守之时间，则在同年二月改州为郡之后，到天宝四载，寇洋当仍在南阳太守任上。神会自“开元八年，敕配住南阳龙兴寺”（《宋高僧传》卷八《神会传》），当时亦在南阳。从上引《语录》所称地名和王、寇二人之官衔看，断王维、神会相遇在天宝四载，颇为合宜。另外，《语录》写明这条材料由亲见王维、神会相遇晤谈的神会门人刘相倩提供，也说明这条材料是可靠和符合当时实况的。所以，《求是》谓王维、神会相遇在开元二十九年春，不能成立。至于《求是》说王维在天宝元年由监察御史擢升为侍御史，则错误更甚，这问题留待后面再细谈。

---

① 周绍良、赵超：《唐代墓志汇编》，上海古籍出版社1992年版，第1672页。

《问题》一文认为王维晚年“辞职归隐于终南”，其《终南别业》诗即作于是时。然维此诗又载于《国秀集》，而《国秀集》收诗止于天宝三载，这与《问题》的上述说法明显相左，所以《问题》又说：“王维《终南别业》之入《国秀集》者，当为宋、明人所妄为。”理由呢？其一，今本《国秀集》收入的作家作品，同唐本已有差异；又“唐本《国秀集》在宋代时‘三馆’即无，而刘景文之所得又乃出自坊间”。按，《国秀集》卷首楼颖序谓此集收入“九十人，诗二百二十首”，而今本所收，实际为八十八人（其中有三人有目无诗），诗二一八首，差异并不大，在古书的流传过程中出现这样的差异，属正常现象，不能因此而否定其可靠性。《国秀集》卷末北宋曾彦和跋云：“此集《唐书·艺文志》洎本朝《崇文总目》，皆阙而不录，殆三馆所无。浚仪刘景文顷岁得之鬻古书者，元祐戊辰孟秋从景文借本录之。”《新唐书·艺文志》等未著录此集，只能说明它流传不广，而不能据以否定它的可靠性，而且到了南宋时，《直斋书录解题》已著录此书。其二，“今本《国秀集》卷中将王维是诗作《初至山中》，显然与诗的内容不符，盖因其中的‘兴来每独往’之‘每’字，已充分表明了王维写这诗时，并非为‘初至山中’，而是往来多次。”按，如此解诗，可谓胶柱鼓瑟，“兴来”句盖谓自己初至终南隐居时，兴致来了，每每独往游赏风景；此诗《河岳英灵集》作《入山寄城中故人》，诗题的不同，或许是因为作者后来又作了修改。《问题》又说：“要之，就必须以确凿的材料，以证实芮挺章的唐本《国秀集》乃收有是诗，而持（作于）天宝三载前说者，却无任何人对此有只字提及，其说之令人不可信从，仅此即可见其一斑。”按，绝大多数古书的唐本今皆不存，谁也无法拿出唐本来证实《国秀集》收有是诗，但以唐本的收诗数同今本相较，差错率很低，而且在今本《国秀集》中，我们尚未发现有可确断为天宝三载以后所作的诗歌，所以说法恰好应反过来：只要今本《国秀集》收有是诗，就应认定它作于天宝三载以前，如果认为唐本《国秀集》未收今本中的某诗，则必须拿出确凿的材料来。

王维《赠祖三咏》：“结交二十载，不得一日展。”诗题下注：“济州官舍作。”余以为此诗开元十二年作于济州，并说：“古代诗文中，有约举成数之例”，“如果维八、九岁即与咏相识，则二十四岁时（开元十二年）作诗，便可以说是‘结交二十载’了。”[①]《探究》一文则认为此诗开元二十二年作于长安，当时王、祖二人第四次相聚（其实诗中只是抒发岁晏思友之情，并无一语言及两人相聚之事），此说明显与此诗的题下注语相左，所以《探究》又说：“这条济州官舍作的所谓‘自注’，并非出自王维手笔，而是后人妄为。”又是后人妄为！作者真是勇于怀疑。《探究》此说的理由是：“当时只有八、九岁的王维，是根本不可能从其乡（今山西永济）远渡黄河到洛阳或者长安与祖咏相识的。”按，八、九岁的王维，自然不可能独自远游，但跟随父母或其他亲友到洛阳或长安去，还是完全有可能的。《探究》还有另外两条理由，俟后再谈。

综上所述，考证古代作家生平事迹时，如遇古人的记载与自己原先的设想相左，首先该怀疑的，应是自己的设想，而不是古人的记载。这样，才能不犯或少犯主观臆测的错误。

二　因不明古代制度而误

《求是》一文说：“考《全唐文》卷三十九唐玄宗《改元大赦文》有云：‘改开元三十年为天宝元年。’‘内外文武官九品已上，各赐勋两转。’所谓‘赐勋两转’，其实就是连升两级。王维开元二十九年春以正八品下的监察御史‘知南选’还京，至翌年改元天宝‘赐勋两转’，正为从六品下的侍御史。”按，这是典型的因不明唐代官制而误。唐代的官制很复杂，岑仲勉《金石论丛》说：“说其大概，可分为职事官、散官、爵、勋四项，五品以上的官员，往往各项兼备，最低限度也有职事官和散官两项。”[②]这四项中，只有职事官是有必须执行之政务的实职，其余都是无必须执行之政务的虚衔；这四项各具独立性质，不一定随他项的变动而变动。监察御史、侍御史都是职事官职，和“赐勋两转”之“勋”绝不能混同。唐代之勋，自低至高计有一至十二转，《新唐书·百官志》：“凡十有二转为上柱国，视正二品；十有一转为柱国，视从二品；……二转为云骑尉，视正七

① 陈铁民：《王维新论》，北京师范学院出版社1990年版，第62页。

② 岑仲勉：《金石论丛》，上海古籍出版社1981年版，第461—466页。

品；一转为武骑尉，视从七品。”唐代皇帝遇即位、改元等事时，对九品以上职事官员的普遍颁赐，都是在他们的散官、爵、勋上给予升迁，从未有过在职事官职上给予升迁的，原因很简单：其一，职事官都有具体职事，必须“随才录用”（《旧唐书·职官志》一），如果不分青红皂白一律“连升两级”，势必造成滥竽充数、官非其人的混乱现象。其二，《唐六典》卷二：“凡天下官吏各有常员。”即每一个职事官职的品级、员数都是固定的，也即职事官有固定编制，唐律禁止超编授官，《唐律疏议》卷九：“诸官有员数，而署置过限及不应置而置，一人杖一百，三人加一等，十人徒二年。”又，自古至今的官制，都是官员品级越高，员数越少，因此如果职事官九品以上都“连升两级”，势必出现严重的超编现象。例如监察御史定员十人，侍御史定员四人，如果监察御史都“连升两级”成为侍御史，那么侍御史就要超编一倍半，这岂不乱了套？另外，唐代流内职事官分为九品三十等，监察御史同侍御史之间相差六等（正八品上、从七品下、从七品上、正七品下、正七品上、从六品下），而不是《求是》所说的“两级”，可见《求是》的作者对唐代职事官的品级，也很生疏。

拙作《王维年谱》断王维离济州司仓参军任的时间为开元十四年暮春，《探究》认为此说误，理由是：“没有对唐玄宗在王维仕鲁期间所颁布的全部赦令予以考察。……开元十三年有两次大赦……先看第一次：‘正月……戊子，降死罪从流，流已下罪悉原之。’……王维的被贬济州非为‘流罪’，而是‘左降官’之属，而‘左降官’正为‘流已下’，且赦令又明文规定‘悉原之’，故王维的被赦即应在这‘悉原之’之列。”并认为十三年王维被赦后即离开济州。按，这条是因不明唐代的律法制度而误。何谓“流已下罪”？我国自古就有五刑的刑法制度，唐时亦“立刑名之制五焉：一曰笞，二曰杖，三曰徒，四曰流，五曰死”。（《唐六典》卷六）这五刑由轻至重又分为二十等：笞刑五（自笞十至五十共五等）、杖刑五（自杖六十至于一百）、徒刑五（自徒一年起，以半年为差，至于三年）、流刑三（二千里、二千五百里、三千里）、死刑二（绞、斩）（参见《唐律疏议》卷一）。据《唐律疏议》，唐时一个平民所能犯的罪，皆包括在这五刑二十等罪之中，而所谓流以下罪，即指除死刑二等之外的其他十八等罪。例如《疏议》卷二云：“诸七品以上之官……犯流罪已下，各从减一等之例。”又云：“诸五品以上妾，犯非十恶者，流罪以下，听以赎论。”这是说，一个六、七品官犯死罪之外的其他罪，可减一等处罚（例如依律应徒二年，可减为一年半）；又五品以上官员的妾，犯流、徒、杖、笞之罪（罪的性质属十恶的不包括在内），允许以铜赎罪（如杖一百，纳铜十斤）。唐时一个官员所能犯的罪，除五刑二十等罪之外，还有除名、免官、免所居官三种罪，它们也都属于流以下罪（参见《疏议》卷二、三）。唐律规定，犯罪人“议、请、减以下人，身有官者，自从官当、除、免，不合留官取荫收赎”（《疏议》卷二）。官当即以官抵罪，如六品以下、九品以上，“一官当徒一年”，等等，所以犯徒、流罪的官员，大抵都要解职抵罪；另外唐律还特别规定，官员犯某几种罪，必须除名（官爵悉除）、免官（职事官、散官、勋官俱免）、免所居官（免所居之一官；职事、散官为一官，勋官为一官；带勋官者，免其职事官），例如犯受财而枉法等罪除名，犯受财而不枉法等罪免官，等等。由此可见，犯流以下罪的官员，实际上解官者居多，而左降官则仍居官，也就是说左降官中的许多人，并非因犯流以下罪而左降，不过因工作的失误而贬官；“流已下罪”涵盖不了所有甚至是多数的左降官。正因此，朝廷发布的赦令中，如果涉及左降官，都要另作交代。如《册府元龟》卷八五：“（开元十七年十一月）戊申，谒诸陵还，大赦天下，制曰：‘……自开元十七年十一月二十二日昧爽已前，大辟罪已下，罪无轻重……常赦所不免者，咸赦除之。……左降官量移近处。’”此次大赦是所有的五刑之罪皆赦免，但仍涵盖不了左降官，所以又对左降官的赦免问题另作交代。开元十三年正月的赦令未提及左降官，当然同王维的被贬济州无关。又《探究》所引的这条赦令，系据《旧唐书·玄宗纪》，而《纪》引录此敕令时，经大加删改，已有违原意，《册府元龟》卷八五：“（开元）十三年正月戊子制曰：‘……其天下见禁囚徒，死罪宜降至流，流已下罪悉原之。’”则赦免的对象是被拘禁的囚犯，同王维更无关系。另外，《探究》误以为拙谱认为《赠祖三咏》作于开元十三年冬王维与祖咏在济州相会时，又认为这年春维已离济州，不可能与咏在济州相会，因此以王维十三年春已离济州作为《赠祖三咏》题下自注“是后人妄为”的一条理由，其实这个自注与王维何时离济州并无关系（拙谱认为《赠祖三咏》作于十二年秋），《探究》作者误会了拙谱之意。

《问题》说："王维开元十八年因妻丧而去职闲居于家。"又说："李白一生凡两入长安，第一次在开元十八年夏……在李白到达长安之际时，王维于此前已因妻丧而去职且'杜门'家中。"按，唐人居官时丧妻，并不去职。《问题》所述是因不明唐代丧制而误。《通典》卷一〇八："居官遭丧：凡斩衰三年、齐衰三年者，并解官。……父为长子、夫为妻，并不解官，假同齐衰周也。""给假：凡齐衰周，给假三十日，葬五日，除服三日。"齐衰周，服齐衰（丧服名）一周年，古时夫为妻服齐衰一年；则唐时居官遭妻丧，并不去职，总共给假三十八日。

《求是》说："据《唐会要》卷八十二'休假'可知，唐玄宗时期实行的是'旬假制'……唐代对各种假日在时限上乃有极其严格的规定，即除特殊情况如丧假可'给二十日'外，其余最多只三天。如果请一般性事假，则只有'三品以上长官'可'请假满日'（一天）。由是以观，可知当时仅任从六品下侍御史的王维，是尚不具备请假的资格的。"按，这条是因不明唐代的休假制度而误。据《唐六典》卷二等载，唐代官员除旬假外，还有不少假期，如每年有两次长假（田假、授衣假），各十五日；全年的节日假（如元正、冬至各给假七日等）合计达五十三日；又私家有婚、冠、丧、祭、拜扫、省亲等事，皆给假（如私家祔庙，给假五日；四时祭，各四日等），以上情况拙作《也谈王维与唐人之"亦官亦隐"》（《东南大学学报》2006年第2期）有详细论述，此不重复。至于说只有三品以上长官才能请一般性事假满一天，则是因误解原文之意而致误。《会要》原文云："（贞元）二十一年五月御史台奏：'伏准承前旧例，诸司三品以上长官请假满日，正衙参见，其余品秩卑，自有本司官长，不曾于正衙参假；去年六月侍御史窦群奏，令尚书省四品、中书门下御史台五品同三品例，正衙参假讫，既失旧章，又烦圣听，今请准例三品以上假满日，正衙见……。'依奏。"奏文的意思是，三品以上长官请假期满之时，在正衙（朝会之所，指宣政殿）参见天子销假；而按《求是》对"请假满日"的解释，上引这段文字明显无法讲通。《会要》八二又云："大和八年九月御史台奏：文班常参官旧例，每月得请两日事故假，今许请三日。……敕旨：依奏。"则所谓任侍御史的王维，尚不具备请事假的资格，可谓无中生有。另外，笼统地说丧假给二十日，也不正确，《会要》说的是：阎立德妹丧，给假二十日。唐时是根据亲属关系的远近，来定丧假的长短的，并非一律给二十日，详情可参阅《通典》卷一〇八“给假”。

上述三文的作者，结合唐代制度来考证王维事迹的努力是应该肯定的；所可惜的是，对唐代的制度了解不多，因而造成不少错误。

三 因不明或误解原文之意而误

不明或误解原文之意，是考证常犯的错误，上文已涉及这个问题，下面再举几个例子加以说明。关于王维《谒璇上人》一诗的系年，《求是》说：“其一是据《景德传灯录》卷四，要知璇禅师乃为嵩山高僧普寂的四十六位法嗣之一……且《宋高僧传·普寂传》又载普寂开元二十七年终于洛阳兴唐寺。……作为普寂的弟子璇禅师以及王维母子，都应是普寂葬礼的当然参与者。如此，则王维在开元二十七年的洛阳谒见璇禅师并写《谒璇上人》，也就自在情理之中。其二是《宋高僧传·元崇传》中的一段文字：‘释元崇……以开元末年，因从瓦官寺璇禅师谘受心要……至德初，并谢绝人事，杖锡去郡，历于上京……下蓝田，于辋川得右丞王公维之别业。’其中的‘至德初，并谢绝人事’云云，颇可注意，因为其所表明的是璇禅师与元崇在至德初年，均离瓦官寺而‘历于上京’。而赵殿成《王右丞集笺注》卷三于‘璇上人’的笺注，又可对此佐证：‘璇公乃因授深法，与崇历上京，遂入终南，至白鹿，下蓝田。’此则表明，王维拜谒璇禅师及写《谒璇上人》一诗，又可能是在‘至德初’……的长安一带。”按，要弄清《谒》诗的系年，首先必须对诗意有一个正确的理解。诗云：“夙承大导师，焚香此瞻仰。颓然居一室，覆载纷万象。高柳早莺啼，长廊春雨响。床下阮家屐，窗前筇竹杖。……一心在法要，愿以无生奖。”“夙承”二句说，上人自己早已承奉，现在在这里焚香瞻仰；“颓然”句写上人在居室中坐禅入定的情状；“高柳”二句写上人所居寺院的景物和节候；“床下”二句细述上人居室中摆放的物品。因此，此诗应是王维至上人所居寺院瞻仰上人时所作。据《景德传灯录》卷四，普寂的法嗣中有“瓦棺寺璇禅师”，《元崇传》也说开元末年禅师居瓦官寺（在江宁），可见瓦官寺是璇禅师的长期居住地（目前尚不清楚禅师是否住过别的寺院），所以拙谱断此诗作于开元二十九年春王维自桂州北归途经江宁时。《求是》认为拙说“错误更甚”，于是提出上面引述的两项新说。现在先剖析第一项：首先，据《宋高僧传》，普寂的卒地是长安而非洛阳。《宋高僧传·普寂传》：“开元二十三年，敕普寂于都城居止。……二十七年，终于上都兴唐寺，年八十九。”都城，国都，唐时一般指长安（如与“京城”对举，则指东都洛阳）；上都，首都，明显指长安，如《元和郡县图志》卷五河南府（东都）：“西至上都八百五十里。”又兴唐寺在长安，《长安志》卷八、《唐两京城坊考》卷三都有明确记载；《求是》的这个错误，是由于误解都城、上都之意造成的。其次，古代交通不便，居于江宁的璇禅师，能否按期赶往长安参加普寂葬礼，颇成问题，况且说两人在参加葬礼时相会，也不符合上述《谒》诗之诗意。接下剖析第二项，先引录《元崇传》的有关文字：“释元崇……以开元末年，因从瓦官寺璇禅师谘受心要……璇公乃揣骨千里骏足可知，因授深法。崇灵台虚彻，可舍百神……金陵诸德请移所配栖霞寺。春秋逾纪，服勤道务……时众是瞻。至德初，并谢绝人事，杖锡去郡，历于上京，遍奉明师……遂入终南……下蓝田，于辋川得右丞王公维之别业。……王公焚香静室，与崇相遇，神交中断。……及言旋河洛，登陟嵩少……声价渐高，衣冠羡仰。……遂东适吴越天台、四明，清心养素。数年后，遐想钟山，飞锡旧居……。”《求是》将“并谢绝人事”理解为元崇、璇禅师一起辞绝世事，其实从上下文看，此传除“以开元”句以下数句交代传主的师承外，自“崇灵台”句以下至传文结束，所记皆传主之事迹，如说他移居栖霞寺，“服勤道务”超过一纪（十二年），至德初离栖霞云游四方，“遍奉明师”，先至京、洛，后适吴越，数年后，方复返栖霞，等等，这中间当不会忽然夹入璇禅师之事。若以为“历于上京”、在辋川遇王维等，是元崇、璇公的共同行为，恐怕于理不顺，于义未安，因为至德元年元崇已四十四岁（据此传所载元崇卒年和享年推算），而作为普寂之法嗣和元崇之师的璇公，应早已过了云游四方、“遍奉明师”的年龄，况且此传明言王维“与崇相遇”，而不提璇公。这问题的关键在于对“并”字的解释，“并”有全部、完全之义，如《后汉书·董卓传》云：“卓所亲爱，并不处显职，但将校而已。”又云：“（韩）遂等……更相杀害，其诸部曲，并各分乖。”盖出家为僧已是辞绝世事，如今乃连寺院

“道务”也辞却，所以说完全辞绝世事。又，《求是》引赵殿成注以为己说的佐证，亦难以成立。赵注云：“《续高僧传》：元崇以开元末年，因从璇禅师谘受心要……璇公乃因授深法，与崇历上京，遂入终南……王公焚香静室，与崇相遇神交。”这段注文错误不少，首先，它本引自《宋高僧传》，却误作《续高僧传》（此书所载止于初唐高宗麟德二年，不可能有元崇传）；其次，它作了有违原意的删削，如删掉“至德初”三字，结果使至德初发生的事变成开元末发生的事；复次，断句有误（在交字下点断）。至于作“与崇历上京”，则和《求是》一样，是因不明“并”字之意而误。综上所述，在辋川与王维相遇的，应只有元崇一人。

王维《淇上即事田园》：“屏居淇水上，东野旷无山。静者亦何事，荆扉乘昼关。”拙谱说：“据此诗，知维尝隐居淇上。”《问题》说：“诗中所写，仅为王维‘屏居淇水上’之所见，而不能表明他斯时乃在淇上隐居。”按，隐居系作者自道；屏居者，隐居也。王维《酬诸公见过》：“屏居蓝田，薄地躬耕。岁晏输税，以奉粢盛。”耿沣《春日即事二首》其二：“数亩东皋宅，青春独屏居。家贫僮仆慢，官罢友朋疏。”皆可证。由于《求是》作者不明屏居之意，所以未能看出此首为写隐居之诗。

《旧唐书·王翰传》：“（张）说既罢相，出翰为汝州长史，改仙州别驾。至郡，日聚英豪，从禽击鼓……文士祖咏、杜华常在座。”《探究》说：“张说罢相在开元十四年四月，则王翰出为汝州长史即应在是年四月或稍后。而《全唐诗》祖咏集中有《汝坟同仙州王长史翰闻百舌鸟》、《寄王长史》二诗……这说明，开元十四年四月及其后的祖咏乃是在汝坟与仙州一带的。若如《王维年谱》所言，祖咏及第后即被授官齐州（今山东济南）以东……那么，开元十四年前后的祖咏就不当以一‘文士’的身份，‘常在座’于王翰的仙州长史府。”按，陶敏说：“张说开元十四年四月罢相后，翰未即遭贬逐。其被贬当在十五年或稍后。”[①] 又，据祖咏诗，知咏从王翰游，在翰改仙州长史之后；翰贬汝州长史既在十五年，则改仙州应更在其后，傅璇琮说：“其时或在开元二十年前后。”[②] 所以，拙谱说祖咏

① 傅璇琮主编《唐才子传校笺》第五册，中华书局1995年版，第22页。

② 傅璇琮主编《唐才子传校笺》第一册，中华书局1987年版，第209页。

开元十三年登第后，即在齐州以东为官，与《王翰传》的记载并不矛盾。祖咏《汝坟别业》："失路农为业，移家到汝坟。"谓己因仕途失意而去职，遂移家汝坟；汝坟在今河南襄城，当时属仙州，故得以与仙州长史王翰往还。由于《探究》作者对《王翰传》原文的理解存在偏差，所以便有了《探究》的上述错误推论。另外，《探究》还以此作为《赠祖三咏》题下自注"是后人妄为"的一条理由，其实这也是个误解，限于篇幅，就不细说了。

四 资料掌握未全面而遽下结论

《问题》说："事实上，王维天宝九载在其母卒后上表所'施'之'庄'，非为宋之问的蓝田别墅，而是其于蓝田所自营的一座别业。……《请施庄为寺表》一文有云：'臣亡母故博陵县君崔氏……乐在山林，志求寂静，臣遂于蓝田县营山居一所，草堂精舍，竹林果园，并是亡亲宴坐之余，经行之所。'其中的'遂于蓝田县营山居一所'云云，说得极清楚，二者岂可相混？若王维母亲生前所居之'庄'，确系宋之问的蓝田别墅，且其又在天宝九载为王维所'施'，那么，王维晚年又何来'家南山陲'的'终南别业'呢？"按，此说可谓道他人所未道，但错误明显。《旧唐书·王维传》："得宋之问蓝田别墅，在辋口，辋水周于舍下……与道友裴迪浮舟往来，弹琴赋诗，啸咏终日。尝聚其田园所为诗，号《辋川集》。"王维《辋川集》序曰："余别业在辋川山谷，其游止有孟城坳……与裴迪闲暇各赋绝句云耳。"知王维所得宋之问别墅，即其诗中常说的辋川别业、辋川庄，详情可参阅拙作《辋川别业遗址与王维辋川诗》[①]。唐耿湋《题清源寺》："孟城今寂寞，辋水自纡余。"诗题下注："即王右丞故宅。"唐李肇《唐国史补》卷上："王维……得宋之问辋川别业，山水胜绝，今清源寺是也。"《新唐书·王维传》："别墅在辋川，地奇胜……母亡，表辋川第为寺，终葬其西。"宋宋敏求《长安志》卷一六："清源寺，在（蓝田）县南辋谷内，唐王维母奉佛山居，营草堂精舍，维表乞施为寺焉。"宋陈振孙

① 陈铁民：《辋川别业遗址与王维辋川诗》，《中国典籍与文化》1997年第4期。

《直斋书录题解》卷一六："辋川在蓝田县西南二十里，本宋之问别圃。维后表为清源寺，终墓其西。"以上唐宋人的记载，皆谓王维为母奉佛所营之山居，即辋川庄，它本是宋之问的别墅，母亡后，维上表求施为清源寺。因辋川庄在山谷中，其地属蓝田县，所以又可称为蓝田山庄，宋之问《蓝田山庄》："辋川朝伐木，蓝水暮浇田。"也称自己在辋川的别墅为蓝田山庄，可证。王维所施之"庄"即辋川庄，也即宋之问的别墅，这一点不少记载都已指明，而《问题》作者似乎不知，他完全撇开这些记载而按主观认定遽下结论，自然不能免于错误。又，《问题》谓王维施庄为寺在天宝九载，亦误。《请施庄为寺表》："臣遂于蓝田县营山居一所……臣往丁凶衅（指遭母丧），当即发心，愿为伽蓝，永劫追福，比（先）虽未敢陈请，终日常积恳诚。又属元圣中兴（指肃宗收复两京），群生受福，臣至庸朽，得备周行（得充朝廷之臣），无以谢生（酬谢活命之恩），将何答施？……伏乞施此庄为一小寺……上报圣恩，下酬慈爱，无任恳款之至。"表文说，天宝九载遭母丧时，自己即有施庄为寺之心，但未敢陈请，则不在天宝九载明矣，又说自己请施庄为寺的动机之一，是报答皇上的不杀之恩，则施庄为寺，当在王维因陷贼入狱，又被宥罪复官之后，即乾元元年（758）。拙谱已系此事于乾元元年，不知《问题》为何没注意到？

《问题》又说："王维一生共隐居四次……第三次系丁母忧而再隐终南山，晚年则辞职归隐于终南。""王维丁母忧在天宝九载……他二十七个月的守丧期，乃在终南山的辋川别业度过（陈允吉考证王维的'终南别业'即'辋川别业'，甚是，本文此处特从之），是可肯定的。""王维晚年隐终南山，《旧唐书·王维传》乃有载：'晚年长斋，不衣文采，得宋之问蓝田别墅。'又《新唐书·王维传》云：'缙为蜀州刺史未还，维自表己有五短，缙有五长，臣在省户，缙远方，愿归所任官，放田里，使缙得还京师。'《旧唐书》所谓'晚年隐终南山'者，所指即为王维上表以己官换王缙'还京师'后'放田里'事。而王维集中的《责躬荐弟表》有云：'臣之五短，弟之五长……顾臣谬官华省，而弟远守方州……伏乞尽削臣官，放归田里，赐弟散职，令在朝廷。'由是而观，可知王维晚年的'晚家南山陲'，乃系其上表'伏乞尽削臣官'所致。而其'得宋之问蓝田别墅'，亦在是时。或以王维'得宋之问蓝田别墅'，乃在天宝三载……其说乃属不的之辞。”按，《旧唐书·王维传》根本没说过王维“晚年隐终南山”，请看传文：“维弟兄俱奉佛，居常蔬食，不茹荤血，晚年长斋，不衣文采。得宋之问蓝田别墅，在辋口……”文中“维弟”以下五句，述维弟兄奉佛事，谓其平时食粗粝之食，晚年更终年吃素；而“得宋”以下数句，则述维得宋之问别墅，与裴迪游其中，并赋诗事，前后所述为两事，故“采”字下应加句号。这段话显然不能理解成王维晚年得宋之问别墅，更不能理解成王维晚年隐终南山，实际上“晚年隐终南山”是《问题》自己的看法。《问题》称王维晚年隐终南，系其上表求“尽削臣官，放归田里”所致，也完全不能成立。理由是：首先，只有王维的自请，而没有天子的批准，“放归田里”无法实现。其次，放归田里相当于前面谈到的“除名”，在唐代是朝廷对犯罪或有过错官员的一种处罚，如《通典》卷一一五：“臣请都督、刺史……等，……政绩无闻，抵犯贪暴者，放归田里，以明赏罚。”《旧唐书·代宗纪》：“太常博士柳伉上疏，以蕃寇犯京师，罪由程元振，请斩之以谢天下，上甚嘉纳，以元振有保护之功，削在身官爵，放归田里。”《新唐书》本传在记述王维自请“放田里”一事后说：“议者不之罪。”既然廷议不认为王维有过错，他自然不会受到放归田里的处罚。又《问题》将放归田里与“辞职归隐”等同，也不正确，因为去职的官员仍有一定的政治经济特权和待遇，而受到放归田里处罚的官员，其地位则同于庶人。复次，据笔者考证，《责躬荐弟表》作于上元二年（761）春，时王维官尚书右丞，详见拙谱[①]；维上《荐弟表》后不久，肃宗即召王缙入朝为左散骑常侍，维于是进上《谢弟缙新授左散骑常侍状》，状文末署“上元二年五月四日通议大夫守尚书右丞臣王维状进”，则直至上元二年五月，王维仍在朝任职，而再过两月，维即辞世，哪有可能辞职隐于终南？

王维《终南别业》：“中岁颇好道，晚家南山陲。”《问题》即据此认为王维晚年隐终南山，并认为终南别业即王维所得之宋之问蓝田别墅，又说终南别业即辋川别业；“晚年”不是一个确切的时间概念，故《问题》又将王维得终南别业的时间落实为在上《荐弟表》后，即上元二年春；既然王维直到上元二年春才得到终南别业，那么他天宝九载守母丧时所居之辋

① 陈铁民：《王维集校注》，中华书局1997年版，第1373—1375页。

川（终南）别业，又是从哪儿冒出来的？“母丧，毁几不生”（《新唐书·王维传》）的王维，显然不可能在守丧期间大兴土木，营建别业，而且据王维《辋川图》明刻石本，别业的规模不小，也不是短期内可以营建的，这恰好说明拙谱断王维始营辋川别业在天宝三载近于实情，何“不的”之有！《问题》前后所述，自相矛盾，甚为混乱，这主要是资料掌握未全遽下结论，加上误解原文之意造成的。看来，误解原文之意是考证最易犯的错误，它常与其他错误交织在一起，值得我们注意。

附记：关于普寂的卒地，笔者在《再谈考证古代作家生平事迹易犯的几种错误》（载《南京师范大学文学院学报》2007 年第 2 期）中有新的考证，读者可自参阅。

（原载《南京师范大学文学院学报》2006 年第 1 期，又载人民大学书报资料中心《中国古代、近代文学研究》2006 年第 9 期）

梁玙墓志与唐进士科试杂文

《唐代墓志汇编》开元三六三《大唐故亳州谯县令梁府君之墓志》云："公讳玙，字希杭，京兆长安人也。……公生而岐嶷，见异州闾，羁髫之年，日新□藻，明《穀梁传》，入太学。逮乎冠稔，博通经史，诸所著述，众挹清奇。制试杂文《朝野多欢娱诗》、《君臣同德赋》及第，编在史馆；对策不入甲科，还居学。间岁，举进士至省，莺迁于乔，鸿渐于陆；属皇家有事拜洛、明堂，简充斋郎，逡奔执豆。其年放选，郑部雄藩，原武大县，公牵丝作尉。"① 对以上这段话，研究者有着不同的解读。陈尚君《登科记考正补》在"仪凤四年己卯（679）"下云："梁玙……以开元二十年卒，年七十三推之，本年为二十岁。其应制及第当在本年或明年。所载试诗赋题，为存世唐人试诗赋的最早记载，弥足珍视。'皇家有事，拜洛明堂'云云，当指武后亲享明堂、改制称帝一事，因知玙复于永昌元年（689）进士及第。"② 孟二冬《登科记考补正》卷二在仪凤四年"应制及第"下补"梁玙"，云："按梁氏卒于开元二十年（732），享年七十三，则其二十岁在仪凤四年。亦见陈补。"又于永隆二年（681）"进士"下补"梁玙"，云："按梁氏……二十岁在仪凤四年（679）。又其举进士及第在永隆二年（681）。"③ 按，上述两种对《墓志》的解读，都存在问题。"间岁"者，隔一年也。《汉书·韦玄成传》："上陈太祖，间岁而祫。"师古注："间岁，隔一岁也。"陈尚君《正补》断梁玙应制及第在仪凤四年、举进士及第在永昌元年，这明显与《墓志》中的"间岁"之语不合；孟二冬

① 周绍良、赵超：《唐代墓志汇编》，上海古籍出版社 1992 年版，第 1407 页。

② 《陈尚君自选集》，广西师范大学出版社 2000 年版，第 211—212 页。

③ 孟二冬：《登科记考补正》，燕山出版社 2003 年版，第 82—86 页。

《补正》断梁玙应制及第在仪凤四年、进士及第在永隆二年，虽同“间岁”之语相合，却与《墓志》中的“属（适值）皇家有事拜洛、明堂”之语牴牾。那么，什么才是对《墓志》的正确解读呢？

要对《墓志》有正确的解读，首要的前提是，对唐代的科举制度有准确的了解。《正补》、《补正》皆谓梁玙“应制及第”，所谓“应制及第”，指的是应科名不可考的制举登第。徐松《登科记考·凡例》：“今以制举及第姓氏文章之可考者，各标其科；若有姓氏而科之名不可考者，则依《登科记》初唐之例，标曰应制及第。”事实上，梁玙首次所应的科举考试，既非制举，亦未曾登第。根据何在？首先，唐代制举通常只有一个试项，即试策，《唐会要》卷七六《贡举中·制科举》：“天宝十三载十月一日御勤政楼，试四科举人，其辞藻宏丽，问策外，更试诗赋各一道。”注云：“制举试诗赋自此始。”可知此前的制举，并不试诗赋，而且据现有的材料，此后也基本上没有再试过诗赋①；而《墓志》所记梁玙首次应的科考，却有两个试项，即先试杂文（诗赋），而后试策。其次，《正补》、《补正》皆谓梁玙应制及第后又去应进士试，这同唐代的制度是不相合的。傅璇琮《唐代科举与文学》指出：“大约制举的名望高出于其他科目，在唐代，就有进士及第后又再应制举试的，有明经及第后应制举试的，有现任职官应制举试的，而相反的情况却没有，并无制举登第再去应进士、明经试的。”（第114页）按，唐人应举的目的，无非为了做官，而依唐制，进士及第后，只是获得了出身，即做官的资格，还必须经过吏部的铨选，才能授官，当时往往有进士及第后待选多年尚未得到官职的情况，所以便有尚未得到官职的进士及第者再应制举试以求速仕的；而制举及第者，一般都能立即授官，既然已解决了做官问题，当然也就没有必要再去应进士试了。② 最后，梁玙若果应制举及第，理当立即授官，不会像《墓志》所说的那样，在及第后“还居学”。所以，梁玙首次所应科考，并非制举。

那么梁玙所应，究为何科？我认为应是进士科。进士科唐初只试策，至

---

① 关于这个问题，傅璇琮《唐代科举与文学》（陕西人民出版社1986年版）第六章，陈飞《唐代试策考述》（中华书局2002年版）第七章第四节皆有详述，可参阅。

② 关于这个问题，可参阅王勋成《唐代铨选与文学》第七章第四节，中华书局2001年版。

高宗永淳元年（682），才改为两个试项。《唐大诏令集》卷一〇六《条流明经进士诏》："自今以后，考功试人，明经试帖，取十帖得六以上者；进士试杂文两首，识文律者，然后并令试策。……即为恒式。"末署"永隆二年八月"。此诏发布于永隆二年（681）八月，由于其时当年贡举期已过，所以只有到第二年（永淳元年）才能正式实行进士科的两场考试：第一场试杂文，第二场试策。《墓志》"制试杂文"云云，说的正是高宗下诏实行进士科两场试后，梁玙参加试杂文和试策的情况，因此梁氏所应应是进士科，其时当在永淳元年之后不久。唐代进士科的两场试（后改为三场试），每场定去留，第一场试杂文通过，才得以参加第二场试策，试策也通过，才算真正及第。《墓志》称梁玙试诗赋"及第"，是指第一场试通过，唐代科举考试皆据成绩之高低设定若干等第，如《新唐书·选举志》云："凡秀才，试方略策五道，以文理通粗为上上、上中、上下、中上，凡四等为及第。"考试成绩达到设定的等第为"及第"，也就是应这场试中式、被录取之意；称"对策不入甲科"，则指第二场试未通过，总结果仍为落第。所谓"不入甲科"，只是试策未及第的一种委婉说法。《通典》卷一五《选举三》："按令文……明经虽有甲乙丙丁四科，进士有甲乙二科，自武德以来，明经唯有丙丁第，进士唯乙科而已。"进士实际无甲科，唐人的传记、墓志中常说的"登甲科"一类话，不过是誉词[①]，因此不能将"不入甲科"理解成"登乙科"。由下文"还居学"（返回太学读书）之语，亦可证梁玙首次应进士试未登第。

梁玙首次应进士试在哪一年？要弄清这个问题，须先弄清他第二次应进士试及第的时间。《墓志》谓梁氏进士及第时，"属皇家有事拜洛、明堂，简充斋郎"，关于拜洛，《通鉴》则天后垂拱四年（688）载："四月……武承嗣使凿白石为文曰：'圣母临人，永昌帝业。'……庚午，使雍州人唐同泰奉表献之，称获之于洛水。太后喜，命其石曰'宝图'。……五月，戊辰，诏当亲拜洛，受'宝图'。……十二月……己酉，太后拜洛受图……文物卤簿之盛，唐兴以来未之有也。"两《唐书·则天皇后纪》所载同。关于拜明堂，《旧唐书·则天皇后纪》曰："永昌元年（689）春正月，神皇（武则天）亲享明堂，大赦天下，改元，大酺七日。"考则天于垂拱四年五月下诏拜

① 参见《唐代铨选与文学》第一章第三节。

洛，所以梁玙被选为拜洛典礼的斋郎，应在此年五月以后；而其进士及第，则当在五月以前，即垂拱四年春。至于梁氏授郑州原武尉的时间，应在其以斋郎身份参加享明堂典礼之后，即永昌元年季春（唐时吏部铨选，始于十一月，至次年三月毕）。既知梁玙进士及第的时间为垂拱四年，也就知道他首次应进士试落第的时间为垂拱二年（详见前）。垂拱二年梁玙已二十七岁，这同《墓志》中“逮乎冠稔”等语是否矛盾？按，《墓志》先叙梁氏幼年入太学事，又接叙其到了二十岁，学问大进，有多种著述，为众人所汲取，而后再叙其应试事；“逮乎冠稔”四句与“制试杂文”四句所述为二事，“众挹清奇”句下应加句号，我们只能说梁氏应试事发生在“冠稔”之后，而不能说它即发生在“冠稔”。

据《墓志》，垂拱二年（686）进士科的杂文试题为《朝野多欢娱诗》、《君臣同德赋》。《朝野多欢娱诗》今皆不存，《君臣同德赋》则仍有一篇保存在《文苑英华》中。《英华》卷四三首篇即此赋，未署作者姓名（中华书局影印本，《四库全书》本署“失名”），它当是梁玙或同时应试者所作，而《全唐文》卷六九二却将它误作中唐白行简之文收录，此赋之前一篇为白行简《文王葬枯骨赋》（《英华》卷四二末篇），《全唐文》编者遂误以为此赋的作者也是白行简，《御定历代赋汇》卷四一收此赋署“唐阙名”，即不误。①《君臣同德赋》曰：“巨唐累圣重光，盛烈贯于千古，英声超于百王。……君臣同德而均美，圣母临人而永昌，岂徒超五臣而逾十乱，固将六五帝而四三皇！”圣母，对帝母、皇太后的尊称。如《旧唐书·文宗纪》：“文宗……乙巳，即位于宣政殿。……戊申，尊圣母为皇太后。”此指武则天。据两《唐书·则天皇后纪》、《通鉴》等载，弘道元年（683）十二月，唐高宗崩，皇太子李显（中宗）即皇帝位，尊武则天为皇太后，而是时武后“既将篡夺”，“自临朝称制”；次年二月，武后废中宗为庐陵王，立豫王旦（睿宗）为皇帝，“皇太后仍临朝称制”；到了天授元年（690）九月，武后遂自即帝位，“改国号为周”。赋所谓“圣母临人（民）而永昌”，即指武后临朝称制而言，所以此赋当作于光宅元年（684）以

---

① 《文苑英华》卷四十三第二篇《垂衣治天下赋》，亦未署作者姓名，《全唐文》同样将其误作白行简文收录。

后；《正补》、《补正》断梁玙首次应试在仪凤四年（679），这同赋中的“圣母”等语不合，因为那时高宗还在世，武则天只是皇后，而非帝母、太后，不得谓之“圣母”。又，赋中有“巨唐”之语，所以它当作于武后改国号为周以前。上述这一切正好证明，笔者上文定梁玙首次应进士试的时间为垂拱二年（686），完全可以成立。

据徐松《登科记考》，唐进士科试杂文用一诗一赋，始于开元二十二年（734），现在本文所考，已将试杂文始用一诗一赋的时间，往前推移了48年。早在武后垂拱二年，就有试杂文用一诗一赋的例子，这个事实对于唐诗发展的意义，值得我们加以研究。

关于进士科试杂文两首，《登科记考》卷二说：“按杂文两首，谓箴铭论表之类。开元间，始以赋居其一，或以诗居其一，亦有全用诗赋者，非定制也。杂文之专用诗赋，当在天宝之季。”对徐松此说，当代学者大都表示赞同。如《唐代科举与文学》说：“（徐松）这段话说得扼要明白，对于唐代进士试杂文的演变讲得十分清楚……徐松的话是有事实根据的。”（第169页）吴宗国《唐代科举制度研究》说：“高宗永隆二年（681）诏进士试杂文，由于加试杂文的目的是为了提高应进士举者的文字水平，故所试杂文即为士子所熟习的箴、表、铭、赋之类。……直到开元末年，杂文仍未专用诗赋。正如清人徐松在《登科记考》卷二引录永隆二年八月诏时所说……。”① 按，由于永淳元年（682）进士科开始实行试杂文以后的历年杂文试题，实际上大都难以考知，所以徐松的上述说法，是否有确凿的事实根据，也就很可怀疑了。

下面，先将永淳元年以后可考知的进士科杂文试题一一列出：

垂拱元年（685）	《九河铭》	《高松赋》
垂拱二年（686）	《朝野多欢娱诗》	《君臣同德赋》
开元元年（713）	《长安早春诗》	《出师赋》②
开元二年（714）		《旗赋》
开元四年（716）		《丹甑赋》

① 吴宗国：《唐代科举制度研究》，辽宁大学出版社1997年版，第148—149页。

② 本年此二试题据《正补》之说，见《陈尚君自选集》，第221页。

开元五年（717）	《古木卧平沙》诗[1]	《止水赋》
开元七年（719）		《北斗城赋》
开元十一年（723）	《黄龙颂》	
开元十三年（725）	《终南山望馀雪》诗	《花萼楼赋》[2]
开元十四年（726）	《考功箴》	
开元十五年（727）	《积翠宫甘露颂》	《灞桥赋》[3]
开元十八年（730）	《柳陌听早莺》诗[4]	《冰壶赋》
开元二一年（733）	《积雪为小山》诗[5]	
开元二二年（734）	《武库诗》	《梓材赋》
开元二六年（738）	《明堂火珠诗》	《拟孔融荐祢衡表》
开元二七年（739）	《美玉诗》	《蓂荚赋》[6]
天宝六载（747）		《罔两赋》
天宝十载（751）	《湘灵鼓瑟诗》	《豹鳥赋》
天宝十五载（756）	《东郊迎春诗》	

以上进士科杂文试题，凡未加注说明根据者，皆据徐松《登科记考》。下面，试将以上资料同徐松的说法作一番对比与分析。自开始试杂文的682年至先天元年（712），凡31年，除去一年（延载元年，694）不贡举，实为30年，按规定每年杂文试题两个，应有试题60个，然而其中可考知的，却只有1/15，即4个。在这四个试题中，有赋二、诗一、铭一，根据这样的资料，难道能够得出712年以前进士试的“杂文两首，谓箴铭论表

① 《文苑英华》卷一八七省试八有王泠然《古木卧平沙》诗，考泠然于开元五年登进士第，则“古木卧平沙”当为本年进士科试题。按，唐时每年应进士试者“常不减八九百人”（《唐摭言》卷1），他们所写的省试诗，绝大多数已为历史所淘汰，只有极少数的省试诗，得以在当时流传并保存了下来；这些诗的作者，大多为当年的及第者，或虽未及第却有诗名的人，所以此处姑将“古木”诗当作及第者的省试诗看待。下文注同。

② 本年此二试题据孟二冬《登科记考补正》之说，见该书第273、274页。

③ 此题据《正补》之说，见《陈尚君自选集》，第225页。

④ 《文苑英华》卷一八五省试六有陶翰《柳陌听早莺》诗，考翰于开元十八年登进士第，则“柳陌听早莺”应为本年进士科试题。

⑤ 《文苑英华》卷一八七省试八有刘慎（昚）虚《积雪为小山》诗，考慎虚于开元二一年登进士第（参见《登科记考补正》），则“积雪为小山”应为本年进士科试题。

⑥ 本年此二题据《正补》，见《陈尚君自选集》，第228页。

之类”的结论吗？显然不能。再看一下“开元间”的情况：开元时期共29年，应有杂文试题58个，其中可考知的有22个，包括赋十、诗八、颂二、箴一、表一。在这22个试题中，诗赋达18个，占82%，“箴铭论表之类”只有4个，占18%。又，天宝时的情况是：共15年，应有杂文试题30个，其中可考知的只有四个（诗二、赋二）。徐松所描画的唐代进士试杂文的演变情况是，自682年至712年，杂文两首指的是“箴铭论表之类”，到了开元（713—741）间，才“以赋居其一，或以诗居其一”，并出现了杂文全用诗赋（即用一诗一赋）的情况，直到“天宝之季（末）”，杂文专用诗赋的固定格局才最终形成。然而，我们由上述不完全的资料所看到的演变情况却是，自682年至712年，诗赋在杂文试题中已占多数，而“箴铭论表之类”，只占少数，而且早在武后时代，已出现了杂文全用诗赋的情况；到了开元间，诗赋在杂文试题中的比重又进一步增大，已明显地居于主导地位，而且杂文全用诗赋的年份也大增（开元间每年两个杂文试题都可考知的年份共有八个，其中用一诗一赋的年份即占了六个）；至于杂文专用诗赋的固定格局最终形成的时间，徐松说在天宝之末，从开元时期杂文试题的演变趋向看，当过晚。

自682年至712年的杂文试题，徐松自己只考出了两个（一铭一赋），那么，他根据什么说这个时期的杂文，指的是“箴铭论表之类”呢？我认为，他根据的是，自己对杂文概念之内涵与外延的理解。关于杂文，刘勰在《文心雕龙·杂文篇》中，先以十分之九以上的篇幅，论述其包含有对问（始创于宋玉的《对楚王问》）、七（首制于枚乘的《七发》）、连珠（始于扬雄《连珠》二首）三种类别之文；又在此文的结尾说：“详夫汉来杂文，名号多品。或典诰誓问，或览略篇章，或曲操弄引，或吟讽谣咏，总括其名，并归杂文之区；甄别其义，各入讨论之域。”范文澜《文心雕龙注》说：“凡此十六名，虽总称杂文，然典可入《封禅篇》，诰可入《诏策篇》，誓可入《祝盟篇》，问可入《议对篇》，曲操弄引吟讽谣咏可入《乐府篇》，章可入《章表篇》，所谓‘各入讨论之域’也。（览略篇，或可入《诸子篇》。）”[①] 刘勰的所谓杂文，明显有广狭二义之分，前者（包含对问等者）为狭义，后者则

---

① 范文澜：《文心雕龙注》，人民文学出版社1962年版，第269页。

为广义。广义之杂文，兼含了用韵之文与无韵之笔。那么唐初进士科加试的杂文，指的是什么文章？上文提到的永隆二年（681）发布的诏令说："进士试杂文两首，识文律者，然后并令试策。"文律，谓文章之音律，见《文选》陆机《文赋》"普辞条与文律"五臣注。试杂文既以"识文律"为及第标准，则杂文当为用韵之文或主要为用韵之文。再从已考出的杂文试题来看，垂拱年间有赋二、诗一、铭一，显庆四年（659）有表一、箴一（见《登科记考》），开元十一年有颂一，由这些事实大抵可以推知，712年以前的杂文，指的是赋、诗、铭、箴、颂、表之类，其中赋、诗、铭、箴、颂为用韵之文，表为无韵之笔。[①] 徐松的说法同上述结论的不同在于，首先，徐松遗漏了最为重要的赋、诗；其次，徐松未及颂而提到论，论为无韵之笔，现在我们尚未见到初、盛唐进士科试杂文有用论的例子。唐人对于杂文还有别的理解与用法。在杂文专用诗赋之后，唐人或径以杂文指诗赋，如权德舆有《上巳日贡院考杂文不遂赴九华观祓禊之会以二绝句申赠》诗，"杂文"即指诗赋，胡震亨《唐音癸签》卷十八"进士科故实"说："调露中，始试帖经，经通，试杂文，谓有韵律之文，即诗赋也。"又，唐人有时也以杂文指诗以外的各种体裁之文，如白居易《与陈给事书》："正月日，乡贡进士白居易谨遣家僮奉书献于给事阁下……谨献杂文二十首，诗一百首，伏愿……退公之暇，赐精鉴之一加焉。"此"杂文"包括赋而不包括诗。柳宗元《上江陵严司空献所著文启》："宗元启……谨献杂文七首，伏惟以一字定其褒贬，终身之幸，无以加焉。"题称"献所著文"，则此"杂文"亦应不包括诗。到了宋代，常以杂文指诗、赋以外的各种体裁之文。如李昉等编《文苑英华》，分成赋、诗、歌行、杂文等38类，诗、赋皆在杂文的范围之外。又如欧阳修《与张棐秀才第一书》："前日辱以诗、赋、杂文、启事为贽，披读三四，不能辄休。"所称"杂文"亦不包括诗、赋。延及清代，仍常以杂文指诗、赋以外的各种体裁之文。如《四库全书·曹子建集》"提要"云："《曹子建集》十卷……凡赋四十四篇，诗七十四篇，杂文九十二篇，合计之得二百十篇。"又《盈川集》"提要"云："《盈川集》十卷……凡赋八首，诗三十四首，杂文三十九首。"所称

① 参见《文心雕龙注》。

“杂文”都不包括诗、赋。徐松显然承继了这种对杂文的理解，所以在仅考出两个杂文试题的情况下，即断定自682年至712年的所谓杂文，指的是“箴铭论表之类”，然而如前所述，这种说法并不符合现在已考知的这个时期的杂文试题的实际。

《唐代科举与文学》赞同徐松的上述说法，并由它引出如下的结论：“可见以诗赋作为进士考试的固定格局，是在唐代立国一百余年以后。而在这以前，唐诗已经经历了婉丽清新、婀娜多姿的初唐阶段，正以璀璨夺目的光彩，步入盛唐的康庄大道。在这一百余年中，杰出的诗人已经络绎出现在诗坛上，写出了历世经久、传诵不息的名篇。这都是文学史上的常识。应当说，进士科在八世纪初开始采用考试诗赋的方式，到天宝时以诗赋取士成为固定的格局，正是诗歌的发展繁荣对当时社会生活产生广泛影响的结果。”（第170页）由于徐松的说法，系从自己对杂文概念的理解出发，而非自事实出发，所以由此引出的上述结论，也就不免有可商之处，或者说，须作进一步研究。应该承认，唐代诗歌的发展繁荣，对于进士科以诗赋取士制度的确立，是颇有影响的。但这只是问题的一个方面，还应有另外的一个方面，即进士科的以诗赋取士，对于盛唐诗歌高潮的到来及其后诗歌的发展，也产生了积极的促进作用。如前所述，自682年至712年，诗赋在杂文试题中已占多数，到了开元时，诗赋在杂文试题中的比重又进一步增大，已明显地居于主导地位，这显然会把士人的注意力引向诗歌，造成他们普遍重诗、学诗、作诗的风气，正如广德元年（763）杨绾《条奏贡举疏》所说：“至高宗朝，刘思立为考功员外郎，又奏进士加杂文，明经加帖经，从此积弊浸而成俗，幼能就学，皆诵当代之诗，长而博文，不越诸家之集。”这种诗歌的大普及，对于士人写诗技巧的培养、诗歌艺术经验的积累和创作水平的提高，以及诗歌高潮的到来，无疑都具有促进的作用。可以说，唐诗的发展繁荣与进士科的以诗赋取士二者，是互为因果、相互影响的。这样说，也许比较全面和客观。

（原载《北京大学学报》2006年第6期，又载人民大学书报资料中心《中国古代、近代文学研究》2007年第2期）

唐代守选制的形成与发展研究

导　言

我对守选制的研究兴趣，是在读了王勋成先生的《唐代铨选与文学》[①]（以下简称《王书》）之后。《王书》是“一部全面论述唐代士人如何通过吏部铨试而进入仕途以及在职官吏如何进行铨选的著作”，尤其是书中对守选制的研究，“这在过去似没有人提出过”（《王书》傅璇琮序）。赖瑞和《唐代基层文官》也说《王书》“第一次探讨过去几乎无人研究的唐代‘守选’制度，为我们解开了唐代科举和铨选制度中的许多‘谜团’，澄清了史料中的许多疑点，贡献良多”[②]。这些评价都非过誉。唐代有两项对士人生活影响最大的制度：科举制与铨选制。守选制虽只是吏部铨选中的一个环节，却非常重要。守选制的实质是，六品以下文官不能连续为官，必须轮流休官，而且往往是任职的时间少，休官的时候多，赖瑞和先生称之为“严重就业不足”[③]。这种情况必定对文人的生活，并进而对其创作，产生重大影响，所以值得研究。唐时除个别特敕授官者外，一般入仕者（包括高官子弟）都要从八、九品官做起，所以守选制具有普遍的意义。笔者有意研究唐代守选制对文人生活及其创作的影响，为此，必须首先尽可能地把守选制本身的一些问题（包括细节）弄清楚。本文即为此而作。其中第一节谈守选制形成的历史背景，并扼要地综述其发展进程，提出应区分守

① 王勋成：《唐代铨选与文学》，中华书局2001年版。

② 赖瑞和：《唐代基层文官》，中华书局2008年版，第4页。

③ 同上书，第11页。

选与待选，认为在守选制形成以前，存在着待选的现象。第二节谈文职六品以下前资官守选，主要探讨“循资格”的内涵和前资官守选制成立的标志，以及其成立前的待选现象和成立后的发展变化。第三节谈及第进士守选，对及第进士守选制的形成时间作了探索，提出了与《王书》不同的看法；又对新及第进士铨选授官的机制和关试开始实行的时间等作了考述。第四节谈及第明经守选，也对及第明经守选制的形成时间，提出了自己的不同看法；又对及第明经授散当番制度的变迁等作了探讨。第五节谈门荫与流外出身的选人待选，这个问题至今尚无人涉及，文中提出了一些自己的看法。全文只探讨守选制以及与守选制有关的铨选问题，而不对唐代的整个铨选制作研究，关于唐代的铨选制，《王书》已作了全面论述，此前学术界也已有不少的研究成果，读者可自参阅。

笔者主要研究唐代文学，对历史研究不内行，所以本文初稿写出后，曾征求唐史专家的意见。其中有一条意见说：“作者以归纳事例来研究制度问题的方法值得商榷。因为，很多制度问题在历史上有一定的因循沿革，而制度本身又有相当的系统性。有些问题在当时的典章制度里有明确规定，相关的规定互相照应。”我觉得笼统地说，这个意见不错，但未必适用于对守选制的研究；研究方法应根据不同的研究对象而定，不能一成不变，这应该是一条原则。准确地说，笔者所采用的，是有关当时典章制度的直接记载加上间接材料与具体事例三者结合相互印证的方法。由于典章制度里的明确规定不见得皆得以施行，施行时也不见得都无所改变，所以不能光看那些直接记载，还应辅以间接材料与具体事例。举一个简单的例子：《通典》卷一五《选举三》说南选“以京官五品以上一人充使就补”①，然而我们从两《唐书》记载的实例中却可以发现，中晚唐时主持南选的选补使，实际上多为从六品上的员外郎，参见拙作《再谈考证古代作家生平事迹易犯的几种错误》②。又，典章制度里的规定往往很简略，详情和细节不得而知，如关于文职六品以下前资官的守选制，《通典》里的记载只有二百字上下，欲知这些记载的具体含义和守选制的细节、详情，只有进而求

① 《通典》，中华书局 1988 年版，第 361 页。

② 《南京师范大学文学院学报》2007 年第 2 期。

之于间接材料和具体事例。还有，有的具体制度今存的载籍中未见有直接、明确的记载，或根本就没有记载，如及第明经的守选制何时成立、及第明经应守选几年，就属于此种情况，这也只有通过对间接材料和具体事例的分析研究以寻找答案。又如门荫出身选人的守选和待选，则连间接的材料也很少，只能通过对若干具体事例的分析来寻找答案。既然及第进士、明经都须守选和待选，那么门荫出身的选人自然也要守选和待选，此即所谓“系统性”。我觉得从许多具体事例中归纳出来的结论，其可靠性未必都比《通典》等的记载差。笔者在对本文的初稿进行修改的时候，读到了《唐代基层文官》一书，书里说：“若单以此类材料（指《唐六典》、《通典》等的记载）来处理和考察唐代官职，那必将沦于平板、片面的描述，所呈现的只是一个制度的空架子。本书的做法是：尽量摆脱这种制度空文的描写，尽量从唐人的生平经历，从众多唐人的官历着手，去梳理出最具体的事例和细节。这种研究途径，无以名之，姑且称之为‘在传记中考掘制度史’。此法非笔者发明。早在三四十年前，严耕望先生即以此法考史见重于世。……但这样一来，研究难度便大大提高，因为两《唐书》的列传部分，也成了研究官职的重要材料，需要全面彻底‘考掘’。同理，近世出土的大量墓志和神道碑文，也需仔细爬梳，因为它提供很有用的素材。”①所言可谓先得我心。要从大量的列传、墓志中找到几个传主或墓主曾否守选的实例，并不是一件容易的事，因为在这些列传、墓志中，极少有一一交代传主或墓主的官历及其年代的，一些事例，还往往须作一番比较复杂的考证，才能用它来说明守选制是否存在。很显然，所谓“归纳事例”的方法，并非研究的捷径，也不能说它是一种无效的值得商榷的方法。

一　守选制形成的历史背景与发展进程

什么叫守选？《王书》说：“所谓守选，就是在家守候吏部的铨选期限。……在唐代，凡属吏部、兵部的选人都得守选，对吏部而言，主要是

① 赖瑞和：《唐代基层文官》，中华书局2008年版，第7页。

指及第举子和文职六品以下考满罢秩的前资官。”[①] 此说大致不差。由于宋代仍实行守选制，所以在宋人的文章中，经常出现守选一语。如苏洵《嘉祐集》卷一三《上韩丞相书》：“今且守选数年，然后得窥尚书省门。”[②] 范仲淹《范文正公政府奏议》卷上《答手诏条陈十事》：“自唐以来，及第人皆守选限。”[③] 但在唐人的文章中，守选一语出现的次数却并不多，时间也较晚。如《唐会要》卷五九《尚书省诸司下·兵部侍郎》：“大中五年（851）十月，中书门下两省奏：应赴兵部武选门官驱使官等，今年新格，令守选二年。”[④]《全唐文》卷八〇杜去疾《大唐故过少府墓志铭》：“公讳讷……以大中十二年明经擢第，当守选时，潜修拔萃。”[⑤]《全唐诗》卷七〇五黄滔《宿李少府园林》：“一壶浊酒百家诗，住此园林守选期。”[⑥] 以上所能举出的不多例子，都出现在晚唐。“守”有等待、等候之意，从上面的例子可以看出，守选即守选限或守选期，就是指选人要在家等待吏部的铨选授官之期。守选开始时只是一种现象，后来则发展成为一种制度，具有明确的规定性。从及第举子方面来说，就是举子登第后不能立即授官，必须等待一定的年限，才允许参加吏部的铨选以获得官职；从文职六品以下任职期满的前资官来说，就是不能连续为官，在完成一个任期后，必须等待一定的年限，才允许再次参加吏部的铨选以获得新的职务。

关于守选产生的原因，《王书》说：“守选的根本原因是选人多而官缺少。”[⑦] 所论甚是。所谓选人，是指获得出身或任职期满有资格参加吏部和兵部铨选的人。《全唐文》卷四七二陆贽《请许台省长官举荐属吏状》：“国朝之制，庶官五品以上，制敕命之，六品已下，则并旨授。制敕所命者，盖宰相商议奏可而除拜之也；旨授者，盖吏部铨材署职，然后上言，诏旨但画闻以从之，而不可否者也。”唐时六品以下文官的铨选，由吏部负

---

① 王勋成：《唐代铨选与文学》，中华书局 2001 年版，第 46 页。
② 苏洵：《嘉祐集》，文渊阁《四库全书》本。
③ 范仲淹：《范文正公政府奏议》，文渊阁《四库全书》本。
④ 《唐会要》，中华书局 1955 年版，第 1032 页。
⑤ 《全唐文》，中华书局 1983 年版，第 8432 页。
⑥ 《全唐诗》，中华书局 1960 年版，第 8116 页。
⑦ 王勋成：《唐代铨选与文学》，中华书局 2001 年版，第 102 页。

责，六品以下武官的铨选，由兵部负责；而五品以上文武官员的选拔，则由宰相主管，不属于吏部和兵部的职权范围。本文只涉及由吏部负责的与士人生活有着极其密切关系的六品以下文官的铨选。所谓官缺，是指官吏编制中的缺员。《新唐书》卷四五《选举志下》："凡官员有数，而署置过者有罚，知而听者有罚，规取者有罚。"[①]《唐律疏议》卷九《职制》："诸官有员数，而署置过限及不应置而置（注：谓非奏授者），一人杖一百，三人加一等，十人徒二年。"疏："议曰：官有员数，谓内外百司，杂任以上，在令各有员数。而署置过限及不应置而置，谓格、令无员，妄相署置。注云谓非奏授者，即是视六品以下及流外杂任等。所司判补一人杖一百，三人加一等，十人徒二年。"[②] 所谓"诸官有员数"，即指唐代职事官有固定的编制，《唐六典》、《通典·职官》、《旧唐书·职官志》、《新唐书·百官志》中，对每个职事官的员数，都有明确的记载，这就是唐代官吏的编制；吏部官员即根据这一编制来铨选授官，如果他们超编设置官职和任用官吏，就会受到杖刑、徒刑的严厉处罚。另外，唐代官员实行任期制，《通典》卷一五《职官三》："凡居官以年为考，六品以下四考为满。"即谓六品以下官员四年秩满，这也就是说，他们任某职满四年后就必须离任，而后再到吏部参加铨选，才可能获得新的官职。官员任职期满离任后，原任的官位就空缺了出来，还有官员老病辞世、致仕、遭遇父母之丧，以及违法乱纪被查办等，都会使原任的官位空缺出来，吏部每年都要将这些空缺的官位汇集到一起，以作为当年铨选授官的依据。

关于唐代选人与官缺这一对矛盾的形成、发展和变化过程，以及唐朝廷为缓解选人与官缺的矛盾所采取的措施，宁欣《唐代选官研究》[③] 第二章第一节已作了阐述；下面笔者只想就守选制形成的历史背景和原因，作一些说明。

选人多而官缺少的矛盾，太宗贞观（627—649）初年已经出现。《通典》卷一五《选举三》载：

---

① 《新唐书》，中华书局1976年版，第1171页。

② 《唐律疏议》，中华书局1983年版，第182页。

③ 宁欣：《唐代选官研究》，台北文津出版社1995年版。

> 初，武德中，天下兵革方息，万姓安业，士不求禄，官不充员，吏曹乃移牒州县，课人应集，至则授官，无所退遣。四五年间，求者渐多，方稍有沙汰。贞观时，京师谷贵，始分人于洛州选集，参选者七千人，而得官者六千人。

唐高祖武德年间，士人求仕者尚少，所以不存在选人多官缺少的矛盾以及选人守选的现象。随着社会的安定，经济的发展，求仕者渐多，于是便产生了选人多官缺少的矛盾。这条记载说“参选者七千人，而得官者六千人”，则那一千个没有得官的人，就只好等待下一年的铨选了（其中有些人，很可能在下一年的铨选中仍然得不到官做），这样也就出现了一小部分选人守选的现象。

唐高宗以后，每年的选人有增无减，越来越多。《唐会要》卷七四《选部上·掌选善恶》载：“总章二年（669）……参选者岁有万人。”又《封氏闻见记》卷三《铨曹》载：“则天如意元年（692），李至远掌选……曰：‘今年铨覆数万人，总知姓字。’”[①] 张鷟《朝野佥载》卷一：“张文成曰：乾封（666—668）以前选人，每年不越数千；垂拱（685—688）以后，每岁常至五万。”[②]《资治通鉴》卷二〇九中宗景龙二年（708）载：“秋，七月……西京、东都各置两吏部侍郎，为四铨，选者岁数万人。”[③]《通典》卷一七《选举五》载开元三年（715）张九龄上书说：“今则每岁选者动以万计，京师米物为之空虚。”上述数字未必都很准确，但初唐时代（高宗以后）每年的选人，至少有一万多，当无疑问。

选人大增，官缺少选人多的矛盾便显得非常突出。《旧唐书》卷八一《刘祥道传》载，高宗显庆二年（657），刘祥道“知吏部选事”，上疏说：“又常选放还者，仍停六七千人，更复年别新加，实非处置之法。”[④] 谓当时吏部铨选被放还的人达到六七千，加上以后每年另外新增的被放还者，

① 《封氏闻见记校注》，中华书局2005年版，第21页。

② 《朝野佥载》，中华书局1979年版，第6页。

③ 《资治通鉴》，中华书局1956年版，第6623页。

④ 《旧唐书》，中华书局1975年版，第2752页。

落选的人数越来越多。又《通典》卷一七《选举五》载武后垂拱（685—688）中，纳言魏玄同上疏说："诸色入流，年以千计。群司列位，无复新加，官有常员，人无定限。选集之始，雾积云屯，擢叙于终，十不收一。"谓官吏的编制固定不变，而参选者如"雾积云屯"，最终是十个选人里得官的不到一个。《资治通鉴》卷一一〇睿宗景云元年（710）载，这年吏部铨选，"集者万余人，留者三铨不过二千"，则落选者超过十分之八。《唐会要》卷七四《选部上·论选事》云：

> 开耀元年（681）四月十一日敕：吏部、兵部选人渐多，及其铨量，十放六七，既疲于来往，又虚费资粮，宜付尚书省集京官九品已上详议。

在交通不便的古代，大批选人从全国各地长途跋涉来到长安参加铨选，其结果却是"十放六七"，多数选人落选，"既疲于来往，又虚费资粮"；估计矛盾已颇尖锐，选人的不满情绪高涨，所以唐高宗才命令会集长安九品以上的官员详议对策。当时崇文馆直学士崔融建议道："选人每年长名，常至正月半后，伏望速加铨简，促以程期。"[①] 关于"长名"，《通典》卷一五《选举三》说："自高宗麟德（664—665）以后，承平既久，人康俗阜，求进者众，选人渐多。总章二年（669），裴行俭为司列少常伯（吏部侍郎），始设长名姓历榜，引铨注之法。"唐时铨选，"始于孟冬，终于季春"，延续的时间很长。设长名榜就是将铨选分为两步，第一步先确定落选者，在正月将其名单张长榜公布，称为长名榜[②]。长名榜公布后，在选人中占居多数的落选者就可以提前回家，不必在长安一直滞留到季春，这样既可减少京师物资供应的压力，又能减轻选人自己的经济负担。崔融的建议是要加速铨选进程，将长名榜公布的时间再提前一些。这些措施无疑都是积极的，但并不能从根本上缓解选人多官缺少的矛盾。

要缓解选人多官缺少的矛盾，主要应从两方面着手，一是增加官员的

---

① 《唐会要》卷七四。

② 王勋成：《唐代铨选与文学》，中华书局 2001 年版，第 107 页。

编制和数量，二是减少每年参加铨选的选人数量。《通典》卷一九《职官一》："贞观六年（632），大省内官，凡文武定员，六百四十有三而已。"这是说贞观时中央朝廷的文武官员只有六百多人，而地方官员的数量则不详。至高宗显庆二年（657），刘祥道上疏说："今内外文武官一品以下，九品已上，一万三千四百六十五员。"① 又《资治通鉴》卷二一三玄宗开元二十一年（733）载："夏，六月……是时，官自三师以下一万七千六百八十六员。"《通典》卷四〇《职官二十二》："大唐官品（注：开元二十五年制定）……右内外文武官员凡万八千八百五（注：文官万四千七百七十四，武官四千三十一，内官二千六百二十，外官州县、折冲府、镇、戍、关、庙、岳、渎等万六千一百八十五）。"以上就是官府格、令中明文规定的编制，从中不难看出，随着时间的推移，其员数逐渐有所增加。应该说，官员的编制，随着社会经济的发展和人口的增长而适当增加，是合理的。

除增加固定的编制外，武后、中宗时代，还增设了不少编制定员以外的试官、员外官等。《通典》卷一九《职官一》："天授二年（691），凡举人，无贤不肖，咸加擢拜，大置试官以处之。试官盖起于此也。"注："试者，未为正命。……太后务收物情，其年二月，十道使举人，并州石艾县令王山耀等六十一人并授拾遗、补阙。怀州录事参军崔献可等二十四人，并授侍御史。并州录事参军徐昕等二十四人，并授著作郎。魏州内黄县尉崔宣道等二十二人，并授卫佐、校书、御史等。……试官自此始也。"根据此注，当时被任命为试官的共有 131 人，估计他们多是已任职期满或就要任职期满的六品以下官员。试官指暂时试用之官，而非正式任命的官员。试官都不是编制中固有的定员，如侍御史的定员原本只有四人②，而武后却一下子任命了 24 人。《资治通鉴》卷二〇六则天后神功元年（697）："冬，闰十月……凤阁舍人李峤知天官（吏部）选事，始置员外官数千人。"又卷二〇八中宗神龙二年（706）："三月……大置员外官，自京司及诸州凡二千余人。"这事也是李峤所为，《旧唐书》卷九四《李峤传》说："神龙二年，代韦安石为中书令。初，峤在吏部时，志欲曲行私惠，冀得复

① 《旧唐书》卷八一。

② 见《唐六典》卷一三，中华书局 1992 年版，第 379 页。

居相位，奏置员外官数千人。”所谓员外，是指正员以外的官员，亦非编制中固有的定员。前面谈过，唐代法律不允许吏部超编设置官职和任用官吏，但李峤所为，曾事先奏请天子批准，所以不能算违法。《资治通鉴》卷二〇九中宗景龙二年（708）：“安乐、长宁公主及皇后妹郕国夫人、上官婕妤、婕妤母沛国夫人郑氏、尚宫柴氏、贺娄氏、女巫第五英儿、陇西夫人赵氏，皆依势用事，请谒受赇，虽屠沽臧获，用钱三十万，则别降墨敕除官，斜封付中书，时人谓之斜封官。……其员外、同正、试、摄、检校、判、知官凡数千人。……时斜封官皆不由两省而授，两省莫敢执奏，即宣示所司。”这些斜封官，全都是编制定员之外的官位。

如何评价上述试官、员外官的设置和任命？所谓斜封官，明显是唐中宗纵容他的女儿和嫔妃、外戚、宫官甚至女巫公开卖官。只要出钱三十万，“虽屠沽臧获”也给官做，这违反了唐朝廷关于入仕资格的规定，无疑是紊乱纲纪、破坏铨选制的行为。所以后来“玄宗御极，宰相姚元崇、宋璟兼吏部尚书”，便革除了这一弊政①。至于武则天称帝后，为了收揽人心，大肆任命试官，显然也暴露出了过滥的弊病，好在她一旦发现不称职的官员，就立即革免或杀戮，又自己做了补救。关于大置员外官的弊病，李峤自己后来作了检讨。据《通典》卷一九、《资治通鉴》卷二〇载，神龙二年九月李峤为相后，“自觉铨衡失序，官员倍多，府库由是减耗也”；“乃更表言滥官之弊，且请逊位”。所谓“铨衡失序”，应包含才者不用、用者不才和官员升迁的快慢失衡等内容；而府库减耗，则指员外官太多，给国家财政造成过重负担。虽然如此，试官、员外官的设置，毕竟增加了官员的数量，有助于缓解选人多官缺少的矛盾。《通典》卷四〇《职官二十二》载，建中（780—783）中杜佑上议曰：

> 神龙中，官纪隳紊，有司务广集选人，竞收名称。其时无阙注授，于是奏署员外官者二千余人，自尔遂为常制。当开元、天宝之中，四方无虞，百姓全实，大凡编户九百余万。吏员虽众，经用虽繁，人力有余，帑藏丰溢，纵或枉费，不足为忧。

---

① 见《通典》卷一九《职官一》。

这段话说明，设置和任命员外官，后来成为常制。之所以能成为常制，与它有助于缓解选人多官缺少的矛盾，不无关系。员外官不是固定编制，它的设置和任命具有很大的灵活性、伸缩性，只要它的员数不是过多，能够与国家的财政收入相适应，社会的各个方面还是能够承受的。

限于国家的财力，官员的编制与数量当然不可能无限制地增加，所以，要想从根本上缓解选人多官缺少的矛盾，不能单靠增加官员的编制与数量，还得想方设法减少每年参加铨选的选人的数量。选人依惯例守选现象的出现和守选制的形成，就是减少每年参加铨选的选人数量的有效方法。前面谈到，唐太宗贞观初年，已出现一小部分选人守选的临时性现象；到了唐高宗以后，选人大增，而官缺很少增加，于是每年落选的选人往往超过选人总数的十分之八，这样选人守选的现象也就变得非常普遍。在选人守选现象普遍存在的情况下，为了使吏部的铨选有序地进行，开始形成一些不成文的铨选惯例，例如先给那些去职时间长、参选次数多的“选深人”注授官职，而初次参加铨选的人和“选浅人”则要等待一定年限才能给官做等。后来又由按惯例守选进而发展到守选制正式成立，这两者的区别主要在于：前者尚未制度化，不仅守选的年限不确定，是否守选也不确定（仍存在个别人或少数人不守选即授官的情形），而后者则已制度化，具有明确的规定性。上述发展进程，在六品以下前资官守选制的形成中，清楚地显现了出来。对于这个问题，本文第二节将作详细论述。

守选制成立以前普遍存在的守选现象与守选制成立以后的守选，是不相同的，为了不使这两者混淆，下面我们将守选制成立以前的守选现象称为“待选”。待选一词也是从唐人的文章中拈出的。《唐会要》卷七四《选部上·论选事》说：“苏氏议曰：冕（苏冕，德宗贞元时人，两《唐书》有传）每读国史，未尝不废卷叹息。……嗟乎！士子三年守官，十年待选，欲吏有善称，野无遗贤，不可得也。”又说：“宝历二年（826）十二月，吏部奏：……近者入仕岁增，申阙日少……至有待选十余年，裹粮千余里，累驳之后，方敢望官，注拟之时，别遇敕授。”待选与守选的字面意思一样，但是为了便于说明问题，下面我们还是依照实际情况，将这两者的内涵加以区分，即：守选是一种正式的制度，有自己的形成过程，待选则是守选制度形成以前，社会上存在的一种较为普遍的现象；从及第举子方面来看，守选是举子及第后，必须等待一定的年限才许参加吏部的铨选，只要参加了铨选一般就能得官，待选则是举子及第后，当年就可以参加吏部的铨选，但参加了铨选不一定马上就能得官，有时要参加多次铨选、等待许多年后才能得官；从文职六品以下的前资官方面来看，守选是任职期满后必须等待一定的年限，才允许再次参加吏部的铨选，只要参加了铨选，多数人就能得官，待选则是听任前资官每年参加铨选，但铨选后往往不能马上获得新的官职，必须按照不成文和具有伸缩性的惯例，等待若干年后再参加铨选，或接连参加了几次铨选之后，才能获得新的官职。刘后滨《唐代文官铨选制度的改革与完善》说："（玄宗开元十八年侍中裴光庭制定'循资格'以前）对于任满等候重新任命的所谓前资官，还没有待选的规定，'吏部求人，不以资考为限，所奖拔惟其才'（《新唐书》卷一〇八《裴光庭传》）。随着高宗武则天时期铨选制度的调整，铨试录取的比例越来越小，待选的问题已实际存在，选官过程中普遍存在'限以资次'的情况。到开元十七年三月敕，鼓励选人担任边远地区的判官，随阙补授，而且'秩满量减三两选与留，仍加优奖'（《唐会要》卷七五《杂处置》）。说明前资官有了固定的选数，然后才有选可减。但是，从实际情况看来，在开元十八年制定'循资格'之前，前资官停官待选的选数规定尚未制度化，执行起来也不严格。大量的史传和碑志都反映出，唐前期许多官员都是'秩满调选'而不停官待选的。"① "循资格"制定之前，待选问题已实际存在，但还没有制度化，只是依不成文的惯例施行，这就是本文所说的"待选"；"循资格"制定之后，前资官停官待选的选数规定已成文并制度化，这就是本文所说的"守选"。宁欣《唐代举士与选官的分合》说："唐初未立格限、选限，后合格、选满者方能赴选。"② 格谓选格，格限指选格（铨选条例）规定的守选年限，《资治通鉴》卷二〇一总章二年："（唐之选法）人有格限未至，而能试文三篇，谓之宏词。"选满指守选年限已满，《新唐书》卷四五《选举志下》："选未满而试文三篇，谓之宏辞。""合格、选满者方能赴选"，当是"循资格"制定以后的事，而"循资格"制

① 教育部考试中心编：《中国考试史专题论文集》，高等教育出版社 1999 年版，第 521 页。

② 宁欣：《唐代举士与选官的分合》，《晋阳学刊》1993 年第 1 期。

定之前，则“未立格限”，不过存在着按惯例待选的现象。宁欣《唐代选官研究》：“唐初赴选没有限制，只要获得出身或前资官等，都可参选，‘随才铨擢’，都有获取当年官阙的希望。”[①]《唐六典》卷二《尚书吏部》：“其前官及常选人每年任选。”指的是“循资格”制定之前，听任前资官和已获得出身的选人每年参加铨选，这就是守选制形成以前的情况。关于守选与待选的不同，下面各节还将作进一步说明。

唐时，每年参加吏部六品以下文官铨选的选人，共包括四类人，一是任职期满或因故停职的官员（前资官），二是常举（明经、进士等）及第后尚未授官的士人，三是门荫出身获得参选资格的人，四是流外出身获允参选入流的人。唐时明经及第者每年大约一百人，进士则只有二十人到三十人[②]，而三、四两类人的数量，大抵是常举及第者的十倍上下。《通典》卷一七《选举五》载大历（766—779）中洋州刺史赵匡《举选议》曰：“举人大率二十人中方收一人，故没齿而不登科者甚众，其事难，其路隘也如此。而杂色之流，广通其路也。此一彼十，此百彼千，揆其秩序，无所差降。”至于参选的前资官数量，假如按每年选人一万名计算，则当有八千多人。由于参选的前资官数量在吏部选人中占绝大多数，所以想要减少每年参加铨选的选人数量，首先就必须减少参加铨选的前资官数量，正因此，文职六品以下文官的守选制，便首先在六品以下前资官的铨选中制定和施行。前资官中含有科举、门荫、流外三种出身的官员，在所有六品以下文官（包括在职文官）中也占多数；文职六品以下前资官守选制的制定和施行，对于减少每年参加铨选的选人数量，缓解选人多官缺少的矛盾，起着极为重要的作用。在六品以下前资官守选制施行以前普遍存在着的前资官待选的现象，对于减少每年参加铨选的选人数量，也有着重要的作用。

唐代的守选制，最先在文职六品以下前资官的铨选中制定和实施，而后逐渐推及于上面所说的第二、三、四类选人。文职六品以下前资官的守选制在玄宗开元十八年（730）制定和实施，新及第进士、明经的守选制则大抵形成于肃宗、代宗之际，由于进士科为时所重，其录取人数比明经

① 宁欣：《唐代选官研究》，台北文津出版社 1995 年版，第 24 页。

② 参见傅璇琮《唐代科举与文学》，陕西人民出版社 1986 年版，第 124 页。

科少许多，考试难度比明经科大许多，因此及第进士的守选时间也比及第明经少许多；在及第进士、明经的守选制施行之前，及第进士、明经也像当时的文职六品以下前资官那样，存在着应按惯例待选一定年限才授官的情形。虽然根据现有的材料，门荫出身的选人的守选制什么时候形成还难以确定，但已有很多具体事例可以证明，门荫出身的选人的待选现象，唐初就已普遍存在。至于流外出身的选人，则也像门荫出身的选人那样，必须待选一定年限，才能授给流内职事官。

以下各节，分别考察和论述上述四类吏部选人的守选和待选情况。

二　文职六品以下前资官守选

文职六品以下前资官的守选制，制定于开元十八年（730）。《通典》卷一五《选举三》载：

> 至玄宗开元中，行俭子光庭为侍中，以选人既无常限，或有出身二十余年而不获禄者，复作“循资格”，定为限域。凡官罢满以若干选而集，各有差等，卑官多选，高官少选，贤愚一贯，必合乎格者，乃得铨授。自下升上，限年蹑级，不得逾越。久淹不收者，皆荷之，谓之“圣书”。虽小有常规，而抡材之方失矣。其有异才高行，听擢不次，然有其制，而无其事，有司但守文奉式，循资例而已。

《资治通鉴》卷二一三玄宗开元十八年载：

> 夏……四月……乙丑，以裴光庭兼吏部尚书。先是，选司注官，惟视其人之能否，或不次超迁，或老于下位，有出身二十余年不得禄者。……光庭始奏用“循资格”，各以罢官若干选而集（胡注：谓罢官之后，经选凡几，各以多少为次而集于吏部），官高者选少，卑者选多，无问能否，选满即注，限年蹑级，毋得逾越，非负谴者，皆有升无降；其庸愚沉滞者皆喜，谓之“圣书”，而才俊之士无不怨叹。

所谓“循资格”，即循资之格（资格一词后出），格为条例、制度之意，资指官阶品级，“循资格”就是按官阶品级逐级晋升的铨选条例、制度之意。综合以上两条记载，其主要内容有以下三项：（一）六品以下文官任职期满后，须等待一定的年限（所谓“限年”），才允许再次参加吏部的铨选，以获得新的官职。关于等待的具体年限，则须按任职期满时官职的品级来定（“循资”的内容之一），“卑官多选，高官少选”。《新唐书》卷四五《选举志下》：“凡一岁为一选，自一选至十二选，视官品高下以定其数，因其功过而增损之。”则最卑的官须等待十二年，最高的官要等待一年。至于不同品级的各种官员各须等待多少年，由于今存的史料不足，已难以详知。（二）只要符合参加铨选的条件，得以参选，大抵就能获得新的官职（“无问能否，选满即注”）。“必合乎格者，乃得铨授”，格指选格，大抵每年修订一次，于五月份颁布，内容是规定选人参加本年铨选的条件要求①。对于前资官来说，主要的条件要求就是，等待铨选的年限已满（所谓“选满”）。（三）选人拟选授的官职，据缺循资而定，即根据当年官缺的具体情况，依照选人任职期满罢秩时的官阶品级，蹑级而上，不得逾越，贤愚一样。选人授官后又是期满罢秩，还家待选，选满再次参加铨试，循资注授，如此周而复始，直至出选门（升入五品以上职事官或进入六品以下常参官）为止。

根据“循资格”的上述内容，不难看出，它虽未使用“守选”一语，却标志着文职六品以下前资官的守选制已经正式成立。所谓“定为限域”、“小有常规”，也说明它具有相对的稳定性和明确的规定性，已制度化和规范化了。这个制度的建立，使每年参加铨选的选人的数量减少不少，这样也就缓解了选人多官缺少的矛盾，既减轻了京师物资供应的压力，又免除了一大批选人的“疲于来往”与“虚费资粮”之苦。

下面探讨一下文职六品以下前资官的守选制在开元十八年正式成立之后的执行情况。《唐会要》卷七四《选部上·吏曹条例》载：

开元十八年四月十一日，侍中兼吏部尚书裴光庭奏用“循资格”，

① 参见王勋成《唐代铨选与文学》，中华书局2001年版，第147—149页。

> 至二十一年，光庭薨，中书令萧嵩与光庭不协，以“循资格”取士不广，因奏事言之。六月二十八日诏：“……顷者有司限数，及拘守循资，遂令铨衡不得拣拔天下贤俊，屈滞颇多。凡人三十始可出身，四十乃得从事，更造格限，分品为差，若如所制之文，六十尚不离一尉。有材能者，始得如此，稍敦朴者，遂以终身，由是取人，岂为明恕？自今以后，选人每年总令赴集，依旧以三月三十日为限。其中有才优业异、操行可明者，一委吏部临时擢用。贵于取实，何限常科……”

按照唐玄宗的这一诏令，“循资格”只实行了三年，就被罢除。“自今以后，选人每年总令赴集”，则六品以下文官任职期满后就用不着守选了，守选制也就等于被罢除。但《资治通鉴》卷二一三玄宗开元二十一年载：“夏六月，癸亥，制：‘自今选人有才业操行，委吏部临时擢用。……’虽有此制，而有司以‘循资格’便于己，犹踵行之。”六月癸亥即六月二十八日，《资治通鉴》作者认为玄宗六月二十八日的诏令实际上没有执行，则“循资格”未被罢除。唐封演《封氏闻见记》卷三《铨曹》说：“侍郎裴光庭始奏立条例，谓之‘循资格’，自后皆率为标准。”《旧唐书》卷四二《职官志一》云：“开元中，裴光庭为吏部尚书，始用‘循资格’以注拟六品以下选人。其后每年虽小有移改，然相承至今用之。”都认为循资格未被罢除。那么，实际的情况到底是怎样的呢？从今存的资料看，唐玄宗此后再也不曾就文职六品以下前资官的守选制问题发布过诏令，所以我们只能从对一些相关的间接性资料的分析入手，来找寻这个问题的答案。

《旧唐书》卷八四《裴光庭传》载：“初，光庭与萧嵩争权不协。及为吏部，奏用‘循资格’，并促选限至正月三十日令毕……光庭卒后，嵩又奏请一切罢之，光庭所引进者尽出为外职。”则玄宗罢除循资格的诏令，是应萧嵩的奏请发布的；萧嵩极力反对循资格，但他于开元二十一年十二月罢中书令①，已难以成为罢除循资格的执行者，加上一项制度的建立与罢除，需要有一个过程，并不是发布一道命令罢除，就马上能够罢除得了的，所以开元二十一年冬至二十二年春的吏部铨选，完全有可能仍按循资格的

① 见两《唐书·玄宗纪》。

办法执行。《新唐书》卷一二六《张九龄传》:“明年，迁中书令。……上言废循资格，复置十道采访使。”张九龄迁中书令在开元二十二年五月二十七日[1]，则他“上言废循资格”，当在二十二年下半年，必定当时循资格仍在执行，才有其废循资格的上言。《唐会要》卷七四《选部上·吏曹条例》载:“（开元）二十四年（736）十二月二十四日敕:‘王子未出阁者，侍讲、侍读、侍文、侍书，并取见任官充，经三周年放选与处分；习艺馆诸色内教，通取前资及常选人充，经二年以上，选日各于本色量减两选与处分。’”“经三周年放选与处分”，说的是小王子的侍讲等官在任满三年，任其参加吏部铨选，此即给予侍讲等不守选的特殊优待，正说明当时仍有守选的制度存在；“选日各于本色量减两选与处分”，是说习艺馆的内教任职满二年以上之后，得以参加铨选的时间是在原本规定的守选年限内减去两年，同样说明当时仍有守选的制度存在。《新唐书》卷五八《艺文志二·职官类》:“《唐循资格》一卷，天宝中定。”说明天宝中循资格并未废止。《唐会要》卷七五《选部下·杂处置》:“（天宝）九载（750）三月十三日敕:‘吏部取人，必限书判，且文学政事，本自异科，求备一人，百中无一，况古来良宰，岂必文人！又限循资，尤难奖擢；自今以后简县令，但才堪政理，方圆取人，不得限以书判及‘循资格’注拟。”因为县令直接治民，对维护社会的安定至为重要，所以唐统治者颇重视县令的选拔；这条敕令规定，为了选出真正有政治才能的县令，采用一条特殊的办法，即不得“循资格”注授县令之职，可见当时一般官员的选授，仍沿用循资格之制。大历中，洋州刺史赵匡在其《举选议》中曾提出一条建议:“其前资官及新出身，并请不限选数任集，庶有才不滞，官得其人。”前资官“不限选数任集”，是说对任职期满的前资官，不要有守选若干年的限制，而听其参加吏部每年的选集，这实际是要求废除前资官的守选制，正说明守选制在当时仍然实行。《册府元龟》卷六三一《铨选部·条制三》载:“（元和八年）十二月，吏部奏:比远州县官请量减选，四选、五选、六选请减一选，七选、八选、九选各请减两选，十选、十一选、

① 见明成化九年韶州刊本《唐丞相曲江张先生文集》附录《加银青光禄大夫中书令制》。

十二选各减三选。”[①] 这是请求对边远地区的州县官给予减少守选年限的照顾。由这条材料不难看出，当时（813 年）任职期满的前资官还实行守选一至十二年的规定。又《新唐书》卷五八《艺文志二·职官类》：“王涯《唐循资格》五卷。”王涯元和十四年（819）为吏部侍郎[②]，掌铨选，《唐循资格》当即作于此时，可见元和时循资格还在执行。根据现存的资料大致可以断定，从开元十八年起至五代，前资官的守选制一直实行，并没有被罢除。前资官守选制的实质是，六品以下的文官，定期分批地轮流休官，以此减少每年参加吏部铨选的选人数量，减轻京师物资供应的压力，缓解社会的矛盾。由于这个制度符合社会的实际需要，所以虽不断有人想罢除它，最终还是罢除不了。

循资格虽然一直实行，但是在实行的过程中，也有若干发展变化。《新唐书》卷一四〇《裴遵庆传》：“频擢吏部员外郎，判南曹。天宝时，选者岁万计，遵庆性强敏，视簿牒，详而不苛，世称吏事第一。”本文第一节曾谈到，开元初“每岁选者动以万计”，而到了天宝时实行前资官的守选制已经有多年，为什么这时每年赴选的选人数量并没有明显减少？我们知道，循资格的主要规定是，根据官资确定每个前资官的守选时间，只要他们的守选年限一满（“选满”），就可以参加吏部的铨选，所以每年前资官的参选人数，同当年的官缺数量并没有必然联系（但前资官参选后能否得官，则与当年的官缺数量有很大关系）。循资格实行之初，每年参选的前资官人数会有明显减少，而实行了多年之后，则可能出现如下情况：每年因守选而减少的参选前资官人数，同每年因守选期满而增加的参选前资官人数相差无几，再加上累积的每年参选后落选的前资官人数，就形成了“天宝时，选者岁万计”的情况。根据宁欣的研究，唐代每年的官缺数量只在二千至四千之间[③]，所以天宝时参选者“岁万计”的人数显然过多，循资格之“选满即注”的规定已无法实现。面对这种情况，朝廷不得不考虑对策。《新唐书》卷四五《选举志下》：“初，吏部岁常集人，其后三数岁一

① 《册府元龟》，中华书局影印 1960 年版，第 7563 页。

② 见严耕望《唐仆尚丞郎表》卷一〇《辑考三下》，中华书局 1986 年版，第 599 页。

③ 宁欣：《唐代选官研究》，台北文津出版社 1995 年版，第 16—20 页。

集，选人猥至，文簿纷杂，吏因得以为奸利，士至蹉跌，或十年不得官，而阙员亦累岁不补。陆贽为相，乃惩其弊，命吏部据内外员三分之，计阙集人，岁以为常。”所谓“计阙集人”，是说根据当年的官缺数量来制定选格，确定参加当年铨选的选人的数量。如果当年守选年限已满的前资官和其他符合参选条件的选人的数量多于官缺，则选格就要规定部分符合参选条件的选人以后再赴吏部参加铨选。由于选人的数量只是略多于官缺，所以凡参加铨选的人，一般都能得官。不能得官的只有极少数的选人：一种是经吏部审查，所交纳的选解等文书存在错漏、作假等现象的人①；另一种是试判成绩甚拙的人。《新唐书》卷四五《选举志下》：“凡试判登科谓之‘入等’，甚拙者谓之‘蓝缕’。”试判是吏部铨试的一项核心内容，在实行“循资格”之前，由于选人太多，试判成为淘汰选人的一个重要手段，而实行“循资格”之后，试判已丧失这一作用，赵匡《举选议》说：“今选司并格以年数，合格者，判虽下劣，一切皆收。”但试判蓝缕者还是不收的②。陆贽德宗贞元八年（792）四月至十年十二月为相③，则自这时直到唐末，应该都实行“计阙集人”的铨选方法（所谓“岁以为常”）。实行“计阙集人”的结果，导致每年赴选的选人的数量大减，《唐代选官研究》说：“到唐末，每年大约也就数千人赴选。”④ 同时部分符合参选条件的选人的守选时间也延长了。

文职六品以下前资官的守选制，有自己的形成过程。在它于开元十八年正式成立以前，社会上已存在一种比较普遍的前资官待选的现象。《唐会要》卷七四《选部上·论选事》载：

> 开耀元年四月十一日……尚书右仆射刘仁轨奏曰：“谨详来议，条目虽广，其大略不越数途，多欲使常选之流，及负谴之类，递立年限，如不（此字原无，据《册府元龟》卷六二九补）令赴集，便是拥

---

① 参见王勋成《唐代铨选与文学》，中华书局2001年版，第152—161页。

② 同上书，第177页。

③ 见《旧唐书》本传。

④ 宁欣：《唐代选官研究》，台北文津出版社1995年版，第20页。

自新之路，塞取进之门。……应选者暂集，远近无聚粮之劳；合退者早归，京师无索米之弊，既循旧规，且顺人情，如更有不便，随事釐革。其殿负及初选，及选浅自知未合得官者等色，情愿不集，即同选部曹司商量，望得久常安稳。”

以上是开耀元年唐高宗为解决选人过多的矛盾，下令会集九品以上京官详议对策时，刘仁轨提出的建议。所谓“使常选之流，及负谴之类，递立年限”，是说为了减少每年参选的选人数量，有人建议对获得常年参加吏部铨选资格的常选人，以及获罪的官员，交替制定待选的年限，这实际上是类似于守选的建议。刘仁轨不赞成这个主张，认为这样做会阻塞常选人等的自新之路、取进之门。接下“应选者”四句，是建议缩短选人在长安的逗留时间。下面“殿负”是指犯有过错考课成绩居下的官员，“初选”指初次参加铨选的选人，“选浅”指任期届满后去职的时间不长或参加铨选的次数尚少的选人。按照规定，这些人每年都有资格参加吏部的铨选，但由于选人多官缺少，吏部铨选授官时已形成如下的惯例：先给那些去职时间长、参选次数多的“选深人”注授官职，于是“选浅人”“自知未合得官”，也就“情愿不集”，即自愿在家等待若干年后，再去参加吏部的铨选。对于这种自愿待选的做法，刘仁轨表示赞同，认为选人可“同选部（吏部）曹司商量”，以达成先在家待选若干年而后再去参加铨选的约定。下面看一个自愿在家待选的例子：

君讳思敬，字安俨……总章（668—670）中，以仁勇校尉守左卫率府翊卫。秩满，以文艺优长，简入吏部。后解褐承奉郎，行幽州新平县尉。虽时以为美，心非所好，故咫步之间，无因骋马也。秩满，停家积年。……辞满之后，遂以丘壑为心。垂拱之初，天命已改，则天皇帝摄行君政……二年（686），授高陵县主簿，以旧德起也（《文苑英华》卷九三〇员半千《蜀州青城县令达奚君神道碑》）①。

① 《文苑英华》，中华书局影印1966年版，第4891页。

所谓“停家”，是指官员任期届满罢职后闲居家中；“积年”，多年、累年之意。这条材料说明，达奚思敬在任幽州新平县尉秩满后，并没有马上去赴吏部的铨选，而是主动回家闲居多年，直到垂拱二年，才再次前去参加吏部的铨选，从而获得了高陵主簿的新职。这个例子还可以说明，在守选制正式成立之前四五十年，已经存在前资官待选的现象。

《唐大诏令集》卷一一〇唐隆元年（710）七月十九日唐睿宗《诫励风俗敕》云：

> 食为人天，农为邦本，绥抚氓庶，劝课农桑，牧宰之政，莫过乎此。刺史县令有课最尤异，委观察使名闻，当别加甄擢。县令字人之本，明经为政之先，不稍优异，无以劝奖。县令考满，考词使状有清字，无负犯；明经及第，每至选时，量加之赏，若属停选，并听赴集。①

以上这段敕文主要谈对县令的奖励措施。奖励的条件是，任职期满（“考满”）的县令中，考课成绩优异者（“考词使状有清字”），以及明经及第出身者。奖励的内容是，每至吏部铨选时，量加奖赏（如注授好官之类），和“若属停选，并听赴集”。停选，指由于选人多官缺少而暂停参加铨选，类似于北魏崔亮的“停年格”。由此可见，当时任职期满的县令中，已有停选的现象（即先停止参加铨选若干年，而后再参选以获取新职），此种停选大抵是按惯例实行的，也是前资官待选现象的一种。“若属”二句是说，如果适逢符合上述条件的县令停选，则听任其参加吏部的选集。即按惯例该停选的不停选，这就是一种奖励。《册府元龟》卷六五三《铨选部·考课一》载：

> （玄宗开元三年）六月诏：“……吏部铨选，委任尤重，比虽守职，务在循常，既限之以选劳，或失之于求事，选日拔擢一二十人（或作‘一二千人’、‘一二人’），不须限以资次，必须究其声实，不

① 《唐大诏令集》，《遗园丛书》四集。

得妄相汲引。自古乡举里选，实课人之淑慝，其明经、进士擢第者，每年委州长官访察，行业修谨、书判可观者，三选听集。”

这段诏令谈吏部铨选之事，发布于开元三年（715）。文中所谓“限之以选劳”，是说吏部的铨选授官，往往拘限于选人待选或参选的年数（“选劳”），即根据选人的选深与选浅来决定留（入选）放（落选）。这反映了在当时的铨选中，有一种前资官待选的惯例在起作用。这段诏令要求吏部打破这一惯例、常规，在每年的铨选中，不拘年资次第地擢拔一二十个真正有才能的人。接下“其明经”四句，是说明经、进士及第的前资官（详见下节），经州长官访察，如果能做到“行业修谨、书判可观”，那么只需待选三年，就听其再次参加吏部的选集。这是对部分明经、进士及第的前资官的特别优待。由此可知，一般前资官的待选年限应多于三年，由于当时守选制尚未正式成立，所以前资官的待选年限，当是根据不成文的惯例来确定的。又《唐会要》卷七五《选部下·杂处置》载：“（开元）十七年三月敕：边远判官多有老弱，宜令吏部每年选人内，简择强干堪边任者，随缺补授。秩满，量减三两选与留，仍加优奖。”所谓“秩满，量减三两选与留”，是说边远判官任职期满后，应酌量减少三两年的待选时间予以留任。这是为了鼓励“强干堪边任者”继续留在边远地区任职而采取的措施。由这条敕令可以看出，当时边地的判官任职期满后，也要按惯例待选一定年限才能继续任职。

下面，举若干在开元十八年前资官守选制正式成立以前，前资官待选的实例，以进一步说明上述问题：

1.《唐代墓志汇编》[①] 贞观一三二《唐故忠州垫江县令上护军王君墓志铭》：“君讳才……贞观元年（627），迁弘静令。十年（636），转黔州都督府户曹参军事。十七年（643），又转垫江县令。”依“六品以下四考为满”计算，王才任弘静令，当于贞观五年秩满，待选五年，至贞观十年，方转任黔州都督府户曹参军；在黔州于贞观十四年秩满，又待选三年，才转为垫江县令。

---

① 周绍良主编：《唐代墓志汇编》，上海古籍出版社 1992 年版。

2. 调露○一○《大唐故幽州都督府参军事朱府君墓志铭》："君讳宪……皇朝永徽四年（653），释褐营州参军，秩满柳城，旋车洛浦。显庆四年（659），又授幽州参军。"柳城为营州治所，朱宪在那里为官秩满后，回到洛阳待选两年，才又得到幽州参军的新职。

3. 永淳○二三王允元《大唐故淄州高苑县丞赵君墓志铭》："君讳义……显庆元年（656），授洺州曲周县尉。……乾封二年（667），授淄州高苑县丞。"赵义任曲周县尉，当于显庆五年（660）秩满，则他待选的时间达到七年。

4. 垂拱○一三《大唐故颍州颍上县令独孤府君墓志铭》："君讳守义……以龙朔元年（661）授君括州司法参军事。……秩满，以咸亨三年（672）授君汝州鲁山县令。"独孤守义和赵义一样，任括州司法参军秩满后，也待选七年，才转任鲁山县令。

5. 长寿○一五《大周张君墓志铭》："君讳道……咸亨二年（671），授江王府户曹。仪凤三年（678），授滕王府法曹参军事。……以垂拱三年（687）擢授万州武宁县令。"张道为江王府户曹，当于上元二年（675）秩满，待选三年，才转任滕王府法曹；任法曹当于永淳元年（682）秩满，又待选五年，方擢授武宁县令。

6. 证圣○○四《大周故朝请郎行石州方山县令申府君墓志铭》："君讳守……乾封二年（667），释褐授利州绵谷主簿。仪凤二年（677），授润州延陵主簿。文明元年（684），授沧州饶安县丞。"申守为绵谷主簿，当于咸亨二年（671）秩满，待选六年，授延陵主簿，秩满后，又待选三年，方授饶安县丞。

7.《全唐文》卷九九三阙名《唐太原节度使韦凑神道碑》："永淳元年（682），解褐授婺州司兵参军。致远之渐，发于初筮。延载元年（694），授资州司兵参军。"韦凑任婺州司兵，当于垂拱二年（686）秩满，待选八年，方授资州司兵。

8.《唐代墓志汇编》开元一九一孙晃□《大唐骑都尉行濮州临濮县尉董府君墓志铭》："君讳神宝……以文明元年（684）四月十八日起家德林郎，行相州尧城县尉，周长安二年（702）四月十三日迁濮州临濮县尉。"董神宝为尧城县尉，当于垂拱四年（688）秩满，待选十四年，方迁任临濮县尉。

9. 开元一九七《大唐故朝散郎行薛王府国令张君墓铭》："君讳嘉福……长安四年（704）五月五日，擢授澧州慈利县尉。……开元七年（719）四月五日，又拜薛王府国令。"张嘉福为慈利县尉，当于景龙二年（708）秩满，待选十一年，方拜薛王府国令。

10. 天宝〇六二《□故桂阳郡临武县令王府君墓志铭》："公讳训……垂拱四年（688），以神童擢第。先天二载（713），拜和义郡参军。开元十四（726），转延安郡肤施县丞。"王训任和义郡参军，当于开元五年（717）秩满，待选九年，方转任肤施县丞。

通过以上实例，不难看出，初、盛唐时代文职六品以下前资官按惯例待选的现象相当普遍。前资官守选制的成立，不过是这种现象的延续和制度化而已。前资官的守选制之所以难以罢除，与这种前资官的待选现象越来越普遍，以及其待选的时间越来越长，也有着密切的关系。但开元十八年正式成立的前资官守选制，与这以前普遍存在的前资官待选现象，还是有不同的。其不同主要表现在：前者是明文规定的制度，具有明确的规定性；后者则按不成文的惯例待选，具有较大的伸缩性与不确定性。例如上面举出的十个实例中，其待选的年限就不确定，颇具有伸缩性，如有的只待选二三年，有的则待选八九年，甚至于十余年。另外，开元十八年守选制成立以前，刚任职期满的前资官，依照规定，每年都有资格参加吏部的铨选，虽然他们知道选浅人很难中选并授官，但不少人还是积极参选，其中也竟有个别人因此而获得了新职。如《唐代墓志汇编续集》[①] 长寿〇〇五《大周故前尚方监中山县开国伯王公墓志铭》："府君讳基……以（贞观）十八年（644）随牒授岐州岐阳县尉。……以廿三年（649）授蒲州猗氏县尉。……以永徽五年（654）授汾州盐山县丞。"唐时吏部铨选，"始于孟冬，终于季春"，选人授官的时间，一般都在三、四月间；所以王基当于贞观十八年三、四月间授岐阳县尉，廿二年三、四月间秩满，随即他参加了当年吏部的冬集，所以在廿三年三、四月间授猗氏县尉，由此可见王基并未待选。又，他过了五年授盐山县丞，也同样未曾待选。《唐代墓志汇

① 周绍良、赵超主编：《唐代墓志汇编续集》，上海古籍出版社 2001 年版。

编》神龙〇四八《大唐中兴成王府参□杨府君墓志》："君讳承胤……长安元年（701），释褐为海州参军。……神龙二年（706），升为成王府参军事。"杨承胤任海州参军与任成王府参军事之间，相隔五年，则他同王基一样，也未曾待选。天宝〇〇二《唐故右威卫兵曹参军王府君墓志铭》："公讳泠然……以秀才擢第，授东宫校书郎。满秩，移右威卫兵曹参军。其调补也，皆登甲科选，天下以为美谈。……以开元十二年（724）十二月十八日不禄于位，享年卅有三。"王泠然于开元五年（717）登进士第，九年（721）授太子校书郎[①]。唐时中央官署官员的任期比地方官员短，太子校书郎的任期是几年，现在已很难考知，从这篇墓志看，当是两年。王泠然开元九年三、四月间授太子校书郎，至十一年三、四月间"满秩"，当年冬天即参加吏部的铨选（"调补"即选补之意），所以在十二年三、四月间授右威卫兵曹参军，而同年十二月即卒于位。可见，王泠然也不曾待选。大部分前资官任职期满后都要待选，却有一些人任职期满后不必待选，这同样是具有伸缩性与不确定性的表现。

前资官待选现象的普遍存在与守选制的建立，导致的结果是，六品以下的文官，大都任职的时间少，休官的时间多，这对于他们的生活，无疑产生了重大的影响。

三　及第进士守选

《王书》说："及第举子有了出身，成了吏部的选人后，仍不能即刻授官，得先守选数年。如进士及第守选三年，明经（明二经）及第守选七年，明法及第守选五年……守选期间，世称他们为前进士、前明经、前明法等。及第举子的守选制自唐初贞观年间就开始了。……在唐代，进士及第不守选即授官，可以说是没有的。"[②] 此说涉及唐代及第进士守选制的基本内容，很有必要弄清楚。应该说，唐代确实存在着及第进士的守选制，但它的形成、发展过程如何，所称及第进士必须守选三年才能授官，是否初、

① 见傅璇琮主编《唐才子传校笺》第一册卷一《王泠然》，中华书局1987年版，第180—185页。
② 王勋成：《唐代铨选与文学》，中华书局2001年版，第2—4页。

盛唐时就已存在，都需要作进一步的研究。而且，这个问题还涉及唐代许多诗人、文学家、政治家登第后释褐时间的确定，所以不弄清楚也是不行的。

《唐会要》卷七五《贡举上·帖经条例》云："贞观九年（635）五月敕：自今以后，明经兼习《周礼》并《仪礼》者，于本色内量减一选。"《王书》说："所谓'于本色内量减一选'，就是在明经及第后应守选的年数中，可适当减免一年。唐人将守选一年称作'一选'。只有守选，才能减选。由是知，贞观九年，明经已有守选制了，则进士和其他及第举子也应同时存在着这一制度。"[①] 按，实际上《唐会要》这段话有误字，不足为凭。重庆师范大学研究生谭庄曾将他撰写的《初盛唐及第进士守选制指疵》一文（未刊）寄给我，文中说："《唐会要》卷七五所引贞观九年五月敕文，亦见《册府元龟》卷六三九《贡举部·条制一》，而其实际上与《册府元龟》卷六四〇《贡举部·条制二》、《唐大诏令集》卷一〇六所引贞元九年五月《条流习礼经人敕》……是相同的。"先将《册府元龟》卷六四〇的敕文引录于下："（贞元）九年五月诏曰：王者设教，劝学攸先；生徒肄业，执礼为本。故孔子曰：不学礼，无以立。……自今已后，明经习《礼记》及第者，亦宜冬集。如中经兼习《周易》若（及）《仪礼》者，量减一选。"文中《周易》应为《周礼》之误，因为《周易》是小经，《周礼》才是中经，而且此敕全篇均谈"习礼经人"之事，不当忽然插入《周易》。将《唐会要》与《册府元龟》的敕文作一番比较，可以看出它们确实"是相同的"，不仅内容相同（但《唐会要》依其编纂体例，对原敕文作了节录），发布的时间也一样（"九年五月"），事情应当不会如此巧合，所以我们断定它们本应属同一敕文，只是《唐会要》的编者在节录原敕时，将"贞元"误作"贞观"罢了。类似例子在古书中并不罕见，如《唐会要》卷八二《冬荐》："贞观五年六月十一日敕：准贞观四年正月一日制，春秋举荐官。"两处"贞观"均为"贞元"之误，说见《唐代选官研究》[②]。又如《册府元龟》卷六三九《贡举部·总序》："德宗贞观十

① 王勋成：《唐代铨选与文学》，中华书局2001年版，第47—48页。

② 宁欣：《唐代选官研究》，台北文津出版社1995年版，第30页。

六年，又罢别头举人。”“贞观”明显为“贞元”之误。这一敕文旨在鼓励习明经生徒研读《周礼》、《仪礼》，应是针对当时社会上存在的生徒罕有研习《周礼》、《仪礼》的现象而发。《册府元龟》卷六三九《贡举部·条制一》：“（开元）八年（720）七月国子司业李元瓘上言：‘……今明经所习，务在出身，咸以《礼记》文少，人皆谙读，《周礼》经邦之轨则，《仪礼》庄敬之楷模，《公羊》、《穀梁》历代宗习，今两监及州县以独学无友，四经殆绝。……并贡人预试之日，习《周礼》、《仪礼》、《公羊》、《穀梁》，并请帖十通五，许其入策，以此开劝，即望四海均习，九经该备。’从之。”由这条材料可以看出，生徒罕有研习《周礼》、《仪礼》的现象，是到了开元初年才出现并引起注意的；开元八年对研习二礼者所采取的鼓励措施力度很小，只是将二礼帖经考试的及格标准略降（其他经的及格标准不降），由每经帖十通六，降为每经帖十通五而已。又：“（开元）十六年（728）十二月……遂下制：明经习《左氏》及通《周礼》等四经（指二礼及《公羊》、《穀梁》）者，出身免任散官。”看来开元八年的鼓励措施作用很小，所以过了八年，又出台了新的鼓励措施：选取《周礼》、《仪礼》二中经应试的明经，及第后无须先授散当番（参见下一节），这一鼓励措施的力度明显加大。而到了贞元九年五月的敕文，除进一步规定明经习《礼记》的及第者，也不用再授散当番外（“亦宜冬集”），对兼习《周礼》和《仪礼》的明经及第者，又颁布了新的鼓励措施：守选的时间可减少一年。自开元初至贞元九年，对研习二礼的明经及第者的鼓励逐渐增多增大，颇符合事物自身渐进的发展逻辑，从这个角度看，《唐会要》之“贞观”应作“贞元”，也无疑问。既然“观”字有误，那么据《唐会要》的这条材料，来证明初、盛唐时已有及第明经和进士的守选制，也就不能成立。

《王书》提出初、盛唐时及第进士已有守选制的另一个证据是：“《资治通鉴》卷二〇三载：‘（裴）行俭有知人之鉴，初为吏部侍郎，前进士王勮、咸阳尉栾城苏味道皆未知名，行俭一见谓之曰：二君后当相次掌铨衡，仆有弱息，愿以为托。’裴行俭为吏部侍郎在高宗总章二年（669）；王勮为初唐四杰王勃之兄。前进士是及第进士在守选期间的称呼，若及第进士关试后即授官，当然就没有必要存在这一名称了。正是因为及第进士从关试后到授官前有一段较长的待选时间，这一段时间就是及第进士的守选期限。既然高宗总章二年就已经存在‘前进士’这一名称了，则当时及第进士也就已经有守选制了。”① 上述推论实际上很难成立。首先，仅据《资治通鉴》的上述记载，难以证成“总章二年就已经存在‘前进士’这一名称了”。关于裴行俭鉴识苏味道、王勮之事，在《资治通鉴》成书之前已有多种记载，如：

> 在选曹……见苏味道、王勮，叹曰：“十数年外，当居衡石。”后各如其言（《全唐文》卷二二八张说《裴行俭神道碑》）。
>
> 裴行俭……为吏部侍郎，赏拔苏味道、王勮，曰：“二公后当相次掌钧衡之任。”（刘肃《大唐新语·知微》）②
>
> 行俭……兼有人伦之鉴。……是时，苏味道、王勮未知名，因调选，行俭一见，深礼异之，乃谓曰：“有晚年子息，恨不见其成长。二公十数年当居衡石，愿记识此辈。”其后相继为吏部，皆如其言（《旧唐书》卷八四《裴行俭传》）。
>
> 裴行俭为吏部侍郎时，赏拔苏味道、王勮，谓曰：“二公后当相次掌知均衡之任。”（《册府元龟》卷八四三《总录部·知人二》）

此事又见于《唐会要》卷七五《选部下·藻鉴》、《太平御览》卷四四四引《唐书》、《新唐书》之《裴行俭传》及《文艺传上》，诸书皆未称王勮为“前进士”，则“前进士”三字，很可能是《资治通鉴》作者根据王勮“进士及第而于时无官”的情况酌加的，所以据此不能证明总章二年就已存在“前进士”这一名称。从现存的唐代资料看，“前进士”之称最早大致出现在唐玄宗开元、天宝年间。如《唐代墓志汇编》开元〇三七《大唐净域寺故大德法藏禅师塔铭》（作于开元四年）署“京兆府前乡贡进士田休光撰文”，开元二二六《寇埚墓志铭》：“大唐开元十四年正月癸未，前国子进士上谷寇埚卒。”天宝一四一《博陵崔氏墓志铭》署“前乡贡

① 王勋成：《唐代铨选与文学》，中华书局2001年版，第48页。

② 刘肃：《大唐新语》，中华书局1987年版，第114页。

进士弘农杨绾述"，天宝二五六《房自省墓志铭》署"前国子进士房由撰"。又成书于天宝末年的《国秀集》，其目录有"前进士常建"、"前进士樊晃"①，等等。

其次，不能说"前进士"之称和及第进士的守选制无法分离，若无守选制，"前进士"之称也"就没有必要存在"。及第举子的守选制与非守选制的区别在于：前者是举子及第后必须守选数年，才允许参加吏部的冬集铨选，只要守选期满，参加铨选时一般都能获得官职；后者是举子及第后不必守选，听其参加吏部每年的冬集铨选，但参加铨选时未必都能顺利得到官职。关于"前进士"，李肇《唐国史补》卷下说："进士为时所尚久矣。……其都会谓之举场，通称谓之秀才。……得第谓之前进士。"②《蔡宽夫诗话》"唐制举情形"："关试后始称前进士。"③《资治通鉴》卷二五三僖宗广明元年三月胡三省注："进士及第而于时无官，谓之前进士。"总之，"前进士"大抵是进士及第者通过关试取得在吏部参加铨选资格后的称呼，一旦经过吏部铨选授给官职，就再也不能称作"前进士"了。如果当时实行及第举子的守选制，则及第进士在守选期间，当称作"前进士"，从这个角度说，"前进士"之称与守选制有联系。但如果当时无守选制，"前进士"之称也并非就没有存在的必要，因为其一，从通过关试到铨选授官之间，总有一段距离，即便只有短短几个月，这时对及第进士的称呼，也只能是"前进士"；其二，新及第进士参加铨选，往往有被吏部黜落者，玄宗开元中，就已"有出身二十余年而不获禄者"④，对于这类人，显然也只能称作"前进士"。

《王书》提出初、盛唐时及第进士已有守选制的又一个证据是："《册府元龟》卷六三五《铨选部·考课一》载有玄宗开元三年（715）六月的诏文：'其明经、进士擢第者，每年委州长官访察，行业修谨、书判可观者，三选听集。并诸色选人者，若有乡间无景行及书判全弱，选数纵深，

① 《唐人选唐诗（十种）》，上海古籍出版社1958年版，第128、129页。

② 李肇：《唐国史补》，上海古籍出版社1957年版，第55页。

③ 见《宋诗话辑逸》卷下，中华书局1980年版，第418页。

④ 《通典》卷一五《选举三》。

亦不在送限。’所谓‘三选听集’，就是守选三年，才可任其参加冬集。因找不到记载，在此之前，进士及第者的守选年限不详。但很可能也是三年。开元初，玄宗为了励精图治，革除不实，就特意强调，只有‘行业修谨、书判可观’的明经、进士及第者，才可‘三选听集’……可见此前进士及第，不管德行、书判进修程度如何，只要三年一到，就都可以参选了。由此可以推断，初、盛唐时期，进士及第的守选年限一般为三年，也就是三选。”① 按，《王书》对开元三年诏文的理解有可商之处，为了便于说明问题，先将这篇诏文完整地引录于下：

> 每年十月委当道按察使较量理行殿最，从第一等至五等奏闻。较考使乃吏部长官，总详覆。诸州亦比类定为五等奏闻，上等为最，下等为殿，中间三等，以次定优劣，改转日凭为升降。县令每年选举人内准前条访择补置，在任有术一任申，使状有两请（当作清）兼户口复业带上考者，选日优与内官，其使状有一请（清）兼带上考者，满日不限选数听集，优与处分。刺史第一等，量与京官，若要在州未可除改者，紫微、黄门简勘闻奏，当加优赏。京官不曾任州县官者，不得拟为台省官。吏部铨选，委任尤重，比虽守职，务在循常，既限之以选劳，或失之于求事。选日拔擢一二十人，不须限以资次，必须究其声实，不得妄相汲引。自古乡举里选，实课人之淑慝，其明经、进士擢第者，每年委州长官访察，行业修谨、书判可观者，三选听集。并诸色选人者，若有乡闾无景行及书判全弱，选数纵深，亦不在送限。崇化致理，必在得人，奖善劝能，义资师古，皆有烦滥，未闻釐革，循名责实，其道不行，为人择官，人蠹犹在，既复政理，不可因循，须加简勘，以正颓弊。

此文又见于《全唐文》卷二七，作唐玄宗《整饬吏治诏》，《册府元龟》则编入“考课”类。诏文开头即先叙对现任地方官的考核督察及奖善劝能之事；次述吏部对六品以下文官的铨选，特别要求吏部打破常规、惯例，不

① 王勋成：《唐代铨选与文学》，中华书局2001年版，第52页。

拘年资次第地擢拔一二十个真正有才能的人；接下仍叙吏部铨选事，提出州长官要对本州的吏部选人（最主要的是六品以下的前资官）的善恶加以访察，正属于所谓“整饬吏治”的内容。诏文将吏部选人分成两类，一类是“明经、进士擢第者”，主要指科举及第出身的前资官，另一类是“诸色选人者”，即各种非科举出身（包括诸色门荫入仕及流外入流等）的选人，主要指非科举出身的前资官。诏文规定，科举出身的前资官秩满离任后，只要“行业修谨、书判可观”，则待选三年，就可再次赴吏部参加冬集铨选。如果这些前资官中有的人达不到“行业修谨、书判可观”的要求怎么办？诏文没有说，估计是仍按旧规或旧例办（待选时间当多于三年）。诏文又规定，非科举出身的前资官，如果在乡里无高尚德行“及书判全弱”，则待选的年数即使很多，也不可送他到吏部参加铨选（前资官到吏部参加铨选，须先在州府取得选解，若州府不给选解，便不能赴选）。假如这些前资官中有的人并非“无景行及书判全弱”怎么办？诏文没有说，估计也是仍按旧规或旧例办（待选期满即听其赴选）。综上所述，我认为这篇诏文并没有涉及新及第进士的守选问题。如果按照《王书》所说，诏文中的“三选听集”，是指新及第进士要守选三年，才可以任其参加冬集，那么就要出现以下几个难以回避的问题：第一，新及第明经同进士及第者一样，也守选三年，这同《王书》所说明经及第者的守选年限长于进士及第者，唐时“进士科最为吃香”的“最主要原因”，是进士科“守选较其他科年限短”[①]，不是互相矛盾吗？第二，守选的新及第进士尚未参加吏部的铨选（试书判），州长官凭借什么判断其书判的优劣？当然，新及第进士过关试时曾“试判两节”，但正如《王书》所说，关试试判“只是新及第举子向吏部履行报到的一种手续”，关试判词较吏部铨试中的判词“要简单短小得多，一般只有几十字”，根据它难以见出作者的真正水准[②]。第三，进士及第者“守选三年”是以“行业修谨、书判可观”为附加条件的，如果进士及第者做不到“行业修谨、书判可观”，那要守选几年？既然守选的年限尚可伸缩，能够说进士及第者守选三年已成为定制了吗？对

① 王勋成：《唐代铨选与文学》，中华书局2001年版，第63页。

② 同上书，第6页。

上述问题如果不能给予回答，那么《王书》对这篇诏文的理解也就难以说是准确的了。

《王书》提出初、盛唐时及第进士已有守选制的最后一个证据是："《全唐文》卷二九四收有王泠然《论荐书》一文，云：'将仕郎守太子校书郎王泠然谨再拜上书相国燕公阁下：……长安令裴耀卿于开元五年掌天下举，擢仆高第，以才相知；今尚书右丞王丘于开元九年掌天下选，授仆清资，以智见许。'……王泠然是按吏部常调铨选的。他于开元五年春进士及第，至开元八年（720）春守选期满，是年十月赴吏部参加冬集，于第二年即开元九年春被吏部侍郎王丘铨选为太子校书郎。由开元五年进士及第到开元八年冬集，这中间三年就叫'三选'，即守选三周年。"[①] 按，《王书》所言，只是一种可能性，不能排除还有另一种可能性，即在开元八年冬以前，王泠然已参加过吏部的铨选，只是未被选中和授官，直到开元八年冬至九年春再次参加铨选时，才获得官职。《唐摭言》卷二《恚恨》："王泠然与御史高昌宇书曰：'仆之怪君，甚久矣。……去年冬十月得送，今年春三月及第。往者虽蒙公不送，今日亦自致青云。天下进士有数，自河以北，唯仆而已。……君是御史，仆是词人，虽贵贱之间，与君隔阔，而文章之道，亦谓同声。而不可以富贵骄人，亦不可以礼义见隔。且仆家贫亲老，常少供养，兄弟未有官资，嗷嗷环堵，菜色相看，贫而卖浆。值天凉，今冬又属停选……意者，望御史今年为仆索一妇，明年为留心一官。幸有余力，何惜些些！'"[②] 据"今年春三月及第"、"值天凉"等语，王泠然这封信当作于他进士及第的开元五年秋天。信中云"今冬又属停选"，意思是今冬本可参加铨选求仕却因停选而未能，由于家贫亲老所以急切地要求高御史"明年为留心一官"。御史并不掌管官吏的选授，所谓"为留心一官"，无非是请其向吏部的有关官吏介绍和推荐自己。唐时新及第进士释褐必须经过吏部的铨选，如果明年（开元六年）王泠然仍没有资格参加吏部铨选（守选期未满），又何必特意求人"明年为留心一官"？所以王泠然直到开元九年才释褐，恐怕是属于上文所说的"另一种可能性"。

---

① 王勋成：《唐代铨选与文学》，中华书局2001年版，第54页。

② 王定保：《唐摭言》，古典文学出版社1957年版，第21—22页。

下面，笔者拟举出若干及第进士未曾守选三年即释褐的例子，以证明初、盛唐时并不存在进士及第后必须守选三年才能授官的定制：

1. 《唐代墓志汇编》咸亨〇七四《唐故德州平原县丞毕君墓志铭》："讳粹……贞观五年（631），蒙召预本州进士。一枝升第，七步呈材，利用虽骋亨衢，敏学犹精通诰。其年遂授密州博士……至十年，又任石州定胡县尉。"毕粹贞观五年登进士第，当年即授官，并未守选三年。

2. 同上仪凤〇二九郎馀令《唐故尚书吏部郎中张府君墓志铭》："君讳仁祎……郭泰神仙，俯游于槐肆；郤诜秀茂，爰标于桂林。以对策甲科，起家岐州参军事，即贞观十八年（644）也。"据墓志，张仁祎仪凤三年（678）卒，年五十八，其登进士第与授官均在贞观十八年（时仁祎年二十四），亦未守选。

3. 《唐代墓志汇编续集》神龙〇一九岑羲、郑愔《大唐故黄门侍郎赠礼部尚书韦府君墓志铭》："公讳承庆……年甫廿有三，太学进士，对策高第。邓林一枝，方膺大厦之构；昆山片玉，郁为连城之宝。自是价重天下，声高海内。廿四，随牒授雍王府参军。"据墓志，韦承庆神龙二年（706）卒，年六十七，其二十三岁在龙朔二年（662），当时进士科"止试策"，故云"对策高第"。韦承庆二十三岁登进士第，二十四岁即授官，并未守选三年。

4. 据陈冠明《苏味道李峤年谱》考证，苏味道于咸亨元年（670）登进士第，咸亨二年参加铨选，为吏部侍郎裴行俭所赏识，授县尉之职[①]。

5. 《全唐文》卷二三三张说《兵部尚书代国公赠少保郭公行状》："公名震，字元振……十八擢进士第，其年判入高等，时辈皆以校书、正字为荣，公独请外官，授梓州通泉尉。"《王书》说："然《唐摭言》卷三《今年及第明年登科》则云：'郭代公，十八擢第，其年冬，制入高等。'一为'判入高等'，一为'制入高等'。虽是一字之差，但前者却属吏部铨选试，后者属皇帝制举试。按理说，张说与郭元振为同时代人，行状所言当信，然按唐制，进士及第后，得守选三年，当年不能参加铨选……由是知，行状所说'判入高等'，当为'制入高等'之讹，因后人传抄所误，《唐摭

① 《苏味道李峤年谱》，中央文献出版社 2000 年版，第 10—14 页。

言》所言为是。”[①] 其实，作“判入高等”并不误，作“制入高等”系形近而误。理由是：其一，行状谓郭震开元元年（713）卒，年五十八，以此推算，其擢进士第当在咸亨四年（673）。《王书》谓郭震是年又应制举登第，而稽之史籍，是年并不曾有制举。其二，行状谓“时辈皆以校书、正字为荣，公独请外官”，这正与唐代进士及第者授官的情形相合，而与制举及第者授官的情形不大相合。《王书》说：“一般来说，进士及第，守选合格后，只能授以州府参军和紧县簿、尉。而制举登科，则多是校书郎、正字和畿县簿、尉。……尤其制举登科，等第高，还会授与拾遗、补阙等敕授官，这是进士及第者按吏部常调铨选永远也不会达到的。”[②] 吴宗国《唐代科举制度研究》也说：“制科出身者……起家即可比进士高两阶。个别成绩突出，或碰上特殊的机遇，还可获得七、八品的官职。”[③] 唐时进士及第一般授以紧县簿、尉，如授以校书郎、正字，即视为美职，故云“时辈皆以校书、正字为荣”；而制科登第，授以校书郎、正字，是很一般的事，谁也不会特别以为荣耀的。其三，唐代制举只试策，所以唐人称述应制举登第，有“射策甲科”、“对策高第”、“策试擢第”、“举制策乙第”、“制策入殊等”、“策入高科”等说法，如果郭震十八岁时确实应过制举，则应称“策入高等”，笔者翻查过不少书，尚未见到唐人有“制入高等”这种说法。另外，《文苑英华》卷九七二录张说此文，亦作“判入高等”，所以郭震当是在擢第的当年，即参加吏部的铨选试（试判）并授官的。

6.《唐代墓志汇编》开元二三七《唐银青光禄大夫太子宾客陈公墓铭》：“公讳宪……年卅，乡贡进士，对策上第，其年解褐荥泽主簿。”陈宪亦当年登第当年授官。据墓志，陈宪开元十三年（725）卒，年七十八，其登第时三十岁，为仪凤二年（677）。

7.《全唐文》卷三四三颜真卿《有唐开府仪同三司行尚书右丞相宋公神道碑铭》：“公讳璟……年十六七时，或读《易》旷时不精，公迟而览之，自亥及寅，精义必究。明年，进士高第，补上党尉。转王屋主簿。”铭

① 王勋成：《唐代铨选与文学》，中华书局 2001 年版，第 281 页。

② 同上书，第 262—263 页。

③ 吴宗国：《唐代科举制度研究》，辽宁大学出版社 1997 年版，第 90 页。

曰："通夕究《易》，冲龄擅场。胜冠结绶，历政洋洋。"据此碑，宋璟开元二十五年（737）卒，年七十五，则他十八岁进士及第时，为调露二年（680）。胜冠，犹弱冠，古时男子二十岁为成年，可加冠；结绶，佩系印绶，谓出仕为官，则宋璟当在二十岁时（永淳元年，682）解褐为上党尉，也就是登第两年即授官，并未守选三年。

8.《唐代墓志汇编》开元三六三《大唐故亳州谯县令梁府君之墓志》："公讳玙……明《穀梁传》，入太学。逮乎冠稔，博通经史，诸所著述，众挹清奇。制试杂文《朝野多欢娱诗》、《君臣同德赋》及第，编在史馆；对策不入甲科，还居学。间岁，举进士至省，莺迁于乔，鸿渐于陆；属皇家有事拜洛、明堂，简充斋郎，逡奔执豆。其年放选，郑部雄藩，原武大县，公牵丝作尉。"据笔者考证，梁玙首次应进士试在垂拱二年（686）：第一场试杂文及第，第二场试策落第；隔一年（垂拱四年）再试，遂登进士第，并于永昌元年（689）释褐为郑州原武县尉[1]，则梁玙登第后次年即授官，亦未守选三年。

9.《唐代墓志汇编续集》天宝〇六八《唐故国子祭酒赵君圹》："府君讳冬曦……（著书）凡十七篇。景龙中，河南黜陟使卢怀慎览而钦叹，特表上闻，天子嘉焉，虚己详问。执政者党同妒异，遂赏文辞而已。奏以进士试，对策甲科。是岁调集有司，即授校书郎，旌异等也。"按，《资治通鉴》卷二〇八中宗神龙二年二月载："选左、右台及内外五品以上官二十人为十道巡察使，委之察吏抚人，荐贤直狱……监察御史灵昌卢怀慎、卫尉少卿滏阳李杰皆预焉。"则卢怀慎钦叹冬曦所著之书，"特表上闻"，事当在神龙二年（706）；至于"奏以进士试，对策甲科"，则应发生于景龙元年（707），因为卢怀慎任河南黜陟使（巡察使）时，当年的进士试已考过，所以赵冬曦只能参加下一年（景龙元年）的进士试。据此文，可知赵冬曦于景龙元年登第，当年就参加了吏部的铨选（"调集"即选集之意）并授官。

10. 王翰于景云元年（710）登进士第[2]。《封氏闻见记》卷三《铨

① 详见拙作《梁玙墓志与唐进士科试杂文》，《北京大学学报》2006年第6期。

② 见傅璇琮《唐代诗人丛考·王翰考》，中华书局1980年版，第37—38页。

曹》："开元初，宋璟为尚书，李乂、卢从愿为侍郎，大革前弊，据阙留人，纪纲复振。时选人王翰颇攻篇什，而迹浮伪，乃窃定海内文士百有余人，分作九等，高自标置，与张说、李邕并居第一，自余皆被排斥。陵晨于吏部东街张之，甚于长名。观者万计，莫不切齿。"《唐代诗人丛考》谓"开元初"当为"景云初"之误，"宋璟为吏部尚书，李乂、卢从愿为吏部侍郎，三人共同铨试的时间，当在景云元年秋冬至景云二年二月"①。可见，景云元年王翰已成为吏部的选人，则他登第的当年便参加了吏部的铨选，并没有守选。

11. 储光羲开元十四年（726）登进士第，随即授冯翊主簿，赴任途中有《赴冯翊作》诗；开元十八年（730），转任安宜尉，有《大酺得长字韵》诗，这说明储光羲登第后亦不曾守选②。

12. 王昌龄开元十五年（727）进士及第（见《全唐文》卷五二八顾况《监察御史储公集序》），解褐秘书省校书郎（据《旧唐书·王昌龄传》）。如依《王书》守选三年之说，王昌龄要等到开元十九年春才能解褐，然而有证据可以证明，他在开元十六七年已做了校书郎的官。孟浩然《初出关旅亭夜坐怀王大校书》云："向夕槐烟起，葱茏池馆曛。……永怀蓬阁友，寂寞滞扬云。""蓬阁"谓秘书省，"王大校书"即指时任校书郎的王昌龄。据《旧唐书·孟浩然传》和唐王士源《孟浩然集序》，浩然于开元十六年四十岁时在长安参加进士试，落第；后出潼关东行赴洛阳，又自洛阳出发往游吴越，此诗即作于初出潼关时。孟浩然《奉先张明府休沐还乡海亭宴集》："自君理畿甸，余亦经江淮。万里音信断，数年云雨乖。""理畿甸"谓张明府为奉先令（奉先属京畿之地），"经江淮"指自己"自洛之越"（浩然有《自洛之越》诗）。张明府，张愿。《唐会要》卷七〇《州县分望道·关内道》："新升赤县……奉先县，开元十七年十一月十日升，以奉陵寝，以张愿为县令。"愿为张柬之之孙，浩然的襄阳同乡③。据浩然此诗，知浩然游吴越与张愿为奉先令同时，皆始于开元十七年，则

① 傅璇琮：《唐代诗人丛考》，中华书局1980年版，第39—41页。

② 见拙作《储光羲生平事迹考辨》，《文史》第十二辑。

③ 见陶敏《全唐诗人名考证》，陕西人民教育出版社1996年版，第171页。

《初出关旅亭夜坐怀王大校书》诗最晚也应作于此年，当时王昌龄已任校书郎。

13.《全唐文》卷五一四殷亮《颜鲁公行状》："公姓颜，名真卿……开元二十二年（734），进士及第，登甲科。二十四年，吏部擢判入高等，授朝散郎、秘书省著作局校书郎。"《唐语林》卷八："开元二十四年，置平判入等，始于颜真卿。"[1] 关于"平判入等"，《王书》认为是科目选[2]，《唐代科举制度研究》则据《通典》卷一五《选举三》"（选人试判）佳者登于科第，谓之入等"的记述，认为："平判入等是从选人所试判中评出佳者登于科第。选人是通过正常的铨选程式参加试判的，因此不能称之为科目选。只有不到应选年限，提前申请试文、试判的宏词、拔萃……等科目，才可以称之为科目选。""平判入等和拔萃科虽然在考试内容上都是试判，但是二者的区别还是很明显的。一是应试者的情况不同，拔萃科是选限未至者，平判入等则是在应选者之中选拔。……二是试判道数不同。拔萃科'试判三条'，而平判入等所试即铨选时所试之判，故为二道。"[3] 笔者觉得后一种意见正确，试以具体事例说明之。元稹《酬哥舒大少府寄同年科第》自注："同年科第，宏词吕二炅、王十一起，拔萃白二十二居易，平判李十一复礼、吕四颖、哥舒大恒、崔十八玄亮逮不肖，八人皆奉荣养。"按，白居易、元稹皆于贞元十八年（802）冬参加吏部试，十九年春俱登科第并授官。白居易在贞元十六年进士及第，至十八年守选年限尚未满（《王书》关于及第进士必须守选三年方能参加吏部铨选的说法符合中晚唐的实际，是正确的），不能参加吏部的常选，只好应属于科目选的拔萃科试以求仕。元稹贞元九年（793）十五岁时明经及第，至十八年守选年限已过（《王书》谓及第明经须守选七年），理应参加吏部的常选以求仕，假如他不参加吏部的常选而去应科目选，那就是避易趋难，不很合乎情理了。因为科目选试题难，录取的名额又少（如拔萃科一般每年只录取三人），且要先在州府参加考试并取解，一般应试者都是守选年限还未到的。

---

① 《唐语林校证》，中华书局 1987 年版，第 713 页。

② 王勋成：《唐代铨选与文学》，中华书局 2001 年版，第 298 页。

③ 吴宗国：《唐代科举制度研究》，辽宁大学出版社 1997 年版，第 97—102 页。

所以平判入等应属于吏部常选的范围，是从吏部常选人所试判中选出尤佳者给予科第，并在授官上加以优待[①]。《通典》卷一七《选举五》载赵匡《举选议》曰："其平选判入第二等，亦任超资授官。"平选即常选，平判盖指平选之判，"平选判入第二等"，也就是平判入等。综上所述，颜真卿也并未守选三年，他在登第后两年就参加了吏部的常选并授官。

14. 据傅璇琮先生考证，崔曙（或作署）于开元二十六年（738）登进士第，二十七年辞世，曾任河内尉[②]。这样看来，崔曙登第后当立即授官，并未守选三年。

根据以上例子，不难看出，初、盛唐时并不存在新及第进士必须守选三年才能授官的定制。上述各例，或登第当年，或登第后一年至二年，即授官。另一方面，初、盛唐时，又有不少进士及第后经历多年尚未授官的例子，例如：

1. 《全唐文》卷三一三孙逖《宋州司马先府君墓志铭》："府君讳嘉之……天册（695）中以进士擢第，与崔日用、苏晋俱为考功郎中李迥秀特所标赏。久视（700）初，预拔萃，与邵炅、齐澣同升甲科，解褐蜀州新津县主簿。"据墓志，孙嘉之进士及第五年尚未授官，又应制举拔萃出类科（"拔萃"即"拔萃出类"之省称，说见岑仲勉《登科记考订补》[③]）中第，方解褐为新津主簿。

2. 李昂开元二年（714）登进士第（见《唐才子传校笺》第一册卷一《李昂》），直到开元九年（721）方授官。《唐会要》卷七五《选部下·藻鉴》："开元八年七月，王丘为吏部侍郎，拔擢山阴尉孙逖、桃林尉张镜微、湖城尉张普明、进士王泠然、李昂等，不数年，登礼闱，掌纶诰焉。"按，王丘实掌开元八年冬至九年春的吏部铨选（见前），《唐会要》称李昂为"进士"，则他参加王丘主持的铨选时尚未释褐，至开元九年春铨选结束时方授官。

---

① 附及：卞孝萱《元稹年谱》（齐鲁书社 1980 年版）、朱金城《白居易年谱》（上海古籍出版社 1982 年版）皆谓贞元十九年元稹登书判拔萃科，将平判入等混同于书判拔萃，非是。

② 参见《唐才子传校笺》第一册卷二《崔署》，第 276—278 页。

③ 见岑仲勉《郎官石柱题名新考订》，上海古籍出版社 1984 年版，第 504 页。

3.《全唐文》卷三四三颜真卿《中散大夫京兆尹汉阳郡太守鲜于公神道碑》："公讳向，字仲通……开元二十年（732），年近四十，举乡贡进士高第。二十六年（738），调补益州新都尉。"则鲜于仲通在擢第后六年方选授为新都尉。

4.《唐代墓志汇编》天宝一七一窦公衡《□□故前东京国子监太学进士上骑都尉李府君墓志铭》："公讳华，字华……天宝春，阶名太学，小宗伯韦公曰：'君之才，类能以达。'当时所誉，称到于今。……虽文行忠信，而犹未入仕进之门，中路阻颠，曾不寿考，天宝九载（750）六月十日遘疾，乃十六日，奄终私第，盖春秋卌有四。"据"前东京国子监太学进士"之称，知李华当时已进士及第而尚未授官；"小宗伯韦公"，指礼部侍郎韦陟，他执掌了天宝元年（742）的贡举[①]，李华当即于此年登第。由这篇墓志可知，李华于天宝元年登第后，直到天宝九载六月辞世时，仍未授官。

上述进士及第后多年尚未授官的例子，同样可以证明，初、盛唐时，并未实行《王书》所说的及第进士的守选制。因为如果实行这一制度的话，新及第进士就不应该待选五至八年尚未授官。那么，《王书》所说新及第进士必须守选三年方能授官的定制，又是何时形成的呢？《册府元龟》卷六四一《贡举部·条制三》载：

> （大和）九年十二月，中书门下奏："……伏以国家取士，远法前代，进士之科，得人为盛，然于入仕，须更指㧑，必使练达，固在经历。起来年进士及第后，三年任选，委吏部依资尽补州府参军，紧县簿、尉。官满之后，来年许选，三考后听诸使府奏用……"

所谓"三年任选"，是说新及第进士只要守选三年，就任其参加吏部的铨选。这是今存的关于唐时及第进士必须守选三年的最早的明确记载。在上面这段话中，有两个地方值得注意，一个地方是"起来年"三字，这说明"三年任选"的制度，从明年开始实行，则此前似乎尚未实行，或实行的

---

① 见徐松《登科记考》卷九，中华书局1984年版，第302页。

不是守选三年的制度，也有可能只是依惯例而行，尚未形成守选的定制，关于这个问题，下面将作进一步的论述；另一个地方是“尽补”二字，这说明新及第进士只要守选三年，吏部铨选时一般就都能获得官职。但是，守选三年的“三年”，是从何时算起，又到何时为止的呢？对此，《王书》以中唐诗人孟郊为例作了说明：孟郊贞元十二年（796）春进士及第，到贞元十五年春守选三年期满，同年冬天参加吏部的铨选，贞元十六年春选事毕，授溧阳县尉之职[①]，则自及第至授官实际为四周年。此说我认为是可信的。

《册府元龟》所载之事，发生于唐文宗大和九年（835），那么在这一年以前，新及第进士必须守选三年才能授官的制度是否存在呢？由于今存有关的载籍对这个问题缺少明确的记载，所以我们只能根据若干具体的事例来对它作分析和推断。例如《全唐文》卷七五六杜牧《唐故银青光禄大夫浙江西道都团练观察处置等使赠吏部尚书崔公行状》：“公讳郾……贞元十二年中第，十六年平判入等，授集贤殿校书郎。”和孟郊一样，也是登第后守选三年，第四年参加吏部的铨选并授官，则德宗贞元（785—805）年间，应该是存在着新及第进士必须守选三年才能授官的制度或惯例的。又如韩愈贞元八年（792）进士及第，接着连应贞元九、十、十一三年的博学宏词试，皆落第（参见宋洪兴祖《韩子年谱》[②]）。博学宏词是吏部的科目选，规定守选年限未到的新及第举子和前资官均可应试，中第即授官，贞元九至十一年正是韩愈的守选期，不允许参加吏部的常选，所以就应了宏词试。三次应试失利后，韩愈于贞元十一年正月至三月，接连三次上书宰相求官，皆无回音，失望之余，遂于这年五月东归河阳。本来到十一年春韩愈的守选期已满，可以参加十一年冬至十二年春的吏部常选，但他却放弃了，而决定改走其他入仕的门路。他的《答崔立之书》说：“四举（进士）而后有成，亦未即得仕。闻吏部有以博学宏辞选者，人尤谓之才，且得美仕，就求其术，或出所试文章，亦礼部之类。……凡二试于吏部，一既得之，而又黜于中书。虽不得仕，人或谓之能焉。……既已为之，则

---

① 王勋成：《唐代铨选与文学》，中华书局2001年版，第55页。

② 见《韩愈年谱》，中华书局1991年版，第15—82页。

欲有所成就……因复求举，亦无幸焉。……然仕进者岂舍此而无门哉？足下谓我必待是而后进者，尤非相悉之辞也。……方今天下风俗尚有未及于古者，边境尚有被甲执兵者，主上不得怡，而宰相以为忧。仆虽不贤，亦且潜究其得失，致之乎吾相，荐之乎吾君，上希卿大夫之位，下犹取一障而乘之。"① 此文作于十一年韩愈第三次宏词试失利之后，从文中可以看出，作者之所以连应三次宏词试，是由于中第者，既可获才名，又能"得美仕"，因为唐时宏词试的登科者，往往授以中央官署的校书郎、正字之职，有较多的机会摆脱守选之门、进入常参官系列；而新及第进士通过吏部常选入仕者，一般只能授以地方上的州府参军，紧县簿、尉一类官职。由此文还可看出，作者已有意放弃由吏部铨选入仕的门路（包括吏部宏词选与常选）；文中的"边境尚有被甲执兵者"、"下犹取一障而乘之"等语，已透露出作者有入幕府任职的意图。果然，贞元十二年（796）七月，韩愈受汴州刺史、宣武军节度使董晋之辟，出任汴宋等州观察推官（参见《韩子年谱》）。入幕府较之由吏部常选入仕，也有优越之处，关于这一点，笔者将另撰文论述。再如裴度贞元五年进士及第，贞元八年宏词登科；柳宗元贞元九年进士及第，贞元十二年宏词登科（参见《登科记考》卷一二、一三、一四），两人皆在三年的守选期内应宏词试中第并释褐。以上的例子大抵都可以说明，贞元年间，存在新及第进士必须守选三年才能授官的制度或惯例。

大历（766—779）中，赵匡在其《举选议》中提出一条建议："其前资官及新出身，并请不限选数任集，庶有才不滞，官得其人。"（《通典》卷一七《选举五》）所谓"新出身"，盖指新及第的进士、明经等，"并请不限选数任集"，是说对他们不要给予守选若干年的限制，而听其参加吏部每年的铨选，这实际上是要求废除新及第进士、明经必须守选若干年才能参选授官的制度或惯例，正说明当时已有了这个制度或惯例。当然，从这条建议里，我们无法知道新及第进士的守选年数。新及第进士的守选制度或惯例，大抵形成于安史之乱发生后，肃宗、代宗之际。这是有原因的。《新唐书》卷三五《选举志下》说："是时，河西、陇右没于虏，河南、河

① 《韩昌黎集》卷一六，商务印书馆《国学基本丛书》本 1958 年版。

北不上计，吏员大率减天宝三之一，而入流者加一，故士人二年居官，十年待选，而考限迁除之法浸坏。”所谓“河西、陇右没于虏”，是指代宗广德元年（763），吐蕃尽取河西、陇右19州60县之地；而“河南、河北不上计”，则指安史之乱后形成的藩镇割据，其中为害最烈的河北三镇（魏博、成德、幽州），占有19州113县，割据长达150多年，淄青镇占有12州63县，割据凡54年，此外还有淮西、泽潞等一些较弱的割据者，他们都“以土地传子孙”、“擅署吏”（《新唐书》卷二一〇《藩镇传序》）。以上这两者相加，即有数十州数百县之地非朝廷所有，于是造成吏部得以署授的官吏员额大减。前面我们谈过，吏部的铨选授官，都是以当年的官员缺额为依据的，官员缺额大减，吏部铨选授官的压力也就大增，新及第进士必须守选若干年才能授官的规定，显然就是在这样的背景下作出的。

下面谈谈自大和九年以后直至唐亡，新及第进士必须守选三年才能授官的制度，是否一直存在。应该说，它是一直存在的。如《册府元龟》卷六三二《铨选部·条制四》：“（会昌）二年（842）四月制：‘……其进士宜至合选年，许诸道依资奏授试官充职。’”制词中的这两句话，是说新及第进士，适合于到了应当参加吏部铨选的年份，“许诸道依资奏授试官”，则进士及第后，必须经过一定的年限，才许参加吏部的铨选，说明守选的制度仍然存在。又如《全唐诗》卷六〇四许棠《讲德陈情上淮南李仆射八首》其八：“丹霄空把桂枝归，白首依前着布衣。……东风乍喜还沧海，栖旅终愁出翠微。应念无媒居选限，二年须更守渔矶。”首二句谓已已擢第而尚未授官，考许棠咸通十二年（871）擢进士第，此诗作于咸通十三年春，当时作者在淮南[①]，登第后已经守选了一年；末二句说，由于无人援引荐举（此诗含有希望李仆射援引自己入幕之意），自己处于守选期限（“居选限”），还要有二年时间，则进士及第后，仍然要守选三年才能授官。

《王书》说：“前已论及，开元三年六月玄宗就下诏说，进士、明经及第后‘三选听集’，而且已规定进士守选三年，明经等科及第举子在当番

① 《唐才子传校笺》第四册卷九，中华书局1990年版，第25—26页。

后也定有守选年限。‘循资格’规定六品以下官员守选当是吸取了及第举子的守选制的。”[1] 实际上，情况恰好相反，及第进士的守选制，应来自文职六品以下前资官的守选制。这并不奇怪，在每年参加吏部铨选的选人中，前资官占绝大多数，所以要从根本上缓解选人多官缺少的矛盾，首先就必须减少每年参加铨选的前资官的数量，为此也就必须实行前资官的守选制；而实行及第进士的守选制，对于缓解选人多官缺少的矛盾，减少每年参加铨选的选人数量，所能起的作用则微乎其微（唐时进士及第者每年只有二十人至三十人）。至于及第明经的守选制，等下一节我们再作讨论。总之，新及第进士必须守选三年才能授官的制度，肯定有自己的形成、发展过程，自唐初至于唐末一成不变的现象是不可能存在的。

前面我们列举的不少具体事例中，有若干当年登第当年即参加铨选并授官的例子。我们知道，吏部的铨选由吏部尚书、侍郎主持，“尚书典其一”（称尚书铨），“侍郎分其二”（侍郎二人所典之铨称中铨、东铨），故又称为三铨，举行的时间是“始于孟冬，终于季春”（《通典》卷一五《选举三》）；而进士科放榜的时间一般为二月[2]，那时三铨已近尾声，是否新及第进士也由它铨选授官？此问题涉及新及第进士铨选授官的具体机制，今存的历史资料对此无任何明确记载，当代学者也没有人对它作过论述。下面，笔者想试着对它作一些探索。

《唐会要》卷七五《选部下·选限》：“（贞元）十五年六月敕：吏部奏，选人依前三月三十日已前团奏毕；其流外，兵部、礼部举人等，专委郎官，恐不详审，共为取舍，适表公平，每至留（原作‘流’，据《册府元龟》、《全唐文》改）放之时，皆尚书、侍郎对定，既上下检察，务在得人。”这篇敕令又见于《册府元龟》卷六三〇《铨选部·条制二》、《全唐文》卷五三唐德宗《命兵礼部留放人就尚书侍郎对定诏》。由此诏可知，贞元十五年（799）六月以前，新及第进士、明经的铨选授官，由“郎官”全权负责，而非由三铨负责；贞元十五年六月以后，仍由“郎官”负责，但最后是留（入选授官）是放（落选），都由吏部尚书、侍郎决定。《新唐

① 王勋成：《唐代铨选与文学》，中华书局2001年版，第119页。

② 傅璇琮：《唐代科举与文学》，陕西人民出版社1986年版，第289—290页。

书》卷四五《选举志下》："至于铨选，其制不一，凡流外，兵部、礼部举人，郎官得自主之，谓之小选。"《文献通考》卷三五《选举考八》所载同[①]。这段记载说的也是流外官和新及第进士、明经的铨选，由"郎官"自己掌管，称为小选；这与由吏部尚书、侍郎主持的三铨是不同的。负责流外官铨选的"郎官"是吏部郎中，《唐六典》卷二《尚书吏部》："（吏部）郎中一人，掌小选。凡未入仕而吏京司者，复分为九品，通谓之行署。其应选之人，以其未入九流，故谓之流外铨，亦谓之小铨。"《通典》卷二三《职官五》、《旧唐书》卷四三《职官志二》、《新唐书》卷四六《百官志一》、《文献通考》卷五二《职官考六》所载同，则吏部郎中二人中，有一人专掌流外官的铨选，称为小选，或小铨。这样看来，小选应有两种，还另有一种专门负责新及第进士、明经铨选的"小选"。据诸书所载，吏部郎中并不拥有掌管这另一种"小选"的职权。那么，拥有掌管这另一种"小选"职权的又是什么"郎官"呢？

韩愈《唐故朝散大夫尚书库部郎中郑君墓志铭》："君讳群……以进士选吏部考功，所试判为上等，授正字。"（《韩昌黎集》卷三二）屈守元、常思春主编《韩愈全集校注》云："此谓郑群既登进士第，复应吏部考功选举之宏辞拔萃科试。《新唐书·选举志下》云：'凡试判登科谓之入等。……选未满而试文三篇，谓之宏辞；试判三条，谓之拔萃。中者即授官。'"[②] 按，这条注释有明显错误。首先，博学宏辞科试文三篇（诗、赋、论各一），与韩愈文中所说的"试判"不合。其次，书判拔萃科虽也试判，但与宏辞科同属吏部科目选，都由吏部尚书或侍郎主试，并由吏部提名委派考官[③]，这就与韩愈文中所说的"以进士选吏部考功"不合。所谓"以进士选吏部考功"，是说郑群以新及第进士的身份，参加了吏部考功司（长官为郎中，副长官为员外郎）的铨选，唐时吏部铨选皆须试判两道，所以下文有"所试判为上等"之语。联系上文笔者所作的分析和推断，郑群所参加的，应该就是专门负责新及第进士、明经铨选的"小选"，而掌管这一种"小选"

① 《文献通考》，中华书局1986年版。

② 《韩愈全集校注》，四川大学出版社1996年版，第2478页。

③ 参见吴宗国《唐代科举制度研究》，辽宁大学出版社1995年版，第107页。

的，明显就是吏部的考功郎中。考郑群贞元四年（788）进士及第（见《登科记考》卷一二），当时已实行新及第进士必须守选三年才能授官的制度或惯例（见前），所以郑群参加吏部“小选”并授官，应当在贞元八年。这与上面提到的贞元十五年六月以前新及第进士的铨选授官由“郎官”全权负责的记载相合。另外，这一年又恰在“复置吏部小选”之后。《旧唐书》卷一二《德宗纪上》：“（贞元三年七月）癸酉，复置吏部小选。”《唐会要》卷七五《选部下·杂处置》所载同，《册府元龟》卷六三〇《铨选部·条制二》“贞元三年”作“贞元元年”。有“复置”自有罢除，可惜吏部小选何时罢除，史书中没有任何记载。又，“复置”和罢除的小选，属哪一种？是吏部郎中掌管的流外官铨选，还是考功郎中掌管的新及第进士、明经的铨选？对此史书中同样没有记载，我们只能作一些合理的推测。我们知道，唐代中央机构的流外官数量众多，大约是流内官的十多倍[①]，官府机构的诸多具体政务与各种杂事，都要依仗这些流外官来办理。流外官的铨选，如果像流内官的铨选那样，由于战争频繁，“遂三数年一置选”[②]，倒很有可能。而倘若说要完全罢除它，则可能性不大，因为如果那样的话，整个官府机构就会处于瘫痪状态。所以笔者认为，罢除和“复置”的小选，应该是考功郎中所掌管的新及第进士、明经的铨选。这一种“小选”的罢除时间，估计应在安史之乱发生后，因为那时新及第进士的守选制度或惯例已经形成；依照它，进士及第之后，不能参加当年吏部的铨选并获得官职，却能在三年后参加吏部三铨的全过程，所以也就无必要为他们另外设置由考功郎中掌管的“小选”了。

写到这里，已可对新及第进士的铨选授官机制作如下大致推断：1. 安史之乱以前，进士新及第后，皆听其参加吏部当年的铨选，由于进士科放榜时，吏部的三铨已近尾声，所以便为进士们特置了“小选”以授官；如果新及第进士参加了吏部当年的“小选”后未被授官，那么从第二年开始，就必须转而参加吏部的三铨以获得官职。2. 自安史之乱之后，至贞元三年以前，由于新及第进士的守选制度或惯例已经形成，所以为新

---

① 参见《通典》卷四〇《职官二十二》。

② 见《唐会要》卷七五《选部下·选限》。

及第进士特置的“小选”也就罢除，此时新及第进士的铨选授官，改由吏部三铨负责。3. 贞元三年复置“小选”后，新及第进士在守选期满后的首年，即可参加由吏部考功郎中掌管的“小选”以授官；依照守选制度的规定，新及第进士只要守选期满参加了铨选，一般就能得官；至于个别或少数未能得官的人，是可在以后继续参加“小选”以得官，抑或必须转而参加吏部的三铨才能得官，则不十分清楚。由于有关的资料缺乏，以上意见尚存在一些推测成分，只好俟以后有新的资料发现，再续作考订。

最后，附带讨论一下关试设立的具体时间。关于关试，王定保《唐摭言》卷三《关试》云：“吏部员外，其日于南省试判两节，诸生谢恩，其日称门生，谓之‘一日门生’。自此方属吏部矣。”胡震亨《唐音癸签》卷一八《诂笺三·进士科故实》：“关试，吏部试也。进士放榜敕下后，礼部始关吏部。吏部试判两节，授春关，谓之关试，始属吏部守选。”[①]《王书》说：“所谓‘始关吏部’，就是用关牒通知吏部。关试后，及第举子就算脱离了礼部，而成了吏部的选人。……关试不过是一种交接手续：对礼部来说，是移交手续；对吏部来说，是接纳手续；对新及第举子来说，又是向吏部履行的报到手续。”[②] 则关试是由礼部贡举向吏部铨选的中转。然而，在开元二十四年（736）以前，知贡举者为吏部考功员外郎，二十五年以后，才改成礼部侍郎（参见《资治通鉴》卷二一四玄宗开元二十四年），而且二十四年以前新及第进士的铨选，由考功郎中掌管，这也就是说，进士自应试至铨选授官，皆不出吏部考功司之门，这样，关试这么一个中转还有必要设立吗？所以，开元二十四年以前，是否有关试，是值得怀疑的。笔者查考过今存唐人诗文中提及“关试”与“春关”（唐人有时以春关代指关试）的文字，发现它们都出自中、晚唐人之手，至今尚未发现初、盛唐人的诗文中，有“关试”或“春关”之语，因此我们有理由相信，关试应该是开元二十五年以后才有的。

---

① 胡震亨：《唐音癸签》，上海古籍出版社1981年版，第198页。

② 王勋成：《唐代铨选与文学》，中华书局2001年版，第2页。

四 及第明经守选

《全唐文》卷八〇二杜去疾《大唐故过少府墓志铭》："公讳讷……以大中十二年明经擢第，当守选时，潜修拔萃。"这条材料说明，唐宣宗大中（847—860）年间，已存在新及第明经的守选制。那么，这一制度是从什么时候开始实行的呢？《王书》说，及第举子（包括进士、明经等）的守选制，贞观九年（635）就已存在，并提出自初、盛唐以至于整个唐代，都实行及第举子的守选制。为此《王书》提出了四条证据。笔者在上一节中已经指出，这四条证据都各有问题，不能证明初、盛唐时已存在及第举子的守选制，而初、盛唐时是否已实行及第明经的守选制，还是一个需要研究和论证的问题。

《唐会要》卷七六《贡举中·三传》："长庆二（《旧唐书·穆宗纪》作'三'）年二月，谏议大夫殷侑奏：……伏以《左传》卷轴文字，比《礼记》多校一倍，《公羊》、《穀梁》，与《尚书》、《周易》多校五倍，是以国朝旧制，明经授散，若大经中能习一传，即放冬集。"所谓"明经授散"，是说明经及第后，只先授给散官，尚需在吏部服役当差一段时间并通过选拔，才允许参加吏部的冬集铨选，授给职事官。这个"国朝旧制"，大抵自唐初至玄宗开元中，一直实行。例如《唐代墓志汇编》万岁通天〇二八《大周洛州永昌县故赵府君墓志铭》云："君讳元智……父濬，唐明经及第，授文林郎（文散官从九品上）。"据墓志，赵元智万岁通天二年（697）卒，年五十七，其父濬明经及第后授散的时间，估计当在太宗贞观（627—649）年间。万岁通天〇〇七《大周将仕郎宋氏墓志铭》："君讳智亮……年三十九，明经擢第，拜将仕郎（文散官从九品下）。"据墓志所载宋氏的卒年与享年推算，他年三十九为仪凤三年（678）。景龙〇四二寇溆《大唐故梓州铜山县尉弘农杨府君墓记》："君讳承福……垂拱（685—688）中，年弱冠，州举孝廉（即明经），太常对策，拜文林郎；调选授灵州回乐县主簿。"这也是一个明经及第后先授散，而后参加吏部的铨选并授给职事官的例子。

明经授散后，尚需通过什么程式，经历多长时间，才允许参加吏部的铨选?《唐六典》卷二《尚书吏部》:“凡(文)散官四品已下、九品已上,并于吏部当番上下。”注:“其应当番四十五日。若都省须使人送符及诸司须使人者,并取兵部、吏部散官上。经两番已上,听简入选;不第者依番,多不过六也。”所谓“于吏部当番上下”,是说这些散官应在吏部服杂役,比如尚书都省需有人送公文,诸司需有人干杂务,吏部就派他们前去。服役一次称一番,一番四十五日,正在服役称番上,服役期满叫番下。服役两番后,经吏部选拔合格,即允许参加吏部的铨选(“听简入选”);如果选拔不合格,最多服役六番,也可参加吏部的铨选。不愿意番上者,允许纳钱替代,《新唐书》卷四六《百官志一》:“自(文散官)四品,皆番上于吏部;不上者,岁输资钱,三(当作‘五’)品以上六百,六品以下一千。”根据以上记载,及第明经授散并服役两番后,应该来得及参加当年吏部的冬集铨选(明经例于每年春二月放榜);而如果授散后服役六番,就只有参加第二年吏部的冬集铨选了。

下面谈谈新及第明经授散当番制度的变迁。《唐会要》卷七五《贡举上·明经》:“开元十六年(728)十二月,国子祭酒杨玚奏:今之明经,习《左氏》者十无一二,恐《左氏》之学废;又《周礼》、《仪礼》、《公羊》、《穀梁》亦请量加优奖。遂下制:明经习《左氏》及通《周礼》等四经者,出身免任散官。”按,唐之明经,一般指明二经。《新唐书》卷四四《选举志上》:“凡《礼记》、《春秋左氏传》为大经,《诗》、《周礼》、《仪礼》为中经,《易》、《尚书》、《春秋公羊传》、《穀梁传》为小经。通二经者,大经、小经各一,若(或)二中经。”依照开元十六年十二月的这一制书,习明经者如选取二中经,当有三种组合(《诗》加《周礼》、《诗》加《仪礼》与《周礼》加《仪礼》),不管是哪一种组合,及第后皆不必授散当番;如选取大经、小经各一,当有八种组合(大经选取《左传》者有四种组合,选取《礼记》者也有四种组合),其中只有两种组合(《礼记》加《易》与《礼记》加《尚书》),及第后应授散当番。由此看来,自开元十七年以后,及第明经中授散当番的人数已大为减少。《唐会要》卷七五《选部下·冬集》:“大历十一年(776)五月敕:礼部送进士、明经、明法……道举等,准式,据书判、资荫,量定冬集、授散,其《春秋》(《春秋左氏传》)、《公羊》、《穀梁》、《周礼》、《仪礼》业人,比缘习者校少，开元中敕一例冬集，其《礼》（《礼记》）业每年授散；自今以后，《礼》人及道举、明法等，有试书判稍优，并荫高及身是勋官、三卫者，准往例注冬集，余并授散。”则自大历十一年以后，上述两种应授散当番组合里的明经及第者中，有一部分符合“试书判稍优”等条件的人，可以不再授散当番。又《册府元龟》卷六四〇《贡举部·条制二》贞元九年五月敕：“自今已后，明经习《礼记》及第者，亦宜冬集。”则上述两种组合中的所有及第者，都不必再授散当番。这样，及第明经须先授散当番的制度，到这时也就不复存在了。

《王书》认为，当及第明经须先授散当番的制度实行着的时候，及第明经在完成了授散当番的任务后，还必须守选若干年，才允许参加吏部的冬集铨选；及第明经不复授散当番后，也同样要守选若干年，才可以参加吏部的铨选并授官[①]。前面我们谈到，及第明经的守选制，在唐代确实存在，但这个制度是从什么时候开始实行的，则是一个还没有解决的问题。由于文献中对这个问题没有任何直接、明确的记载，所以我们只能通过对若干间接材料和实例的仔细分析，来寻求这个问题的答案。

先看看初唐时的一些实例：

1. 《唐代墓志汇编》乾封〇〇六《大唐故左卫长史颜君墓志铭》：“公讳仁楚……弱冠州举孝廉，射策高第，授文林郎，贞观十有八年（644）也。……廿二年（648），授汾州孝义县尉。”则颜仁楚明经及第后四年，吏部即授给职事官。

2. 同上天授〇〇九《唐故儒林郎行魏州馆陶县主簿皇甫君墓志》：“君讳玄志……贞观十九年（645）明经及第。……解褐授蜀王府参军事。……秩满，永徽三年（652）授恒州九门县主簿。”题中之“儒林郎”，为文散官正九品上，这当是皇甫玄志迁任馆陶县主簿时所带的散官阶；志文中未叙及玄志明经及第后授散事，这是志文择要记事，略去一些次要的事不提，不说明玄志及第后不先授散。假设玄志明经及第授散后，于贞观二十一年（647）授蜀王府参军，按照“六品以下，四考为满”计算，他当于永徽二年（651）秩满，同年冬参加吏部铨选，于永徽三年春末授九门县主簿，

---

① 王勋成：《唐代铨选与文学》，中华书局2001年版，第55—60页。

这与志文所言正相合，则玄志明经及第之后二年，吏部即授给职事官。

3. 同上天授〇三五《唐遂州方义县主簿河南元府君墓志铭》："公讳罕……以唐贞观十九年（645）州辟孝廉，射策上第；解褐任商州上雒县尉。……俄而考绩课最，黜幽陟明，改授遂州方义县主簿。……而九秋未至，千日犹赊，倏共朝露同晞，奄与夜舟俱逝，以唐永徽元年（650）十月一日寝疾，终于官第。"据墓志，元罕当在贞观十九年明经及第后不久即释褐；据"俄而"一语，可知他任上雒县尉没多久（不到四年秩满），便改授方义县主簿；又，任方义县主簿不到秩满，离一千日尚远，即卒于方义县官舍。九秋，九年。《尚书·舜典》："三载考绩，三考黜陟幽明。"孔氏传："三年有成，故以考功；九岁则能否幽明有别，黜退其幽者，升进其明者。"[①] 谓舜时每三年对官吏考核一次，经三考（九年）决定官吏的升降赏罚；而唐时对官吏则一岁一考，四考（四年）秩满，决定其升降赏罚，故此处借用"九秋未至"以指不到四年秩满。假设元罕贞观二十一年（647）解褐任上雒县尉，则他因考核成绩优异而升任方义县主簿，最早也只能在贞观二十三年（649）春末（吏部授官，一般都在铨选结束之时，即每年的春末夏初），因为唐初官吏任职的头一年，都不计考，所以元罕应到贞观二十二年（648）年末，方有考绩，而等这一考绩经朝廷最后核准认定，已经到了二十三年春了。由元罕任方义县主簿到他永徽元年十月一日去世，有一年多时间，这与志文中"千日犹赊"之语正好相合。这样看来，元罕也是明经及第之后二年即授官。

4. 同上开元〇三二《唐故冀州武强县主簿天水赵府君墓志之铭》："君讳保隆……年廿，以明经入贡升第。以贞观廿二年（648）始授瀛州乐寿尉。……春秋七十，以周永昌元年（689）正月三日终于私第。"据墓志所载，赵保隆二十岁为贞观十三年（639），则他明经及第后九年方授官。

5.《唐代墓志汇编续集》神功〇〇二徐彦伯《大周故韶州乐昌县令王府君墓志铭》："府君讳师协……弱冠明经，射策高第；授常州江阴县尉，时年廿三。"据墓志，王师协神功元年（697）卒，年六十七，则他二十岁明经及第在永徽元年（650）。王师协明经及第后三年即授官。

---

① 《尚书》，世界书局影印阮刻《十三经注疏》本，1935年版。

6.《唐代墓志汇编》永淳〇二三王允元《大唐故淄州高苑县丞赵君墓志铭》："君讳义……永徽元载（650），应试甲科，选部随班，爰从散秩，授文林郎。显庆元年（656），授洺州曲周县尉。"据赵义及第后先授散，可知他应试的科目应是明经；依志文所言，赵义明经及第后六年方授官。

7. 同上久视〇〇四韩思复《大周故承奉郎吴府君墓志之铭》："君讳续……以永徽三年（652）明经擢第……授承奉郎（文散官从八品上）。……俄丁内忧，勺饮不入口，哀号无昼夜……终从灭性之讥，遽迫在辰之兆，以显庆四年（659）六月十一日奄终于温柔坊里第，春秋三十。"知吴续明经及第授散后六七年未授官，因丁内忧过度哀伤而遽逝。

8. 同上景龙〇一五郎南金《大唐永州刺史束君墓志铭》："君名良……惟君弱冠乡贡明经及第，即授江王府仓曹。"据墓志，束良景龙元年（707）卒，年六十八，则他弱冠明经及第之年为显庆四年（659）。志文所云"即授"，盖谓束良及第后立即授官。

9. 同上咸亨〇三五《大唐故承务郎前相州林虑县丞奇府君墓志铭》："君讳玄表……升第厕于匡衡，利用侔于敬仲。永徽（650—655）之际，蒙授登仕郎（文散官正九品下）。……至麟德二年（665）冬选，蒙拟相州林虑县丞。""升第厕于匡衡"，指奇玄表登明经第（汉匡衡精通儒经，尝"射策甲科"，事见《汉书》本传）；据志文所云，玄表明经及第授散后，历十余年方授官。

10. 同上垂拱〇三四《大唐故宣州参军事许君墓志》："君讳坚……年廿五，本州明经举，对策高第，授儒林郎，崇文德也。……后以选补授宣州参军事。……以调露元年（679）六月廿五日终于私馆，春秋卅有三。"据墓志所载，许坚年二十五为咸亨二年（671）；假设他明经及第授散后，于上元二年（675）春末授宣州参军事，则当在调露元年春末秩满；但他同年六月末即卒，因当时尚未获得新职，所以志文说他"终于私馆"。这个假设与志文所言相合，故知许坚当于明经及第后四年授官。

11. 上文叙及之宋智亮（见本节），自仪凤三年（678）三十九岁明经及第后，至"春秋五十有三，如意元年（692）七月十八日，卒于渑池千秋里之第"时，皆未授官，则他明经及第授散后，历十四年尚未授官。

12.《唐代墓志汇编》开元三一八《唐故银青光禄大夫行光禄少卿高

府君墓志铭》："公讳慜……弱冠以太学明经擢第；调补豫州参军。会越王贞以诛错为名，勒兵观衅，亦既部署，先威斧资……。"按，豫州刺史越王贞垂拱四年（688）八月于豫州起兵反武则天，凡二十日而兵败自杀，事见《资治通鉴》卷二〇四。据墓志，高慜开元十七年（729）卒，年六十六，则他弱冠明经及第之年为弘道元年（683）。依墓志所云，高慜任豫州参军时，适值越王贞于豫州起兵，则高慜始任豫州参军之时间，大抵当在垂拱三年（687）或四年春末，这也就是说，高慜明经及第后四至五年方授官。

上述各例中的新及第明经，及第后或一二年，或三四年，或五六年，即授官；但也有长达八九年，甚至十余年才授官的。这种情况说明，初唐时的新及第明经，在完成了授散当番的任务后，并非如《王书》所说，必须守选一定的年限（《王书》认为当守选七年），才允许他们参加吏部的铨选。这也就是说，初唐时并不存在新及第明经必须守选一定年限才能铨选授官的定制，其情况与初唐时的新及第进士没有多少不同。

下面，再看看盛唐时的一些实例：

1.《唐代墓志汇编》大历〇五九崔祐甫《有唐朝散大夫行秘书省著作佐郎崔公墓志铭》："公讳众甫……年十有五，嗣祖爵安平男。逾年，明经擢第。弱冠，参怀州军事。"据墓志，崔众甫宝应元年（762）卒，年六十五，则他十六岁明经及第之年为开元元年（713），弱冠出任怀州参军事在开元五年（717），也就是说他明经及第后四年即授官。

2. 同上开元一八二《大唐故前乡贡明经上谷寇君墓志铭》："寇钊字尼丘……年十八，郡举孝廉，射策甲科。……勤学不倦，浸成心疾，春秋廿三，以开元十一年（723）十月廿七日终于洛阳审教里之私第。"据墓志所言，寇钊年十八为开元六年（718），自这一年他明经及第后至辞世，凡历五年，尚未授官。

3. 同上天宝〇二五张越《唐故河南府告成县主簿上谷县开国子寇公墓志铭》："公讳锛……弱冠以孝廉及第；明年，授崇文馆校书郎。"据墓志，寇锛天宝二年（743）卒，年四十二，则其弱冠明经及第在开元九年（721）。寇氏登第后仅一年即授官。

4. 同上天宝〇五三《故夜郎郡夜郎县尉清河崔府君墓志铭》："公讳泌……

载廿七，辟孝廉擢第；卅六调授宣城郡宣城县主簿。”据墓志，崔泌天宝二年（743）卒，年四十八，则他年二十七为开元十年（722），年三十六为开元十九年（731）。崔氏明经及第后九年方授官。

5. 同上大历〇二七李系《唐故相州成安县主簿张府君墓志》：“府君讳倜……其年十四，以明经擢第；自孝廉郎解褐相州成安主簿。其第一年……第三年，台阁食声，思与辑穆。如是惠□广物，清节苦心，决黩听殷，行修闻远，三考如雪，四人备恩，德辅中朝，声扬河北。未三二年，以清状减考，见许赴集，于前年冬十月铨授笔砚，书判高出，万人拭目，于时吏部简阙，制命俟行，岂谓坐对金门，轺轩不就！以天宝十载（751）正月三日不起，微疾返真于长安客舍，春秋卌有二。”据墓志所记张倜之卒年与享年推算，他年十四为开元十一年（723）；而他解褐成安主簿的时间，则在天宝六载（747）春末。因为据志文所言，张倜任成安主簿经“三考”（即三年，唐时每年对官吏考核一次），政绩优异（有“清状”），获得了“减考”（指减一考的优待，唐时规定，六品以下官吏四考秩满）和“见许赴集”（即不必守选，可马上参加吏部的冬集铨选）的优待，所以得以在“天宝十载”的前一年十月（“于前年冬十月”），赴吏部参加冬集铨选（试书判）。十载正月，张倜正在长安客舍等待吏部授给新职，谁知却忽然暴病身亡！根据这篇墓志，可知张倜明经及第后，历二十四年方授官。

6. 同上显圣〇〇一郑齐冉《大燕故朝议郎前行大理寺丞司马府君墓志铭》：“公讳望……公弱冠专经，以孝廉擢第。廿八筮仕，授同州参军。”据墓志，司马望显圣元年（761）卒，年五十七，则他弱冠明经及第在开元十二年（724），“廿八”授同州参军在开元二十年（732），也即及第后八年方授官。

7. 同上《唐代墓志汇编续集》贞元〇三七《唐故昭武校尉延州金明府折冲上柱国武君墓志铭》：“君讳龙宾……十九明经擢第，廿七授汝州鲁山县主簿。”据墓志，武龙宾贞元十二年（796）卒，年七十八，则他“十九明经擢第”为开元二十五年（737），年二十七授官在天宝四载（745）。武龙宾也是明经及第后八年方授官。

8. 《全唐文》卷三四一颜真卿《河南府参军赠秘书丞郭君神道碑铭》：“君讳揆……年十七，崇文生明经及第。……后调集，侍郎李彭年嗟君所判，足冠后生……授太常寺太祝。……无何，改授河南府参军。天宝五载（746）……遂得气疾……以天宝八载（749）二月十八日，终于安兴之私第，时年二十四。”据碑铭所载卒年与享年推算，郭揆十七岁明经及第为天宝元年（742）；考李彭年任吏部侍郎在天宝二年冬至八载冬①，其授郭揆太祝当约在天宝三载或四载春末，则郭揆明经及第后两三年即授官。

9.《唐代墓志汇编》元和一四六《唐故大理评事赐绯鱼袋范阳卢府君墓志》：“府君讳倜……弱冠为太学生，明经甲科；释褐豫州上蔡县尉，转左司御兵曹参军，授大理评事赐绯鱼袋。……天宝中，深为时贤所重，期以百姓休戚刑政安危于府君。无何，羯胡勃天，中夏搔扰……。”据墓志，卢倜贞元六年（790）卒，年六十四，则他弱冠明经及第在天宝五载（746）；“羯胡勃天”，指天宝十四载（755）安禄山反叛朝廷。据志文所言，卢倜自明经及第至“羯胡勃天”的九年中，曾连任三个职务，所以他及第之后，当没等多少年即授官。

10. 同上贞元〇二六孙绛《唐故中大夫守桂州刺史兼御史中丞孙府君墓志铭》：“君讳成……髫岁崇文馆明经及第；参调选部，年甫志学，考判登等，耸听一时，解褐授左内率府兵曹参军。”据墓志，孙成贞元五年（789）卒，年五十三；志文谓孙成幼年（“髫岁”）明经及第，十五岁（为天宝十载，751）解褐为左内率府兵曹参军，则他明经及第后，也没等多少年即授官。

以上各例中的新及第明经，及第之后授官的具体年限，有长有短，相差颇大。这种情况说明，初、盛唐时，须先授散当番的新及第明经在完成了授散当番的任务后，以及无须授散当番的新及第明经在及第后，应该是有资格马上参加吏部的铨选，而不是必须先守选若干年，才允许他们参加吏部的铨选。《唐代墓志汇编续集》万岁通天〇一一《大周故陕州桃林县博士杨君墓志铭》：“君讳政……唐显庆年（656—661）中，明经擢第。拂衣高蹈，习前代之风，每有常调，皆无赴集。……至麟德二年（665），被本州刺史卢承业追召补桃林县博士（流外官）。”所谓“常调”，盖指每年举行的吏部常选；“每有”二句说明，杨政明经及第后，当有资格参加吏

① 见严耕望《唐仆尚丞郎表》卷一〇，第579页。

部每年举行的铨选，只是因为他有高蹈之志，无意于前去参选罢了。但是，新及第明经参加吏部常选后，未必都能在当年获得官职，不少人往往要参加多次铨选，或先在家待选若干年再参加铨选，才能获得官职，所以他们及第后的具体授官年限，就有了相当大的差距。这种状况也说明，盛唐时代尚不存在新及第明经必须守选一定年限，才能铨选授官的定制。

然而有种种迹象表明，初、盛唐时代的新及第明经，也如同当时的文职六品以下前资官那样，存在应当按惯例待选一定年限才能授官的情况。《册府元龟》卷六四〇《贡举部·条制二》："（天宝）七载（748）五月诏曰：……天下诸色人中，有通明《道德经》及《南华》等四经，任于所在自举，各委长官考试申送，其崇玄生出身，自今以后，每至选，宜减于尝（常）例，以为留放。"《唐会要》卷七七《贡举下·崇元（玄）生》："（天宝）七载五月十三日：崇元生出身，至选时，宜减于常例一选，以为留放。"按，唐开元二十九年置崇玄学与道举，其学习和考试的内容都是《道德》、《南华》等四经，并"准明经例考试，通者准（明经）及第人处分"（《唐会要》卷七七）。所以，上述诏令是说，崇玄学学生出身的道举及第者，到了参加吏部的铨选时，应给予优待，"宜减于常例一选"。常例，也就是惯例，当指及第明经待选的惯例。所谓"减于常例一选"，是说应比及第明经依惯例待选的年限减少一年。这样看来，新及第明经中，存在应按惯例待选一定年限才能授官的情形。这里必须指出，惯例多是不成文的，具有较大的伸缩性与不确定性，因而就会有若干的例外出现，如上面所列举的实例中，就很有一些及第后待选的年限颇短便授官的例子。

前面我们谈到，唐宣宗大中（847—860）年间，已存在新及第明经的守选制，那么，在大中年间以前，是不是已有这一制度？它又是从何时开始实行的呢？《册府元龟》卷六三一《铨选部·条制三》："（文宗大和元年）五月礼部奏：山陵挽郎，准光陵合补二百二十人……取前弘文、崇文馆生及已考满太庙斋郎充，如人数不足，兼取前明经充。其中有未过者（疑指选数未过格者），请放冬集，仍减两选，已定各集者，减二选。从之。"这一记载谈及以新及第明经充任山陵挽郎之事。所谓"已定各集者"，是说明经及第后，已确定各自参加吏部冬集铨选时间的（确定各自参加冬集铨选之时间，正是已实行守选制的标志，未实行守选制时，允许新及第明经参加吏部每年的铨选，根本无必要确定各自参加冬集铨选之时间）；“减二选”，是说对充任挽郎的新及第明经给予优待，将其已定下的守选时间减去两年。由这两句话，即可看出大和元年（827），已实行新及第明经的守选制。又《唐会要》卷七五《贡举上·明经》：“贞元二年（786）六月诏：其明经举人，有能习律一部以代《尔雅》者，如帖经俱通，于本色减两选，合集日与官。”所谓“合集日与官”，是说明经及第后，在已确定的应该参加吏部冬集铨选的时日授予官职，与“已定各集者”意近。“于本色减两选”，是说在明经之本业该守选的时间里减去两年。由这个诏令，也可看出当时已实行新及第明经的守选制。又，大历（766—779）中，赵匡在其《举选议》中提出一条建议：“其前资官及新出身，并请不限选数任集，庶有才不滞，官得其人。”前一节已论及，据这条建议，即可看出大历中，已实行新及第进士、明经必须守选若干年才能授官的制度。前一节谈到，新及第进士的守选制，大抵形成于安史之乱发生后，肃宗、代宗之际。新及第明经的守选制形成的时间大抵也差不多，但二者的守选时间不同，新及第明经的守选时间长于新及第进士的守选时间。

关于新及第明经的守选时间，文献中未见有明确、直接的记载。《王书》说：“元稹，贞元九年（793）明二经及第。他所写的《莺莺传》中的张生，文学界已公认为就是他本人。传中写张生与崔莺莺之事发生在‘贞元庚辰’即贞元十六年（800），这年，‘张生俄以文调及期，又当西去’。‘明年，文战不胜，张遂止于京’。所谓‘文调及期’，是指文书中所规定的常调年限到期，即春关中所规定的冬集期限已到。这就是说，贞元十六年元稹明经守选期满，是年仲冬当去长安参加冬集。他于第二年春应吏部的科目选，却‘文战不胜’而未能授官。由贞元九年到贞元十六年为七年，那么，唐时明二经及第者的守选年限似是七年。”① 按，“文调”即文选（调者，选也，见《史记·袁盎晁错列传》裴骃《集解》），指吏部文官的铨选。《新唐书》卷四五《选举志下》：“凡选有文、武，文选吏部主之，武选兵部主之。”张生因“文选及期”，于贞元十六年仲冬去长安参加吏部的冬集铨选，如此就必须等到第二年春末才能得知铨选的结果，在尚未得

① 王勋成：《唐代铨选与文学》，中华书局2001年版，第270页。

知铨选结果的情况下，他怎么可能“于第二年春”去应吏部的科目选？况且《王书》自己说过：“守选已满的出身人和前资官，既有条件参加常规铨选，也可参加科目选，但二者必居其一，不能同时参加。”① 实际上所谓“文战不胜”，不过说张生参加铨选（试判）失利而已。将确知的元稹事迹与《莺莺传》中所写张生的事迹作比较，二者并不一致：首先，元稹贞元九年明经及第，而《莺莺传》中并没说张生于贞元九年明经及第；其次，元稹实于贞元十八年（802）仲冬参加吏部铨选，第二年三月试判入等，授秘书省校书郎（参见前一节所述），目前尚没有任何资料（包括史传记载和元稹诗文集中的自述）可以证明，元稹曾于贞元十六年仲冬赴长安参加吏部铨选，并于第二年春应吏部科目选。因此以小说中的描述，来证明唐时明经及第者的守选年限为七年，是缺乏说服力的。

《旧五代史》卷一四八《选举志》载后唐闵帝应顺元年（934）正月中书门下奏：“……况孤贫举士，或年四十，始得经举及第，八年合选，方受一官，在任多不成三考，第二选渐向蹉跎。”② 《王书》说：“所谓‘经学（四库本作举）及第’，就是明经及第……那些势孤家贫的举子，既无显亲可以因依，也无门路可以进取，至四十岁才明经及第，又得老老实实按规定守选，八年后铨选时，方能得到一个小官。一般铨选授官，是在守选期满的第二年，也就是冬集的第二年春，‘八年合选’即指此。……由此可见，五代时明经及第到其冬集为七年，也就是守选七年。五代因承唐制，守选之制一般来说变化不大，故可推断唐明经及第也是守选七年。”③ 认为守选七年，实际是八周年（自及第至授官时），犹如新及第进士守选三年，实际为四周年一样（参见前一节）。这一条是由五代时的情况往前推及唐朝的情况，有一定的道理，但毕竟是间接的材料，如果没有其他证据，很难证成它。

下面我们就找到的若干中晚唐新及第明经守选的实例，进行一些分析。《唐代墓志汇编》大和〇三一卢枞《唐故泗州司仓参军诸道盐铁转运等使

① 王勋成：《唐代铨选与文学》，中华书局 2001 年版，第 60 页。
② 《旧五代史》，文渊阁《四库全书》本。
③ 王勋成：《唐代铨选与文学》，中华书局 2001 年版，第 60 页。

巡覆官刘府君墓志》："公讳茂贞……年廿一，明经登第。……年廿九，释褐补洪州建昌县尉。"据墓志，刘茂贞大和四年（830）卒，年四十四，则他年二十一为元和二年（807）。刘茂贞明经及第后八年授官，这与《王书》的说法相合。大和〇七七侯琏《唐故鄂州永兴县尉汝南周君墓志铭》："周君讳著……公早岁穷二经，举孝廉。贞元十六年（800），擢上第。元和（806—820）中，释褐补晋州霍邑尉。"虽未载明周著释褐的具体年份，但与《王书》的说法也大抵相合。白居易《唐故武昌军节度处置等使赠尚书右仆射河南元公墓志铭》："公讳稹……九岁能属文，十五明经及第。二十四调判入四等，署秘省校书。"[①] 按，"调判"谓铨选试判。前面已谈到，元稹贞元九年十五岁明经及第，十八年二十四岁参加吏部铨选，十九年三月授校书郎，则他自及第至授官为十年，但这与《王书》的说法并不矛盾。因为选格（铨选条例）虽然规定守选七年，但选人由于各种原因，往往不能在守选期满之时如期赴吏部参加铨选，这些不能如期赴选的人，被称为"选数过格人"，唐代制度规定，过格不超过十年，仍允许赴选[②]，则元稹只是选数过格两年而已，不能因此认为这与《王书》的说法矛盾。《唐代墓志汇编续集》元和〇二三元仲容《唐故鄂岳观察推官监察御史裹行元公墓铭》："公讳衮……十四擢明经第。贞元初（785—787），调补汝州参军事。"据墓铭，元衮元和四年（809）卒，年五十二，则他十四岁为大历六年（771）；元衮于这一年明经及第后，历十余年方授官，则他同元稹一样是一个"选数过格人"。《唐代墓志汇编》咸通〇五三孙奭《苏州昆山县令乐安孙公府君墓志铭》："君讳嗣初……年十八，登明经第。释褐授苏州参军，刺史李道枢性严执法，官吏不可犯……后因事，李公召与语，大奇之，一州六曹七县事务，无不委任。"据墓志，孙嗣初咸通七年（866）卒，年五十七，则他年十八明经及第在大和元年（827）；又，孙嗣初为苏州参军时，李道枢正任苏州刺史，据郁贤皓《唐刺史考》卷一三九考证，李自开成二年（837）五月至四年（839）闰正月为苏州刺史[③]，则

① 《白居易集笺校》卷七〇，上海古籍出版社 1988 年版，第 3736 页。

② 参见王勋成《唐代铨选与文学》，中华书局 2001 年版，第 159—160 页。

③ 郁贤皓：《唐刺史考》，江苏古籍出版社 1987 年版，第 1688—1689 页。

孙嗣初释褐的时间，当在其明经及第后十年或十一年，他同样也是一个“选数过格人”。同上大和一〇〇刘轲《唐故朝议郎行陕州硖石县令侯公墓志铭》：“公讳绩……贞元十二年（796），明经出身。十五年（799），丁先府君忧，柴毁骨立。元和三年（808），释褐授常州义兴县尉。”据志文所言，侯绩明经及第后十二年方释褐，但在这十二年中，他曾守父丧三年（实际为二十七月），必须减除。《唐律疏议》卷一〇《职制》：“即妄增年状，以求入侍及冒哀求仕者，徒一年。”疏：“及冒哀求仕者，谓父母之丧，二十五月大祥后，未满二十七月，而预选求仕。”知唐时不允许及第举子、前资官在守父母之丧期间参加吏部铨选。《册府元龟》卷六三二《铨选部·条制四》载后唐明宗天成二年（927）十二月制：“据长定格，选人中有隐忧者，殿五选。……自今后，诸色官员内有隐忧冒荣者，勘责不虚，终身不齿。”所谓长定格，指长期固定不变的铨选条例、规定；隐忧，谓隐瞒父母之丧；殿五选，指守选年限延长五年。依照这个长定格，及第举子、前资官在守选期间若遭父母之丧，必须主动报告，如果隐瞒不报，将二十七月的守丧时间计算在守选期限之内，就要受到“殿五选”的处罚。这个长定格应沿袭自唐代（天成二年距唐亡仅二十年），所以前面所说的十二年当减除二十七月，这样侯绩就和元稹一样，也是选数过格两年。《唐代墓志汇编续集》大中〇〇四王鲁复《唐故吉州司法参军黄府君墓志铭》：“吉州前司法黄弘远……元和中举明经，由太学，薰风沛然。穆宗二年（822）擢第，光焕庭闱。大和元年（827）选福唐主簿。”黄弘远明经及第后五年授官，则他守选的年限实际只有四年，这与《王书》的说法不合。本节开头提到的《过讷墓志》，称讷“以大中十二年（858）明经擢第。当守选时，潜修拔萃。虚窗弄笔，研几自愧于雕虫；予夺在心，可否讵由乎甲乙？于咸通四年（863），授棣州蒲台县尉。”按，拔萃即书判拔萃，属科目选，允许守选年限未到的及第举子和前资官应试，中第即授官。志文只说过讷“潜修拔萃”，未明言他应拔萃试是否中第。我们细审“虚窗”以下四句之意，可知过讷应拔萃试当未中第。其中“研几”句意谓，穷究精微之理，而自愧于撰作诗文词赋（“雕虫”），这是对“文战”失利的委婉说法；“可否”句是说，一个人能与不能，哪里由科第（“甲乙”，甲科、乙科）决定？这是对应试落第的慰藉之词。这样看来，过讷的蒲台县尉之职，并非应拔萃试所得，乃参加吏部的正常铨选所授。因此过讷也和黄弘远一样，守选的年限实际只有四年。综上所述，大抵可以说，中、晚唐时代新及第明经的守选年限，一般为七年。至于守选四年例子的出现，估计属于特殊情况：其中一种可能是，该年官吏的员缺较多，而选人较少，所以减少了某些人的守选年限；另外一种可能是，属于个别例外，我们知道，任何制度在执行过程中，都难以完全避免例外的出现。当然，由于我们能够找到的实例有限（在今存的大量唐代墓志中，一一载明墓主人登第和释褐年份的墓志实在很少），因此上述结论未必都准确无误，之所以冒昧地把它写出来，是希望得到专家与读者们的指正。

吴宗国《唐代科举制度研究》指出："开元以后，明经在政治上的地位已经开始下降，明经出身的高级官吏已大大低于进士科。……明经地位的明显下降是在安史之乱以后。"① 这与安史之乱以后及第明经守选的年限长达七年不无关系，虽然明经地位下降的原因很多，很复杂。及第明经守选的年限长于及第进士，是明经地位下降的一个反映；反过来及第明经守选的年限之长，又加速了明经地位的下降。关于这个问题，以后有机会将另撰文论述，这里就不多谈了。

五　门荫与流外出身的选人待选

前面我们谈到，每年参加吏部六品以下文官铨选的选人，共包括四类人，其中第三类是门荫出身获得参选资格的人，第四类是流外出身获允参选入流的人。这两类人的数量，大抵是每年进士与明经及第者的十倍上下。所以，想要减少每年参加铨选的选人的数量，缓和选人多而官缺少的矛盾，也必须减少每年参加铨选的这两类选人的数量，延迟他们参选与入仕的时间。

先谈门荫出身的选人待选。所谓门荫出身者，主要是指皇亲国戚、有封爵者和五品以上官员的子孙，他们具有以资荫入仕的资格，用不着科举及第，就可以获得官职。但在唐代，门荫出身者并非一到成年，就

① 吴宗国：《唐代科举制度研究》，辽宁大学出版社 1997 年版，第 188 页。

能马上入仕。他们大都必须经过一定的程序，参加一些考试，待选或守选若干年，才可以正式入仕，其中还有的人，甚至一辈子都没有获得做官的机会。

《旧唐书》卷四二《职官志一》：“凡九品已上职事，皆带散位，谓之本品。职事则随才录用……散位则一切以门荫结品，然后劳考进叙。”唐时有资荫者能获得散品，其中少数资荫高者，可以通过在吏部当番（参见上一节），获取参加吏部铨选的资格，然后得到职事官[①]。而大多数门荫入仕者，主要通过以下两种途径入仕：第一种是经过在学馆的学习而后入仕，第二种是通过充任皇帝或太子的侍卫然后入仕。门荫入仕者入习的学馆，是弘文馆、崇文馆、国子学和太学。《新唐书》卷四四《选举志上》：“凡馆二：门下省有弘文馆，生三十人；东宫有崇文馆，生二十人。”两馆学生入学的资格是：皇帝宗族中服丧期在三个月以上的亲属，皇太后、皇后服丧期在九个月以上的亲属，散官一品、宰相、六部尚书、功臣身食实封者、京官职事正三品、供奉官三品的子孙，京官职事从三品、中书侍郎（正四品上）、门下侍郎（同前）之子[②]。两馆学生学习的内容为经史，学成后经馆试合格（馆试的合格标准低于国子学和太学），上于礼部，参加进士、明经考试，如果及第（两馆生的及第标准，低于一般的进士、明经，参见陈飞《唐代试策考述》第六章第四节[③]），可加阶授官，待选或守选的时间也比一般的进士、明经短。例如上一节述及的郭揆、孙成，皆崇文馆明经及第，待选二至三年即授官。又如《唐代墓志汇编》开元一七四《大唐故银青光禄大夫守工部尚书崔公墓志铭》：“公讳泰之……年十有二，游昭文馆（即弘文馆），对策高第。明年，调补雍州参军事。”及第后待选一年即授官。有的两馆生虽然未曾登第（未曾应举或应举落第），由于“资荫全高”，仍能很快授官。如同上天授〇三一《故朝议郎行辰州司仓参军事屈突府君墓志铭》：“君讳伯起……年甫弱冠，以门荫补弘文馆学生。……以咸亨元年（670）敕授宣德郎、太子宫门丞裹行。”据墓志所载屈突伯起的

① 参见宁欣《唐代选官研究》，台北文津出版社 1995 年版，第 131—132 页。

② 参见《唐六典》卷八《门下省》。

③ 陈飞：《唐代试策考述》，中华书局 2002 年版，第 203—210 页。

卒年与享年推算，其“弱冠”即在咸亨元年，则他于入馆的当年即授官。同上天宝一四八邢宙《唐故南充郡司马高府君墓志铭》：“公讳琛……年十有六，以门子补弘文生，居三岁而参泾州军事。”则高琛在弘文馆学习三年即授官。天宝一五五《故詹事府司直张君墓志铭》：“有唐清河张府君讳椅……君为天官（吏部尚书）少子，稚而孤，十四学礼弘文馆……廿典校秘书省。”张椅十四岁入学，二十岁成年即授官。元和〇〇三房寅《大唐故河南府汜水县尉钜鹿魏公墓志铭》：“公讳和……弱冠以门荫之重，补弘文馆学生，解褐怀州修武县尉。……贞元（785—805）中，调补宣州宣城尉。……选授河南府汜水县尉……以元和元年（806）正月……告终于汜水官舍，享年五十六。”据墓志所载魏和的卒年与享年推算，其“弱冠”为大历五年（770），解褐修武县尉当在这一年之后五年左右（详下）。应该指出，这些未曾登第的两馆生，虽能很快授官，但当过首任职务后，仍要依前资官的惯例待选，或按“循资格”的制度参加铨选，而在铨选的试判方面，这些两馆生往往处于劣势，所以他们当中，除少数父辈是当朝的势要者外，多数人终其一生也不能当上五品以上的官员。如前面谈到的屈突伯起，据墓志，仅官至辰州司仓参军事（正八品下），当然，他只活了三十九岁，也可置而不论。再如高琛，据墓志，他享年七十二，却只做到南充郡司马（正六品下），他因祖父高偘（左武卫大将军，正三品）之荫而为弘文馆生，估计后来由于祖父辞世而失去庇荫，所以也就难以高升。张椅，据墓志，享年四十八，仅官至詹事府司直（正七品上），其父为吏部尚书张嘉福。睿宗景云元年（710）六月三日，嘉福以吏部尚书同中书门下平章事，同月二十三日被杀[①]。这时张椅只有八岁，失去父亲庇荫又无特殊才华的他，难以顺利升迁是很自然的事。又如魏和，据墓志，他活了五十六岁，只当过修武、宣城、汜水三任县尉，他自修武尉转任宣城尉和由宣城尉转任汜水尉（正九品下）之间，守选的时间估计都长达十年左右。又他因祖父魏少游之荫而入弘文馆，少游历任卫尉卿（从三品）、京兆尹（从三品）、刑部侍郎（正四品下），大历二年（767）出为江西观察

① 参见严耕望《唐仆尚丞郎表》卷九《辑考三上》，第500页。

使，四年（769）加封赵国公（从一品），六年（771）卒于任[1]。魏少游卒时，魏和只有二十一岁，这以后他即失去庇荫，也就难以当上高官。

唐国子学学生三百人，取文武三品以上子孙及从二品以上曾孙入学；太学学生五百人，取文武五品以上子孙及三品以上曾孙入学。国子学学生与两馆生入学资格的不同在于，两馆生的三品必须是京官和供奉官（如侍中、中书令、左右散骑常侍、御史大夫等，皆京官），而国子生的三品则包括外官（如节度使、观察使、都督、上州刺史等）。又，由于两馆生的员额很少（合计只有五十名），朝廷并不允许三品以上京官的所有子孙都充当两馆生，而只能一荫一人或两人，如前面谈到的身任京官职事正三品的高偘，只能“一荫一人”（《新唐书》卷四五《选举志下》），所以除其长孙高琛一人受荫为弘文生外，其余的子孙顶多就只能当国子生了（如诗人高适的祖父也是高偘，由于高琛已当了弘文生，他就没有资格再当两馆生了）。国子学和太学对学生的要求都很严格，一般要经过五年的刻苦学习，才能通过国子监试，然后上于礼部，参加进士、明经考试。无论是监试还是礼部试，及第的标准均高于两馆生，并不给予任何优待。国子生、太学生如果登进士、明经第，也可依资荫加阶授官，但在守选或待选的年限上，和一般的进士、明经及第者并无差别。譬如根据一些实例，可知初、盛唐时的国子生、太学生进士或明经及第后授官的具体年限，也是有长有短，相差颇大，和一般的进士、明经及第者并无不同。如第三节谈到的韦承庆、梁玙，均太学进士及第，待选一年即授官；而窦公衡亦太学进士及第，却过了八年仍未授官。再如《唐代墓志汇编》天宝二五四宇文暹《大唐故信都郡武强县尉朱府君墓志》：“年卅，国子进士擢第，以才举也。居无何，署信都郡武强县尉，以判选也。……洎解印于归，家无私积，卜筑伊洛，琴书自娱……天宝十三载（754）七月□日寝疾，遂终于睦仁里之私第，春秋卌九。”朱氏“年卅”为开元二十三年（735），他自登第至辞世凡十九年，其间只当了一任任期四年的县尉，而其余的十五年时间，则都在待选（及第后任职前，约七年，唐于天宝元年改冀州为信都郡，朱氏任信都郡武强县尉，约在此年）和守选（任县尉秩满后，约八年，那时已实行前

① 见《旧唐书》卷一一五《魏少游传》。

资官的守选制）中度过。根据有关记载，唐代国子监诸学（国子学、太学、四门学）学生每年考中进士、明经的只有一二十人[1]，则应举的国子生、太学生中及第者甚少，但这些学生中的落第者以及通过（国子）监试后未再参加科举考试的国子生、太学生，仍然有机会出仕。《唐六典》卷二一《国子监》："凡六学生有不率师教者，则举而免之。其频三年下第，九年在学及律生六年无成者，亦如之。"注："假违程限及作乐、杂戏亦同。唯弹琴、习射不禁。"《新唐书》卷四四《选举志上》："（六学生）既罢，条其状下之属所，五品以上子孙送兵部，准荫配色。"这是说对违犯学校纪律和学业无成的学生，给予退学的处分；其中文武五品以上的子孙（即国子生和太学生），由国子监发文书送交兵部，由其根据学生父祖的资荫选配每人充任皇家侍卫的种类（亲卫、勋卫或翊卫等），也即改走上面说过的第二种以门荫入仕的途径。连没完成学业被罢归的国子生、太学生，尚且有入仕的机会，则已完成学业通过监试而未曾登第的国子生、太学生，理应可以获得较之退学的学生更为优厚一些的安排。如《唐代墓志汇编》贞观一五八《唐故郢州参军事胡府君墓志铭》："公讳宝……至于弱冠，任国学生，议允治方，识通时务。……以贞观十九年（645）诏授登仕郎，行郢州参军。……以廿二年（648）卒于京，春秋卅有五。"据墓志，胡宝"弱冠"为贞观七年（633），则他由任国学生至授官历时共十二年。前面说过，学生自入学至业成通过监试，一般须五年，最多为九年，所以胡宝完成学业后，大致待选三至七年方授官。再如同上开元五二一陈众甫《唐故朝议郎行郴州义章县尉上柱国张府君墓志铭》："君讳守珍……弁髦岁补国子生，经律坟典，靡不该览。弱冠后，预仙曹选……未遇孔明之鉴。解褐授将作监左校署丞。"据墓志所载的卒年与享年推算，张守珍"弱冠"为先天元年（712）。志文说他幼年补国子生，二十岁后应举（时掌贡举者为吏部考功员外郎，故曰仙曹）落第，其后即解褐授官。估计因为通过监试的国子生、太学生已在国学中辛苦地学习了五至九年，所以朝廷没有安排他们像被罢退的学生那样，必须先在宫中宿卫若干年，才许参加吏部的铨选并授官，而是让他们按惯例在家待选一定年限，而后再参加铨选并授

① 见《通典》卷一七《选举五》载开元十七年国子祭酒杨玚上言。

官。此外，还应指出，未曾登第的国子生、太学生，也像未曾登第的两馆生一样，多数人终其一生，也无法当上五品以上的官员。

与第一种以门荫入仕的途径相联系的，有斋郎、挽郎等。斋郎主要隶属太常寺，是掌宗庙社稷祭祀之事的小吏，共862人，数量不少。关于担任斋郎的资格，《新唐书》卷四五《选举志下》载：其中的太庙斋郎“以五品以上子孙及六品职事并清官子为之，六考而满”，“六品职事并清官子”，《唐会要》卷五九《尚书省诸司下·太庙斋郎》作“六品清资常参官子”，当是；郊社斋郎“以六品职事官子为之，八考而满”。则充任太庙斋郎六年，或郊社斋郎八年，就能获得出身（即参加吏部铨选的资格），这对于五、六品官员的子孙来说，似乎是一条相当便捷的入仕之途，然而有一个问题首先应该说明，即无论是斋郎的选用，还是斋郎的考满获得出身，都要经过国家考试。《唐六典》卷二《尚书吏部》：“应简（选）斋郎，准贡举例帖试。”卷四《尚书礼部》：“太庙斋郎亦试两经，文义粗通，然后补授；考满简试。其郊社斋郎简试亦如太庙斋郎。”所谓“考满简试”，是说太庙斋郎“六考而满”、郊社斋郎“八考而满”后，都要经过选拔、考试，考试合格者才能给予出身。这是以考试的办法来淘汰一部分人，从而减少每年参加吏部铨选的选人的数量。其次，斋郎经考试合格获得出身后，往往不能马上授官，而是有的待选或守选若干年，才能够参加吏部的铨选并授官，有的则经多次参加吏部的铨选，才得以授官。《唐会要》卷一七《缘庙裁制上》：“（开元）二十一年（733）二月十日敕：太庙九室，室长各三人，于见任斋郎中，拣择有景行、谙闲仪注者，送名礼部奏补，仍给厨食，满十年与官。”太庙室长是从现任太庙斋郎中选拔出来的佼佼者，他们当室长必须满十年才能与官，如果加上其当室长前任斋郎的时间，则须经十多年才能有官做。假如太庙斋郎“六考而满”后就能立即授官，岂不比室长得官的时间还要短七八年？若真的这样，那么还有谁情愿去当那个室长？《册府元龟》卷三四《帝王部·崇祭祀三》：“（大和）九年（835）二月丁丑诏曰：……其斋郎委中书门下商量，量与减选。”这个时候及第进士、明经的守选制已经实行（见前二节），所以“减选”当指守选的年限减少，而非指按惯例待选的年限减少，由此可见，当时也实行已考满斋郎的守选制，只是已考满斋郎当守选多少年，这个制度是从什么时候开始实行的，我们现在还搞不清楚。《唐代墓志汇编》天宝〇三三姚通理《唐故朝散郎行临海郡乐安县尉姚君墓志铭》："君讳晅……公袭宿荫太庙斋郎，缙绅选授临海郡乐安县尉。清白干济，郡县推揖，四考一秩，恒摄邻县……天宝元年（742）十一月六日，公春秋五十，寝疾薨于所部。郡县百姓……倍增酸鲠。"据墓志，姚晅天宝元年五十岁卒于临海郡乐安县，当时他为官已"四考"（四年），则他始任乐安县尉的时间，应在开元二十六年（738）。又斋郎"限年十五以上、二十以下"（《新唐书·选举志下》），假设姚晅年二十（先天元年，712）始任太庙斋郎，则其"六考而满"的时间为开元六年（718），这样姚晅任太庙斋郎考满后，直等了二十年方授官。大和〇二四裴简《唐故朝请郎行太原府文水县尉裴府君墓志铭》："公讳谊……祖迥，皇河南尹赠工部尚书。……弱冠入国学，应孝廉科，数举而不登第。……元和九年（814），以荫第斋郎出身，选授许州长葛县尉。……至大和二年（828），又选授太原府文水县尉，才过一考……以大和三年六月十六日倾逝于文水县官舍，享年六十七。"生活于中唐时代的裴谊，所行有点特别，他二十岁（建中三年，782）入国学，后数次应明经举皆落第，虽然唐时未曾登第的国学生也可参加吏部的铨选并授官，但是裴谊却不走此途，而改以斋郎的出身参选授官。裴谊数次应举落第后，当早已超过任斋郎的规定年龄，估计是因为他资荫高（其祖父任从三品之河南尹），又已通过了监试，所以给予特殊照顾，然而等到裴谊以斋郎的出身获得许州长葛县尉的职务时，却已经五十二岁（元和九年）了。这个事例说明，中唐时代以落第的国学生的身份入仕，相当艰难；而以斋郎的出身入仕，也并非就那么便捷。

上面谈到的斋郎都是常设的，此外，还有一种非常设性质的斋郎。《资治通鉴》卷二〇六则天后圣历二年（699）："太后自称制以来……因郊丘，明堂，拜洛，封嵩，取弘文、国子生为斋郎，因得选补。"《唐代墓志汇编》开元二八六《唐故朝散郎行苏州嘉兴尉谈君墓志铭》："君讳昕……年十五，志乎学，以亲卫附读于成均（国子监），频举考功，以无媒被摈。圣朝有事于泰山（指开元十三年玄宗东封泰山），选君执司俎豆（指充任斋郎），有制量才擢用，调补苏州嘉兴尉。"拜洛水、封嵩山、封泰山等，都是国家罕见的特殊典礼，其斋郎自然是临时设置的。看来典礼一结束，这些斋郎都能够较快授官。不过这些典礼选用的斋郎，均是原来具有入仕资格的人（弘文、国子生等），入仕的范围并没有因此而扩大。

挽郎也是非常设性质的。所谓挽郎，是指皇帝、皇后、太子等出殡时牵引灵车并唱挽歌的人。当过挽郎的人，可以获得出身，并参加铨选授官。如《唐代墓志汇编》景云〇一四《大唐故左屯卫将军卢府君墓志铭》："君讳玢……上元（674—676）中，敬皇（高宗太子孝敬皇帝李弘，卒于上元二年）上仙，以门选为挽郎。复土之后，授相州参军。"《旧唐书》卷一四〇《韦皋传》："韦皋……大历（766—779）初，以建陵（唐肃宗）挽郎调补华州参军。"充任挽郎的资格也是资荫，《旧唐书》卷一九〇中《贺知章传》："（开元）十三年，迁礼部侍郎……俄属惠文太子薨，有诏礼部选挽郎，知章取舍非允，为门荫子弟喧诉盈庭。知章于是以梯登墙，首出决事，时人咸嗤之。"看来，挽郎已成为门荫子弟们争抢的一个目标，而挽郎的选拔，也属于国家级的正规选拔（故由礼部侍郎负责）。《册府元龟》卷六三一《铨选部·条制三》："（文宗大和元年）五月礼部奏：山陵挽郎，准光陵合补二百二十人……取前弘文、崇文馆生及已考满太庙斋郎充，如人数不足，兼取前明经充。"据此，知挽郎的入选对象，也都是原本具有入仕资格的人。然而，当了挽郎后，并不一定能马上授官，往往还要待选或守选若干年，才得以参选授官。《唐代墓志汇编续集》永昌〇〇三□胤《大唐故益州大都督府成都县令韦府君墓志》："君讳琳……解褐除太宗文武圣皇帝挽郎，显庆五年（660）授虢王府典签。"按，挽郎不是官职，"解褐"纯属誉词。唐太宗于贞观二十三年（649）八月下葬，韦琳为挽郎即在此时，则他为挽郎后历时十一年方授官。《唐代墓志汇编》天宝二五九李混然《大唐故临淮郡录事参军李君墓志铭》："君讳谄……年廿二，忠宣太子挽郎出身，天宝十三载（754）调授临淮郡录事参军事……以天宝十三载遘疾，终于官舍，春秋卌四。"李谄年二十二为挽郎，直至四十四岁方授官，待选达二十二年之久。《唐大诏令集》卷七七《光陵优劳德音》："……其挽郎放出身，后七选许集。"末署"长庆四年（824）十月"。这个诏令是说，担任光陵（唐穆宗）挽郎的人，可马上获得出身（"放出身"）；但其后必须在家守选七年，才许参加吏部的冬集铨选（"后七选许集"）。至于是否参加一次铨选就能马上授官，据现有的材料尚难以作出判断。由这一条材料大致可知，穆宗长庆年间，存在已获得出身挽郎的守选制度。

下面谈第二种以门荫入仕的途径，即通过充任皇帝或太子的侍卫然后入仕。据《唐六典》卷五《尚书兵部》等载，皇帝与太子的侍卫主要有以下几种：千牛备身、备身左右、进马、太子千牛，以三品以上职事官子孙、四品清官（诸司侍郎、左右庶子等）子充任；左、右卫亲卫，以三品以上子、二品以上孙充任；左、右卫勋卫及太子左右率府亲卫，以四品子、三品孙、二品以上曾孙充任；左、右卫翊卫及率府勋卫，以四品孙、五品职事官子孙等充任；诸卫及率府之翊卫，以五品及上柱国之子孙等充任。《旧唐书·职官志二》："凡左右卫亲卫、勋卫、翊卫，及左右率府亲、勋、翊卫，及诸卫之翊卫，通谓之三卫。"以上千牛备身等及三卫，五至八考而满（即任侍卫的时间为五至八年），其中资荫高者考数少，资荫低者考数多，如千牛备身等，五考；诸卫及率府之翊卫，八考。《唐六典》卷五说：千牛备身等"五考，本司随文、武简试听选"。"（三卫）考满，兵部校试，有文堪时务，则送吏部；无文，则加其年阶，以本色迁授"。《新唐书》卷四五《选举志下》："凡千牛备身、备身左右，五考送兵部试，有文者送吏部。"根据这些记载，可知各种侍卫考满后，到兵部参加考试（其内容应包括文、武两个方面），合格者即获得出身，其中"有文者"送吏部，听其参加吏部的铨选；无文者则参加兵部的铨选（武选），加阶授给武职。

那么，"有文者"送吏部后，是否能立即参加吏部的铨选？又，参加铨选时，能不能就在当年授官？抑或需参加多次铨选方能授官？由于这些问题，文献中未见有直接、明确的记载，所以我们只能通过对一些具体实例的分析，来寻找答案。从目前我们掌握的实例来看，有考满后不久即参加吏部的铨选并授官的，如《唐代墓志汇编》开元〇九一《大唐故锦州参军上柱国太原王府君墓志铭》："君讳庭芝……长安四年（704），以宿卫考毕，调补锦州参军。……以开元七年（719）十月廿日构疾，终于怀仁里之私第，春秋卌有四。"据墓志所载卒年与享年推算，长安四年王庭芝任锦州参军时二十九岁。又庭芝"祖赞，皇任右骁卫潞城府果毅都尉（从五品下）；父哲，皇任辰州参军"（见墓志），据庭芝之祖荫，他可任左右卫翊卫及率府之勋卫，六考而满（见《唐六典》卷五）。另"凡三卫皆限年二十一以上"（《唐六典》卷五），则庭芝宿卫宫中，当于二十七岁左右考满，其后二年即授官。又如同上大历〇三四钱庭筱《唐故太中大夫太常寺丞兼江陵府仓曹张公墓志铭》:“公讳锐……未弱冠入仕，以门荫宿卫，解褐授右司御率府兵曹。至德（756—758）中，充四镇节度随军判官知支度事。……以宝应二年（763）正月廿五日夭殁于江陵府之官舍，春秋廿有七。”根据以上记载，张锐解褐为率府兵曹的时间当在天宝十四载（755）十九岁时，估计他所任为千牛备身等无年龄限制的侍卫，考满后也未曾待选就立即授官。但是，这样的实例实属少见，更多的情况是，考满后待选多年方能参加吏部的铨选并授官，还有的参加了多次铨选才得以授官，甚至有的屡次参选仍不得授官，至死还是个“吏部常选”。如同上垂拱〇一三《大唐故颍州颍上县令独孤府君墓志铭》:“君讳守义……起家左金吾卫引驾。……以龙朔元年（661）授君括州司法参军事。”按，唐时引驾以三卫充任，《唐六典》卷五云：“凡左右卫、左右率府三卫经三考已上者，得补引驾、细引；考满，简试如三卫。”又云：“凡左右卫之三卫分为五仗……其五仗上下及引驾、细引考以五。”同书卷二五《诸卫府》云：“（左右金吾卫）又置引驾三卫六十人，并于左右卫取明闲队仗法用，兼能纠弹事者充。”根据以上材料，如果独孤守义按规定于二十一岁为三卫，当在二十五六岁时考满，又墓志载，守义卒于垂拱元年（685），享年七十五，则他龙朔元年授官时年已五十一，这也就是说，他任三卫考满后，待选二十多年方授官。又《唐代墓志汇编》开元一八四《大唐故肥乡县丞田府君墓志铭》:“君讳灵芝……自勋卫授兖州瑕丘县尉……以清白闻，寻授洺州肥乡县丞。亦既至止，果于从政……何神理不忱，愆我介福，以开元十年（722）九月十日春秋六十有一，遘疾终于廨宇（官舍）。”据墓志，田灵芝一生只当过两任官职，六十一岁时卒于肥乡县丞任上，当时他任县丞尚未秩满（唐时六品以下官吏四年秩满），则他始任县丞的时间应为五十九岁上下。假设田灵芝年二十一为勋卫，六考而满（见《唐六典》卷五），则他当于二十六七岁时考满获得出身，自获得出身至始任肥乡县丞，相距约三十二年，其间曾当过四年瑕丘县尉，这样他前后待选的时间，就有二十八年之久。这二十八年，可分为前后两段，前一段是获得出身后待选，后一段为任瑕丘县尉秩满后待选，据墓志“以清白闻，寻授……”之语，可知田灵芝任县尉考课成绩优异，秩满后待选（当时尚未实行前资官的守选制）时间不长[①]，而他获得出身后待选的时间则颇长，当有二十多年。同上开元二一七《大唐故登州司仓杜君墓志》："君讳济……将身许国，翊卫勤王，孙弘久沉，释之方调，悲夫！……开元十二年（724）五月一日君春秋五十二，终于登州官舍。"杜济一生只当过一任官职，年五十二卒于登州司仓任上，则他始任司仓的时间应为五十岁上下，这样他自任翊卫考满（八考而满）后至为登州司仓，有二十年左右。天宝一〇五柳芳《唐故通议大夫守太子詹事源府君墓志铭》："府君讳光乘……神龙（705—707）中，以门荫自左卫亲卫补陕州硖石、同州白水二县丞。"按，墓志谓源光乘天宝五载（746）卒，年七十七，则神龙中他释褐任硖石县丞时已经三十六七岁。如果光乘按规定在二十一岁时为左卫亲卫，就当于二十五六岁时考满（五考而满），则他虽然资荫高，考满后待选的时间也达十一年。开元四五三《大唐故吏部常选杨府君墓志铭》："公讳偘……皇朝起家授右金吾引驾。……寻即简过，调选吏部，屡历铨衡，频移岁稔。……以开元廿五年（737）七月廿八日卒于河南县道政坊私第，春秋卌四。"则杨偘为引驾（三卫）五考而满经选拔（"简过"）合格获得出身后，屡次参加吏部的铨选，都没有获得官职，至死仍是个"吏部常选"。类似的情况在唐代并不鲜见。如开元二五一《大唐故陪戎校尉太原王君墓志铭》："父本，居家闻孝，在邦怀节，宿卫功成，吏部常选。"天宝〇〇九《唐故吏部常选荥阳郑公墓志铭》："公讳瑨……少以祖荫，补左卫勋卫……命恒屈于铨衡，几乎强仕而不偶。"据墓志，郑瑨开元二十九年（741）三十九岁时卒。他为左卫勋卫考满后，也是多次参加吏部的铨选而不遇，年近四十，还只是个"吏部常选"。《新唐书》卷四九上《百官志四上》云："武德、贞观世重资荫……其后入官路艰，三卫非权势子弟辄退番，柱国子有白首不得进者；流外虽鄙，不数年给禄禀，故三卫益贱，人罕趋之。"可见唐代后期，通过充任三卫而后入仕的道路，已越来越难走；而实际上即便是在初唐时代，这条道路也并不那么平坦，这从上述王庭芝、独孤守义、田灵芝、源光乘等实例中不难看出。

唐时文武分途，通过充任三卫而后进入文官系列之难已如上述；而自

① 参见王勋成《唐代铨选与文学》，中华书局2001年版，第130—131页。

三卫进入武职系列，相对而言则容易一些。因为任文官必须参加吏部的铨选（文选），而在吏部铨选的试判方面，这些充任三卫的贵族高官子弟，往往由于缺少文才，处于劣势；而兵部的铨选（武选）则主要考武艺，并不试判。当然，任三卫考满后，参加兵部的铨选出任武职，也并不是都那么顺畅便捷。如《唐代墓志汇编》神龙〇〇九《大唐中兴弘农郡杨使君墓志铭》："君讳思玄……唐麟德元年（664），解褐授右卫翊卫。天授二年（691），授游击将军（武散官）、右监门卫长上（从九品下）。"据墓志，杨思玄神龙元年（705）年七十二时卒，则其充任右卫翊卫时，已三十一岁，而他为右卫翊卫考满的时间（右卫翊卫六考而满，见《唐六典》卷五），应在咸亨元年（670）。这样杨思玄考满后，一直待选了二十一年方授官。又如天宝一四二《大唐故右金吾卫翊卫兵部常选张公墓志铭》："公讳孝节……蕴三端之妙能，工七札之穿彻。……以开元十五载三月十一日，终于思恭里之第，享年六十有三。"知张孝节右金吾卫翊卫出身，终生不曾获得一官半职，至六十三岁辞世时，仍只是个"兵部常选"。

与第二种以门荫入仕的途径相联系的，有品子。品子谓品官之子，这里是指充任亲事、帐内及其他杂掌的文武官六品以下与勋官三品以下五品以上子（见《新唐书・选举志下》）。《唐六典》卷五："凡王公以下皆有亲事、帐内（注：六品、七品子为亲事，八品、九品子为帐内），限年十八以上。"亲事、帐内是亲王等的侍卫、陪从，品子充任亲事、帐内等，"皆限十周年则听其简试，文理高者送吏部，其余留本司，全下者退还本色。"（《唐六典》卷五）就是说，充任亲事、帐内的品子，服番役满十周年，听其参加兵部的"简（选）试"，这一简试的具体内容，当与三卫考满后的考试接近。简试后，文理高者送吏部，可参加吏部的铨选并授文职；其余的留兵部（"本司"），许其参加武选并授武职；而简试不合格者，则退回本来的行当。此外，还有一种本贯或居住地距长安、洛阳较远的品子，可以纳钱代替服番役，称"纳课品子"。《新唐书・选举志下》："凡纳课品子……纳课十三岁而试，第一等送吏部，第二等留本司，第三等纳资二岁，第四等纳资三岁；纳已，复试，量文武授散官。"则纳课品子比服番役的品子要多等三年，才能参加兵部的简试。所谓"第一等送吏部，第二等留本司"，意近《唐六典》之"文理高者送吏部，其余留本司"。至于第三等、第四等，则还要在纳资二至三年后，才许再次参加简试，其中简试合格的人，授给散官（由授散至授职事官，还要经过许多周折）；不合格者，当照例“退还本色”。兵部通过对服番役和纳课的品子的简试，可淘汰掉一些人，从而减少每年参加铨选的选人的数量。那么，那些未被淘汰而得以参加吏部或兵部铨选的人，能不能立即授官？根据我们现在掌握的一些实例，估计他们还要待选若干年，或者参加多次铨选，才得以获得官职。例如《唐代墓志汇编》长寿〇一五《大周张君墓志铭》：“君讳道……起家任赵王府执仗。……咸亨二年（671），授江王府户曹。”据墓志，张道长寿二年（693）卒，年六十八，则咸亨二年他四十六岁。执仗，即执仗亲事，是诸王亲事府亲事的一种，《唐六典》卷二九《诸王府公主邑司》：“亲王亲事府……执仗亲事十六人……执乘亲事十六人。”如果张道按规定于十八岁任赵王府执仗亲事，则至二十八岁时服番役已满，他从服番役已满至参加吏部铨选授江王府户曹，相距十八年，这十八年应该就是他授江王府户曹之前的待选时间。这样看来，品子这一文武官六品以下子的入仕之途，也并不那么顺畅便捷。

唐朝廷之所以让未曾登第的两馆生、国子生、太学生，以及已考满的斋郎、获得出身的挽郎，还有已考满的三卫、品子等，待选或守选一定的年限再参加铨选，是为了延迟这些人参选与入仕的时间，减少每年参加铨选的选人的数量，从而缓和选人多而官缺少的矛盾。

下面谈流外出身的选人待选。流外即流外官。关于流外官，《唐六典》卷二《尚书吏部》：“凡未入仕而吏京司者，复分为九品，通谓之行署。其应选之人，以其未入九流，故谓之流外铨，亦谓之小铨。其校试铨注，与流内铨略同。”注：“谓六品已下九品已上子及州县佐吏；若庶人参流外选者，本州量其所堪，送尚书省。”这就是说，流外官是指在中央各部门负责办理诸种具体事务的胥吏，具体地说，也就是“诸台、省、寺、监、军、卫、坊、府”之录事、令史、书令史、谒者、掌固、亭长、府、史，等等。流外官和流内官一样，也分为九品，即勋品（最高品）、二品以至九品[①]。流外官的铨选，由吏部郎中二人中的一人负责，有资格应流外官铨选的是

① 参见《唐六典》卷一《尚书都省》。

六品以下九品以上官员之子、州县的佐吏（不能“入流”的非流内官）、各州府选送的庶人。铨选的录取条件是：工书法、工计算、晓时务，“三事中，有一优长，则在叙限”（《旧唐书·职官志二》）。流外出身者入流（经参加铨选成为流内官），为唐代流内官的主要来源之一。《唐会要》卷七四《选部上·论选事》：“显庆二年（657），黄门侍郎知吏部选事刘祥道上疏曰：今之选司取士伤多且滥，每年入流数过一千四百人。”可见当时流外出身者每年入流的数量相当多。流外入流的数量过多，必然加剧选人多而官缺少的矛盾，所以如何控制流外入流的数量，始终是唐代统治者必须认真对待的一个问题。

那么，唐代的流外官须通过什么程式，经历多长时间，才能参选入流呢?《唐六典》卷二：“每经三考，听转选，量其才能而进之；不，则从旧任。”注：“其考满，有授职事官者，有授散官者。”这是说，流外官每经三年，听其参加流外铨，根据参选者的才能而升进。流外铨和流内铨一样，也试判，《唐六典》卷一：“（掌固）转入府、史，从府、史转入令史，选转皆试判。”流外官与流内官一样，也有考课制度，《唐六典》卷二：“其流外官，本司量其行能、功过，立四等考第（上、中、下、下下）而勉进之。”既然流外铨的铨试方法“与流内铨略同”，则流外官的转选升进，一当看试判是否合格（如不合格，当从旧任），二则应看考第。前面叙及，流外官也分为九品，则其“考满”入流，似当在升入勋品以后一段时间。那么要当多少年流外官，才能升入勋品并考满入流呢?《唐六典》卷一：“武德初，天下始定，京师谷价贵，远人不愿仕流外……故促以年考，优其叙次，六七年有至本司主事及上县尉。”我们知道，武德年间，“天下兵革方息……士不求禄，官不充员”（《通典》卷一五），所以当时流外官的任职期限较短，六七年即可入流为职事官。宋孙逢吉《职官分纪》[①] 卷八“尚书省令史书令史”条引《唐六典》云：“国初限八考以上入流，若六考以上频上，七考六上（今本《唐六典》频、七二字空缺），并入流为职事。……近革选，限十（此字今本《唐六典》空缺）考六上入流。”“国初”大抵指唐太宗、高宗时代，这时限八年以上方可入流，而且只能授散官。假如六年以上考

① 文渊阁《四库全书》本。

第接连为上，或七年中考第有六年为上，这样才能入流为职事官。到了玄宗开元年间，又有了新的规定，“限十考六上入流”，就是说任流外官必须满十年，而且其考第有六年为上，才能入流。应该说这项规定并不易达到，如果任流外官满十年而考第达不到六上，或考第达到六上而任官时间不满十年，就都不能入流。由此不难想见，当有一部分流外官终生都无法入流。那么“十考六上入流”后，授什么官呢？《唐六典》没有说，大概是“有授职事官者，有授散官者”吧。授散的流外官，还得按照有关散官的一套规定在吏部“当番上下”，然后才能再次参加吏部的铨选，授予职事官（参见上一节）。唐代吏部流内文官的铨选须试判，流外官考满后参加吏部流内铨，自然也一样，高宗显庆二年（657）刘祥道上疏即称：“今行署（流外官通称）等劳满，唯曹司试判，不简善恶，雷同注官。”[①] 又《通典》卷二二《职官四》：“总章（668—670）中，诏诸司令史考满合选者，限试一经，时人嗟异，著于谣颂。”《唐会要》卷七五《选部下·杂处置》：“乾封三年（即总章元年，《册府元龟》卷六二九《铨选部·条制一》作总章二年）十月敕：司戎（即兵部）诸色考满，又选司（指吏部）诸色考满入流人，并兼试一经一史，然后授官。”则对考满参选的流外官，除了试判，还要加试一经一史。这样做的目的看来是想借考试淘汰一些人，以减少每年流外官入流的人数。

我们找到若干有关的实例，可用来和上述记载相参照。《唐代墓志汇编续集》长寿〇〇五《大周故前尚方监兼检校司府少卿王公墓志铭》：“府君讳基……年十有四，以贞观十一年（637）擢为兰台书手。……以十八年（644）随牒授岐州岐阳县尉。”按，兰台即秘书省，唐秘书省置“楷书手八十人”，注：“隋炀帝秘书省置楷书郎二十人，从第九品，掌抄写御书。皇朝所置，职同流外也。”（《唐六典》卷一〇）“书手”即指楷书手，则王基任流外官七年，即入流为职事官，这同上述《唐六典》卷一的记载大致相合。《唐代墓志汇编》天宝〇四九《大唐故左春坊录事郭公墓志铭》：“公讳药师……少落经策，遂历吏途，参掌铨衡，调拜奉乘。教牧多术，察厩有方，俄荣右春坊主事。……旋迁左春坊录事。……春秋陆拾，

---

① 《通典》卷一七《选举五·杂议论中》。

开元廿六载（738）季春二日，终于洛阳私第。”按，少落经策，谓郭药师少应明经举落第（唐明经科试儒家经书及时务策）；遂历吏途，谓于是他充任胥吏（任流外官）；参掌铨衡，指他在吏部为胥吏，当掌管铨衡职事的官员的助手；调拜奉乘，指其参选入流，授奉乘之职，《唐六典》卷一一《殿中省》：“尚乘局……奉乘十八人，正九品下。……奉乘掌率习驭、掌闲、驾士及秣饲之法。”又，右春坊主事（从九品下）、左春坊录事（从八品下），皆东宫属官。据墓志，郭药师任满三任职事官，已年近六十，若以每任四考计算，共得十二年，再加上首、二任与二、三任之间的待选时间，当共有二十多年，所以他任职事官的时间，大致当在开元时代，而任流外官，则在武则天、中宗、睿宗时代，估计他任流外官超过十年，方参选入流成为职事官。同上天宝一二二《唐故吏部常选广宗郡潘府君墓志铭》：“君名智昭……掌历生事，习业日久，勤事酬功，授文林郎，转吏部选，时载五十有六……病甚日笃，终于其家。……以戊子岁（天宝七载，748）实沈月五日癸酉殡于长安龙首乡，礼也。”按，唐秘书省太史局置“历生三十六人”，注：“隋氏置，掌习历。皇朝因之，同流外，八考入流。”（《唐六典》卷一〇）掌历生事，即指充任历生；文林郎，文散官从九品上。则潘智昭为历生考满入流后，先授散官，待完成散官“当番上下”的任务后，方“转吏部选”。估计他参加过多次吏部铨选，仍不得授官，所以到五十六岁辞世时，还只是个“吏部常选”。据墓志所载卒年与享年推算，开元元年（713）潘智昭二十一岁，则其任历生及授文林郎，皆当在开元年间，而转吏部选，则约在开元末，至于他任流外历生的年限，实际上恐怕应超过“八考”才对。《唐会要》卷五八《尚书省诸司中·吏部尚书》：“大中六年（852）十一月，吏部奏：条流诸司流外入流令史等，请减下四百五十四员。敕旨：应属流外铨人，所减员额，并宜依。”诸司流外入流令史，盖指“尚书、中书、门下省、御史台令史”，它们都属于流外勋品之职（见《通典》卷四〇）。由这条材料可知，唐时吏部当订有流外入流的条例，其中有关于每年流外入流员额的具体规定。自大中六年十一月起，这个规定的员额一下子减少了454人，这样一来，必定会延迟一部分流外官参加流内铨与入仕的时间，还会使一部分流外官，终生无法入流。

综上所述，可以说自唐初至唐末，流外出身者入流的难度日渐增大，入流的时间愈益延迟。流外官考满后，往往要待选一定年限，或多次参加铨选，才得以授流内职事官，还有一部分流外官，终生都不能入流。唐朝廷之所以采取多种措施增大流外官入流的难度，延迟他们参选入流的时间，目的就是为了减少每年流外入流选人的数量，从而缓和选人多而官缺少的矛盾。

以上分别考察和论述了吏部选人中的前资官、及第进士与及第明经、门荫与流外出身者的守选和待选情况。上面我们谈到，唐自高宗之后，选人多官缺少的矛盾非常突出，历年吏部铨选累积下来的具有任官资格却又没有获得职事官的人越来越多，这加剧了社会的矛盾，出现了铨选的混乱局面。其主要的表现是，大批选人长途跋涉、靡费资财来到京师参加铨选，其结果却是落选者超过十分之八（参见第一节），这就难免使他们怨声载道，从而加剧了社会的矛盾。又，每年选人会聚京师，动以万计，不仅使京师的米物供应发生困难，也让负责铨选的吏部官吏难以招架，铨选工作因而也就没法做到杜绝渝滥、公平细致。而文职六品以下前资官守选制的建立，使得每年参加铨选的选人的数量大为减少，这样就缓和了选人多官缺少的矛盾，既减轻了京师物资供应的压力，又免除了一大批选人往来奔波的辛劳与靡费资财的负担。同时，“循资格”施行以前，吏部注官，“或不次超迁，或老于下位”（《资治通鉴》卷二一三），然而“不次超迁”者未必都是“才俊之士”，其中往往杂有钻营趋竞之徒、豪门势家子弟，这样铨选也就有失公平，而“循资格”的施行，矫正了这种不公平，使那些“老于下位”或“久淹不收者”，获得了升迁或继续为官的机会，从而使皇恩得以“普施”，社会的矛盾得到缓解。及第进士与及第明经守选制的建立，对于减少每年参选的选人的数量，所能起的作用有限，但此一制度的建立，也改变了先前社会上长期存在的“有出身二十余年不得禄者”的状况，使及第进士、明经获得了平等的参选授官机会。唐时门荫出身选人的待选或守选，对于减少每年参加铨选的选人的数量，缓和选人多官缺少的矛盾，有着重要的作用。尤其值得注意的是，此一待选或守选，减少了门荫出身选人的入仕数量，延迟了他们的入仕时间，这对于调整唐时初入仕者中各种出身的比例，减少门荫出身者在初入仕者中所占的比重，有重大作用。另外，唐时，特别是唐初，每年流外官入流的人数相当多，流外出身选人的待选，对于减少每年流外入流选人的数量，同样起了重要作用。当然，守选制的施行，“循资格”的制定，也有它的明显弊病，所谓“无问能否，选满即注”、“贤愚一贯”，确实不利于“异才高行”者脱颖而出，限制了才俊之士的升进和发挥作用。但是，唐朝廷也采取了一些补救的措施，为才俊之士提供了若干摆脱守选的途径，例如科目选（博学宏词、书判拔萃等）、制举、入幕、荐举等，这方面的内容也很丰富、复杂，宜另撰文论述，这里就不多谈了。

（原载《文史》2011 年第 2 辑）

唐代无所谓博学宏词制科辨

清徐松《登科记考》（下文简称“徐《考》”）是一部研究唐五代科举制度史的重要著作，其“凡例”说：“宏词试文三篇，拔萃试判三条，是吏部选人之法，原无关于礼闱。惟《册府元龟》、《唐会要》宏词、拔萃皆与制科类序。《文苑英华》诗赋门宏词与省试同载，其《典同度管判》常非月名下注，引《登科记》‘月’作‘自’，是《登科记》载宏词、拔萃之证。今亦按年序入，以备一代之制。”知徐《考》兼载吏部科目选博学宏词的登科者，凡登科年代可考者，即按年序入。徐《考》卷五开元五年（717）列“博学宏词科”，注云：“按，博学宏词置于开元十九年，则此犹制科也。”按，《唐语林》卷八云：“开元十九年，置宏词，始于郑昕。”谓博学宏词科始置于开元十九年（731），甚是。但称开元五年有制科博学宏词，则值得研究。吴宗国《唐代科举制度研究》说：“徐松在《登科记考》卷五开元五年博学宏词科按语云……卷七开元十九年博学宏词条按语亦云：‘按，唐之博学宏词科，岁举之。’明确地把开元五年的博学宏词科归入制科举，而把开元十九年的视为每年举行的科目选。……说明宏词科确已从制科举中分离出来。此后一百四十年间，制科举中再没有出现过博学宏词。”① 赞成徐松的说法。而王勋成《唐代铨选与文学》则认为：“博学宏词科和书判拔萃科一样，都是吏部为‘格限未至’、‘选未满’的人设置的，从它们一诞生，就属吏部科目选，制举从来就没有此二科。”② 那么，两种说法到底哪一种正确？徐松是根据什么说开元五年有制科博学宏词的？又认为这一年的宏词登科者是谁？徐《考》于开元五年“博学宏词科”下

① 吴宗国：《唐代科举制度研究》，辽宁大学出版社1997年版，第98—99页。
② 王勋成：《唐代铨选与文学》，中华书局2001年版，第284页。

列“李蒙”名，并在其名下注云：

> 《独异志》：“开元五年春，司天奏玄象有谪见，其灾甚重。玄宗震惊，问曰：‘何祥?’对曰：‘当有名士三十人同日冤死，今新及第进士正应其数。’其年及第李蒙者，贵主家婿，上不得已言其事，密戒主曰：‘每有大游宴，汝爱婿可闭留其家。’主居昭国里，时大合乐，音曲远畅。曲江涨水，联舟数十艘，进士毕集。蒙闻之，乃逾垣走赴，群众惬望。方登舟移就池中，暴风忽起，画舸平沉，声妓、篙工不知纪极，三十进士无一生者。”按王泠然于开元九年平判入等，则进士无一生者，其说未可信。且李蒙《耤田赋》见《文苑英华》，当是开元元年及第。《太平广记》两引《定命录》，皆以蒙为宏词及第，当从之。《广异记》云：“陇西李捎云，范阳卢若虚女婿也。性诞率轻肆，好纵酒聚饮。其妻一夜梦捕捎云等辈十数人，杂以娼妓，悉被发肉袒，以长索系之，连驱而去，号泣顾其妻别。惊觉，泪沾枕席，因为说之。而捎云亦梦之，正相符合。因大畏惧恶，遂弃断荤血，持《金刚经》，数请僧斋，三年无他。后以梦滋不验，稍自纵怠。因会中友人逼以酒炙，捎云素无检，遂纵酒肉如初。明年上巳，与李蒙、裴士南、梁褎等十余人泛舟曲江中，盛选长安名娼，大纵歌妓。酒正酣，舟覆，尽皆溺死。”《定命录》云：“李蒙宏词及第，注华阴县尉。授官相贺，于曲江舟上宴会，诸公令李蒙作序。日晚序成，史翙先起，于蒙手取序看，裴士南等十余人又争起看序。其船偏，遂覆没，李蒙、士南等并被没溺而死。”

以上即徐松定开元五年有制科博学宏词的根据。这些根据大都不很可靠。首先，徐松称开元五年有制科博学宏词，所据皆小说家之书，而《唐会要》卷七六《贡举中·制科举》、《册府元龟》卷六四五《贡举部·科目》，俱载开元五年有制举文儒异等科与文史兼优科，并无博学宏词科；《唐大诏令集》卷一〇四《政事·按察下》之《遣王志愔等各巡察本管内制》云：“诸道按察使扬州都督宋璟、益州长史韦抗……宜令各巡本管内人，有清介独立，可以标映士林，或文理兼优，可以润益邦政者；百姓中有文儒异等，道极专门，或武力超伦，声侔敌国者，并精访择，具以名闻。”末署“开元四年七月六日”。开元五年的制举文史（理）兼优科与文儒异等科，即本于开元四年的这一诏令，而这一诏令中，也并无“博学宏词”之语。又，除了徐松所说开元五年有制科博学宏词外，自唐初至于唐末，皆未见有制科博学宏词试，仅止开元五年孤零零的一个所谓博学宏词，而且其及第者只有李蒙一人，哪能不使人生疑？

其次，实际上《独异志》等书所载都不一致，经徐松的牵合改造，才得出了开元五年有制科博学宏词的结论。《独异志》（卷上）所载，又见于张鷟《朝野佥载》卷一。开元五年春李蒙进士及第，放榜后在曲江宴集时，与三十新及第进士同时溺死，这明显与事实不符，因为这年的进士及第者实为二十五名，这年及第的王泠然至开元十二年十一月尚在世[1]，因此徐松也承认“其说未可信”；《定命录》虽称李蒙“宏词及第”，却没有说他及第的时间为开元五年，而且称他溺死的时地是授官后在曲江举行的贺宴上，与《独异志》的说法显然不同；而《广异记》称李蒙之溺死，乃上巳节与友人在曲江泛舟的时候，这更与新及第进士的曲江宴集和“宏词及第”无涉。徐《考》改《独异志》所载开元五年李蒙进士及第为“宏词及第”，理由是“李蒙《耤田赋》见《文苑英华》，当是开元元年及第”。按据陈尚君《〈登科记考〉正补》考证，开元元年进士科试题为《出师赋》、《长安早春诗》；《正补》又云：“徐《考》录本年（指开元元年）进士李蒙，试《耤田赋》，依据为阙名《耤田赋》有‘上皇传玺之二载，圣主龙飞之四年’云云。按本年赋题已如上考，《独异志》卷上载李蒙为开元五年进士，别无反证。即以徐氏所举二句，亦当为开元三年后事，何况此赋是否为省试之作尚无他证。”[2] 徐《考》又谓“《太平广记》两引《定命录》，皆以蒙为宏词及第”，实际上《广记》仅一处引《定命录》，称蒙为“宏词及第”。现将《广记》卷二一六所载《定命录·车三》之原文引录于下：“车三者，华阴人，善卜相。进士李蒙宏词及第，入京注官，至华阴，县官令车三见，诳云李益，车云：‘初不见公食禄。’诸公云：‘应缘不道

① 参见王勋成《唐代铨选与文学》，中华书局 2001 年版，第 283 页。

② 《陈尚君自选集》，广西师范大学出版社 2000 年版，第 221—222 页。

实姓名，所以不中。此是李蒙，宏词及第，欲注官去，看得何官？’车云：‘公欲作何官？’蒙云：‘爱华阴县。’车云：‘得此官在，但见公无此禄，如何！’众皆不信。及至京，果注华阴县尉。授官相贺，于曲江舟上宴会，诸公令李蒙作序……其船偏，遂覆没，李蒙、士南等并被没溺而死。”（徐《考》未全文引录这段文字）按，华阴在长安之东，靠近潼关，李蒙“入京注官”经过华阴，说明他当来自关东，这也就是说，李蒙宏词及第后，并没有立即授官，而是先回关东的居住地等待一段时间，然后再“入京注官”。这与《独异志》所记居于长安的“贵主家婿”李蒙又不一致；而且《定命录》所记李蒙宏词及第后没有立即授官，明显与唐代的制度不合，因为唐代的博学宏词无论是作为科目选还是制举，及第后都能立即授官，所不同的，只是制举由“中书门下即与处分”[①]，科目选由吏部马上授官而已。这一情况说明，《定命录》为小说家之书，无非虚构故事以宣扬“命定”思想，岂能当作真实的历史记载看待？综上所述，徐松称开元五年有制科博学宏词，并没有多少根据；说开元十九年以前，曾有过制科博学宏词，也难以成立。

（原载《中国典籍与文化》2011 年第 4 期）

① 《全唐文》卷六四唐穆宗《处分贤良方正等科举人制》。

《登科记考》之四种“拔萃科”辨

清徐松《登科记考》的“凡例”说：“宏词试文三篇，拔萃试判三条，是吏部选人之法，原无关于礼闱。惟《册府元龟》、《唐会要》宏词、拔萃皆与制科类序。《文苑英华》诗赋门宏词与省试同载，其《典同度管判》常非月名下注，引《登科记》‘月’作‘自’，是《登科记》载宏词、拔萃之证。今亦按年序入，以备一代之制。”“试判三条”的拔萃科，全称“书判拔萃”，属于吏部的科目选。据“凡例”，知徐《考》兼载吏部科目选书判拔萃的登科者，凡登科年代可考者，即按年序入。然而徐《考》载入之“拔萃科”，并非都是“试判三条”的书判拔萃，还杂有其他三种不同的科目与内容，我们如果不加以辨析，很容易造成混乱。

《登科记考》卷四大足元年（701）载：

> 拔萃科：《册府元龟》：“大足元年，理选使孟诜试拔萃科。”按《旧书·孟诜传》不载此事。
>
> 崔翘，《册府元龟》。《唐语林》：“大足元年置拔萃，始于崔翘。”
>
> 郑少微，见《册府元龟》、《唐会要》。
>
> 裴宽，《旧书·裴漼传》：“漼从祖弟宽，应拔萃举。”
>
> 孙嘉之，孙逖撰父嘉之墓志铭：“久视初，预拔萃，与邵炅、齐澣同升甲科。”按久视时无拔萃科，故附是年。
>
> 邵炅，见上。
>
> 齐澣。见上。《旧书·文苑传》：“齐澣，定州义丰人。弱冠时以制科登第。”按《新书》作圣历初，误。

以上大足元年之“拔萃科”，实为制举拔萃出类的省称。岑仲勉《登科记考订补》云：“余按《千唐》会昌元年（841）《故汝州司马孙审象墓志》亦云：‘曾祖府君讳嘉之……久视中，应拔萃，登甲科。’……余按《千唐》天宝七载《广平郡太守恒王府长史寇洋墓志》云：‘弱冠应材称栋梁举，策居第一。又试拔萃出类科，与邵升、齐澣同时超等’，则拔萃科之全名，应为‘拔萃出类’。拔萃乃其省称，合观嘉之墓志，则洋亦与嘉之同年举也，寇洋名可补入。”[①] 拔萃出类为制科，《唐会要》卷七六《贡举中·制科举》、《册府元龟》卷六四五《贡举部·科目》，皆断大足元年之拔萃为制科。《旧唐书·文苑传》也称齐澣“以制科登第”。属于制科的拔萃出类试策不试判，属于吏部科目选的书判拔萃则试判不试策，虽然这两者都可省称为拔萃，却名同而实异，宜加以区分，而徐《考》未加以区分，易致混淆。又，据两《唐书·裴宽传》载，宽“应拔萃举”，当在开元初，此拔萃也是制科拔萃出类，说见王勋成《唐代铨选与文学》[②]（以下简称《王书》）。

那么，真正属于吏部科目选的书判拔萃置于何时？吴宗国说：“《旧唐书》卷九九《张九龄传》云：‘九龄以才鉴见推，当时吏部试拔萃选人及应举者，咸令九龄与右拾遗赵冬曦考其等第。前后数四，每称平允。开元十年（722），三迁司勋员外郎。’《旧唐书》在这里把拔萃选人和应举者明确加以区分，说明开元十年（722）前拔萃科已成为科目选。”[③] 按，《唐代墓志汇编续集》开元〇二〇《大唐故严府君墓志铭》云：“公讳识玄……授公汴州浚仪县尉。秩满，复应拔萃选及第，授洛州武泰县尉。……久视（700）年，天后追于麟台修书。”严识玄应拔萃选的时间，当在武则天万岁通天元年（696）之后。《元和郡县图志》卷八云：“（郑州）荥阳县……万岁通天元年改为武泰县，仍隶河南府（按即洛州，开元元年改为河南府）。神龙（705—706）初，复为荥阳，属郑州。”如果《张九龄传》之“拔萃选”是指科目选书判拔萃，那么《严识玄墓志铭》之“拔萃选”也当一样，然而若说书判拔萃早在武则天时就已设置，又颇可疑，因为《通典》

---

① 见岑仲勉《郎官石柱题名新考订》，上海古籍出版社 1981 年版，第 504 页。

② 王勋成：《唐代铨选与文学》，中华书局 2001 年版，第 279—280 页。

③ 吴宗国：《唐代科举制度研究》，辽宁大学出版社 1997 年版，第 98 页。

卷一五《选举三·历代制下》说："（选人试判）佳者登于科第，谓之入等；其甚拙者谓之蓝缕，各有升降。选人有格限未至，而能试文三篇，谓之宏词；试判三条，谓之拔萃，亦曰超绝。词美者，得不拘限而授职。"所谓"格限未至"，是指选格（铨选条例）规定的守选期限还未到；据《通典》的这一记载，可知"试判三条"之书判拔萃科，是为"格限未至"的吏部选人设置的，这应是开元十八年（730）前资官的守选制实行之后才有的事。关于守选制的实行，拙作《唐代守选制的形成与发展研究》[1] 有详细论述，可参阅。笔者认为，所谓"应拔萃选及第"，盖指应吏部常选（每年都举行的铨选），试判入等，也即上引《通典》所说的选人试判，"佳者登于科第，谓之入等"，《通典》卷一五又说："武太后又以吏部选人多不实，乃令试日自糊其名，暗考以定等第。"《唐六典》卷二《尚书吏部》也说："每试判之日……侍郎出问目，试判两道。或有糊名，学士考为等第。"如《全唐文》卷二三三张说《兵部尚书代国公赠少保郭公行状》谓郭震，咸亨四年（673）十八岁"擢进士第，其年判入高等"。又如《旧唐书》卷一九〇中《刘宪传》："初，则天时，敕吏部糊名考选人判，以求才彦，宪与王适、司马锽、梁载言相次判入第二等。"考察"拔萃"一词，除作为唐代选举科目的专门用语外，一般指出众或才能出众，如《孟子·公孙丑上》："出于其类，拔乎其萃。"《后汉书》卷六〇下《蔡邕传》："曾不能拔萃出群，扬芳飞文。"《全唐文》卷三六二徐季鸰《屯留令薛仅善政碑》："紫薇令姚公、黄门监卢公特奏有学有文，身材拔萃，起家授洪洞尉。"韩愈《韩昌黎集》卷一七《与崔群书》："诚知足下出群拔萃，无谓仆何从而得之也。"因此这里的"拔萃选"可理解为吏部铨选试判，学士考其等第，以求才能出众的人（判文佳者），《张九龄传》之"拔萃选"同。又，《王书》认为属于吏部科目选的书判拔萃置于开元十八年（730），根据是《全唐文》卷三九〇独孤及《高平郡别驾权公神道碑铭》云："公讳彻……初，选部旧制，每岁孟冬以书判选多士，至开元十八年，乃择公廉无私、工于文者，考校甲乙丙丁科，以辨论其品。是岁，公受诏与徐安贞、王敬从、吴巩、裴朏、李宙、张烜等十学士参焉。凡所升奖，皆当时

[1] 见《文史》2011年第2辑。

才彦。考判之目，由此始也。”《王书》说：“细绎碑铭文义，开元十八年，权彻、徐安贞、王敬从等十学士参与考校了吏部科目选的科目等第，并制定了考评标准，‘考判之目，由此始也’，则书判拔萃科，也当‘由此始也’。”[①] 按，所谓“选部旧制”云云，当指每年的吏部常选以书判选拔官吏（多士，众多贤士，也指百官）；所云十学士参与“考校甲乙丙丁科”，盖指所试判文，令“学士考为等第”，唐玄宗于开元十五年（727）即有敕云：“今年吏部选人，宜依例糊名试判，临时考等第奏闻。”[②] 而“考判之目，由此始也”，则谓平判入等，始于开元十八年。《唐语林》卷八：“开元二十四年，置平判入等，始于颜真卿。”说法不同。平判入等和书判拔萃都由武则天时已出现的铨选试判考定等第发展而来，但这两者又有明显不同：书判拔萃的应试者一般都是守选期限还未到的，平判入等的应选者则必须是守选期限已到的，它是从吏部常选人所试判中选出尤佳者给以科第；书判拔萃试判三道，平判入等则试判两道；书判拔萃属科目选，平判入等则属吏部常选范围（参见《唐代守选制的形成与发展研究》第三节）。下面，引一段《旧唐书》中对天宝二年（743）平判入等的记述：“时天下承平，每年赴选常万余人。李林甫为尚书……铨事唯委晋卿及同列侍郎宋遥主之。选人既多，每年兼命他官有识者同考定书判，务求其实。天宝二年春，御史中丞张倚男奭参选。晋卿与遥以倚初承恩，欲悦附之，考选人判等凡六十四人，分甲乙丙科，奭在其首。”[③] 所记天宝时平判入等考定书判等第的情况，与上引独孤及文所述，非常一致，说明权彻等十学士所参与考校的判文，也当属平判入等之事。又，书判拔萃由于录取的人数极少，考中的难度颇大，故而应试者少，考判官一般只要两名[④]，而吏部常选试判，由于参选者成千上万，考判官自然也要增加，开元十八年（730）任命的考判官达十名，这也证明十学士所参与的，当属平判入等之事。那么，属于科目选的书判拔萃究竟置于何时？笔者认为，根据上引《通典》的记

① 王勋成：《唐代铨选与文学》，中华书局 2001 年版，第 276 页。

② 见《册府元龟》卷六三〇《铨选部·条制二》。

③ 《旧唐书》卷一一三《苗晋卿传》。

④ 王勋成：《唐代铨选与文学》，中华书局 2001 年版，第 296 页。

载，其设置时间当与博学宏词科同，即开元十九年（参见拙作《唐代无所谓博学宏词制科辨》），但由于资料缺乏，这年的书判拔萃登科者，我们已无从考知。《旧唐书》卷一八七下《张巡传》："巡聪悟有才干，举进士，三以书判拔萃入等。"《登科记考》卷八考出张巡为开元二十四年（736）进士，而唐代文士每于当年进士及第，当年或第二年即应博学宏词或书判拔萃选，所以张巡首次书判拔萃登科，大约应在开元二十四年或二十五年，这是我们今日所知的最早的书判拔萃登科者。

《登科记考》卷九天宝八载（749）载：

> 拔萃科：
>
> 王阅。《广卓异记》引《登科记》："阅天宝元年状元，八年拔萃头登科。"

又卷九天宝十五载（756）载：

> 拔萃科：
>
> 于邵。《旧书》本传："登进士科，书判超绝，授崇文馆校书郎。"

又卷二二会昌六年（846）载：

> 拔萃科：
>
> 郑畋。《旧书》本传言畋大中首岁书判登科。以年二十二计之，当在此年。盖宣宗于三月即位，四月吏部试，故即谓大中也。

按，书判拔萃科第一名，称为"拔萃头"；书判拔萃又名"书判超绝"（见上引《通典》卷一五）；《旧唐书》卷一七八《郑畋传》云："畋年十八，登进士第。……二十二，吏部调选，又以书判拔萃授渭南尉。"可以说，凡徐《考》征引的出处中，称"书判拔萃"、"书判超绝"者，或简称"拔萃"其时间在开元十九年（731）以后者，大抵即是真正属于吏部科目选的书判拔萃。

《登科记考》卷八开元二十四年（736）载：

拔萃科：

颜真卿，留元刚《鲁公年谱》：“开元二十四年，公年二十八，平判入等，授朝散郎、秘书省著作局校书郎。”按《文苑英华》有颜真卿《三命判》，当即此年所试。

卢先之。见《文苑英华》。

马挠。见《文苑英华》。

又卷一五贞元十九年（803）载：

拔萃科：是年试《毁方瓦合判》，见《文苑英华》。

白居易，汪氏《香山年谱》：“贞元十八年，郑珣瑜领选部，公试判拔萃科入等。《养竹记》云：‘贞元十九年春，居易以拔萃选及第。’”选制以十一月为期，至三月毕，故十九年亦作十八年。……

李复礼，

吕频，《文苑英华》作“吕颖”，误。

哥舒恒，一作“垣”。白居易有《酬哥舒大见赠诗》。

元稹，《侯鲭录》载《元微之年谱》，贞元十八年微之年二十四，中书判拔萃第四等，授校书郎。《唐才子传》：“元稹擢明经，书判入等。”

崔玄亮。皆见上。

又卷一八元和六年（811）载：

拔萃科：

冯芫。元和六年，冯芫判入等，见《册府元龟》。《太平广记》引《续定命录》：“冯芫判入等，授兴平县尉。”

按，前面已谈过，平判入等不同于书判拔萃，两者不能混为一谈。凡徐

《考》征引的出处中，明言“平判入等”或“判入等”，其时间又在开元二十四年或十八年平判入等设置之后者，即当属于吏部常选之平判入等，而非书判拔萃。又，徐《考》所载贞元十九年（731）之“拔萃科”，亦将平判入等与书判拔萃混而为一。元稹《酬哥舒大少府寄同年科第》自注：“同年科第，宏词吕二炅、王十一起，拔萃白二十二居易、平判李十一复礼、吕四颖、哥舒大恒、崔十八玄亮逮不肖，八人皆奉荣养。”元稹自己将平判入等与书判拔萃区分得非常清楚，则贞元十九年的书判拔萃登科者只有白居易一人，李复礼、吕颖（频）、哥舒恒、崔玄亮、元稹五人都是平判入等。徐《考》引《侯鲭录》称元稹“中书判拔萃第四等”，实非。

《登科记考》卷三载初元年（690）载：

> 拔萃科：
>
> 颜惟贞。颜真卿《惟贞碑》：“天授元年（690），糊名考试，判入高等。”

又卷七开元十三年（725）载：

> 拔萃科：
>
> 冯万石。《广卓异记》引《登科记》：“开元十三年，冯万石考判入等。”

按，以上载初三年和开元十三年的“拔萃科”，即上面谈到的武则天时与唐玄宗开元前期已出现的吏部铨选试判，由学士考定等第的情况，我们这里姑且称之为“试判入等”。“试判入等”不同于书判拔萃，它在开元十九年（731）书判拔萃设置以前已经存在；书判拔萃属科目选，“试判入等”属吏部常选，书判拔萃试判三道，“试判入等”试判两道。“试判入等”倒与平判入等接近，它们都是从吏部常选人所试判中选出尤佳者给以科第，都属于吏部常选范围（皆试判两道），但这两者也有不同，“试判入等”在开元二十四年或十八年平判入等设置前已经存在，然当时尚未形成定制，不是每年都举行（指选出判文尤佳者给以科第）；平判入等则每年都举行，已形成定制，所以《册府元龟》卷六三九《贡举部·总序》列“平判”为“吏部科目”之一。

综上所述，徐《考》之“拔萃科”，包含有以下四种不同的科目与内容：书判拔萃（科目选）、拔萃出类（制科）、平判入等（吏部常选）、“试判入等”（吏部常选）。对此，读者一定要注意区分，以免造成误解。

（原载《中国典籍与文化》2012 年第 2 期）